Couvertures supérieure et inférieure
en couleur

Un franc le volume
NOUVELLE COLLECTION MICHEL LÉVY
1 FR. 25 C. PAR LA POSTE

BANDE DU JURA
II

CHEZ LES ALLEMANDS

CHEZ NOUS
A FLORENCE

PAR

L'AUTEUR DES *HORIZONS PROCHAINS*

CALMANN LÉVY, ÉDITEUR
ANCIENNE MAISON MICHEL LÉVY FRÈRES
RUE AUBER, 3, ET BOULEVARD DES ITALIENS, 15
A LA LIBRAIRIE NOUVELLE

CALMANN LÉVY, ÉDITEUR

OUVRAGES
DE L'AUTEUR DES HORIZONS PROCHAINS

ANDALOUSIE ET PORTUGAL, 2ᵉ édition. 1 vol. gr. in-18.
AU BORD DE LA MER, 2ᵉ édition. 1 vol. gr. in-18.
A CONSTANTINOPLE, 4ᵉ édition. 1 vol. gr. in-18.
A TRAVERS LES ESPAGNES, 5ᵉ édition. 1 vol. gr. in-18.
CAMILLE, 3ᵉ édition. 1 vol. gr. in-18.
DANS LES PRÉS ET SOUS LES BOIS, 5ᵉ édition. 1 vol. gr. in-18.
JÉSUS. Quelques scènes de sa vie terrestre, 2ᵉ édition. 1 vol. gr. in-18.
LES HORIZONS CÉLESTES, 11ᵉ édition. 1 vol. gr. in-18.
LES HORIZONS PROCHAINS, 12ᵉ édition. 1 vol. gr. in-18.
LES TRISTESSES HUMAINES, 9ᵉ édition. 1 vol. gr. in-18.
VESPER, 7ᵉ édition. 1 vol. gr. in-18.
VOYAGE AU LEVANT, 4ᵉ édition. 2 vol. gr. in-18.

OUVRAGES
DE M. LE COMTE AGÉNOR DE GASPARIN

L'AMÉRIQUE DEVANT L'EUROPE. — PRINCIPES ET INTÉRÊTS, 4ᵉ édition. 1 vol. gr. in-18.
LA BIBLE, 2ᵉ édition. 1 vol. gr. in-18.
LE BONHEUR, 9ᵉ édition. 1 vol. gr. in-18.
LE BON VIEUX TEMPS, 6ᵉ édition. 1 vol. gr. in-18.
LA CONSCIENCE, 6ᵉ édition. 1 vol. gr. in-18.
DISCOURS POLITIQUES, 5ᵉ édition. 1 vol. gr. in-18.
LES DROITS DU CŒUR, 4ᵉ édition. 1 vol. gr. in-18.
LES ÉCOLES DU DOUTE ET L'ÉCOLE DE LA FOI, 4ᵉ édition. 1 vol. gr. in-18.
L'ÉGALITÉ, 7ᵉ édition. 1 vol. gr. in-18.
L'ÉGLISE SELON L'ÉVANGILE, 3ᵉ édition. 2 vol. gr. in-18.
L'ENNEMI DE LA FAMILLE, 5ᵉ édition. 1 vol. gr. in-12.
LA FAMILLE, SES DEVOIRS, SES JOIES ET SES DOULEURS, 13ᵉ édition. 1 vol. gr. in-18.
LA FRANCE, NOS FAUTES, NOS PÉRILS, NOTRE AVENIR, 5ᵉ édition. 1 vol. gr. in-18.
UN GRAND PEUPLE QUI SE RELÈVE, 6ᵉ édition. 1 vol. gr. in-18.
INNOCENT III, 5ᵉ édition. 1 vol. gr. in-18.
LA LIBERTÉ MORALE, 5ᵉ édition. 1 vol. gr. in-18.
LIBERTÉ RELIGIEUSE, 4ᵉ édition. 1 vol. gr. in-18.
LUTHER ET LA RÉFORME AU XVIᵉ SIÈCLE, 7ᵉ édition. 1 vol. gr. in-18.
PENSÉES DE LIBERTÉ, 6ᵉ édition. 1 vol. gr. in-18.
PAROLE DE VÉRITÉ, 5ᵉ édition. 1 vol. gr. in-18.
LES PERSPECTIVES DU TEMPS PRÉSENT, 5ᵉ édition. 1 vol. gr. in-18.
QUESTIONS DIVERSES, 4ᵉ édition. 1 vol. gr. in-18.
TABLES TOURNANTES, 6ᵉ édition. 1 vol. gr. in-18.
TROIS PAROLES DE PAIX, 4ᵉ édition. 1 vol. gr. in-18.

APPEL AU PATRIOTISME ET AU BON SENS. Brochure.
LA DÉCLARATION DE GUERRE, 2ᵉ édition. Brochure.
LES RÉCLAMATIONS DES ÉGLISES, 2ᵉ édition. Brochure.
LA RÉPUBLIQUE NEUTRE D'ALSACE, 2ᵉ édition. Brochure.
PAGANISME ET CHRISTIANISME, 2ᵉ édition. 1 vol. gr. in-18.

Paris. — Imprimerie J. CLAYE, rue Saint-Benoît.

BANDE DU JURA

II

CALMANN LÉVY, ÉDITEUR

OUVRAGES
DE L'AUTEUR DES HORIZONS PROCHAINS

ANDALOUSIE ET PORTUGAL, 2ᵉ édition. Un volume grand in-18.
AU BORD DE LA MER, 2ᵉ édition. Un volume grand in-18.
A CONSTANTINOPLE, 4ᵉ édition. Un volume grand in-18.
A TRAVERS LES ESPAGNES, 5ᵉ édition. Un volume grand in-18.
CAMILLE, 3ᵉ édition. Un volume grand in-18.
DANS LES PRÉS ET SOUS LES BOIS, 5ᵉ édition. Un volume grand in-18.
JÉSUS. Quelques scènes de sa vie terrestre, 2ᵉ édition. Un volume in-18.
LES HORIZONS CÉLESTES, 12ᵉ édition. Un volume grand in-18.
LES HORIZONS PROCHAINS, 12ᵉ édition. Un volume grand in-18.
LES TRISTESSES HUMAINES 9ᵉ édition. Un volume grand in-18.
VESPER, 7ᵉ édition. Un volume grand in-18.
VOYAGE AU LEVANT, 4ᵉ édition. Deux volumes grand in-18.

OUVRAGES
DE M. LE COMTE AGÉNOR DE GASPARIN

L'AMÉRIQUE DEVANT L'EUROPE. — PRINCIPES ET INTÉRÊTS, 4ᵉ édition. Un volume grand in-18.
LA BIBLE, 2ᵉ édition. Deux volumes grand in-18.
LE BONHEUR, 9ᵉ édition. Un volume grand in-18.
LE BON VIEUX TEMPS, 6ᵉ édition. Un volume grand in-18.
LA CONSCIENCE, 6ᵉ édition. Un volume grand in-18.
DISCOURS POLITIQUES, 5ᵉ édition. Un volume grand in-18.
LES DROITS DU CŒUR, 4ᵉ édition. Un volume grand in-18.
LES ECOLES DU DOUTE ET L'ECOLE DE LA FOI, 4ᵉ édition. Un volume gr. in-18.
L'EGALITÉ, 7ᵉ édition. Un volume grand in-18.
L'EGLISE SELON L'EVANGILE, 2ᵉ édition. Deux volumes grand in-18.
L'ENNEMI DE LA FAMILLE, 6ᵉ édition. Un volume grand in-18.
LA FAMILLE, SES DEVOIRS, SES JOIES ET SES DOULEURS, 13ᵉ édition. Deux volumes grand in-18.
LA FRANCE. NOS FAUTES, NOS PÉRILS, NOTRE AVENIR, 5ᵉ édition. Deux volumes grand in-18.
UN GRAND PEUPLE QUI SE RELÈVE, 6ᵉ édition. Un volume grand in-18.
INNOCENT III, 5ᵉ édition. Un volume grand in-18.
LA LIBERTÉ MORALE, 5ᵉ édition. Deux volumes grand in-18.
LIBERTÉ RELIGIEUSE, 4ᵉ édition. Un volume grand in-18.
LUTHER ET LA RÉFORME AU XVIᵉ SIÈCLE, 7ᵉ édition. Un volume grand in-18.
PENSÉES DE LIBERTÉ, 6ᵉ édition. Un volume grand in-18.
PAROLE DE VÉRITÉ, 5ᵉ édition. Un volume grand in-18.
LES PERSPECTIVES DU TEMPS PRÉSENT, 5ᵉ édition. Un volume grand in-18.
QUESTIONS DIVERSES, 4ᵉ édition. Un volume grand in-18.
TABLES TOURNANTES, 6ᵉ édition. Un volume grand in-18.
TROIS PAROLES DE PAIX, 4ᵉ édition. Un volume grand in-18.

APPEL AU PATRIOTISME ET AU BON SENS. Brochure.
LA DÉCLARATION DE GUERRE, 2ᵉ édition. Brochure.
LES RÉCLAMATIONS DES FEMMES, 3ᵉ édition. Brochure.
LA RÉPUBLIQUE NEUTRE D'ALSACE, 2ᵉ édition. Brochure
PAGANISME ET CHRISTIANISME, 3ᵉ édition. Deux volumes grand in-18.

Coulommiers. — Imp. P. BROCARD et GALLOIS.

BANDE DU JURA
II

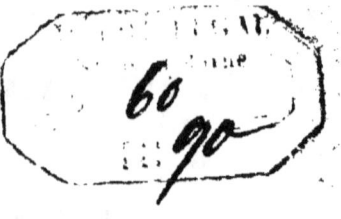

CHEZ LES ALLEMANDS

CHEZ NOUS — A FLORENCE

PAR

L'AUTEUR DES *HORIZONS PROCHAINS*

PARIS
CALMANN LÉVY, ÉDITEUR
ANCIENNE MAISON MICHEL LÉVY, FRÈRES
3, RUE AUBER, 3
—
1890

CHEZ LES ALLEMANDS

OU IRA LA BANDE DU JURA?

Voici le mois des pêches et des figues, le mois des raisins et des melons. Où ira la bande?

La bande du Jura court au Jura quand elle ne peut aller ailleurs. M. Keuler, son botaniste juré, volontiers l'appellerait *Banda vagabonda!*

La bande, ô botaniste dédaigneux, n'est pas une bande grignoteuse! La bande est une brave petite bande au cœur de granit, aux muscles d'airain, aux jambes de chamois (dans les plaines d'Italie elle le fit bien voir); et, cette année, rien que pour vous narguer, elle ira, sans un regard du côté des aubergines, droit aux pics, aux neiges, aux glaciers et aux casse-cous.

De mer bleue, pas question. Mordre tous les jours en plein gâteau, c'est perdre le goût du pain bis.

Des montagnes, l'eau du torrent, quelque méchante côtelette de bouquetin, ne parlez de rien autre à la bande, elle ne vous écouterait pas.

Alpes, soit! Les parents consentent. Ils consentent avec un sourire narquois : — Les Alpes? tant que vous voudrez!

C'est comme s'ils disaient : — Pauvres innocents! qui ne savent pas saisir au vol les heures dorées!

La bande tient bon, et fait planter des clous dans ses souliers.

Au fond, elle sent que c'est une sottise. Que voulez-vous? la raison, un suprême besoin de *brigandage*[1], tout s'en mêle. Nos plus jeunes, il est vrai, secouent la tête et regardent l'Italie en dessous, avec un soupir. Personne ne l'a entendu, excepté madame la Bête au bon Dieu qui a l'oreille fine.

Il pleut! bah, qui dit Alpes dit parapluie. Il fait un froid de loup! grande froidure, signe de beau. Il neige au Righi, il neige aux Scheidecks, il neige à la Furka! pour le coup, c'est un signe des temps. Si, vraiment, les pics se font impraticables, la bande ne les pratiquera pas. Même elle va prendre des passeports pour... pour un peu partout. — Soyez tranquille, elle ne s'en servira point.

Chose étonnante! Ce mot, *passeport*, n'a pas soulevé chez les parents la surprise indignée à quoi l'on s'attendait :

— Des passeports! Comme il vous plaira, mes enfants, faites à votre guise!

A votre guise? Ah bien, non! Elle est ensorcelée de vertu, cette bande : *Vade retro Italia*.

Je crois, moi, que si on le lui avait tant soit peu défendu, elle y serait allée.

Alors commence dans l'âme timorée de madame la Bête au bon Dieu, un de ces combats à outrance dont seules les bestioles honnêtes ont le secret.

Elle ne rêve qu'Italie, notre bestiole, elle n'aspire qu'aux orangers; c'est pour cela, justement, que, de tout son cœur, avec des miracles d'énergie, elle met le cap sur les glaces

---

1. Se brigander, s'échiner.

éternelles. Il lui prend une frayeur du trop de joie, qui lui fait écarter les dons de Dieu comme on repousserait des serpents.

Plaignez-la, ne vous moquez pas d'elle. Elle a (c'est son seigneur et maître qui le dit), trop de conscience et pas assez. Pareil bagage n'incommode guère le beau sire.

La voilà donc qui se torture l'âme, plus que jamais bourreau de la Sainte-Hermandad ne tortionna corps d'hérétique.

Messieurs, il n'y a pas de quoi rire. Vous possédez la force, partant la solidité. Voir, accomplir, pour vous c'est tout un : le but signalé, vous y marchez. Nous, chétives, mille transes nous assiègent. Mal sûres de nous et craignant de vous déplaire, le souffle qui vient du nord, l'haleine que l'occident nous envoie, un son, un parfum, tout nous inquiète. Votre proue vaillante fend les houles de la haute mer, notre nacelle qui hésite, erre ballottée parmi les écueils. Il faut des autans pour engouffrer votre navire ; pour faire sombrer notre coquille, il suffit du pli que soulève, en se jouant, la main d'une néréide.

Pourtant, les luttes qui nous jettent éperdues aux pieds du Seigneur, nos misères d'où s'exhalent des cris d'amour, ces incohérences qui nous laissent si profondément humiliées, tant d'infériorités renferment, croyez-le bien, leur secrète douceur. Quand ce ne serait que le pardon de Jésus, mieux saisi, retenu d'une âme plus émue. Quand il n'y aurait que cette joie, sincère, de vous trouver partout supérieurs !

Ainsi, nous cheminons dans votre ombre, timides, heureuses, demandant un peu de secours, beaucoup de patience, et nous vous admirons, et nous vous honorons.

Et c'est là, mesdemoiselles, de quoi la félicité conjugale est faite !

PREMIÈRE JOURNÉE

Soleil! — L'Italie est à vau-l'eau. Une averse, les orangers avaient le dessus. Ils ne l'ont pas; ce sont les *mutz*, les *grosses ourses* de Berne!

Madame la Bête au bon Dieu est si contente, si contente, qu'elle craint dans un moment de ne l'être plus.

On part d'Yverdon. Les Alpes, fières de l'honneur que leur réserve la bande, sortent des brumes comme une scie gigantesque, dont les dents inégales blanchissent à l'horizon.

Il ne fait pas encore jour; la terre est grise, sans détails; de gros coups d'estompe y marquent les bois; une zone claire indique l'orient. Des nuages noirs, que l'aurore peint çà et là d'incarnat, vont se promenant au hasard. L'atmosphère a gardé le calme de la nuit. Nos voitures courent en silence. De temps à autre, un arbre planté le long du chemin profile sur les régions lumineuses quelques branches menues que terminent deux ou trois bouquets de feuilles, à la manière du Pérugin.

Ce sont les seuls Pérugins que verra la bande.

Son bonheur ressemble à ce paysage-là, un peu gris, un peu noir, avec du feu caché dessous.

Le *Jura*, notre vapeur, ne porte guère que des Allemands. Honnêtes figures, des nez à fortes bases, avec des râclements de gosier et des torrents de fumée. Bande, tu l'as voulu.

Cependant la bande, abritée derrière un rempart de malles, étudie son plan de campagne.

Que vous dirai-je? la joie, la vertu, on ne sait trop quoi, en face de Neuchâtel, notre bande, étouffée par le lieu commun, sent s'allumer en elle la fièvre des actions d'éclat.

Se traîner par les sentiers battus? fi! Il nous faut des prouesses: mieux que cela! il nous faut une *Gloriosa, gloriosissima!* — Entendez-vous, grand débrideur de diagnoses!

— Et la bande de fouiller son *Joanne*, pour y découvrir quelque pic inaccessible, seul de pair avec son grand cœur.

— Voyons, voyons!

— *La Strahlek.*

— Bon!

— *Course difficile, qui ne doit être entreprise que par des voyageurs sûrs de leur tête et habitués aux montagnes.*

— C'est fait pour nous!

— *De quatorze à quinze heures, dont dix sur les glaciers.*

— Peuh!

— *Il faut trois ou quatre guides, car on est obligé d'emporter une échelle, des haches, des cordes...*

La bande bat des mains.

— *Dans ce siècle, M. Mayer, d'Aarau, est le premier voyageur qui ait franchi la Strahlek. En 1826, M. Wagner, de Hesse-Cassel, la passa avec deux guides, qui se perdirent dans les glaciers. En 1828, M. Hugi; en 1839, M. Studer, tentèrent vainement de la traverser... Maintenant cette course est faite chaque année.*

— Chaque année! la bande n'en veut plus.

— *Du Grimsel à Fiesch, col de l'Ober-Aar.*

— Pas mal!
— *Une très forte journée de marche.*
On hausse les épaules.
— *Course difficile.*
— Bien, cela!
— *Glaciers... vue magnifique... plateau de neige... Ce plateau de neige est, à ce qu'il paraît, entièrement sous-miné, et de petites ouvertures, qu'on y remarque de distance en distance, y cachent d'énormes crevasses.*
— Si l'on s'arrêtait à la première difficulté!
— *Après avoir marché une heure environ sur cette neige trompeuse... le névé se bouleverse tellement, qu'il est presque impossible de reconnaître la direction primitive de ses couches... Massif d'arêtes... névé de Fiesch, plus crevassé encore que le premier.*
— Avancez, avancez, c'est un glacier, il a des crevasses, il a de la neige, c'est son droit, la bande sait cela!
— Brrt, brrt, ah! *Le passage le plus difficile se trouve sur la rive droite du glacier... il faut descendre une paroi de rochers à peu près verticale...*
— On la descendra.
— *Le chemin est une espèce de couloir qui présente, çà et là, quelques légères saillies sur lesquelles on appuie le pied.*
— On l'y appuiera.
— *Il n'en existe pas d'autres... les pâtres eux-mêmes ne parcourent pas souvent ce trajet... On hisse les moutons au moyen de cordes, qu'on leur attache, soit aux cornes, soit au cou.*
— Malepeste! la bande n'a ni cou ni cornes à se faire attacher! Au fait, ces traversées de cols sont insipides. Prenons un pic, mais là, un pic roide, un pic qui se pique d'honneur!
— Le Mönch?
— Ce n'est pas la peine; une femme l'a gravi.

— La Jung-Frau?

— Non, pas de folies!

— Le Schrekhorn?

— Oui! Oui!

— *Sa pointe la plus élevée est encore vierge de pas humains.*

— Bravo! les nôtres s'y marqueront!

— *Crevasses... échelles en travers... couloir de glace... on y taille des marches...*

— Voilà notre affaire, la voilà! Qui ne risque rien n'a rien! Finster-Aarhorn, Vetterhorn, Schrekhorn, l'un ou l'autre y passera!

Et les airs vainqueurs, et l'enivrement des hautes cimes, et les souffles vierges dont on sent l'âpre baiser!

Sans compter l'article du journal : « La fameuse bande du Jura vient d'effectuer une ascension dont les annales alpestres garderont longtemps le souvenir. Partis à trois heures du matin, les grimpeurs intrépides... »

A peine si la bande peut retenir un cri d'enthousiasme. Le sang bout dans nos veines. Flamme de gloire, tu es un noble feu! Tes ailes brûlantes, qui nous portent à toutes les hauteurs, consument, rien qu'en les touchant, les lourds obstacles entassés par la routinière coutume.

Pourtant un homme d'âge, assis en sa solidité, un de ces forts qui chassent le chamois et *gambent* les crevasses, nous écoute, nous considère et sourit. Ce regard, très fixe, a son ironie, convenons-en. Notre homme se moque de la bande; il nous trouve absurde, iroquois, ce que vous voudrez. Bah! laissons faire! l'avenir est aux vaillants!

En attendant, la Thielle, chemin limpide, glisse entre deux prairies. On s'oublie à suivre le flot, cheval de course dont l'humide crinière va frissonnant sur chaque berge. Mademoiselle Lucy Chatillon prend des esquisses; elle ouvrirait son calepin, rien que pour en faire jouer les petits crochets ; ils ferment si juste, ils craquent si net ! après tout, le bonheur se compose de petits crochets qui vont bien.

A Nidau, pêle-mêle général ; tous en wagon.

Avez-vous remarqué le caractère des physionomies du siècle : une inquiétude ennuyée, ou un ennui inquiet, promené sur la face du globe ! Regardez un peu cette rangée de figures mornes, elle vous en dira long.

Que sont devenues les sérénités des vieux visages ? Les vies paisibles du temps jadis, qui nous les rendra ?

Doucement, avec un bruit monotone, les années s'écoulaient ; elles s'égrenaient comme les perles d'un collier, qui tombent, l'une après l'autre, de la main de quelque jeune fille rêveuse. Il fallait bien peu pour être content ! Les moissons, la vendange, une course en montagne, la gaieté débordait ! Parlez-moi de ces goûters qui mettaient le logis à l'envers : *bricelets*, *salées*, le four chauffé rouge, les grandes brassées de sarments ! se donnait-on du mal ? Les voisins arrivaient chacun avec son franc parler, sa bonne ou sa méchante humeur ; on se prenait tel quel, on s'aimait sans façons. Hélas ! le monde s'est fait sage, la science a conquis l'univers, on va vite, on va partout, on connaît toutes choses ; seulement un secret s'est perdu en route : le secret du bonheur.

Qui sait ? la vieille ville de Soleure le garde peut-être dans ses vieux murs. Peut-être que dans ces beaux jardins plantés d'œillets, sous ces forêts séculaires, dans ces vastes demeures, peut-être que dans ces larges rues où pousse l'herbe, vous trouveriez des bourgeois et des bourgeoises qui passent leurs quatre-vingts ans de pèlerinage à contempler en paix le même clocher surmonté du même coq !

M. le bourgmestre tourne le coin de la cathédrale ; il s'avance d'un pas tranquille, grandissant et s'arrondissant à mesure qu'il s'avoisine. Le voilà qui s'arrête devant la boutique de l'apothicaire. Un lis martagon, un datura et un fuchsia s'y épanouissent à l'envi; deux canaris chantent au milieu. M. le bourgmestre s'étonne des progrès de l'horticulture. L'apothicaire sort :

— Beau temps! monsieur le bourgmestre!
— Bon temps pour les avoines.
— Vous maigrissez, monsieur le bourgmestre?
— Eh! eh! eh!

Le bourgmestre continue son chemin et se perd au tournant opposé.

La servante de madame la baillive débouche à son tour, une urne de cuivre sur la tête. Où va-t-elle? à la fontaine. Les pigeons de M. l'avocat s'abattent sous les timons d'un char de froment. — Tenez, la chatte du syndic a pris une souris! — Bon! un char de côté! il s'arrête au Lion d'or! Les étrangers commencent à venir!

Et toute la vie comme cela.

Avec de l'air, de l'eau, des prés, des bois; avec un tas de noisettes, et quelqu'un qu'on aime pour les grignoter à deux; moi je dis qu'il n'en faut pas tant, et que c'est le bonheur.

Voilà pourquoi la bande court en chemin de fer.

Tout en courant, elle traverse des pentes vertes parsemées de sapins; elle laisse les villages aux chalets de bois et leurs auberges avenantes. Nul ne s'y arrête plus.

Il n'y a pas bien longtemps, on allait cahotant dans un char à bancs bernois, rosse en pointe, cocher sur le brancard, la pipe aux lèvres, habillé de grisette. On roulait à loisir parmi les forêts pleines d'ombre; on passait le long des vergers où le père, la mère et les enfants faisaient, dans un beau rayon d'or, la cueillette des cerises; on s'attardait vers le bassin de fontaine où la Lisy aux tresses blondes lavait les pommes de terre dans l'eau courante, pendant qu'Annely redressait au jardin les pieds-d'alouette et rattachait la rose de tous les mois. Sur le chemin, quelque grande jeune fille, qui allait visiter sa marraine, marchait d'un pas leste, le bas bien tiré, le sac rouge sous son bras nu que gantait un fin miton vert. Pas un rouge-gorge ne chantait qu'on ne l'entendît, pas une hirondelle n'apportait la becquée à ses petits, sous l'auvent de la grange, qu'on ne la suivît du regard. Vers dix heures, on donnait l'avoine. Les marmots s'assemblaient autour du cheval, et, tandis que celui-ci croquait lentement sa provende, on s'oubliait en quelque fraîche retraite, sous le berceau de vigne vierge, dans un réduit tout enguirlandé de pois de senteur.

Le soir, au crépuscule, on prenait gîte. Il fallait voir l'émoi! Proprette était l'auberge; des vitres claires, des bancs de chêne, un promenoir dallé. L'hôte, brave homme sur le retour, jovial avec respect, vous ouvrait la porte du courtil où les lis rendaient leur odeur; sa femme, habile cuisinière, faisait sauter dans la poêle les truites recroquevillées. Leur fille, une demoiselle naïve, jolie, qui avait appris le français à Neuchâtel, déployait la nappe en tremblant : belle nappe blanche, ouvrée à la maison, toute parfumée de lavande et de thym. Elle posait dessus la carafe, remplie aux sources vives, couverte encore de cette vapeur qu'exhale la fraîcheur de l'eau. Vous étiez un événement; on vous choyait, on vous aimait. Plus humble le village et plus modeste le logis, mieux on vous servait. Et quand vous partiez, une main cordiale venait serrer la vôtre. Maintenant...

Maintenant, nous voici à Berne, au Faucon. Une nuée de sommeliers pommadés s'abattent sur la bande. Il faut dîner; on dîne. Après, on va voir le palais fédéral.

Ce palais, masse granitique, s'assied carrément en face de

l'Aar et des glaciers. Le monument est sérieux, bâti dans le goût des forts taureaux d'Uri. La bande aime cela. Elle y retrouve le vrai caractère suisse. Par malheur, le dedans gâte tout. Point de pierre, du plâtre; point de fresques, du papier; point de statues, des trompe-l'œil [1]! Quelle mesquinerie! nos fronts patriotes en rougissent. Et voilà qu'il monte au cœur de la bande une soif de beauté, une nostalgie à l'endroit des arts, une aspiration vers la poésie des formes, qui la dévorent et qu'elle endure en silence.

Pays ruisselant de soleil où la lumière s'épand sur les noires chevelures, contrées bénies où la grâce court le long des bras modelés à l'antique, régions sereines où la jeune fille qui s'avance d'un pas léger vers la margelle du puits, semble descendre des bas-reliefs d'Athènes; plaines fertiles où les vendangeurs au front triste, au regard penseur, couchés sur le chariot que traînent les bœufs du sacrifice, traversent lentement les places qu'a dessinées le Bramante; vieux cloîtres aux colonnes torses, palais aux murailles de marbre, salles toutes pavées de gemmes, galeries tout illuminées de la gloire des Raphaël, des Michel-Ange, des Van Dyck; dites, vous reverrons-nous jamais?

Nous voici sur la plate-forme. Du vert, encore du vert, beaucoup de vert! Trois poules de Cochinchine avec leur coq sans queue se promènent à l'aventure. En bas, l'Aar froide se moire de lueurs argentées. Des maisons aux toits rouges parsèment les coteaux. A l'horizon, les Alpes, splendeur de notre Suisse, d'une grandeur, d'une royauté, d'une paix inexprimables, dressent dans le ciel qui pâlit leur austère rempart.

La nuit est close. De petites lumières scintillent au fond du précipice; l'eau qui frémit le long de la barre nous envoie

1. 1858.

son murmure uniforme; un souffle qui a frôlé la neige, passe dans les marronniers aux feuilles jaunies; quelque grosse pipe allemande jette de çà et de là, ses bouffées de tabac.

Et voilà que, tout à coup, trois violons avec deux flûtes entonnent d'une vive allure la chanson merveilleuse, la preste, la moqueuse, la folle chanson que l'an dernier, le dernier soir, à Venise, nous écoutions!

Venezia, ô Venezia! Des larmes ont jailli.

Ah! dites-le-moi, nuits étoilées, pas errants au son des accords enchantés, triple magie de la rêverie, de la musique et des doux loisirs, que venez-vous faire ici? Sous les sévérités du Nord, vous êtes étrangères; vous grelottez, pauvres voyageuses. Retournez aux Canaletti, retournez aux terrasses de Gênes, là vous trouverez les mers d'azur, là les plages radieuses.

Par pitié, laissez-nous!

DEUXIÈME JOURNÉE

Si par bonheur il pleuvait!
Il ne pleut point.
La bande, résignée, part en deux confortables voitures surmontées de deux cochers plus épais que longs. Elle salue les Mützˡ qui la contemplent du haut de leurs sapins écorcés, et prend la route de Thoune.

Comme je connais ces lieux-là! Que de fois je les ai parcourus! Tous les âges de ma vie s'y marquent en souvenirs.
Un soir, dans la cour du manoir, on nous dit :
— Enfants, préparez-vous, on vous mène en voyage. Demain, vous coucherez à Payerne!
En voyage, nous? Coucher à Payerne!
On tira des remises un char de côté : de la place pour trois, or nous étions cinq. Dans ce temps, c'est comme cela qu'on se mettait à l'aise. Sur le train du char, derrière, mon père attacha (on se servait de ses mains alors) un coussinet jaune canari, dur, glissant, fixé tant bien que mal par deux courroies. Là, siégeait l'homme excellent qui fut notre pré-

1. Ours.

cepteur : figure austère, âme rigide, avec de rares sourires. Nous l'aimions, oh! de tout notre cœur. Sous les sévérités de l'aspect on sentait les mâles tendresses. Mais un froncement de sourcils, l'ombre seulement que projetait ce profil romain! le frisson nous prenait. C'était donc lui que la simplicité de nos mœurs traînait à rebours, agrippé des deux mains, jambes pendantes, au travers de l'Oberland.

Mon père, devant, n'avait pas meilleure fortune. Même coussinet, un peu plus mince, un peu plus dur. Au brancard, un beau cheval bai; ma mère et nous dans le banc. A chaque cahot, tous en l'air. Et voilà comment, trottin trottant, on s'en allait par le monde.

Qu'il nous parut grand! que nous y vîmes de belles choses! Les moindres : une mare avec des canards, un nid de fourmis sous les hêtres, les vaches qu'on trayait en prairie. Et puis certains aspects qui saisissent les âmes d'enfant : un lac très bleu, très profond, dans des rives très vertes; un site qu'on retrouve à l'extrême horizon des rêves, sans nom, sans forme, mais quoi, c'est un morceau d'azur, et l'on y retourne aux heures désenchantées.

Ce matin, il y a foire à Thoune. Cohue de vaches, de fruitiers, de bêtes cornues et cornantes, sans compter les belles filles de l'endroit, qui jouent ferme du poignet! La bande s'en tire comme elle peut; ses confédérés la regardent de biais : *Ein, zwei, drei, vier, fünf!* d'une voix terne, sans gaieté, sans tristesse.

La bande ne dit rien, mais elle est vexée.

Passons. Voyez la Jung-Frau, voyez le Mönch, blanches arêtes dans l'air pur! Tout en se pâmant, on tombe à bras raccourci sur le panier aux poires.

Splendides, ces montagnes dont les versants continuent à descendre sous les transparences du lac, tandis que montent leurs pentes vertes, leurs sentiers blancs, et que surplombent leurs grands caps! Une chose pourtant manque aux aspects : la couleur. l'or avec le feu du Midi. Après cela, s'ils l'avaient, seraient-ils encore Suisse? Va pour l'Helvétie.

Nos calèches ne se pressent pas. Une fois les poires mangées (l'oisiveté ne valut jamais rien), on entame une croisade contre l'obligeance de mademoiselle du Rouvre.

Féroce et tyrannique, mademoiselle du Rouvre! L'esprit tendu sur la mauvaise place, sur le fruit véreux, sur la carcasse de volatile, sur le matelas par terre, sur toutes les petites macérations à l'usage d'une bonté forcenée.

Vous errez, vous flânez, vous remontez dans la voiture, mademoiselle du Rouvre est installée; elle a le rebours, elle tient les parapluies, le panier pèse sur ses genoux; et n'essayez pas de lui disputer le privilège d'être mal; ses yeux si doux lanceraient des éclairs.

Mais c'est fini. La bande révoltée en aura raison. Mademoiselle du Rouvre passera sous les fourches caudines du droit commun. On est en république ou on ne l'est pas.

Mademoiselle du Rouvre ne dit mot. Seulement, voici ce qu'elle pense : — Allez, allez, mes petites dames; querellez tant qu'il vous plaira mes vertus! A qui s'adresse-t-on aux heures d'angoisse, qui vient-on chercher dans l'embarras?

— « Mademoiselle du Rouvre, j'ai une emplette à faire, accompagnez-moi? Mademoiselle du Rouvre, ma robe est déchirée. prêtez-moi vos aiguilles? Mademoiselle du Rouvre, une tache, vite, votre savon noir! Mademoiselle du Rouvre, j'ai cassé mon canif. Mademoiselle du Rouvre, j'ai froid. Mademoiselle du Rouvre, j'ai chaud. Mademoiselle du Rouvre, notre dame de bon secours, aidez-nous! »

Le temps court, pas nous :

— Voyons, voyons, cocher! avançons, arrivons! Interlaken, hôtel Bellevue!

Le cocher dégage tant bien que mal sa petite tête de grenouille de son gros corps de rhinocéros. Par un incroyable effort il se met de trois quarts, et dit :

— Hôtel Pellefue, y a pas.

— Comment, pas d'hôtel Bellevue? J'ai écrit à l'hôte, il m'a répondu !

— Est-ce M. Schäffely? ou M. Jungerly? ou M. Bitterly? ou madame Stämpferly?

— Hé! que voulez-vous que j'en sache? Menez-nous à l'hôtel Bellevue!

— Peux pas, monsieur! — Gros rire. — Hôtel Pellefue! y a pas.

— Ah çà! mais, quelle mauvaise plaisanterie est-ce là?

— Y a pien Pelfeter! Pellefue, y a pas.

Le cocher se retourne, se gratte la tête, réfléchit, puis, frappé d'un éclair :

— *Pelfeter*, c'être en allemand! *Pellefue!* c'être en français! ché connais, ché connais! oh! oh! oh! oh!

Brave homme, va!

Quelques mélèzes frangent l'eau de leur dentelle; les truites font miroiter leurs écailles à travers le flot.

Arrivée, grosse cloche : C'est bien nous! c'est bien vous!

— Messieurs, vos appartements sont prêts.

Demain le repos, à lundi nos prouesses!

Un bout de toilette; allons nous promener.

Vous connaissez Interlacken. Une route ombragée de noyers; au fond, la brèche de Lauterbrunnen; dans la brèche un glacier, la Jung-Frau, du haut en bas immaculée, fière en sa chasteté, avec ses vifs tranchants qui semblent défier toutes les audaces humaines! Le Niesen dresse au nord sa pyramide. Des deux côtés du chemin se rangent les chalets, les hôtels, les étalages où s'entassent force tables de bois, chaises de bois, encriers de bois, flambeaux de bois, chamois de bois, cassettes, bracelets, porte-cigares, porte-plumes, porte-livres, porte-tout; d'assez beaux modèles, quelques morceaux artistiques [1], le reste taillé à la douzaine, comme s'il sortait d'une machine à vapeur! Là dedans vont et viennent de maigres haridelles avec des torrents de carrioles. Les guides, chargés de havresacs, cheminent dos courbé; le voyageur éreinté, sueur au front, rose des Alpes au chapeau, frappe les dalles de sa pique ferrée; des paysannes, chargées de fraises, sollicitent les acheteurs; des ânes à paletot rouge attendent les promeneurs; de beaux messieurs et de belles dames se croisent en tous sens.

Beaux messieurs, belles dames! devant les Alpes?

A l'énoncé d'un fait si monstrueux, le devoir de tout homme qui se respecte est d'éclater en un superbe courroux.

Eh! que non pas. Pour moi, j'aime les contrastes. Au sortir des granits pelés du Grimsel, du froid pinçant, du Todten-See [2], flaque morne où ne se reflètent que des lichens blanchâtres avec un ciel noir à force d'être pur; j'aime le bruit de la vie. Mon prochain ne me déplaît pas, son regard me fait du bien; d'ailleurs, si je ne rencontre que des visages hostiles, eh bien, j'ai le Wetterhorn [3], et l'Eggishorn, et le Schrekhorn, et toutes les cornes du monde, où m'aller promener.

Ainsi devisant, la bande, légère et de bonne grâce, muse à loisir. L'atmosphère de l'endroit l'a gagnée, elle paresse, elle parade. Lire? impossible. Travailler? point.

Quel beau moment nous avons passé sur l'herbe, en face de l'orage qui grondait. Derrière nous, vers Brienz, le ciel était limpide. Devant nous, des draperies fauves tombaient à grands plis. Le Niesen, enveloppé d'une pourpre transpa-

---

1. Voyez les produits de l'atelier de M. Wald.
2. Lac des morts.
3. *Horn*, corne.

rente, nouveau Sinaï d'où partait la foudre, siégeait au plus fort de la tempête. Çà et là, des ondées s'épandaient, tantôt en poussière d'or, tantôt en noires cascades. Lui, paisible dans sa gloire, se dérobait sous son voile incarnat. Le tonnerre promenait ses éclairs de montagne en montagne, des reflets d'incendie frappaient nos visages, le vent des cimes courait sur nos fronts. Alors, la majesté des Alpes s'est révélée.

Bientôt, nos pieds vous fouleront, gazons de là-haut! nos lèvres étancheront leur soif aux neiges fraîchement tombées! De l'air libre, pour nos libres cœurs!

Que vous dirai-je? la nuit est descendue.

Revenus dans notre salon bien clos, nous savourons les délices d'une soirée intime.

M. de Belcoster prend le dernier volume de MM. de Goncourt, il lit à haute voix. Les dames sont à l'ouvrage. M. le pasteur Nérins écoute, rêve, dort, ou tout comme.

Trois coups à la porte!

— Entrez.

— Monsieur!

— Que voulez-vous?

— Monsieur a demandé des piques?

— Ah! bien! voyons cela!

Le garçon apporte une brassée de bâtons blancs. Toutes les dames en l'air! M. Nérins, réveillé en sursaut, se frotte les yeux. On examine, on soupèse, on choisit. Celle-ci est trop courte, celle-là trop longue; on franchit les précipices on descend les névés à la traîne. Mademoiselle du Rouvre a d'emblée jeté son dévolu sur ce mauvais échalas; on ne le lui arrachera qu'avec la vie!

Le garçon une fois congédié, la bande entière se promène par la chambre, piques en main.

— Lisons-nous, ou ne lisons-nous pas?

On pose les piques, on s'assied ; M. de Belcoster recommence, M. le pasteur Nérins aussi.

Trois coups à la porte !

— Entrez !

— Monsieur !

— Qu'y a-t-il ?

— Monsieur a demandé un guide ?

— Ah ! bien ! voyons le guide.

Arrive un petit vieux, ratatiné en manière de nèfle.

Les dames se regardent.

— Ces tames, ils tésirent faire un pétit tour ?

— Un grand tour, s'il vous plaît.

— Oui, oui, ché connais : la cascate té Lauterbrunn, lé Giesbach, encore l'Abend-Berg, si ces tames ils sont pas trop fatiguées !

— Mon bon ami, ce n'est pas cela du tout. Ces dames sont de fortes marcheuses, entendez-vous !

Le petit vieux sourit d'un air fin :

— Tans cé cas, on les mènera foir la Handeck... peut-être lé glacier supérieur tu Grintelwald !

— Et les Scheideck, et le Faulhorn, et les glaciers de l'Aar, A PIED !

Le petit vieux s'incline :

— On ferra foir, on ferra foir !

Alors une des dames, d'un air indifférent :

— Avez-vous fait l'ascension du Schrekhorn ?

— Tu Schrek.... oh, non, matame !

Une autre :

— Avez-vous fait le passage de l'Ober-Aar ?

— Te l'Oper... connais pas, matame !

— Du Finster-Aarhorn ?

— Le Finster... oh ! ça, matame, c'est les montagnes qu'on monte pas ! Chamais les femmes y montent ! et les messieurs pas tavantache !

— Eh bien! mon brave homme, ces montagnes, nous les gravirons, voilà tout!

Le petit vieux écarquille ses petits yeux, et reste cloué. Puis, se ravisant :

— Où les tames mé mènent, moi, ché feux pien aller!

— C'est bon.

— Ché suis content afec les tames comme ça... et afec les messieurs aussi! — Gros éclat de rire; la bande fait chorus. On arrête le plan de campagne : Nous partirons lundi, nous monterons le Faulhorn, les Scheidecks, le Grimsel, pour nous dérouiller; après, comme dit l'homme, nous verrons.

La bande avait rêvé un chasseur de chamois, on lui donne un trisaïeul; que voulez-vous, dans les mauvais pas, elle le portera.

Maintenant, retournons aux frères de Goncourt.

M. de Belcoster reprend. Les aiguilles vont vite, les pensées aussi. La tête de M. Nérins oscille doucement.

La, lera, lera, y là! — M. Nérins, d'un élan à la fenêtre! Les dames, d'un bond après M. Nérins! M. de Belcoster, d'un saut après les dames! Une compagnie de guides! Ils chantent par cette nuit étoilée!

Chant léger, chant ailé, pur comme la glace vive, fier comme les pics altiers; cris sauvages, accords qui éclatez aux dernières altitudes de la voix humaine, vous me parlez de vaillance, et de ces sommets perdus où tremble quelque saxifrage sous les fraîches haleines! Vos notes de cristal, hardies, sûres d'elles-mêmes, nous ont transportés aux régions de lumière! Il n'y a plus que Dieu. Pas une aile de papillon n'a ridé la neige; l'arête de granit vibre dans l'air; et, dans l'immensité, les jours tombent pareils aux jours.

Ce soir-là, ce ne fut pas un chant, ce fut une prière humiliée qui monta de nos cœurs qu'avait trop possédés l'heure présente.

Les folles brises nous avaient bercés ; voyageurs qui glissent le long du fleuve et dont les mains nonchalantes arrachent en passant quelques touffes à la rive, nous avions moissonné les joies frivoles, les paresseuses langueurs nous avaient enlacés. Heure du soir, heure du remords.

On en eut. Pas tout le monde.

Profitèrent-ils à la bande? Dieu le sait.

TROISIÈME JOURNÉE

J'aime nos dimanches ! Une meilleure tendresse nous unit, l'éternité laisse descendre sur nos fronts des clartés plus égales.

Après qu'on a prié, tous ensemble, et qu'on s'est recueilli chacun chez soi, l'on sort.

Aujourd'hui, la bande est assotée. Elle n'a goût à rien. Un inexprimable ennui l'affadit. De son passé montent des bouffées de poésie qui la rendent insensible aux vestes de mi-laine, aux coudes anguleux, aux figures de Huns, encore plus aux robes à huit volants, flanquées de favoris en côtelettes, dont se couvrent les sentiers.

La bande, au surplus, est une bande bocagère : *banda sylvestris, banda sylvatica !* Ce Longchamp l'assomme :

Oh ! que ne suis-je assise à l'ombre des forêts !

Vous y serez, mesdames.

En attendant, prenons l'air. Encore des Allobroges, des guides et des Anglais, des Anglais et des guides ! La pluie broche sur le tout, mais si drue, si serrée, que, pour regagner le péristyle, il se faut mettre à la nage.

Là, parmi les jasmins, les myrtes en fleur, les grenadiers

et les verveines, juste comme dans le jardin de monsignor di Negri (ah! ce prêtre! ah! ce prêtre!) on voit entrer, on voit sortir, on voit partir, on voit arriver.

La bande se laisse choir sur les bancs. Moitié mollesse, moitié plaisir, elle y reste. Il pleut à torrents. Hier un orage, des trombes aujourd'hui, cela donne à penser.

Bah! une trempée! on n'en meurt pas.

Madame de Belcoster sourit. La bande lui lance un coup d'œil de travers.

Voici trois enfants, vêtus de velours et d'écarlate, bruns visages transis, cheveux bouclés que l'humidité colle aux joues, loques aux vives couleurs que le soleil fait briller et que déteint la pluie. Ils chantent la barcarolle, ils chantent les belles nuits vénitiennes!

Prenez, enfants, réchauffez-vous! Retournez, croyez-moi, retournez là-bas, où rit la mer, où la terre est parfumée, où le ciel n'a point de courroux, nuls frimas l'hiver. Les doux idiomes y caressent le cœur; là, il fait bon s'aimer; là, il en coûte peu de vivre; allez, un Dieu clément a posé votre nid sur les rives enchantées, n'affrontez pas l'aire de l'aigle, le frisson vous prendrait.

Un départ!

Eh! c'est notre cocher. Depuis hier il n'a pas maigri. Sa calèche s'est transformée en landau. On emballe. La foule désœuvrée stationne autour de l'équipage. L'un après l'autre, à de lents intervalles, arrivent les paquets. Notre cocher rubicond les enfouit dans son carrosse. De temps en temps, il se tourne à moitié vers la bande avec un clignement d'œil amical :

— Y m'apportent leurs *briques* [1].

Nécessaires, pharmacies, coussins, tout se succède. Le

---

1. Objets épars, pièces et morceaux.

cocher fait un petit haussement d'épaules, toujours du côté de M. de Belcoster.

Il regrette la bande, ce cocher-là.

Vient un coffre en fer battu.

— La caisse d'épargne !

Enfin, une longue femme perdue dans un long nuage de soie apparaît sur le perron ; un long monsieur ficelé dans un long paletot lui donne le bras ; ils montent, dignement, froidement, sans un mot, ni à l'hôte qui suit chapeau bas ; ni aux sommeliers, qui se précipitent en ouragan ; ni aux portefaix, rangés en double haie. Le gros cocher s'installe sur son siège. Ouf ! en retombant il a fait crier la carcasse ; dernier regard à M. de Belcoster : Hue ! — Bon voyage.

Toujours la pluie ; une pluie qui, de désordonnée qu'elle était, se fait uniforme et continue.

Notre vieux guide passe. Il est un peu gris, le bonhomme ; il s'est humecté par dedans, pour rétablir l'équilibre.

— Nous afre lé peau !

— Un déluge.

— Fait rien ! témain lé peau !

— Cela n'en a pas l'air.

— Nous, s'éfeiller à quatre heures !

— S'il pleut ?

— Pas pleufoir !

— Soit.

Plus le ciel tempête, plus on sent d'ardeur.

Mademoiselle Lucy Chatillon, surtout. Ses crayons sautent dans l'étui. Il lui faut des glaciers, elle en veut la douzaine. Mademoiselle du Rouvre l'appuie, mademoiselle Hélène encore.

Nos jeunettes, qui ne disent rien, glissent un regard vers madame la Bête au bon Dieu ! Si quelque lueur d'espoir apparaît sous les nuages, il viendra de ce côté, bien sûr.

Quant à M. Nérins, il pèse le pour, il pèse le contre. Pluie à l'hôtel, pluie en montagne, la meilleure n'en vaut rien : voilà son avis.

C'est aussi le mien.

Pluie à l'hôtel ! le nez contre les vitres, à voir tomber les gouttes, trotter les carrioles ruisselantes, et soupirer et patauger, et se lancer sur une éclaircie, et revenir transpercé.

Pluie en montagne ! une bourrasque, rien cela. Deux bourrasques, peu de chose. Trois bourrasques, passe encore. Mais se trouver pris, sans rémission, en un refuge des Alpes; encagé, morfondu, ligotté dans les brumes; et des sentiers convertis en torrents, et *un seul rechange !* quatre ours d'attente, cinq, six, pour rentrer, après, platement chez soi : stupide !

Quelque chose de cet effroi s'est-il trahi dans les yeux de madame la Bête au bon Dieu ? La bande a-t-elle surpris, entre le mari et la femme, un signe d'intelligence ? Le fait est que la bande, inquiète, sent vaguement dans l'air je ne sais quoi qui la trouble. Elle éprouve le besoin de protester, même de se défendre. Contre qui ? contre quoi ? elle ne saurait le dire, mais elle se défend toujours.

Et voyez un peu l'injustice ! C'est à madame de Belcoster qu'on s'en prend !

— Moi, mesdames, moi ?
— Vous regardez les nuages d'un air !
— Fais-je pleuvoir ?
— Vous avez une certaine mine rayonnante !
— Faut-il pleurer ?
— Allez, allez ! la folle du logis nous en prépare de belles !

Chacun couché, madame la Bête au bon Dieu met avec son mari le nez à la fenêtre.

Le noir a tout gagné; pas une étoile; l'eau tombe à flots :
— Si demain, à l'aube, il pleut toujours !
— Que le baromètre baisse !
— Qu'il n'y ait pas d'éclaircie !
— Au lieu des Alpes...
— Nous prendrons...
— Le projet...
— DE LA PLUIE.

Du rire qu'ils en font, nos gens pensent réveiller les soupçonneuses demoiselles de la bande.

Vite, sous l'éteignoir, et votre serviteur !

QUATRIÈME JOURNÉE

A verse !
Le projet de la pluie, alors ?
Point.
Au moment de retourner la poêle à frire, M. de Belcoster, qui craint de se brûler les doigts, se prend à réfléchir.
On regarde le ciel, le ciel dit : torrents ! On va voir le baromètre, le baromètre dit : déluge. On consulte le premier garçon : La pluie, monsieur ! — Le second garçon : Pluie établie, monsieur ! — Troisième garçon : La pluie ne finira pas, monsieur ! — Quatrième garçon : La saison est terminée, monsieur ! — Cinquième garçon : De la neige tout en bas le Grindelwald, monsieur ! — Et l'on reste. L'hôte, il est vrai, jure ses grands dieux qu'en donnant un coup de poing au baromètre, le baromètre remontera.
Ce n'est pas l'avis de notre guide. En parapluie de coton rouge, il se promène devant l'hôtel, lève la tête, rencontre une autre tête qui se penche hors de la galerie, et lui apprend qu'*il pleut !*
— Pleuvra-t-il demain ?
— Auchourt'uy, pleufoir.
— Voilà donc une vérité solidement établie : il pleut !

Cependant l'heure du bateau de Thoune a sonné. L'hôtel

se vide. Les gens résolus dégringolent en avalanche, les carrioles prennent la file, madame la Bête au bon Dieu regarde le tout : un jour de langueur, encore, dans ces salons déserts, tandis que nous pourrions !... — Elle a le cœur gros, madame la Bête au bon Dieu. Son seigneur et maître, qui le voit bien, descend, remonte, et va porter ses perplexités à l'étage des dames :

— Faut-il renoncer ?
— Renoncer ! pour quoi faire ?
— Faut-il partir d'ici ?
— Partir ! pour aller où ?
— Pour... la question n'est pas là, mesdames ; Attendrons-nous le beau temps, ne l'attendrons-nous pas ?
— Nous attendrons, monsieur, nous attendrons bel et bien ! Ah certes ! ah peste ! allez dire à madame votre femme qu'elle se tienne tranquille.

Après qu'elles ont montré leurs dents blanches, mademoiselle Lucy, mademoiselle du Rouvre et mademoiselle Dora se congratulent à l'envi ; mademoiselle Hélène demeure indécise, ni contente ni fâchée ; M. le pasteur Nérins sent poindre une curiosité dévorante : *Le projet de la pluie!* LE PROJET DE LA PLUIE ? problème irritant ! d'autant plus que le chef de bande a, cette fois, les lèvres verrouillées à triple cadenas.

Donc, nous restons.

La bande, assise sur ses malles, les piques liées en faisceau, prête à partir, ne partant pas, cherche à se persuader qu'elle est chez soi. On propose une lecture, on sort de sa poche quelque broderie ; vains efforts, la bande se sent suspendue à un fil.

Midi ! Les trombes continuent. Second signal du second bateau ; seconde émigration de gens décidés. Le peu qui restait s'écoule ; les bagages disparaissent, les carrioles passent au galop !

M. de Belcoster court à l'hôte :

— Par ce vapeur, arriverons-nous pour le train de…? Coucherons-nous ce soir à…?

— Je ne crois pas, dit l'hôte.

Je crois ! dit la pancarte des railways, clouée au mur.

Va pour la pancarte.

— John ! deux voitures ! et filons !

— Nos piques ?

— On laisse les piques.

ON LAISSE LES PIQUES ! premier terme de l'équation qui va torturer l'esprit de notre pasteur.

Sur la porte se tient l'hôte, déconfit. Le guide s'y tient aussi, dégrisé :

— Chusqu'au noufel an, chè mè console pas t'afoir pas contuit ces tames…. et ces messieurs afec !

Nous y voilà. Le pont du bateau n'offre à l'œil qu'un vaste bouclier de parapluies. Pas moyen de s'insinuer là-dessous. Dedans c'est plein de mamans et de marmots. A travers les unes, en dépit des autres, la bande parvient au bout du salon ; elle s'y case. Une fois casée elle se regarde, et rit.

En route, pour où ?

Elle fait des yeux terribles, cette bande ; n'importe, elle se sent naviguer vers quelque chose d'inconnu qui l'amuse parfaitement.

Près de nous, dans ce triangle que forment les divans, trois étudiants de Bonn, trois *Burschs* de haute mine, se groupent en un tableau qui fait penser aux brigands de Schiller ; non que les braves garçons aient de leur vie occis juifs ou chrétiens ; mais c'est l'air. Tous les trois sveltes, beaux, trois gentilshommes, mangeant au même plat, buvant au même verre ! L'un, le plus âgé, front découvert, physionomie sérieuse, à demi couché sur les coussins, écoute, ou songe. L'autre, une figure de chasseur tyrolien, loyale, un peu rude, dévore, et se laisse abasourdir par son camarade. Le camarade a de grands yeux veloutés d'où partent des éclairs, une bouche rieuse qu'accentue la petite moustache blonde, des cheveux ondulés et soyeux. Il promène sur un fier épagneul, assis devant lui, sa main blanche qu'orne une grosse bague à chaton. De ses lèvres sort un flot d'éloquence : tantôt des vers, tantôt de la prose ; cela va toujours. Et le compagnon : *Ya! ya! ya!* entre les bouchées. Noble créature, ce chien, d'un noir d'ébène, agile et souple, les prunelles ardemment fixées sur les yeux de son maître !

Sans avoir l'air d'y toucher, les *Burschs* laissent glisser plus d'un regard du côté de la bande. La bande, à son tour, ne craint pas trop cette toile de genre ; si bien que mademoiselle du Rouvre, gracieuse, avenante, se trouve, on ne sait comment, tout droit plantée devant l'homme et devant le chien :

— Belle bête !

L'étudiant, touché au vif, salue :

— Ce chien, mesdames, est le dernier de sa race, d'aussi bonne maison que le roi ! Il vient d'Ulm. J'ai fait deux cents lieues pour l'obtenir : Usch ! Faust ! L'épagneul se dresse debout, et pose les deux pattes sur les épaules du gentilhomme :

— Celui-ci, voyez-vous, m'appartient âme et corps. Un signe, il se jette à la gorge du premier venu.

Mademoiselle du Rouvre recule.

— L'autre jour, je lui ai commandé de sauter sur un bouledogue. Faust était las. Le bouledogue ne lui disait rien. Il m'a regardé, il a hésité, j'ai répété l'ordre, il m'a regardé encore ; c'est la première désobéissance ! à la seconde, je lui brûle la cervelle.

— Monsieur, vous ne le ferez pas.

— Je le ferai.

— Monsieur, ce chien a sa conscience, vous ne la violenterez pas!
— Je suis sa conscience, moi.
— Quoi! vous niez l'indépendance morale du chien, et son libre arbitre?
— Je suis son arbitre, moi, et sa vertu! Ma volonté, c'est le bien; la révolte, c'est le mal.

Cependant le chien continue de plonger son naïf regard dans l'œil enflammé du *Bursch*.

— Si vous le faites, monsieur, vous ferez une mauvaise action.
— Je l'ai juré.
— Quand on a mal dit, on se dédit.
— Jamais.

Ne le poussons pas.

Notre vapeur accoste, le *Bursch* jette un sourire vainqueur aux dames; il part, suivi du chien. Le second étudiant marche dans son ombre. Le troisième se lève nonchalamment, avec un haussement d'épaules qui signifie : Laissez, il pose! — Eh, c'est clair! la jeunesse, la contradiction, les dames! bah, il n'en fera rien.

A Thoune, notre sort se décide.
— Une voiture! conduisez-nous!
— Où, *mein Herr?*
— A l'embarcadère de Berne, en deux heures.

L'homme lève les bras au ciel :
— Pas possible, monsieur.

Cherchons ailleurs. Course désespérée. Le vol des touristes s'abat sur le vol des carrosses : pris, pris, pris! Enfin, on aperçoit un omnibus, attelé.

— Nous menez-vous à Berne?
— *Ja wohl.*
— En deux heures?

— *Ja wohl.*
— Pour le départ du train?
— *Ja wohl.*
— Dépêchons, mesdames : *Ein, zwei, drei, vier, fünf, sechs!* et la mienne par dessus le marché! Monsieur Nérins, montez avec moi; John sur l'impériale. Enlevez-moi cela!
— *Ja wohl.*

Nous revoilà donc trottant, empilés et mouillés, sur cette route où l'autre matin nous faisions poussière.

Mais la bande sait où elle va. Elle est madrée, la bande, bien fin qui l'attraperait! Elle va — *en chemin de fer!*

Au surplus, à tout vent tournant son aile, où qu'on la mène, elle est ravie. — Et nos jeunettes! la joie leur étincelle dans le cœur.

— Pourvu qu'il pleuve longtemps!

Madame de Belcoster rit; ce rire en dit plus qu'il n'est gros. M. Nérins, qui l'a vu, plonge aux abîmes de l'abstraction :

— L'embarcadère!

Étant donnés un embarcadère, une bande, et un chemin de fer... trouver l'âge du capitaine?

Tout ruisselle, maisonnettes, Bernoises et Bernois. Les fleurs sont trempées, trempée la vigne vierge; dans les granges, des troupes d'enfants se culbutent parmi le foin; les poules se cachent sous l'auvent; les canards, frais et gaillards, secouent la queue, et s'en vont, d'un pas solennel, chef en tête, comme la bande, barboter dans les vifs courants.

Pourvu que nous arrivions! La bande se fait légère.
Station de Berne!
M. de Belcoster disparaît, reparaît, et donne à chacun son billet : Zurich!

— Zurich?

Certes, aller à Zurich, c'est une belle chose. Toutefois la bande, pour modeste soit-elle, ne peut admettre qu'on la mène à Zurich, rien que pour lui faire voir Zurich.

Zurich! C'est un commencement, ce n'est pas une fin. Zurich! Où cela peut-il bien conduire?

— A Saint-Gall?
— Qui sait.
— Aux Grisons?
— Possible.
— A la chute du Rhin?
— Tout juste! — M. Nérins l'a trouvé!

Chute du Rhin! — Il me semble, à moi, que nous voyons tomber assez d'eau comme cela!

— N'importe! vous y tenez, mesdames? positivement? Votre volonté soit faite : à la chute du Rhin.

Le mot à peine lâché, nouveau grabuge.

— Si c'était là, on n'en conviendrait pas; on le dit, c'est donc ailleurs! — et cervelles de travailler.

Ainsi la bande, partie en guerre pour les Alpes, se trouve assise dans un wagon,

Piques en main, aux pieds les bottes de sept lieues, entreprenante, dévorante : Jung-Frau, tiens-toi bien! — Par le premier trou, dans le premier train.

On traverse Olten : juste le chemin de Granges, Valpeyres et Montvéran.

— Enfants, voulez-vous rentrer chez vous? ce serait plus sage.

— Non, non!

Le crépuscule est sombre, la pluie battante, à Zurich on n'y voit plus.

— Repartons-nous demain?

— Oui.
— A quelle heure?
— Six heures.
— En quoi?
— En chemin de fer.
— *En chemin de fer!* Toute la nuit M. Nérins y rêvera.

CINQUIÈME JOURNÉE

Charlemagne, assis sous l'horloge, tient sa grande épée en travers. Les laitières au milieu de leurs pots, les ouvriers parmi leurs outils, les pêcheurs devant leurs filets, tous lisent le journal. Nous sommes dans l'Athènes suisse, cela saute aux yeux.
— Vite et vite! l'express!

Ici commence, pour tout de bon, le supplice de M. Nérins. M. le pasteur Nérins a l'esprit net, l'intelligence vive, une prodigieuse clarté d'idées : Être mené, là, comme une brebis, on ne sait où! — Allez, M. Nérins s'en tirera. M. Nérins possède une carte. M. Nérins s'est pourvu de la carte suisse, à Berne. Qui dit carte, dit boussole. Carte et pluie en poche, M. Nérins trouvera l'âge du capitaine.
Cependant un bonhomme de par là, gros paysan vêtu de la laine de ses moutons, s'établit vis-à-vis de nous. Il entame l'entretien, se met à l'aise, ôte son habit, le plie, et le pose à côté de lui; ôte sa cravate, la plie, et la pose sur son habit; ôte son gilet, le plie, et le pose sur sa cravate : pour peu que cela continue, nous irons loin. Par

bonheur, averses et froid aidant, notre homme se ravise et se rhabille.

— Mais où donc va la bande?

La bande, Messeigneurs, se rend à Saint-Gall! Elle va visiter l'abbé, manger ses truites et boire son bon vin.

Le croiriez-vous, tout prêtre que soit l'abbé, M. Nérins ne se tient pas pour satisfait :

— Ici, l'orient; de ce côté, l'occident : Romanshorn est là. Mesdames! nous allons à Romanshorn!

— Romanshorn, bien! après?

— Après, après!

— Il y a le nord; il y a le midi!

— Il y a l'est, il y a l'ouest!

— Et le ciel par-dessus!

Dire qu'on a la tête dans un sac!

Pour se consoler, notre pasteur essaye de se faire décapiter : le buste hors de la portière, train express, sous les torrents! Cela donne envie au bonhomme de se redévêtir un peu.

Winterthur est derrière nous. Des plaines à perte de vue. Qu'est-ce que ce pays-là?

Bon! le conducteur a timbré les billets. M. Nérins jette sur le timbre un regard furtif (regard d'abbé, le voisinage de Saint-Gall). Le timbre garde son secret. Soudain, jet de lumière! La question s'illumine. Sans passeports, on ne peut voyager hors de Suisse; la bande a laissé les passeports au logis, donc : — La bande ne quittera pas la Suisse.

Si vous aviez vu, ô notre pasteur, passer à ce moment, sous la patte de madame la Bête au bon Dieu, quatre petits coins de papier blanc!

Mais le chef met la main dessus, et de son air le plus grave :

— Sans passeports, on ne peut sortir de Suisse. C'est clair!

Si clair, que M. Nérins recommence à douter.

Romanshorn! Des vapeurs partent dans toutes les directions!

— Prenons celui-ci, au hasard! Descendez, mesdames, établissez-vous au salon; il fait un froid de loup.

Ah! vous croyez qu'on emmagasine une bande, comme cela, et qu'elle ne mettra pas dehors le petit bout de son nez, et qu'elle ne verra pas de quoi il retourne?

— Sur le pont, mes sœurs! Et n'en bougeons!

Pour M. Nérins, c'est déjà fait. Le voilà, carte en main; autour de lui se rangent les dames, avec des regards aux quatre points cardinaux.

Le lac s'étend, aussi vaste qu'une mer. Il est grisâtre, il est houleux.

— La carte! voyons la carte! Rohrschach, Friedrichshafen, Lindau!

— J'y suis! Nous mettons le cap sur Friedrichshafen, c'est en Wurtemberg que nous allons!

— Peut-être.

— Non, ce n'est pas cela. Nous marchons sur Rohrschach, nous allons à Bregenz!

— Hum, hum!

— Ce n'est pas cela. A droite? à gauche? au milieu Lindau! Nous abordons à Lindau, m'en voilà sûr!

— Sûr? Eh bien! vous avez raison; nous allons à Lindau.

— Voilà que je n'en suis plus sûr, maintenant!

Les passagers, Allemands naïfs, arpentent le pont; ils contemplent d'un œil étonné cette bande qui consulte et les vents, et Neptune, et la carte, et qui a l'air, oui vraiment, de ne pas savoir où la portent les flots!

Ce lac, triste, n'est point sans majesté. Ses vagues, soulevées en longs plis, le marquent de blanches traînées; ses rives lointaines touchent à des royautés étrangères; les poésies de l'inconnu planent sur ses grandes eaux.

On approche de l'autre bord.

— En Allemagne, en Allemagne!

— M. Nérins, y pensez-vous?

— A Lindau! m'en revoilà certain!

— Et de Lindau?

— De Lindau? voulez-vous que je vous le dise tout bas? — Mademoiselle Lucy tend l'oreille : — A Munich!

— Munich! — Dites Constantinople, dites Pékin!

M. Nérins, tout saisi; rentre en soi-même et dans ses perplexités.

Pourtant, il y a quelque chose de plus fort que la modération des dames; il y a le bon sens de leur pasteur, doublé d'un indicateur des chemins de fer, fourni, s'il vous plaît, par le chef de bande. Celui-ci n'a eu ni trêve ni repos que la sottise ne fût faite; aussi sa femme!...

Lindau se présente, sentinelle hardie, aux avant-postes de la Bavière. Ville coquette, ville cavalière, avec son môle, son phare, son grand lion, patte levée, et son grand air de défi.

Nous y entrons? Point. Un autre vapeur nous coupe, qui nous force à prendre le large.

— C'est donc pour Rohrschach?

— Gens de bande, regardez-y mieux! Les ancres descendent, la statue du roi se dresse devant nous.

Salut, poétique Allemagne; salut, vous, les nobles arts! La bande sent battre son cœur.

— John, prenez les billets! — Pour où? La bande ne veut pas le savoir.

On sort de la gare, gare mignonne, toute chargée de sculptures, toute parfumée de fleurs. La bande s'est précipitée dans les wagons. M. le pasteur Nérins s'établit au milieu des Allemands que la bande a tant émerveillés.

— M. Nérins, voilà votre billet. Aurez-vous la vertu de ne le pas regarder?

— Non.
— Comment, non?
— Non, je ne l'aurai pas.
— Alors, chut!

M. Nérins regarde, sourit, et se tait.

Les dames, contentes, émues, ne demandent rien, muettes comme des enfants qui croquent du bonbon.

La trompette retentit, un employé s'élance : — *Alles für München* [1]?

Explosion d'allégresse, et cet homérique éclat de rire par lequel, à certains moments, la bande répond aux conducteurs des chemins de fer.

Ce fut alors qu'on jasa, et qu'on remercia Dieu!

Munich! la peinture, la sculpture, songez-y! Quelle *Heimweh* d'idéal nous sentions, que nous n'osions pas dire! Voir la Pinacothèque, voir la Glyptothèque! Vivre de cette belle vie des idées, qui enchante l'imagination, qui enivre les regards! — On n'analyse rien; on jouit par toutes les fibres; l'existence a doublé; il en jaillit des faisceaux de lumière. Inexprimable bonheur : tremper ses lèvres, ensemble, à cette même coupe si profonde et si pure!

Dans son wagon, seul de son espèce, entouré de Germains, M. Nérins se tient coi. Aussi les voisins de parler à leur aise :

— Il est heureux, ce monsieur! Voyager avec sept dames! Avez-vous remarqué? ils ne savent pas où ils vont! *Wunderlich!*

En attendant, nous voilà dans le plus original pays du monde. Si la bande est *wunderlich*, ce canton l'est encore plus; on dirait une boîte de Nuremberg répandue sur le sol.

1. Tous pour Munich?

Çà et là, poussent des sapins ébranchés jusqu'au mouchet; des vergers couleur d'épinards s'étendent sous un semis de chaumières à toits bas, percées de croisillons qui se touchent tous; devant chacune d'elles fleurissent des massifs de dahlias, de reines-marguerites, pimpantes, brillantes, à foison! Ces maisonnettes, volontiers, sont rouges; un beau rouge d'ocre; sous les fenêtres, il y a des balcons peinturlurés; le tout tiré en large. Les propriétaires doivent y ressembler à des citrouilles; je les défie, sans cela, de tenir debout chez eux. — Dans le lointain, s'étend la chaîne des Alpes. Pas un indigène, des vallons grands comme la main, des rivières que la bande tarirait en y buvant, parfois une église avec son clocher en éteignoir, si petite, si petite, qu'il y a juste de la place pour M. le curé et M. le marguiller.

Au milieu de ces jardinets, de ces taupinières et de ces sapinaux, le train va ventre à terre. C'est du dernier fantastique; on ne me persuadera pas que cela ait des habitants en vie.

L'obscurité s'est abattue. Parfois une gare apparaît : illumination soudaine; là s'ouvrent des gueules embrasées qui vomissent le feu, là des houles humaines se gonflent ou s'abaissent. Cela s'appelle de toutes sortes de noms.

Augsbourg! On se réveille en sursaut. Mademoiselle du Rouvre se précipite à la portière. Elle voit la diète, elle voit l'Empereur, elle voit l'Électeur, elle voit Mélanchthon! Sans M. de Belcoster, elle voyait Luther!

Luther et la diète; il y a de quoi penser. Charles-Quint, empereur despote, politique, ennuyé, qui dort aux séances et décrète la croyance de ses peuples; Mélanchthon, indécis et chagrin; préoccupé, avant tout, de faire accepter la réforme; prêt, s'il le faut, à la mutiler, jusqu'à ce qu'elle passe au travers de l'anneau papal; l'Électeur, solide au poste, vrai roi par la virilité de son âme résolue; et ces chevaliers de la

Bible, marchant droit, tapant ferme ; et Luther, immuable, tête carrée, cœur de roche, criant à Dieu la nuit, le jour forgeant ses armes ! — Quel spectacle ! Et quel temps, celui où l'on donnait sa vie pour sa foi.

Ainsi la bande atteint Munich. Recueillie, endormie, elle ne sait pas bien.

La bande roule depuis bientôt vingt-quatre heures. Si M. Keuler la voyait, il l'appellerait : *Banda exterminata!* Arrivée à l'hôtel vers minuit, elle ne dîne point, un tel hasard n'est pas fait pour elle. Elle avale une tasse de thé, en face d'une grande figure : un homme à barbe grisonnante, front haut, paupières délicates, ces yeux brillants et fatigués qui caractérisent les peintres : — Kaulbach ! — Elle l'a décidé, et s'y tient.

SIXIÈME JOURNÉE

Il est un idéal difficile à réaliser : l'idéal d'une âme chrétienne en voyage. — Cette âme, très simple, jouirait des bontés de Dieu dans un naïf sentiment de reconnaissance. La prière lui serait aussi facile que la respiration; cette poussière que nos pas soulèvent n'obscurcirait pas son ciel; elle n'éprouverait ni cette indifférence, ni ces révoltes secrètes par quoi, trop souvent, nous répondons aux gratuités de l'Éternel; elle irait son chemin, candide, joyeuse, aimant son Père qui est en haut, ses frères qui sont en bas, fidèle au logis; pareille à l'alouette qui tout le jour chante, et tout le jour s'égaye au soleil.

De ces âmes-là, on en pourrait nommer une : celle du grand saint de la bande; deux : celle de son vénérable pasteur; trois : celle d'une demoiselle dont il a fallu prendre les vertus pour en faire des défauts; quatre, cinq, six, et de Montvéran, et de Grange; toutes au bout du compte! hormis cette triste petite âme, en l'air quand il ne faut pas, à bas quand il ne convient guère; une âme dévorante et dévorée, que nous ferons bien de laisser là.

Tandis que la bande déjeune, Munich célèbre l'anniversaire de sa reine.

Panaches ondoyants, flamboyantes épées, casques d'airain, manteaux à l'espagnole, habits brodés, et la troupe, et les gens de cour, tous se rendent au palais.

Les clairons sonnent. Venez! c'est la musique. Écoutez cette franche mesure, écoutez les notes vibrantes du cuivre, et ce bruit des pas qui marque le rythme! Un souffle de poésie a passé dans l'air.

Ah çà! quelle figure a-t-elle, messire historiographe, cette poésie dont vous parlez à tout venant? De quoi est-elle faite? Montrez-moi ses lettres de bourgeoisie? Prouvez-moi son droit d'exister? — Vous la voyez ici, un autre la voit ailleurs, et quant à moi, franchement, je ne la vois pas du tout.

La poésie! que vous dirai-je? un son qui se perd dans l'espace, une vapeur suspendue au flanc du rocher, des moucherons balancés par la brise, un rayon, une goutte d'eau, un reflet, une ombre, moins encore.

La poésie! une enchanteresse voilée, qui vous frôle de l'aile et vous laisse enivré.

Où va-t-elle? là-haut, là-bas, rarement elle se pose où vous êtes; là-haut, là-bas, et vous y montez avec elle. Qu'il fait beau dans ces régions du pur éther! le soleil y a d'autres feux, des haleines embaumées s'y promènent, on y sent double vie, l'univers est à nous! Pensée, mélodie, couleur, tout s'y ment en une cadence harmonieuse, et l'amour emplit nos cœurs, avec l'adoration.

— Allons, bien, bon! quelles sornettes nous venez-vous conter! La poésie, mon cher, c'est, pour que vous le sachiez, une rime bien ajustée, l'hémistiche à sa place, les points sur les *i*, la virgule en son lieu. — Vous m'apportez un livre? attendez que je prenne mes lunettes! Hum! cet adjectif me paraît hasardé; ce substantif, guère académique. Un tableau? oh! oh! voici, dans la main droite, un ongle du petit doigt qui a, voyons, un millimètre, un demi, pour n'exagérer rien, plus long que l'autre. Une symphonie, un *Lied*, un opéra? ouais! quel est cet accord dont Mozart ne s'avisa point, et cette transition, nouvelle à mes oreilles?

Cela dit, l'honnête homme se frotte les mains. Il n'a rien admiré, l'honneur est sauf. — Et il ne voit pas, le pauvre habile homme, cette fée merveilleuse, le front couronné d'étoiles, belle, pensive, rieuse aussi, qui remonte en chantant, droit au-dessus de ses besicles!

Munich a les rues larges, l'air tout battant neuf de ses sœurs d'Allemagne. Je la soupçonne même de se faire, aux jours ordinaires, quelque peu déserte comme elles.

Dès les premiers pas, nous rencontrons les fresques du théâtre. C'est cru, si vous voulez, c'est de la peinture, cela réjouit les yeux.

Plus loin, le vieux palais nous ouvre sa chapelle. Schnorr y a traité des sujets sacrés. Point de types traditionnels : des apôtres penseurs, ardents, mélancoliques, des gens faits comme nous. — Le pays est catholique, je le sais ; que voulez-vous, la Bible avec Luther ont passé par là!

Entrons au musée des Antiques. Ces réductions des monuments d'Italie font rêver de la douce mer de Baïa, des déserts de Pœstum. Ces colliers des matrones et ces bracelets des vierges, au dessin pur, à l'or pâle, restituent le profil de Lucrèce, de Clèlia, de ces Romaines austères dont le galbe se penche sur quelque ouvrage de laine, plein de grâce et doucement éclairé.

Voulez-vous l'Orient? regardez ces figurines des brahmes, enveloppées de mousseline, et cette jeune fille indoue, svelte, aux yeux de gazelle.

Le Céleste-Empire s'épanouit avec les fils du soleil. Son gras empereur, jaune canari, sourcils en circonflexe, blasé, hautain, partagé entre un juste courroux et quelque indigestion de nids d'hirondelles, vient de signer le traité de Canton.

Vous pensez si la bande s'arrête aux sculptures sur bois, sur ivoire, à ces silhouettes des siècles passés, gentes dames, nobles seigneurs, majoliques, rondes bosses, gemmes et joyaux! Sans compter les selles turques, prises avec des faisceaux d'armes, par Maximilien au siège de Belgrade : le tout étincelant d'émeraudes, de topazes, de saphirs et de diamants. Quant aux turquoises, on n'en parle; elles font pavé.

Une fois dehors, on enfile les arcades. Des fresques encore! Des couleurs impossibles! cela ressemble aux enluminures qu'apporte grand-papa nouvel-an. Mais quoi, cela s'appelle : Taormina, Pouzzole, Tivoli.

Et puis j'aime l'estampe, la joyeuse estampe d'Allemagne, avec ses lacs indigo, ses arbres vert de poireau, ses pommes rondes à crever, ses potirons jaunes d'or.

Le *Vater*, en habit écarlate, pêche à la ligne le long d'une eau claire. La *Mutter*, en taille courte, des poupons plein les bras, le contemple d'un œil attendri. Les garçons joufflus boivent à même une jatte de lait. Poules, coq, et les oies, et les dindons, entourent la fille aînée au jupon galamment retroussé. En face d'un bouledogue qui gronde, le chat fait le gros dos, perché sur la pointe de ses quatre pattes. Trois poissons d'argent passent leur tête hors de la rivière. Quelque cigogne, profilée sur le toit de l'église, embroche du bec un soleil cramoisi. C'est fou, ridicule, tant qu'il vous plaira. L'effet, le voici : de la joie, un rire intime, je ne sais quelle chimère bariolée qui vous prend en croupe et vous porte vers des rivages absurdes et charmants.

La rue des Nobles (elle nous conduit devant la Glyptothèque), formée d'édifices qui reproduisent tantôt les caprices de l'architecture gothique, tantôt le style sévère des habitations d'Herculanum, reste unique au monde par son caractère : on dirait le rendez-vous des grands réchappés du temps jadis.

Glyptothèque ! Pinacothèque ! Ces noms grecs, en Germanie, blessent votre goût !
Pourquoi ?
Pourquoi nos frères, les Germains, condamnés à vivre sous un ciel gris et dans un siècle qui n'est pas rose, ne rebrousseraient-ils pas chemin vers le berceau des âges; vers l'Olympe, vers l'Hymète, sous les oliviers de l'Académie ?
— Tels que vous les voyez, ils s'établissent, dès le matin, pipe aux lèvres, devant leur *Wiederkomm*. Le soir, pipe aux dents, ils savourent leur chope de bière. Cela fait, ils s'assoient, que dis-je, ils se couchent le long du cap Sunium, accommodent leurs pipeaux, et célèbrent les attraits de Vénus *Aphrodite*.
Pinacothèque, Glyptothèque, ce leur est familier langage. Ils savent le grec, madame, plus qu'homme de France ! Ils pensent en grec, ils mangent de la choucroûte en grec ! et ce que, nous autres Hurons, nous appelons musée, eux le nomment *Glypto*, *Pinaco*, et le reste !
La plaine de Munich est une plaine à betteraves. Les pommes de terre y croissent plus naturellement que le génie. Ces honnêtes Munichois n'étaient pas, j'imagine, destinés à loger dans leur tête carrée les fantaisies de l'art le plus échevelé. Or c'est pour cela, justement, que parmi eux un individu s'est trouvé, roi par hasard, amoureux d'idéal, que tout ce tabac et tout ce bien vivre ont poussé dans les bras de la poésie. Attirée par cette voix un peu rauque mais ardente, la poésie est venue. D'une puissante main, d'une étreinte passionnée, le monarque l'a saisie : A moi les peintres, à moi les sculpteurs, à moi les architectes, à moi les habiles ! Bâtissons-lui des palais ! Regardez, mon peuple, n'est-elle pas d'une beauté souveraine ! — Le bon peuple

ôte sa pipe, lève la tête, regarde, s'absorbe, si bien qu'il est resté le nez en l'air.

Et voilà comment la Bavière est artistique.

Je vous mène droit aux chefs-d'œuvre de la Glyptothèque. D'abord un *Faune antique*, à demi renversé sur son siège, le corps abandonné, les bras à l'aventure. Il dort; sous l'empreinte de quelque songe néfaste son front s'est plissé. Mélitène l'a vaincu dans la lutte à deux flûtes; la nymphe Éryphile s'est moquée de lui; il a le cauchemar. Mais que c'est beau, que c'est bien la vraie nature, quel travail, et qu'on l'y sent peu!

L'*Adonis* de Thorwaldsen, pur de lignes, nous charme sans nous captiver. Le regard glisse sur ce type, d'une simplicité classique. Ni la conscience d'une étude exacte ne l'intéresse, ni le fouillé du ciseau ne le retient. A côté, le *Pâris* de Canova, joli, mou, flou, avec des membres remplis de coton, nous arrête bien moins encore. D'autres statues ont leur mérite; le *Faune* efface tout.

En deux pas, nous sommes devant les deux Pinacothèques : la vieille, qui renferme les tableaux de l'ancienne école; la neuve, qui contient les toiles de l'école moderne.

Ne vous attendez pas à un catalogue : quelques noms seuls, au courant des souvenirs.

Ici, ce Dürer : *Paul et Marc!* — Marc ressemble à tout. Paul est prodigieux. Laid, carrément laid : vraie figure d'ouvrier à qui son dur labeur ne laisse pas le temps d'être beau. Rude, patient, des yeux pleins de flammes, une tête taillée par l'abstraction, rien d'aimable à coup sûr, encore moins de tendre, avec cette forte empreinte du génie, qui vous fait crier : « Celui-là est un homme! »

Pas bien loin, *Marie*, de Sustermann. Son cœur bat seul encore; ce cœur va défaillir. Pâle, les yeux presque fermés, perdue dans la contemplation de ce Jésus, son enfant, son Dieu, sans vie! et elle avait cru qu'il délivrerait Israël! Les autres Marie, dans les autres dépositions de croix, ont trop de jeunesse; elles pleurent trop bien; celle-ci, non. La terre ne renferme plus rien; rien, que son Jésus mort!

Voici Lucas Cranach : *la Femme adultère.*

Infortunée! elle est arrivée à cet excès de détresse où l'âme ne garde plus que la perception d'un épouvantable malheur. Les traits n'expriment rien autre : ce je ne sais quoi d'insensible, de stupéfait, qui frise l'égarement. Mais le Sanhédrin! Mais l'affreux vieillard, figure éraillée, libertin blanchi, incrédule au repentir! Il se régale du péché de cette femme, il s'en frotte les mains, la perte de cette créature de Dieu le fait rire, son petit œil vitreux la transperce d'un trait implacable et moqueur. L'autre, un peu moins vieux, un peu moins tanné, la considère aussi, en franc débauché : elle est jolie, cette femme, belle dans sa honte, piquant, cela! nous allons détruire ce merveilleux visage; en attendant, il est bon à voir. Le reste, un tas d'Israélites d'âge, y va droit, sans malice : — Tu lapideras l'adultère! — ils lapideront.

Vous montrerai-je ce *Jardin*, de Breughel? Une tartine d'épinards semée de points blancs, jaunes, bleus, rouges, violets, tant que vous en voudrez! — On trouve cela beau, pas nous.

Metzu a ses *Usuriers* sur ce panneau. L'un chiffre, l'autre empile des doublons. Rien qu'à la fermeté du trait marqué par cette plume roide, rien qu'au pli du doigt qui la tient serrée, vous devinez l'homme qui croit en soi, parce qu'il a des écus : Ce que je veux, je le peux. Houles humaines, soulevez-vous, abaissez-vous, je mets le pied sur vos abîmes! Moi, je n'enfoncerai pas.

Salle des Rubens! Un tas de luronnes qui sautent dans leur peau.

École espagnole! Murillo, Zurbaran, l'Espagnolet, Velasquez, mendiants qui se pouillent, moines qui dévident leurs entrailles, un *saint François* embrasé de mystique ferveur, un Rospigliosi, grand escolier, vêtu d'écarlate, un de ces sacripants comme les chérit la bande.

Plus loin, les trésors d'Italie! Des Corrège qu'il faut regarder longtemps pour en comprendre le mystérieux attrait. Un *Portrait de l'Arétin*, vilain drôle et belle peinture, avec cet air vainqueur des toiles du Titien : lèvres fines, pâleur toute pénétrée de lumière, et des yeux dont la douceur veloutée ne parvient pas à voiler l'ardeur.

Mais qu'a donc cette grosse matrone en robe chocolat? Ce qu'elle a! rien ne va chez elle; son mari est un niais, sa lessive a manqué, ses servantes la volent, sa ferme ne rend pas. Triste planète que la nôtre, où tout marche de travers!

Ah! j'oubliais le portier, un géant, dix pieds ou tout comme! La terre doit lui sembler petite. Il nous regarde d'un air paterne, et nous laisse défiler. John reste sur le coup, fasciné par ce prodigieux spécimen de la nature humaine. Les musées avec leur cargaison ne lui ont rien présenté de si beau.

Dans la nouvelle Pinacothèque, deux toiles nous arrêtent; *le Déluge*, de Schnorr; *la Jérusalem*, de Kaulbach.

Commençons par Schnorr. Pour la première fois, nous sommes en présence du déluge biblique. Ceux que précédemment nous avons rencontrés, sont des déluges athées. Dieu y est méchant, les hommes y sont bons. Du côté de Dieu, une colère aveugle, j'ai presque dit féroce; du côté des hommes, l'angélique résignation avec les suprêmes dévouements. Le fils y sauve son vieux père. On y voit des yeux suppliants tournés vers un ciel d'airain. Les bras s'enlacent, des lèvres pâlissantes se cherchent, quelque chose de plus fort, de plus juste, de plus grand que Dieu, triomphe : l'homme, avec les tendresses humaines.

Ici, rien de pareil. L'homme s'y montre tel qu'il vivait, au temps où le grand abîme lâcha ses bondes : égoïste, dur, blasphème à la bouche, audace au front.

Regardez-le! Voyez cet époux, jeune, fort, qui a saisi le rocher; une femme l'étreint, la sienne : — Périr ensemble? Ah bien, oui! Va-t'en! chacun pour soi, l'enfer pour tous! — D'une secousse, il s'en est débarrassé.

Voyez ces deux vieillards, submergés à demi, les mains crispées à leurs idoles! La bouche frémissante balbutie des prières, prières machinales aux dieux païens : Bahal! Bahal! écoute-nous!

Voyez celui-ci, dont les doigts crochus, au milieu des flots en tourmente, tiennent la bourse d'autant plus serrée, que les agonies de la mort le torturent mieux!

Et le couronnement de l'œuvre, cette figure au sommet : l'homme au dromadaire, sur la dernière cime, dressé tout debout, des deux poings menaçant Dieu!

Ah! ceux-là, je les reconnais, ils sont de ma race; c'est bien la génération dont l'Éternel dit un jour : Je ne la supporterai plus!

Et maintenant, venez, contemplons *la Jérusalem* de Kaulbach.

Pauvre Jérusalem, te voilà comme du mont des Oliviers te vit Jésus, quand il se mit à pleurer sur toi.

Les cavaliers romains, lancés au galop, accourent de tous les horizons. Ils sonnent la trompette; on entend la note perçante, la note impitoyable. Et tandis que les cohortes, les légions, les milliers se pressent, le grand-prêtre, dans la gloire de sa splendeur sacrée, pectoral au sein, impassible au milieu de cette désolation qui n'aura jamais sa pareille; altier, dédaigneux, de fer, lui aussi, comme ces hommes-là; le grand-prêtre s'enfonce le couteau du sacrifice au cœur.

A l'arrière-plan, des jeunes filles enlacées, des chrétiennes, le front baigné de clartés, le regard plongé dans l'intense azur des cieux, contemplent la Jérusalem promise, qui s'avoisine doucement. Quelque rude soldat traîne à l'écart une femme très belle, dont les traits empreints d'horreur blémissent, et que la mort a touchée. Les anges de l'Apocalypse, montés sur leurs coursiers pâles, versent les fioles du courroux de Dieu. Là-bas, le juif errant commence son pèlerinage désespéré.

C'est moins simple que Schnorr; il se peut que ce soit allégorique. Mais quel penseur!

Ces maîtres travaillent avec le pinceau, sans doute; ils travaillent bien plus avec l'âme. Une âme vit dans ce morceau de toile; une pensée, profonde, tenace; la griffe du lion s'y est marquée : voilà pourquoi vous ne parvenez pas à vous en détacher.

La salle Grecque, entourée de transparents qui représentent les plus beaux sites du Péloponèse, aurait charmé la bande, n'était que l'artiste y fait pleuvoir, comme à Munich. Et des verts criards, et des bleus cuisants, et du bavarois en pleine Attique.

Un coup d'œil aux frises de la Pinacothèque ! Courant le long de la corniche, elles nous présentent force paletots, redingotes et queues de merluche : rébus un peu vieillots, malices un peu rancies.

Les églises! je vous en fais grâce.
Le palais du roi! entrons-y.
Un cicérone de l'endroit exhibe les galeries des Niebelungen, avec des histoires à dormir debout. Schnorr a peint les fresques. Ces braves gens, les Niebelungen, s'embro-

chent, se débrochent, s'empoisonnent et se désempoisonnent pour se divertir.

La bande, qui ne comprend rien au bredouillement de son guide, suit comme elle peut. Seule mademoiselle Hélène saisit l'affaire : allemand, anglais, le turc au besoin, elle entend tout ; la grande confusion de Babel n'a rien confondu pour elle. Sa bande voudrait bien grignoter les miettes du festin :

— Qu'est-ce? que dit-il? qu'a donc ce guerrier qui sonne du cor? et cette belle désolée, pourquoi pleure-t-elle?

— Impossible, mesdames! Inexplicable! et sublime!

La bande croit sur parole, et bâille.

Viennent les appartements de réception. Schrekhorn ou palais, notre bande est partout à sa place. Il faut la voir glisser, d'un pas leste, sur les parquets de la salle de bal, et parader sous les lustres en cristal de roche, et muser le long des panneaux que couvrent les peintures de Schnorr!

Elle se promène, plus grave et plus digne, dans la salle du Trône, entre les douze statues dorées, tous empereurs ou rois de la maison de Bavière.

Après, s'ouvrent les *Chambres de Beauté* : collection de peignes à la girafe, de tailles courtes, de manches à gigot, de jolis visages, de moins jolis, d'indifférents ; les uns comme les autres défigurés par la mode, éternelle ennemie du beau.

Le jour a baissé.

Une voiture, et à la *Bavaria*!

Le roi Louis a planté cette forte femme en un terrain vague où rien n'est aménagé pour elle, sauf une espèce de paravent, peint en rouge, qui lui sert de fond, sur lequel on a piqué des têtes de grands hommes, comme des scarabées dans une vitrine de collectionneur.

La *Bavaria*, plus épaisse que majestueuse, avec une carrure à la Rubens et des membres trop solides, produit malgré la pureté de ses traits jointe à l'incontestable dignité de son attitude, plus d'étonnement qu'elle n'inspire d'admiration. On reste bouche ouverte, yeux écarquillés, niaisement stupéfait, sans guère sentir autre chose, sinon que c'est très grand et que c'est très gros.

La *Bavaria* mesure quatre-vingt-quatorze pieds de hauteur (30^m,45).

Quand on l'a respectueusement mesurée du regard, on va, l'un après l'autre, s'asseoir dans le crâne de la dame; on redescend, tout est dit. Le site, au surplus, est le grand poète. Placez un colosse dans un carré de choux, votre colosse aura l'air d'un vieux jardinier à la retraite. Mettez la *Bavaria*, telle quelle, au bout de la perspective que forment les deux Pinacothèques, au sommet de cette avenue qui va perdant ses lignes vers des lointains indéfinis, elle grandira, elle s'ennoblira, fière et superbe, assise au front de sa ville, des lauriers plein les mains, puissante, glorieuse, vierge royale qui couronne le front des vainqueurs!

Nuit tombante, la bande se souvient qu'elle n'a pas dîné. On s'assied autour d'une table gigantesque; la table de la *Bavaria*. Les *Kellner*, bons enfants, s'inquiètent de la bande. Ils la pressent de manger; ils la pressent de boire. La bande, rassasiée de tableaux et de statues, sans compter quatre ou cinq lieues par la ville, contemple les mets et n'y touche pas.

Ce qu'il lui faut, voyez-vous, c'est de la musique! Sur cette terre harmonieuse, elle ne saurait s'en passer : Le *Don Juan* de Mozart; l'*Egmont*, de Beethoven, le *Freyschütz*, de Weber.

— Y a-t-il, ce soir, un orchestre, quelque part?

— Che crois pien! y a le *Garten* V, le *Garten* Z, le *Garten* B, le *Garten* K!

Un *Garten* par lettre de l'alphabet.

— Oui, mais il y a la pluie! murmure notre domestique de place.

— Eh bien!
— Quand il pleut, les *Garten,* il oufrent pas.
— Informez-vous!

Notre homme s'informe et revient sourcils froncés.

— Point te musique!
— Tout te même, dit un garçon, il y a les *Bierhaus!*
— Va pour un *Bierhaus.*

Le cicérone secoue la tête.

— Ché connais, monsieur! Mais là tetans, safez-fous, c'est té la société mêlée; on troufe que tes pourcheois, afec leurs tames!
— D'honnêtes gens?
— Oh! pour cela, oui, monsieur!
— La bande, mon cher, quoiqu'il vous semble, ne se compose pas exclusivement de princesses régnantes! Pour ce soir, d'ailleurs, elle veut bien s'humaniser. Quelques pipes avec quelques moos [1] ne sont pas pour lui faire peur. Marchons!

Le cicérone prend les devants. Les dames suivent, *capelètti* crânement plantés sur l'oreille. — Elle fait une sottise et s'en doute, notre brave petite bande, c'est ce qui lui met des ailes aux pieds.

On passe devant un premier *Bierhaus* :
— Pas ici! dit le cicérone.

Devant un second :
— Pas là!

Devant un troisième; notre homme hésite, puis regarde à travers les fentes du volet.

— Ici, non!

Devant un quatrième; il s'approche, écoute :
— *Schrecklich!*

La bande ainsi courant, fait sa sixième lieue. Au bout de

1. Mesures à bière.

la rue, et de la ville, notre homme enfile de désespoir une allée; la bande s'élance après lui :

— Che prie, pas les tames!

M. de Belcoster passe, applique son visage contre une porte vitrée, et revient avec un geste négatif :

— Impossible, mesdames!

— Mais quoi? Mais qu'est-ce?

— Une tabagie.

Capelètti rabaissés, plumes défaillantes, la bande reprend le chemin du chez soi.

Que c'est agréable, mais que c'est fatigant, un jour de repos!

Vous, messieurs, et vous, mesdames, qui ne faites pas encore partie de notre bande, je parie qu'arrivés ici, rendus, hors d'haleine, criant : ouf! vous vous laissez choir sur un fauteuil. Rien n'égale, avouez-le, votre pitié pour la bande, sinon l'horreur que vous inspirent ses exploits.

Eh bien! pas du tout, la bande rayonne; ces bourrasques lui plaisent, elle aime ce branle-bas de combat. On court, mais à grandes brassées on moissonne; on ne respire plus, mais du moins on vit!

— Alors, mesdames, demain, pour continuer à vivre, on vous réveillera vers trois heures du matin. A quatre, nous remonterons en voiture. A cinq, en wagon.

— Quoi, le chemin de fer? pour?...

— Nous rebroussons, mesdames, nous retournons à Augsbourg.

Faut-il point montrer la Diète à mademoiselle du Rouvre, et le docte Myconius, qu'elle n'a pas aperçu?

SEPTIÈME JOURNÉE

A propos! quel effet produit la bande?
Pas si suave qu'à Milan : *Vedi quante grazie*[1]! bon pourtant, et fort honnête : — Y en afre peaucoup! mais ils sont pien charmantes!
Ce matin donc, mesdames, nous rebroussons.

— Drôle de chose! voici des montagnes à notre droite, qu'on ne voyait pas avant-hier.
— C'est qu'il pleuvait.
— Aujourd'hui, le sol se mouvemente; nous traversions des plaines l'autre soir.
— C'est que nous dormions.
— Regardez ces femmes et ces hommes en habit tyrolien! Culottes courtes, floches de soie, jupon rouge, feutre pointu, rien n'y manque.
— Des chanteurs, qui se sont donné rendez-vous aux stations, pour nous faire honneur.
— Mais la route semble beaucoup plus longue!
— C'est qu'il fait jour.

1. *Bande du Jura.*

— Ah! pour cela! Et, tenez, le train devait marcher à l'ouest: il file à l'orient, juste devant nous!

— Que voulez-vous, le NORD EST LA [1]!

Plus moyen d'attraper la bande. C'est bien le Tyrol, et ce sont bien des Tyroliens. Rebroussement, tu as ces coups de queue! chemin de l'école, tu es tout du long planté de ces noisetiers! Grugeons, mes sœurs, grugeons toujours, nous réfléchirons après.

Des deux côtés, cimes aériennes! Dans le vallon glissent des eaux claires; vieilles tours et châteaux crénelés se perchent en vedette sur les rocs.

A Kufstein, où s'arrête le railway, nous ferons atteler deux calèches découvertes, et tout doucement, aux fanfares du cor, aux carillons des grelots, nous irons à travers prairies et forêts.

Le train s'arrête, nous y sommes.

— Mesdames, attendez-moi là. Je prends ma femme, en qualité d'aide de camp; je prends mademoiselle Hélène, en manière d'interprète, et je vais vous chercher des carrosses :

— Y a-t-il des voituriers? Y a-t-il des voitures?

— *Hier, hier! hier Wagen, hier Wagmeister* [2]!

Wagen! c'est d'abord une diligence de la place des Victoires, longue machine sans jour et sans air. Ce sont, après, trois ou quatre boîtes carrées, avec un trou de chaque côté, pour y passer la tête.

Parcourir le Tyrol là-dedans? impossible. Voyons autre chose! Les employés secouent la tête; geste négatif. Alors, voyons le *Wagmeister*! Le *Wagmeister*, un homme doucereux, qui a le monopole des diligences, et ne se sent plus que huit jours pour en profiter (la voie ferrée va s'ouvrir), nous toise, nous compte, et d'un ton froid :

---

1. *Bande du Jura,* premier voyage.
2. Ici, ici! ici les voitures! ici le Wagmeister!

— Monsieur, il n'existe pas d'autres voitures. Voulez-vous des places dans la diligence?

— Non.

— Non? le renard cligne de l'œil : — Dans ce cas, vous ne partirez pas.

— Nous ne partirons pas?

— Non, monsieur.

— Pourquoi, s'il vous plaît?

— Parce que vous devez prendre ces voitures, ou la diligence.

M. de Belcoster jette un regard autour de lui :

— Il y a un maître de poste, ici?

— Oui.

— Où loge-t-il?

— Dans la ville.

— Allons en ville.

On se rend en ville, à travers un pied de boue.

Oh! Kufstein! qui de nous pourrait bien oublier tes routes en décomposition; ton pont fangeux, ta vieille forteresse assise en plein ciel sur ton rocher blanchâtre, et ta boutique d'apothicaire (qui est aussi ta boutique de confiseur), où les juleps se marient aux sirops, les pilules au caramel, les onguents aux tartelettes, tandis que les mouches, en noirs essaims, font de tout picorée!

Le bureau du maître de poste s'ouvre au fond d'un hangar. Là, siège un grand garçon, les joues aussi rouges que des pommes, toison de filasse, yeux gris noir, lèvres épaisses, bouche béante.

— Vous êtes le maître de poste?

— Ya.

— Vous avez des voitures?

— Ya.

— Des chevaux?

— Ya.

— Pouvez-vous nous fournir deux *extra-post*, pour Innsbrück?
— Ya.
— Quels sont les règlements?
— Ya.
— Je vous demande les conditions?
— Ya.
— Montrez-les-moi?
— Ya.
— Je vous parle du prix!
— Ya.
— Mon brave homme, nous ne nous comprenons point. Je veux voir le tarif!
— Ya.

Il reste figé, les yeux ronds et la mine effarée. Ni l'allemand de mademoiselle Hélène, haut allemand littéraire, ni l'allemand de M. de Belcoster, profond allemand philosophique, ne parviennent à son intelligence. Il n'y a guère que l'allemand de madame la Bête au Bon Dieu, un allemand de nègre, qu'il entende un peu :

— *Reden sie italienisch* [1]?
— Si [2]!

Il parle italien, nous voilà sauvés!
— Ha legni [3]?
— Si.
— Calessi?
— Si.
— Ne avrà due?

---

1. — Parlez-vous
2. — Oui.
3. — Avez-vous des voitures?
 — Oui.
 — Des calèches?
 — Oui.
 — En avez-vous deux?

— Si [1].
— Facciamo conto d'andare a Innsbrück.
— Si.
— Coll' *estra-post*.
— Si.
— C'è qui la tariffa?
— Si.
— Cè la favorisca.
— Si.
— Dov'è?
— Si.
— Dico la tariffa!
— Si.
— FIORINI!

Ce mot, lâché à bout portant, lui ouvre l'intelligence! Il soulève le couvercle de son pupitre et tire le tarif d'un chaos de papiers.

— Bien! Tant par personne, tant par voiture! Nous sommes dix, en deux calèches; calculez!

Dix! deux voitures! Notre grand garçon compte sur ses doigts, compte avec sa plume, sue sang et eau : enfin, il y est. Deux voitures et dix personnes, cela fait tant!

---

1. — Oui.
 — Nous comptons aller à Innsbrück.
 — Oui.
 — Avec l'extra-poste.
 — Oui.
 — Le tarif, l'avez-vous?
 — Oui.
 — Montrez-le-moi.
 — Oui.
 — Où est-il?
 — Oui.
 — Je dis le tarif!
 — Oui.
 — FLORINS!

— Bon, écrivez le total, ici, sur cette feuille.

Il recalcule, reconsulte le tarif, resue sang et eau.

— Oui, c'est bien cela!

Le contrat une fois écrit et signé :

— Montrez-nous les calèches.

— Wass[1]?

— Faites-moi voir les calèches?

— Cosa[2]?

— Vous nous fournissez deux calèches, n'est-ce pas?

— Nein.

Aïe! voilà le *nein* qui commence!

— Vous avez des calèches?

— Nein.

— Comment, nein! vous venez de me les louer!

— Nein.

— Nein? En voici une, là, sous le hangar!

— Nein.

— Nein est fort! Je la vois.

— Nein.

— Venez-y voir vous-même! Est-ce une calèche, cela, oui ou non?

— Nein!

— Il me ferait mettre en colère!

— Nicht für Sie[3]!

— Pas pour nous? Perchè?

— Roba d'un signore[4]!

— D'un signore! Ah! bien. Alors, quels legni[5] nous donnez-vous?

1. Quoi.
2. Id.
3. Pas pour vous.
4. Appartient à un monsieur.
5. Voitures.

— Questo[1]! — le garçon nous montre un des berlingots à deux vitres.

— Ce coffre-là ?
— Ya.
— Mais je n'en veux point.
— Si.

Le fait est qu'il n'y a pas autre chose.

— Allons! faites atteler. Et... Hans, ou Fritz, ou Franz, rappelez-vous, mon bon ami, qu'il est dix heures, qu'on en met onze, en poste, de Kufstein à Innsbrück! DÉPÊCHEZ-VOUS!

M. de Belcoster, là-dessus, va quérir le reste de sa bande.

Notre homme n'a pas bougé. Il regarde tantôt l'une, tantôt l'autre des dames, et reste coi.

Voyons, agitons-le un peu.

— Schnell! presto! dove questo legno? ed i cavalli[2]?
— Ya, ya, ya.

Immobile comme un chérubin de cire.

Arrivent des Italiens, les ouvriers du chemin de fer. Que cela fait de bien à voir, ces nobles figures expressives, tout illuminées des rayons que leur a versés leur ciel!

Ils apportent des lettres cachetées à triple sceau :

— *Banknotes*, pour la famille!
— Ya.
— Faire partir!
— Nein.
— La posta non prende[3]?
— Si.

---

1. Celle-ci.
2. — Vite! Hardi! où est cette voiture? où sont les chevaux?
3. — La poste ne les accepte pas?
 — Oui.

— Allora prendete[1].
— No.
— Ma che? la scorsa settimana gli avete presi!
— Si.
— Pigliate-li dunque!
— No.
— Che burla indiavolita è questa?

Et encore nos Italiens, ici, en Autriche, n'ont pas le contentement de se fâcher à leur aise.

Aidons-les un brin! Ces banknotes, si bien emballées, ne le sont pas à la satisfaction du gros garçon. Il faut une autre enveloppe, d'autres cachets, de la ficelle, et refaire les groups à nouveau. Papier, cire, cordelettes, tout est là. N'ayez pas peur que ce paquet vivant leur offre quoi que ce soit, pas même un conseil!

Les ouvriers haussent les épaules :
— A ciascun giorno la sua canzon[2]! — murmure l'un d'eux. Ils partent. Reste le pingoin.
— Questi legni, questi cavalli, questi postiglioni[3]?
— Ya.

Là-dessus, d'un geste décisif, le gros garçon saisit ses clefs, nous montre la porte, la ferme sur nous, et prend sa course du côté de la station.

Il va chercher les chevaux, c'est clair.

Peu à peu la bande rejoint. On se réfugie vers la boutique de l'apothicaire ; on se tapit dans cet angle.

---

1. — Alors prenez-les.
— Non.
— Mais quoi? la semaine dernière vous les avez pris!
— Oui.
— Prenez-les donc!
— Non.
— Quelle satanée farce est-ce là?
2. A chaque jour sa chanson!
3. Ces voitures, ces chevaux, ces postillons?

Une heure s'écoule; les crayons de mademoiselle Lucy ne perdent pas leur temps.

Regardez, là-bas! une diligence pleine, deux berlines de suite! C'est pour nous, les berlines. — Non! elles passent fièrement et nous laissent échoués.

Au bout du pont le gros joufflu reparaît, flanqué d'un monsieur mince et roide, le teint mat, avec un grand nez pâle qui ne dit rien de bon. L'homme au nez pâle gesticule; le joufflu crie : *Ya! ya!* Après, marchent M. de Belcoster et M. le pasteur Nérins, accompagnés du renard entrepreneur des diligences. Tous entrent dans le bureau.

Volontiers la bande s'inquiéterait. De quoi, pourquoi? Le contrat, elle l'a; des chevaux, il y en a. Un peu de patience, nous sortirons du guêpier.

Enfin, voici notre chef :

— Tout est disloqué! On nous impose trois voitures, nous ne payons plus les postillons, on nous vole comme dans un bois! Ne vous affligez pas, mesdames : *il été, oun imposition!* ainsi disent les Anglais. J'ai discuté, querellé; cette grosse bête crie : *Ya!* Ce museau de fouine souffle la discorde. L'homme au nez pâle, insolent avec politesse, déclare que nous ne bougerons pas à moins. Il a déchiré le contrat, il décrète l'*Ausser Eilwagen* [1]. Que faire? se laisser piller, et partir!

Partir est bientôt dit.

La bande, outrée, brûlant du désir de venger son chef et son pasteur, se tient superbe. Elle toise et le renard et le nez pâle, de l'air de Sémiramis, reine de Babylone. Pendant ce temps, un mauvais pouilleux, plus sale que misérable, la regarde de travers.

Midi! les douze coups se répètent à toutes les horloges. Comme le dernier sonne, une diligence, une de ces énormes

---

1. L'extra-poste.

boîtes à compartiments : rotonde, intérieur, coupé, cabriolet, le tout étroit et bas, traverse le pont, attelée de quatre chevaux. Elle tourne et s'arrête en face de nous.

Parcourir le Tyrol en voiture cellulaire! Ce n'est pas ce que rêvait la bande. Qu'y faire? il y a place pour quinze, nous sommes dix, il y aura de l'espace : montons!

Cependant le pouilleux a tiré de la remise un vieux berlingot. Il y attache une troisième paire de rosses. On s'établit dans la diligence, on est casé.

— Nein! fait le nez pâle.
— Nein quoi?
— Pas tous! Ici deux! il montre le berlingot.
— Ah! par exemple!
— Descendez!
— Non, certes!

Le nez pâle fait signe au pouilleux de dételer la diligence. Le pouilleux, qui ne demande qu'à vexer la bande, saute sur les traits.

— N'y touchez pas! crie M. de Belcoster.
— Scheidet! crie le nez pâle. Il sait son Schiller, cet homme, et son Wallenstein.
— Mais il n'y a donc ni commissaire de police, ni juge de paix, dans ce pays de malheur?

Le juge! voilà son écusson, pendu là, devant sa porte. Seulement, le juge fait la sieste; le monde croulerait, il ne branlerait pas. D'ailleurs, pour donner raison à des voyageurs qui passent, tandis que maître renard et le nez pâle ne passent pas, il faudrait être Brutus; on ne peut exiger cela d'un honnête homme.

En attendant, nous attendons. Les chevaux sont à demi détachés, le berlingot reste vide; le pingoin, le renard, le nez pâle, plus blême que jamais, nous considèrent sans souffler mot.

A ce moment, un marchand italien, ami de la paix, qui a suivi notre odyssée, se vient mettre à la portière :

— Questa gente [1], proprio indiavolita! Ma, facciami il piacere, dica a due di loro, vadano nella carozza d'indietro; mai non partiranno! Sa lei che luogho è questo? Austriachi! — et un sourire par-dessus l'épaule.

Le jour avance, Innsbrück ne se rapproche pas. Madame la Bête au Bon Dieu jette un regard suppliant du côté de son seigneur et maître. M. de Belcoster saute à bas, et là, dans le plus pur saxon, avec un emportement d'éloquence, avec une sûreté d'élocution à faire tressaillir de jalousie tous les orateurs de toutes les Diètes germaniques :

— Vous profitez de ce que je ne puis m'exprimer dans votre langue pour, pour, et pour! Un discours en trois points, avec une péroraison foudroyante!

Nos gens demeurent abasourdis, la bande est éblouie :

— Monsieur Nérins, puisqu'il le faut, puisqu'en ce pays il n'y a ni droit commun, ni loyauté, faites-moi la grâce de passer dans l'autre voiture! John, suivez M. Nérins. Quant à ces messieurs, ils entendrons parler de moi. En route!

Cette fois, on part.

Le nez pâle fait un rire satanique, le renard se dissimule, le pouilleux tire la langue, le marchand lève les bras au ciel, le gros nigaud reste sur le coup, et nous voilà roulant.

Quel calme après la tempête!

Sur le siège, un postillon de méchante humeur. Réduit à sa paye d'ordonnance, de par les tyrannies postales, il se renfrogne et mène à la diantre.

Dans le coupé, mademoiselle Lucy Châtillon, indignée, malgré son imperturbable sérénité. A côté d'elle mademoiselle Dora, qui serait restée toute la nuit, chevillée à son

---

1. Ces gens-là? endiablés, positivement! Mais, faites-moi ce plaisir, que deux d'entre vous montent dans la seconde voiture! sans cela, jamais vous ne partirez! Savez-vous quel endroit c'est, ici? Autrichiens!

bon droit, sur la place de Kufstein, devant la boutique de l'apothicaire, plutôt que de se voir rire au nez par cette face de carême.

Dans l'intérieur, M. de Belcoster fronce le sourcil, possédé d'un courroux noir : l'indignation, le dégoût, et cette vexation de se voir étranglé, en plein jour, sans pouvoir, ni se faire rendre justice, ni couper le nœud coulant.

Vis-à-vis, sans voix et sans haleine, mademoiselle du Rouvre, consternée des fureurs muettes du grand chef, lui offre une poire, une jolie petite poire sur une jolie petite serviette pliée en quatre. — Inutile. M. de Belcoster s'incline, et refuse du geste.

Mademoiselle Hélène repasse le tout en son esprit.

Madame la Bête au Bon Dieu considère son mari du coin de l'œil. Si on pouvait l'aimer plus, elle l'aimerait mille fois davantage, pour le chagrin qu'il a.

Dans la rotonde, Marthe et Berthe sont en train de pleurer. Pourtant, le paysage qu'encadre la vitre les soulage un peu. C'est cet indigne Kufstein, qui s'avise d'avoir un château, le plus beau du monde. Ce sont des sapins, des aunes, des mélèzes, dont les rideaux légers courent sur un premier plan de montagnes!

M. Nérins, accompagné de Louis, se prélasse, bien malgré lui, dans le berlingot de surplus.

Cependant les chalets vêtus de clématites, chacun avec sa cloche sous son clocheton, nous regardent, blottis derrière leurs buissons d'épine-vinette. Des vallées tapissées de prairies s'ouvrent à droite et à gauche. Le foin y sèche en l'air, étendu sur des pieux; on dirait un couvent de nonnes en prière. De gigantesques crucifix, des martyrs dans leurs niches, étalent l'horreur de leurs plaies à chaque pli du chemin.

Quand on traverse un village (ils sont rares), la bande se distrait un instant à ces galeries, combles de fleurs, à ces encadrements des portes, peintes d'un vert vif; à ces bons personnages, un saint, un chevalier, l'air du roi Gambrinus, placardés du haut en bas des murs.

Les Tyroliens, plume d'aigle au chapeau, aiguillette à la veste; les jeunes filles, robustes, en jupons courts relevés de passepoils écarlates, vont et viennent autour de la fontaine. Tantôt une vieille cité, tantôt une vieille tour, parfois l'une et l'autre ferment le vallon. L'Inn, pleine jusqu'aux bords, roule ses eaux glauques dans les prés qu'elle effleure. Les rayons du soleil à son déclin, glissant par quelque gorge, caressent les flancs de la montagne, réchauffent les prairies, dorent le feuillage, font briller les roches humides, et viennent changer les flots de la rivière en écailles d'argent.

Si, d'aventure, une ville se trouve sur notre chemin, ses rues sombres n'offrent rien à la bande qui la puisse consoler. Elle ne se sent pas d'affinité pour ces coins-là.

Diligence, berlingot n'avancent guère. A chaque relais, le maître de poste de l'endroit prend le bulletin. La distance devait se franchir en une heure; le *Wagmeister* constate qu'on en a mis deux à la parcourir; le postillon grommelle, M. de Belcoster s'enfonce dans son mutisme, la bande en son désespoir.

Voici la nuit; une nuit sans étoiles. Perfide, silencieuse, avec des profondeurs glacées, l'Inn rase la route. Si le postillon dormait? Une lubie des chevaux, nous serions pour toujours ensevelis sous le froid linceul.

La bande ne dit rien, mais, vous pouvez m'en croire, elle meurt de peur.

Comme on prie, dans ces moments! de quelle ferveur on demande à Dieu la foi qui s'assure en lui!

Bon! le postillon cloche; c'est fait. Même il ronfle! ses rênes vont à l'aventure!

Mademoiselle Dora n'y tient plus. Elle baisse la glace, et gentiment, de sa voix de cristal :

— Nicht schlafen ¹ !
— Was ! wie ² ! — Notre homme, réveillé en sursaut, se croit perdu ! A peine remis de son épouvante, furieux d'avoir été troublé pour rien :
— Sie haben nichts zu commandiren ! nichts zu commandiren, nichts zu commandiren ³ !
— Ganz gut ! ganz gut ⁴ ! fait mademoiselle Dora.
— Nichts zu commandiren !

Ainsi, vociférant, ainsi frisant l'Inn, nous entrons, vers deux heures du matin, dans la noble cité d'Innsbrück. Notre cœur exulte, chaque battement remercie le Seigneur.

Une honnête auberge d'autrefois ; un brave homme d'hôtelier, tiré de son premier rêve, bienveillant et cordial, comme s'il avait dormi ses douze heures d'horloge ; sur la table, un réveillon de chevreuil, de bécasses et de perdrix ; des chambres aussi vastes que des églises : en faut-il plus ?

Et tandis qu'on s'assommeille, l'hôte, derrière la porte :
— Reposez tranquille, monsieur ! J'ai ici deux voituriers honnêtes gens. Demain, tout s'arrangera !

1. Pas s'assoupir !
2. Quoi ! comment !
3. Vous n'avez rien à ordonner ! rien à ordonner ! rien à ordonner !
4. Très bien ! parfaitement !
5. Rien à commander !

HUITIÈME JOURNÉE

Il suffit d'un regard, à la volée, sur Innsbrück, pour se sentir l'âme en paix.

Un vieux cicérone nous mène par la ville.

Les rues, si vastes qu'elles ressemblent à des places publiques, sont pleines de silence et de clartés. Çà et là quelque fontaine leur verse à flots l'eau fraiche. Des maisons flanquées de tourillons à cinq pans, avec des croisées ogivales, de petites vitres enchâssées dans le plomb et des cages de verre garnies de fleurs, s'alignent en perspectives allongées. Ce n'est plus l'Allemagne, ce n'est pas encore l'Italie; c'est la bonne ville impériale où l'empereur Maximilien, gardé par ses pairs, dort son dernier sommeil, dans l'église Sainte-Croix.

Les voilà, debout, entre les rouges colonnes qui supportent la voûte : empereurs, rois et reines, tous de bronze, les dames en chaperon, les hommes en cuirasse, nobles, un peu tristes, et comme s'ils regrettaient de ne pouvoir jeter leur gantelet dans les lices de notre temps.

Ceux-ci ont la visière baissée; sous cette visière, rien qu'au geste, on devine l'homme. Il en est qui songent, appuyés sur leur épée. On se souviendra longtemps de Théodoric, roi des Goths, au front loyal, à la moustache germanique, un de ces penseurs qui font rêver la bande. En dépit des lourdes armures, l'humeur farouche ou courtoise parle encore. L'énergie se marque partout. C'est solennel, pourtant cela vit, le moyen âge s'en est éclairé.

Mais notre vieux cicérone nous ramène aux temps modernes. Dans son enfance, il connut le fameux Hofer. Plus d'une fois il porta les dépêches du patriote. Ses yeux éteints se rallument, lorsqu'il nous montre dans le brouillard aminci, tel rocher où se cachait son héros.

— Adesso, finita la commedia [1] !
— Eh bien ! Innsbrück appartient à l'Autriche. Hofer n'en voulait pas plus.
— Quà ! dit à demi-voix notre vieux homme. — Quà i prèti son padroni. Mandano tutti nell' inferno, tutti, tutti [2] !

Le tour de la ville achevé, quand on a, malgré les brumes, deviné du regard son admirable cirque de montagnes, on monte en voiture.

Nos cochers nous attendent. Le premier, brave garçon du Salzbourg, écorche *il dolce parlar toscano* et râcle la langue de ses pères ! Jovial, quelque peu rusé, une voix de mirliton, avec je ne sais quoi d'absurde qui met la bande en joie.

Son compagnon, vrai Tudesque, épais, barbe paille, œil clair, bouche rieuse, emboîte le pas du numéro un. Il n'est jamais sorti du Haut-Tyrol, et lance sa carriole dans le monde, sous l'égide du petit madré.

Les voitures ? d'admirables calèches, garnies de pourpre ; carrosses royaux !... ou pontificaux !...

Qu'on y est bien ! Le soleil boit les nuées, le ciel se fait bleu, l'air a de tièdes haleines, là-haut passe un pic de granit !

---

1. Maintenant, adieu la comédie !
2. Ici, les prêtres sont maîtres. Ils nous envoient tous en enfer, tous, tous !

Et comme nous sortons de la ville, le cocher mirliton se retourne, puis de sa voix de pot cassé :

— Se avrà piacere, passegiata bella [1] !

Traduction littérale : Descendez, mes petits amis. Voici une montée! Vous m'avez l'air de bons enfants, mettez-vous proprement par terre.

Marcher je crois bien! Quel bonheur, par cette matinée splendide! Prenons le sentier, mes sœurs. Il serpente doucement autour de la colline; des parfums de feuilles et de fleurs pénétrent l'air.

Je la connais, cette suavité de l'atmosphère. Et ces matins embaumés, et ces mousses que la lumière caresse, et cette énergie printanière qui monte à l'âme, je les connais. Arome des pins, voile léger qui tremblez sur l'azur des cieux, Italie, Italie, c'est ton premier regard, c'est un souffle de tes lèvres. Ces sensations enivrantes, je les ai rencontrées dans la région bocagère. Italie, pays bien-aimé, je sens ton haleine; le soleil s'est levé pour moi!

Et tandis que lentement, on s'exhausse, la vallée se dessine, plantureuse, arrosée. L'antique cité qu'accentuent çà et là des clochers à coupoles, rit au milieu de ses champs de maïs. Un viaduc prolonge ses arceaux dans la plaine. Autour, se dressent des pics marqués de neige. Pure sur les arêtes, jaunâtre dans les couloirs, elle indique d'un trait idéal les anfractuosités du roc et la rigidité des versants. Quelques vapeurs flottent avec mollesse aux régions médianes. Seuls, d'un jet, les pics en ont transpercé la ouate. Grandis, étonnants, ils nous transportent en de surhumaines régions. Cependant une note gaie jette son étincelle au travers du paysage : une fanfare de trompette sur la colline, les coups secs de la carabine, de la bonne carabine tyrolienne, qui frappent dans le but, et trompettes de sonner!

1. Si une belle promenade vous souriait!

Que cela est beau, que cela est jeune, que cela remplit le cœur d'une élasticité sans pareille !

Venez ! respirons ! Venez, remercions Dieu ! Voyez ce terrain ombreux, si ferme au pas ! Voyez ces menthes où l'araignée a tendu son fil emperlé ! Et ces créneaux de granit, qui baignent dans l'éther ! Tout là-haut va ma pensée, tout là-haut va mon regard. Puis ils reviennent sur la mousse veloutée ; ils se perdent sous la forêt, parmi les troncs lisses d'où pleure la résine, où fleurit le pâle œillet au parfum subtil.

Notre homme du Salzbourg comprend l'enthousiasme de la bande ; à peine en voiture :

— Se avrà piacere, un pochino caminar, veduta bellissima[1] ! — Et nous revoilà sur nos pieds. Il a loué la bande pour reposer ses chevaux. La bande ne demande pas mieux. Il a bon cœur, notre homme, et soin de sa bête ; chaque fois que la bande grimpe et s'escrime, il lui offre l'eau des ruisseaux.

Hélas, on retrouve ici les hideux crucifix qui remplissent le Tyrol.

Rien ne rendra l'horreur de ces formes cadavériques, de ces blessures tuméfiées, de ce visage décharné !

Et représentez-vous quelle idée peuvent concevoir du Christ, des campagnards auxquels les impressions entrent par les yeux, qui les ont fortes, et qui les ont tenaces ?

Aimer un spectre aussi lugubre, y penser autrement qu'avec effroi ? — Jésus, l'ami, le consolateur, un objet d'épouvante ! quelle monstruosité.

Pourtant, au pied d'un des crucifix, nous lisons ces pa-

---

1. Si cela vous souriait, un *petit peu* cheminer, vue magnifique !

roles : « Que son sang ne soit pas perdu pour nous! » — Oh! frères du Tyrol, chères âmes frissonnantes devant un Christ vaincu : oui, que son immolation rédemptrice vous délivre de vos terreurs! que la vérité vous illumine : sortez, pareils à vos grands pics, sortez des noires nuées! épanouissez-vous au radieux soleil de Dieu!

Toujours montant parmi les pins et la rosée, nous avisons sur la droite un promontoire de gazon. En face, le glacier s'étale avec cette vigueur de trait, j'allais dire avec cette fierté d'attitude qui fait qu'on bat des mains, saluant en lui le roi des montagnes. C'est le *Stüver Glätscher*, hardiment découpé au sein d'un azur très doux que parcourent quelques flocons laiteux. Autour, une couronne d'aiguilles, tachée de neige sale, mouchetée de plaques étincelantes! Cela s'encadre dans les sapins. A nos pieds, les mousses vont déroulant leurs tapis sous une ombre limpide, semées jusqu'en bas de campanules et d'œillets rouges, tandis que quelques mouches, suspendues, enivrées, se soutiennent d'un égal mouvement d'ailes, à la même place, dans le même rayon d'or.

Ainsi, nous passons le col.

— Se avra piacere! piccola passegiata [1]!

Maître Agnelet, assez promené comme cela!

Voici les mélèzes. Ils viennent au hasard. Chaque arbre a librement déployé ses frondes, étalant dans le bleu du ciel la teinte adoucie de ses petites houppes vertes. Je ne me lasserai jamais de contempler cette magie du vert sur le bleu; toujours ma pensée retournera vers ces pentes vêtues d'un si fin gazon, si serré, avec ces ombres diaphanes qui s'allongent sous les grands arbres, avec cette vague senteur, et ces

1. Si cela vous souriait! une petite promenade!

rameaux que de moment en moment soulève mollement
un souffle. Il les fait lentement onduler, trembler un peu
les flexibles aiguilles, puis le souffle s'éteint, la branche
redescend, et tout rentre dans une ineffable paix.

Mon Dieu, nous étions faits pour ton Éden! Ces sérénités
de la nature, elles étaient faites pour nous, et cette idéale
harmonie que ne trouble pas une pensée dissonante, et ces
grands silences, tout pénétrés d'amour.

Il y a une extase de la contemplation. — Les rayons eux-
mêmes, comme s'ils eussent craint de rompre le charme, se
faisaient veloutés. Là, près de Steinach, sous un couvert de
mélèzes, nous avons lu notre Bible. Une source nous versait
la fraîcheur; au fond de la vallée bruissait le torrent. —
Haltes agrestes, et vous, nos cultes en montagne, que nous
vous aimons! Ils s'écrivent dans nos cœurs, les versets qu'on
relit en ces heures bénies; ils brillent comme des étoiles, ils
éclairent la longue nuit d'hiver.

On chemine toujours. Dans les villages, de belles filles
à l'aumônière brodée, se tiennent devant leurs portes. Sur la
route, de forts attelages, quatre chevaux rebondis, couverts
d'anneaux et de fanfreluches, tirent d'énormes charrettes
dont le chargement se dérobe sous une natte de roseaux.
Lorsqu'elles nous croisent, il s'en exhale un de ces
arômes composés de mille senteurs qui parlent des régions
du Midi.

— Questo, frutta! s'écrie notre cocher. Vengono di Marano!
Vanno da pertutto! a Vienna, nella Russia, a San Peters-
burgo! Marano! Marano [1]!

Alors commence, à l'endroit de Marano, un dithyrambe
qui durera tant que nous aurons notre homme :

---

1. Ça, du fruit! Ça vient de Marano! Ça va partout! à Vienne,
en Russie, à Saint-Pétersbourg! Marano! Marano!

— A Marano! — d'une voix de crécelle enrouée; — a Marano¹! ci sono persiche. pome granate. uve! — avec des gestes pour exprimer la grosseur: comme sa tête, comme son chapeau. comme une citrouille. et des ronds en l'air.

— A Marano! Vi vanno li gran signori. duchi. principi. tutta la nobilita²!

La bande sourit; maitre finaud craint de n'avoir pas touché la bonne corde :

— A Marano! Si sono le commedie. l'opera. tutto l'anno³!

Nouveaux rires.

Non, ce n'est pas cela.

— A Marano! si beve il latte, si guariscono tutte le malattie⁴!

La bande pouffe.

Encore moins.

— A Marano! si sono belle montagne. passegiate belle. si va sopra gli asini! A Marano⁵!...

Marano. mon brave homme. a perdu son procès. La bande, quoiqu'en dise Marano, passera son dimanche à Botzen.

Notre gaillard essaye de débaucher ce dimanche-là. Une *passegiata* n'est pas une *giornata* ⁶, et cent tours de gibecière; il en reste pour ses frais.

Cependant on s'arrête à Sterzing.

L'hôtesse, comme une noble dame des temps féodaux, porte au flanc son aumônière, brodée de l'écusson armorié.

---

1. A Marano! des pêches, des grenades, des raisins!
2. A Marano! vont les grands seigneurs : ducs. princes, toute la noblesse!
3. A Marano! toute l'année, les comédies, l'opéra!
4. A Marano! on boit du lait, tous les maux sont guéris!
5. A Marano! belles montagnes, belles promenades, sur les ânes! à Marano!.....
6. Se promener, ce n'est pas voyager.

Son trousseau de clefs l'accompagne d'un gai carillon. Elle nous précède à travers le vestibule, salle immense et voûtée sur laquelle s'ouvrent les pièces du castel. On y va, on y vient; quelques tables en chêne noirci, aux pieds chantournés, se rangent le long des murs avec les chaises à dossier raide; au bout, le tourillon vitré donne du jour, tandis que la voûte, décorée de médaillons dans le goût italien, laisse pendre une lanterne, chef-d'œuvre de quelque maître serrurier de l'endroit.

Mais le caractère, voyez-vous, c'est le flamboiement, c'est l'artillerie du feu de cuisine. Les maîtres-queux du seigneur Gamache n'avaient pas, j'imagine, plus vastes foyers. Largement ouverte, la cuisine resplendit; son gigantesque potager l'illumine. Potager n'est pas le mot, c'est autel qu'il faut dire : une masse carrée, bâtie de moellons, à hauteur d'appui, sur quoi pose la gent piotue des chaudrons et des coquemars. L'hôtelier jette des troncs de sapin dans l'âtre. Cela craque, cela pétille, cela saute, et les fusées, et la bonne odeur! Où qu'on soit, on entend ce bruit joyeux. Un grand espace, devant la porte, s'éclaire ou s'assombrit, selon que montent ou que baissent les gerbes. Les profondeurs du vestibule, tour à tour empourprées ou noircies, s'emplissent de capricieux dessins.

Qui ne s'égayerait à ces splendeurs de la lumière, à cet hymne hospitalier de la marmite, à ce brouhaha de la soupe, du court-bouillon, du beurre fondu dans la poêle! Qui n'écouterait d'une oreille amusée ce murmure contenu des pommes de terre toutes rissolantes, et ce frémissement des poires qui gémissent au fond du pot de terre, avec une petite complainte résignée! Et quand le concert est appuyé des détonations du sapin, quand chaque aiguille qui étincelle brode le thème de ses variations fantasques, comprend-on quel bien-être vient épanouir le cœur?

Tandis que nous allons au jardin retrouver nos fleurs du

printemps, à peine entr'ouvertes sous les haleines de septembre, et que nous contemplons ces teintes rosées du ciel, la silhouette des dents, des roches, tout cet entassement de granit qui s'enlève dans les limpidités du soir; les servantes avec la maîtresse préparent le logis.

Elles ont compté sur leurs doigts, c'est dix que nous sommes. On vide les armoires, on dresse les pliants, on apporte des chaises; les chaises serviront de couchettes. C'est rustique, mais que les draps ont bien gardé le parfum de la lavande et du thym!

Sur le dressoir, dans la salle basse, se rangent les trésors de la famille : une orange artistement ciselée à côté d'un service de vermeil, une pomme en cire près d'un nécessaire à toilette, une coupe d'argent sous des fleurs de papier. Et de quel appétit la bande soupe! De quel rire elle accueille les entrées intempestives de la grosse servante, qui embrouille naïvement le service de la salle à manger avec l'organisation des dortoirs!

Si l'on eût écouté nos hôtes, le repas eût duré deux heures : hors-d'œuvre, pièces de résistance, le rôti relevant l'entremets, l'entremets relevant le rôti; on pouvait aller ainsi jusqu'à demain. Mais la bande n'est pas *sur sa bouche*, plus d'une fois elle l'a prouvé. D'ailleurs, elle dort debout.

Un dernier coup d'œil au vestibule, aux vieilles serrures, à l'embrasement; elle laisse la table chargée de mets, ses hôtes immobiles de stupeur, et se va tout bêtement coucher.

NEUVIÈME JOURNEE

On s'éveille aux bombardes du sapin. La bande s'étire, entr'ouvre la paupière, et s'en vient déjeuner.

Les hautes cimes nagent dans une vapeur lumineuse. Le soleil les a touchées. Et tandis que les ombres du vallon nous enveloppent encore, quelques vieux châteaux, tours à moitié démolies, masses imposantes que déchiquète le temps, se profilent sur les roches.

Sprechen-Stein, Rauber-Schloss [1], campés vis-à-vis l'un de l'autre, des deux côtés de la vallée, semblent se provoquer au combat.

A Trenz, notre cocher s'arrête devant une petite chapelle. Sur le fond de peinture bleu lapis, deux dragons français, sabre nu, dégringolent de leurs chevaux cabrés.

JUSQU'ICI, PAS PLUS LOIN! telle est l'inscription.

Voici le fait. En 1797, la cavalerie française remontait le Tyrol. Miracle! parvenus à Trenz, les coursiers, dressés debout, refusent d'aller plus loin.

Cependant là-haut, un pic gigantesque, d'une couleur étrange, le Rosengarten, vient de passer derrière les entassements du Schlehren.

---

1. La Pierre qui parle, — le Château des voleurs.

Notre mirliton nous met à pied, l'occasion est belle.

— Se avra piacere! Qui, molto da lavorare ¹!

Il s'intéresse à nos labeurs.

— Quà, c'è una fortezza! lassù, ci ritroveremo ²!

Va, rusé compère, pose ta charge, mon brave homme.

La bande s'escrime ferme des jambes et du crayon.

En travers du passage qu'il ferme absolument, s'assied le fort, sombre, imposant, triplement ceint de bastions, de fossés, de revêtements de granit, implacable en sa dureté.

Un pont enjambe l'Etsch dont les flots coulent dans leur chenal de pierre. Eux seuls vont librement : C'est grandiose et c'est oppressif.

La bande ne craint ni le plumet ni l'épée, mais cet entassement de blocs, prodigieux, silencieux, sans un jour qui l'éclaire, sans un soldat aux remparts; ce morne emblème d'une écrasante domination lui pèse sur le cœur.

La grimperie faite et les carrosses rattrapés, on chemine sous les noyers feuillus. La nature s'est égayée, le soleil a franchi les monts, de petites maisons blanches se nichent sous les treilles. Et voici Brixen au milieu de sa vallée, trop ouverte, à mon gré.

Où déjeunerons-nous? A Klauss. Le couvent *des Dames anglaises* nous y convie. Église, château, clocher, saint colossal peinturluré du haut en bas des murs, le tout se tient à cheval sur un redressement de roche, et domine le village qui se masse au pied.

Entrer à l'auberge! point. Notre bande, hantée de l'esprit monastique, va chercher la solitude, les macérations aussi, au bord d'un ruisselet, sous ce vaste châtaigner, en cette retraite qu'égaye un jeu de quilles. Elle a, pour aider la péni-

---

1. Si cela vous souriait! Ici, beaucoup à travailler.
2. Ici, une forteresse! Nous nous retrouverons en haut.

tence, un panier bourré de pêches et de marrons. — Que vous dirai-je? Les quilles, l'oisiveté, le voisinage d'un lieu saint qui porte à mal! la bande se conduit en vraie bande d'écoliers.

Et les boules dans l'eau, et nos hommes dans l'arbre, et force éclats de rire au *nez et barbe* de Mesdames les Dames anglaises, qui, de leur nid d'aigle, contemplent cette volée de moineaux francs, abattus sur leur domaine.

Elle se chamaille, notre bande; coups de bec, coups de patte, une plume arrachée par-ci, une *scie* promenée par-là! Puis, le démon aidant, notre grand saint, juste par-devant le grand saint du monastère, se met en tête de faire un tour d'adresse.

Le châtaignier, troué par le haut, forme cheminée: M. de Belcoster veut y loger sa boule.

— Non! — crie sa femme, — la boule se perdra, ces pauvres gens la chercheront!

— Que ce serait joli! siffle un petit serpent doré fort expert en malice, — mademoiselle du Rouvre, puisque vous le voulez savoir! — Que ce serait adroit! que j'aimerais voir cela! Vous y arriverez, non, si, non!

Elle y est!

Son coup fait, le saint de bande prend un air contrit, le saint du couvent fronce le sourcil. Mademoiselle Lucy Châtillon, un bon cœur, va, gaule en main, sonder les profondeurs du tronc. Ah! bien oui!

Vite du papier, vite un crayon! mademoiselle Hélène écrit en beau grimoire allemand : « *La boule est au fond du trou!* » Une grosse épingle, un paquet de monnaie fiché dans l'écorce, et voilà une conscience légère comme la plume.

Attendez un peu! Dans quelque cinquante ans, tout contre le vieil arbre, une chapelle s'élèvera. On y verra, peint à fresque, un Français, maigre saint de rencontre, fort contesté par la tradition, immobile, boule en l'air, saisi, figé, devant le grand saint des Dames anglaises :

JUSQU'ICI, PAS PLUS LOIN, MARCHA
DANS LA VOIE CRIMINELLE
LA BANDA SACRIPANTA!

A mesure que nous descendons, la route se couvre de charrettes, chacune portant au front sa couronne de citrons, enchâssés dans le feuillage.

— A Marano! Più di tre cento famiglie passano l'inverno [1]!

Des brouettes à bras, que traîne le mari, que pousse la femme, promènent de village en village les fruits de Marano. Le maïs nous montre ses rouges aigrettes, les berceaux de vignes laissent pendre leurs raisins noirs. Dans tous les hameaux voici les fraîches liqueurs avec les corbeilles de pommes, voici de beaux enfants qui mordent à pleine bouche pêches et cédrats. Les feuilles blondes du figuier s'étalent sur les vieilles murailles ; des voituriers tyroliens, fleur au chapeau, s'attablent sous les porches enguirlandés de verdure.

Tantôt nous suivons le torrent qu'étreignent les parois de la montagne ; tantôt nous courons dans la vallée élargie, sous les pampres follement jetés de l'un à l'autre bord.

Et les teintes du soir ajoutent à la magie de ces dents prodigieuses, perdues aux dernières altitudes, qui se dressent du sein des régions désolées ; amas de cendres, débris, un désert!

Je ne sais pourquoi ces éclatantes, ces inaccessibles, qui

---

1. A Marano! plus de trois cent familles passent l'hiver!

défient le chasseur de chamois, me rappellent les monuments d'Égypte, si royalement touchés de lumière, dans les sérénités d'un ciel toujours bleu.

Le premier plan, noir de forêts, boit les feux du soleil qui se couche. Au-dessus, les montagnes trempent dans une brume d'or. Après, vient cette zone dévastée, ce monde en démolition. Derrière passent les géants du Rosengarten.

Ils s'éteignent à cette heure. On dirait des spectres debout à l'horizon. Puis, des rayons pourpres s'égarent dans l'atmosphère, rencontrent ces fronts pâles, leur jettent un incarnat fugitif. — Le mont Blanc, quand il se recolore par un beau soir d'été, n'a pas plus de rougeurs.

C'est fini. Les formes se sont effacées, les reliefs se sont absorbés. Tout à coup, les pyramides se font violettes! Une splendeur! Et pendant qu'elles éclairent le ciel, nous descendons dans l'ombre, parmi les grenadiers et les amandiers.

Ici, à Botzen, nous passerons le dimanche.

Et puisque c'est samedi, que demain on ne fera pas d'emplettes, visitons un peu les magasins.

Les dames, sous l'égide d'un cicerone (qui demain leur en fera voir long,) arpentent les arcades à l'italienne. Les boutiques, déjà closes, s'ouvrent pour elles. On racle des allumettes, on remonte les lampes, le marchand suit, avec un plaisir mêlé d'effroi, cette bande qui s'éparpille autour des vitrines, qui touche à tout, qui demande le prix de tout, qui paye en or, en papier, en monnaie, et prompte, et délibérée, un éblouissement!

Ces braves gens y distinguent assez, toutefois, pour écorcher leur prochain. Aussi le cicerone :

— Quando tengono li forestieri, vogliono averli la pelle [1]!

La bande, bien nantie de fourchettes, de bougeoirs, de

---

[1]. Quand ils tiennent l'étranger, *ils veulent lui avoir la peau!*

couteaux, de cachets, d'étuis, de sifflets, de boutons et d'aiguillettes, reprend le chemin de l'hôtel.

Notre cocher nous attend sur la porte :

— A Marano ! domani ?

— *Domani*, amico caro, LA DOMENICA! *giorno di riposo !* Lunédi la partenza!

— Per Marano ?

— Per Trenta.

Il ira seul, mais il ira.

1. *Demain*, mon cher ami : LE DIMANCHE! *jour de repos !* Lundi, le départ.

DIXIÈME JOURNÉE

De son balcon, la bande voit passer un peuple entier qui se rend aux offices. Les femmes se coiffent du *bonnet ourson*, affreux tricot hérissé, où s'enfonce la tête jusqu'aux yeux, et qui, trois cent soixante-cinq jours de l'année, dérobe au public les horreurs d'une chevelure inculte. C'est sale et c'est hideux. Les riches y attachent quelque plaque d'argent doré ; les pauvres n'y mettent rien. — Parmi les oursons circulent de grands chapeaux verts, jaunes, bruns, avec des flots de rubans rejetés sur le cou. Les robes diffèrent peu des nôtres : l'indienne a tout envahi.

Quant aux hommes, ils portent le feutre pointu, orné d'une plume ou d'une fleur. Dans la ceinture est planté l'étui qui contient cuiller, fourchette, pipe, couteau, le tout emmanché de cornes de chamois. Quelques vestes à parements rouges, quelques gilets écarlates traversés de bretelles vertes, quelques culottes arrêtées à des guêtres longues se voient encore. C'est le petit nombre. Le pantalon a triomphé. Le pantalon est réaliste. Le siècle appartient au réalisme et aux pantalons.

Toute cette population court à la messe. Elle y va le matin, elle y retourne vers dix heures, à trois elle entend vêpres. Si c'est la dévotion qui l'y mène, tant mieux; si c'est la peur d'un clergé tout puissant, tant pis. Rien ne tue la foi comme des dehors pieux avec un cœur indifférent.

Je ne vous parlerai pas de notre culte du dimanche. Je déteste les phrases; encore plus les bonnes réflexions qui arrivent à jour donné.

Vers midi, l'on sort.

Levée chaque matin à quatre heures, la bande voudrait aujourd'hui faire le *kief*, à la manière des Orientaux.

Pauvre bande, elle a compté sans son cornac. Il la tient, et la tient bien. Pareille aubaine n'arrive pas tous les mois au bonhomme. Laissez faire, il traînera la bande des faubourgs à la ville, du chemin de fer à la campagne; autant aurait valu Marano.

Sur un pont brûlant on traverse l'Adige, et nous voilà montant au Calvaire. Les enthousiastes de s'extasier : Ville méridionale, ville orientale, jardin d'Éden, le paradis!

Ce qu'on voit, des yeux de sa chair, c'est une vallée assez plate, un torrent qui roule dans du gravier, tout autour des montagnes raisonnables (à peine si l'on devine au loin les géants du Rosengarten), et là dedans un semis de ruines éparpillées, dont pas une plus que l'autre ne sollicite l'attention.

Le long du Calvaire s'échelonnent les stations, modelées en plâtre, de grandeur naturelle.

— Non li riguardar! questi terribili visi [1]! s'écrie notre cicérone :

Puis, le brave homme se met à fronder :

1. Ne les regardez pas! ces terribles visages.

— Ha fatto gran'cattiva cosa. Nostro Signore, di prendere san Pietro [1]! doveva lasciarlo al mare.

— Perché [2]?

— Eh! perch'era pescator di pesci, colui! Cristo nè ha fatto un pescator di fiorini [3].

On comprend quelle réponse reçoit l'homme, et que Pierre sort blanc de l'affaire.

Là-dessus, notre hâbleur, mis en verve, établit sa profession de foi.

— Chi è galant'uomo, vabbene! d'altro non c'è bisogno [4]!

M. de Belcoster se récrie. Belle homélie (et bonne, vous pouvez m'en croire), sur les droits de la vérité :

— Le tout, mon ami, n'est pas d'admettre je ne sais quoi, sur la parole de je ne sais qui! Dieu nous a créés pour chercher le vrai. Une fois trouvé, mettons-le dans notre cœur, et conformons-y notre vie!

— Si, capisco! si, buono tutto ciò! Il Turco, l'Ebreo, il Pagano, tutto lo stesso, pur che sia galant'uomo [5]!

Voilà une prédication qui a bien éclairci ses idées!

Cependant notre homme abandonne les considérations de haute théologie pour se livrer aux définitions topographiques de sa vallée :

— Là, le chemin de fer! Moi! j'ai posé les rails de Botzen à Vérone!

Singulier métier pour un cicérone! Allons, c'est une nature active; l'étranger n'abonde guère; notre homme s'en tire en travaillant de ses mains.

1. Il a fait une *grande mauvaise chose*, Notre-Seigneur, en appelant saint Pierre! Il devait le laisser à la mer!
2. Pourquoi?
3. Eh! parce qu'il était pêcheur de poissons, celui-là! Christ en a fait un pêcheur de florins.
4. Qui est honnête homme, suffit! pas besoin de plus.
5. Oui, compris! oui, tout cela est bon. Turc, juif, païen, tout la même chose, pourvu qu'on soit honnête homme.

— Moi! je construis le chemin d'Innsbrück à Munich!

Encore! quel gaillard!

Il se tourne et nous montre un édifice, au centre de la ville :

— Moi! j'ai bâti l'hôpital des Incurables.

Ouais!

— J'ai dépensé plusieurs millions.

Ho! ho!

— Je reçois tous les malades, indistinctement!

Il est un peu timbré, le bonhomme, tenons-nous bien.

Arrivé sur le plateau que domine la vieille église, tandis que mademoiselle Lucy, de son crayon merveilleux, répand mille beautés sur la vallée; notre guide, qu'électrisent les transports de la bande, lui signale tous les points de l'horizon.

— Ce vieux château, de l'autre côté de la rivière! je pars à neuf heures, je vais, je bois le café, je retourne. Je pars à onze heures, je bois la bière, je retourne. Je pars à une heure, je bois le vin, je retourne. Je pars à trois heures, je bois le lait, je retourne. Je pars!....

Mais c'est le mouvement perpétuel, que cet homme-là! Quelle chienne de vie fait-il donc?

— Ici, contre la montagne, ce palais! la duchesse de Modène! j'ai habité! Après deux mois, j'ai *parturi* [1] un fils!

Pour le coup, c'en est trop.

— Le fils, il mè tombe malade, je pars. En Italie, le fils, il mè meurt!

Eh! nous y voilà, nous avons le mot de l'énigme! Notre homme, partout et toujours (n'en connaissant pas d'autre), emploie la première personne du singulier; aussi :

— Je parle bien français, j'ai appris à VIENNE!

1. Mis au monde.

On respire à longs traits cet air pur; on laisse errer ses regards sur ce grand pays qui ne manque point de majesté. Notre guide cependant ne nous tient pas quittes; après la géographie, l'histoire :

— Cette tour! les Romains, les Druses [1], j'avais bâtie! Contre les Suisses, *sti canagli!* Sti prelati Suisses qu'ils descendaient, en 1848! qu'ils m'ont portato via des millions [2]! qu'ils voulaient gouverner tout le royaume!

La bande ne sait où se mettre. Le rire l'étouffe, sans compter un soleil de plomb.

— Dopo pranzo andremo là-bas, sur cette montagne! Sta sera andremo quà, dell'altra parte, sur l'autre montagne [3]!

La bande ira, s'il lui convient. Cette fois, madame la Bête au bon Dieu se révolte. Elle ne veut être ni charriée, ni brouettée, ni menée la corde au cou; elle veut aller où elle veut; elle ne veut pas aller où elle ne veut pas; et flamberge au vent!

M. de Belcoster, mieux avisé, fait au fougueux cicérone un signe de tête bénévole. N'ayez crainte, il ne bougera guère plus que sa femme.

Tout en cheminant, on adresse au guide quelques paroles chrétiennes, sorties du cœur.

— Si! vabbene; ha regione l'Eccelenza [4]! ma se tutto quel che mi dice si parlava in Botzena! bandizion! maledizion! perdizion!

Et c'est pourquoi le pauvre homme, qui ne croit pas plus

1. Drusus.
2. Emporté.
3. Après-dîner, nous irons là-bas, sur cette montagne! Ce soir, nous irons sur l'autre montagne, de l'autre côté!
4. Oui! très bien; Votre Excellence a raison. Mais si tout ce que vous me dites, on en parlait à Botzen! proscription! malédiction! perdition!

qu'il ne faut, demeure tête nue, tant que dure notre pèlerinage au Calvaire : on pourrait l'apercevoir de Botzen ! La dernière marche franchie, il remet bravement son chapeau.

Nous ne rions plus. L'asservissement d'une âme est aussi triste que l'esclavage d'un peuple.

Le soir, sans guide, tambour ni trompette, on erre à l'aventure.

La nuit s'avoisine. Nous débouchons sur une place, devant la cathédrale. Le campanile enlève sa broderie dans le ciel qui a perdu ses couleurs. Aux deux bouts de l'enceinte, deux camps de joueurs lancent la paume.

Fier jeu ! — Il y a là des hommes de tous les âges. Cheveux au vent, souples et forts, de leur main droite armée de cuir ils reçoivent la balle, la renvoient, elle vole dans l'espace ! Les échos de la vieille place répercutent le coup, élargissent la vibration des voix, répètent les intonations qui se font italiennes. Le geste a de la grâce, les poses ont de la grandeur. Ainsi les seigneurs du temps passé luttaient d'adresse et de virilité. Cette belle énergie manque à notre génération.

Notre génération monte à cheval, tire l'épée, se sert du revolver — assez librement par parenthèse — mais elle n'a marche pas, mais elle ne fatigue point ; c'est une génération à lunettes, à binocles et à lorgnons. On la pend à des cordes, on la hisse sur des échelles, on l'équilibre sur des trapèzes, on la jette à l'eau. Par A + B on lui démontre le grand art de la gymnastique ; mais c'est pédant, archipédantasse ; cela ne circule pas dans les veines ; cela ne fait pas des hommes du XVIe siècle : des Agrippa d'Aubigné, des Duplessis-Mornay, habiles aux armes, maîtres ès sciences, grands travailleurs, bons guerriers, durs à eux-mêmes, amoureux de gloire : natures complexes, pleines de grâce, de chevalerie et de foi.

La bande, qui est de son temps, revient tout à loisir prendre son thé.

Dans la grande salle, siège l'état-major du bataillon autrichien : jeunes et vieux soupent et festoient avec des gaietés à faire crouler l'hôtel.

Qu'on juge du *grand air* de la bande. Elle en eût remontré à Junon.

N'était la retraite du soir, battue sur un diapason incroyable; une note croate, un *bré, ké, ké, ké*, à mener les ombres au Tartare, la bande aurait jusqu'au bout gardé son sérieux. Que voulez-vous? ces tambours, ce fifre, quelque chose entre le dantesque et le burlesque, un son fêlé, une ironie satanique, un cri de polichinelle, éclatant tout à la fois de partout! et ce gros état-major de gros capitaines! et ces gros éclats de grosse joie qui ébranlaient la vaisselle! — Il y avait de quoi démonter une compagnie plus roide que la nôtre.

Aussi, le rire gagnant, les dames courent à leurs dortoirs, et M. Nérins à sa couche papale.

M. Nérins, en qualité de pasteur, loge ce soir dans l'appartement qu'occupa Pie VI, lorsqu'il se rendit à Vienne.

Une plaque de marbre incrustée dans le mur, au-dessus du lit, porte cette inscription :

EX VIENENSI ITINERE

REVERSUS

PIUS. SEXTUS. PONTIFEX

HIC. PERNOCTAVIT

XII. IDUS. MAIAS

Pour la première fois de sa vie, voilà notre pasteur sous la tiare. Sera-ce la dernière?

En tout cas, les honneurs pontificaux ne lui ôtent ni son humilité, ni sa bonne humeur, ni rien de ce que nous chérissons en lui.

ONZIÈME JOURNÉE

L'aube n'a pas encore paru. Les cloches appellent la population aux premières messes. Toute la nuit, dans ce doux climat, on s'est promené par les rues. Et tandis que le bataillon autrichien, groupé sur la place, attend l'arme au bras que les officiers aient vidé leur dernière chope : alerte ! courons à travers les maïs et les vignes, du côté de ces montagnes qui étagent leur cirque, là-bas, dans les naissantes clartés.

Qu'est ceci ? une chaise de poste à quatre chevaux ! Sur le siège, des domestiques en livrée ecclésiastique ; derrière, des dragons ; dedans, un prélat !
La bande ouvre de grands yeux.
— Un cardinal ! crie la première voiture.
— Un général ! répond la seconde.
— L'archivescovo d'Agram ! — dit notre mirliton. — La mattina fa da prelato, il dopo pranzo da generale [1] !
— Bravo, bene !
— La mattina commanda lui alla chiesa ; il dopo pranzo, al militare [2].

---

1. L'archevêque d'Agram. — Le matin prélat, l'après-dîner général !
2. Le matin, il commande l'église, la force armée après-dîner.

Bel état! — M. Nérins, que préférez-vous? être général-évêque, ou bien pasteur de Granges, Valpeyres et Montvéran?

M. Nérins trouve qu'il est trop matin pour parler. Bonne leçon donnée à ses ouailles.

Mais où va donc l'évêque-guerrier? à Trente, au concile, avec son grand sabre. Mademoiselle du Rouvre, qu'embrase tout à coup l'ardeur huguenote, aurait bonne envie de s'y rendre, elle aussi, ne fût-ce que pour ferrailler un brin avec Monseigneur.

Tandis qu'elle s'y prépare, voilà les vaches du village d'Aür rassemblées à son de cornet.

Elles débouchent dans le terrain vague qu'entourent les chaumières, vont boire à la fontaine, soufflent de leurs naseaux sur l'onde qui se ride; puis, l'une d'entre elles s'arrête, tend le cou, beugle et brame, et le berger de corner, et nouvelles bêtes d'arriver, tant que le troupeau se forme. Alors le berger, coiffé du feutre pointu, bâton en main, la gourde sur l'épaule avec le havresac, dit adieu à sa femme, descend un chemin qui s'incline du côté de la rivière, vers les lointains pâturages; et les vaches de prendre la file, lentement, sur ses pas.

A Salurn, on fait reposer l'attelage. Bon! une diligence pleine d'abbés. Ils vont au concile! où iraient-ils? Décidément, mademoiselle du Rouvre aura forte besogne.

Mademoiselle Lucy, cependant, vient d'aviser ce vieux castel. Tristement assis sur le versant d'une montagne en décomposition, ses pans troués où passe la lumière, restent seuls debout au milieu du ravin. En deux coups de crayon, le profil est enlevé :

— Retournons sur nos pas! Il y a là, derrière, une masure que je veux mettre...

— Où?

— Sur le devant.

— Sur le devant? Mais le voilà, votre devant!
— Ce n'est pas un devant, cela.
— Quoi, ces coulées de pierres, cette désolation?
On entend d'ici le grabuge.

Mademoiselle Lucy veut arranger ses premiers plans; madame de Belcoster se révolte : rien ne l'exaspère comme des détails menteurs.

Choisissez, c'est votre droit; gardez-vous d'inventer. Ne prenez pas tout; ne mettez que ce qu'il y a. Jamais votre fantaisie ne trouvera si bien que la vérité. Notre esprit se répète, la vérité crée toujours. Si le sol est nu, laissez nu le sol; si de vastes espaces se déroulent uniformes, laissez-les s'étendre monotones et pareils.

Quel peintre que la nature! et quelle entente des effets! Regardez un peu la rencontre des lignes, rien que cela. Tenez, ce clocher, là-bas! il se détache du ciel au point précis qui lui donne son élégance. Cette plaine, à droite! elle coupe les bases du mont au point exact qui lui donne sa grandeur. — Que votre crayon dédaigneux brode à l'aventure une toile si parfaite, tout est manqué: le caractère s'efface, l'idéal s'en va : vous aviez un chef-d'œuvre, vous faites un *poncif*.

Tant et si bien dit la dame, que mademoiselle Lucy Châtillon renonce à sa masure. — Ne vous mettez point en peine, mademoiselle Lucy garde ses idées, à elle, que madame la Bête au bon Dieu ne lui ôtera pas. La poésie, elle la connaît, l'idéal aussi, vous m'en pouvez croire. Elle sourit, de son doux rire tranquille, et tout le long du chemin, remplit son album de petites drôleries qui lui serviront plus tard : un puits, un potiron, une paire de bottes.

Quels premiers plans cela va faire!

Les abbés, dûment restaurés, se remettent en route. Douze dans leur diligence, tout épanouis de voir la bande, volontiers ils feraient bande avec elle ; la bande fait bande à part.

L'Adige continue de promener dans l'étroite vallée ses flots calmes et verts.

Que j'aime les contrastes! Que j'aime ces châtaigniers blonds, ces maïs cuivrés, ces berceaux de vigne à larges feuilles, enserrés par les rouges murailles du rocher! Quelquefois les parois se rapprochent, ne laissant qu'une porte étroite et sombre; alors le fleuve y passe tout entier, bordé de saules dont les eaux répètent la dentelle.

Dès qu'un éboulement écorche le sol, quelque cyclamen vient y dérouler sa feuille, y semer ses petits fleurons au parfum de jasmin.

Des cyclamens! Mademoiselle du Rouvre en a plein son parterre; n'importe. Ceux-ci sont les cyclamens du concile; en italien : *cappucini!* il les lui faut, *tous!*

— M. de Belcoster, M. Nérins. John : les bulbes! prenez les bulbes!

Et voici Trente. Le général-évêque d'Agram est arrivé; arrivés sont nos abbés; arrivés les monsignor avec les moines.

Nous, prenons les rues solitaires; respirons cette senteur de vétusté. — Le palazzo Tabarelli, tant d'autres, muets, délaissés, redisent les splendeurs ecclésiastiques du temps jadis.

Un château domine la cité, des tours bizarres baignent leurs fondations dans l'Adige. Paresseuse, allanguie, la rivière se laisse couler le long des habitations désertes, autour des murs démolis. Les teintes ont une douceur incomparable; l'eau rappelle ces vieilles glaces à glauques reflets qu'on retrouve en quelque maison abandonnée. Les coups intermittents du battoir des lavandières, les notes égarées d'une chanson qui meurt, interrompent seules ce grand silence. Çà et là, quelque ombre puissante tombe sur le pavé; c'est une porte massive, c'est un palais fortifié qu jette sa tache noire, avec le souvenir du passé, dans ces lieux taciturnes où tant de questions se soulevèrent, où tant de passions les tranchèrent, d'où s'échappèrent, niées ou mutilées, tant de vérités... qui n'en sont pas mortes pour cela, Dieu merci!

La cathédrale semble dormir de son dernier sommeil. Tandis que nous contemplons ses créneaux qui festonnent le faîte, ses dentelles aériennes découpées dans l'azur, ses colonnettes nouées, tordues, posées sur les dragons; un groupe de Trentais massés derrière la bande, la contemple à son tour.

Rien de sympathique : des lèvres minces, des regards aigus, une curiosité malveillante! Si vous souriez, votre sourire ne rencontre que des figures impassibles; si votre visage se fait grave, ces physionomies se font sinistres. Pour ces gens-là vous êtes une chose, même une chose déplaisante; à la longue, le cœur en devient triste. Pourtant, un beau type italien s'est dessiné sur le fond hostile : un homme très-barbu, l'œil velouté, le front loyal, avec un air de candeur. Lui aussi considère la bande, en ami. Il s'attache à ses pas, s'égaye avec elle, un courant s'établit, la bande se sent un frère.

Dieu nous en fasse rencontrer, de ces cœurs ouverts aux bonnes impressions!

Il y a des âmes polaires, où souffle incessamment la bise. Ces âmes-là, hérissées de glaçons, figent l'atmosphère, rien qu'en y passant. D'autres traversent notre ciel comme de radieux météores; elles nagent dans un air clément; des brises embaumées les accompagnent: il se produit à leur approche, un réveil des choses aimables; vous les voyez venir, une aurore s'est levée!

Eh bien donc, la bande, sous les naïfs regards de son féal chevalier, escortée de cette troupe dépenaillée, visages de galères, toutes les pensées en dedans, se remet en marche.

II.

Et n'allez pas croire qu'il y ait là quelque rancune de femme, non. La bande excite l'enthousiasme : un enthousiasme noir, peu flatteur au demeurant, parce qu'ici le beau sexe est laid.

La voici donc sur une place antique. Voulez-vous de la couleur? Regardez devant vous. La cathédrale, prise à revers, fait fond. Vis-à-vis, un palazzo couvert de peintures en camayeu rit au soleil. La fontaine, chargée de statues verdâtres et moussues, jette ses eaux par-dessus bord. Les lavandières, courbées sur le canal, drapées dans leurs loques, pressent le linge contre les margelles de marbre. Tout cela ruisselle de lumière, pendant que le ciel, d'un bleu vif, étend là-haut ses profondeurs où se marque en broderie l'architecture des siècles écoulés.

La bande ne peut retenir un cri. Cette fois, elle est au pays de poésie : des perspectives azurées se sont ouvertes ; elle aspire cette bouffée d'air qui a frôlé Venise ; c'est comme l'écho rapproché d'un chant dont les mélodies l'ont bercée, qu'elle a longtemps redites par les soirs d'hiver, au feu de la veillée. Et ce n'est pas un rêve, elle les entend, murmurées près d'elle, mezzo voce, et le cœur lui bat.

Que vous dirai-je des pères du concile? Nous les retrouvons, en un tableau de l'époque, derrière le maître-autel de Santa-Maria.

Lainez, le jésuite, occupe la chaire : autour de lui se groupent moines, prélats, abbés, chefs d'ordres et princes d'Église. L'ambassadeur d'Autriche tient le premier rang ; l'ambassadeur de France la seconde place ; l'ambassadeur d'Espagne, plutôt que d'accepter la troisième, s'est mis seul dans un coin. Voilà l'envoyé *dei Svizzeri* (sti canagli !). Et là, celui du grand Turc... qu'allait-il faire dans cette galère?

Le panier s'est garni de figues, de pêches, de raisins ; on met les chevaux à nos carrosses, les abbés se désolent, le général-évêque prend son parti comme il peut, et la bande s'oublie à contempler cette page exquise : un char de bois, que garde une fillette.

Le char a la forme antique. Des bœufs au pelage gris ruminent la tête ployée sous le joug. La fillette, pâle, l'œil doux et triste, l'ovale parfait, une pauvre robe brune tombant sur ses pieds nus, la tête ceinte d'un mouchoir bleu d'où s'échappent quelques boucles dorées, reste pensive devant l'attelage.

Sitôt que mademoiselle Lucy Châtillon entr'ouvre son album, une rougeur enflamme le visage de l'enfant. Lentement elle va se cacher derrière ses grands bœufs. Le père, un villageois, nous a compris. Il voit bien qu'on veut *tirer sa fille en portrait* : il en est fier ; doucement il la ramène ; cause avec elle, la pose de profil. Mais la petite en sait plus long que le père : sa native pudeur lui en a plus dit. Toujours elle se dérobe, recule, glisse, l'incarnat aux joues ; et le père, de hausser les épaules, dépité mais ravi.

— Se avra piacere [1] !...

En voiture! Les tours de la vieille ville s'abaissent à nos pieds. On franchit le col, une contrée nouvelle est apparue. Je vous salue, montagnes! Et toi, défilé de roches, dans ton austérité!

Des crêtes dénudées, murailles prodigieuses, vêtues de pourpre et d'or, ferment l'horizon. Derrière, passent quelques cimes aériennes

Voyez-vous, dans cette rude corbeille, voyez-vous les mûriers et les châtaigniers, en toison débordante? Voyez-vous ces belles frondes que traversent les feux du soleil couchant? Voyez-vous ces blancs villages cachés sous les verdures? Voyez-vous, plus bas, ces lacs, purs miroirs, où

---

[1]. S'il leur souriait!...

se peint un morceau d'azur? — Et cette population rieuse! et les petits enfants qui sautent et qui frappent des mains au passage des voitures, au bruit des grelots!

Il y a des berceaux qui arrondissent çà et là leur coupe gracieuse; il y a des rayons qui dorent les treilles, qui brunissent les grappes, qui font miroiter les gigantesques remparts.

C'est un coin farouche, riant, perdu, qui n'existe pas, où l'on court! — Des pics inaccessibles, d'une rigidité, d'une aridité à faire frémir, jaillissent vers les cieux; des vallons s'épanouissent où Pomone jette ses fruits à pleines brassées.

La lune, en son croissant, a franchi le cirque. Ses clartés s'épandent sur les oliviers, glissent le long des cyprès, frappent là-bas le château romantique, castel Tublino, solitaire entre les deux lacs. Il a devant lui ces limpidités où pas une haleine ne soulève un pli. Il a derrière lui ce mur titanesque. Là-haut l'arc d'argent s'avance, à regret semble-t-il, dans les déserts sidéraux.

Redire les enchantements d'une telle scène, cette magie du soir, des lueurs errantes, des souffles éteints, et ce sourire de Dieu qui a tout fait resplendir; en vérité, ne me le demandez pas.

L'obscurité s'est faite; derrière nous le vallon s'est refermé. Des brumes roses flottent à une grande hauteur. Nos voitures ont pris le long des roches. Sur la chaussée, des phalanges de jeunes filles et de jeunes garçons, la tête ensevelie sous les gerbes du maïs, chantent la canzon italienne, qu'interrompent de petits cris avec des explosions de rire.

Chaque fois que se croisent les sentiers, la cohorte se divise; les couplets se répondent; ils s'affaiblissent, ils s'égrènent; quelque note vibrante, plus franchement lancée aux étoiles, nous arrive encore; puis un son, puis une vague rumeur, puis tout s'éteint.

On ne parle plus. L'ombre a gagné le cœur.

Longtemps nous avons couru dans les ténèbres. Plus d'une fois ont passé les silhouettes des villages.

Enfin, sur le lac de Garde, Riva s'estompe d'un trait noir.

Le voilà, notre lac, transparent, idéal! Il dort entre ses murailles de granit: de petites terrasses combles de jasmins laissent pendre sur l'eau leurs traînes odorantes.

Qu'il nous a dit de beaux secrets, qu'il nous a récité de belles poésies, ce lac, la nuit, pendant que s'attardaient les heures et que fuyait le sommeil.

DOUZIÈME JOURNÉE

Rebroussons-nous ? vraiment ? du côté du logis ? — Hélas ! j'en ai peur.

Demandez plutôt aux dames de la bande ! Elles contemplent de tous leurs yeux cette Italie bien-aimée, un instant entrevue, et qui va s'effacer.

Point de soleil encore, mais l'air est tiède. La marina se réveille ; les barques défont leurs voiles ; les petites boutiques s'ouvrent sur le port ; de beaux enfants au teint brun jouent dans le sable ; le vapeur, bâtiment de guerre couvert de gréements, de matelots et d'officiers, déroule coquettement la flamme de son pavillon. Tout rit, les maisons à triple arcade, les bateliers, les pêcheurs allègres dès l'aurore, l'eau profonde qui repose dans sa vasque de pierre, et ces prodigieux escarpements dont s'allument les crêtes au premier rayon.

Nous voilà partis. Les roues du vapeur coupent le cristal. A peine si la proue soulève un pli ; des deux côtés, il s'épanouit en écume, puis verse des nappes de bulles légères sur la surface, qui garde son immobilité.

Quelques négociants, quelques *Eccelenze*, un capucin à barbe soyeuse, un petit abbé couleur pomme d'api, se promènent sur le pont. Ajoutez-y trois Autrichiens de bonne mine, assis à la poupe. Sur les trois, l'un rêve, l'autre ne pense à rien, le troisième dessine. Mademoiselle Lucy, qui s'y entend, affirme qu'il fait *des horreurs !*

Ainsi nous passons dans l'ombre matinière. — La bande, en ces tons un peu sourds, a le bonheur mélancolique.

Ne les connaissez-vous point, ces envahissements de la tristesse, et ces obscurités soudaines au milieu des enchantements ? Rien d'aigu, non, mais le côté sérieux de toutes choses, avec des retours découragés sur soi. C'est comme un adieu plein de tendresse, redit tout bas aux beautés de la terre ; c'est comme un contraste qui se révèle entre les grâces de l'œuvre divine et les laideurs de l'âme humaine.

On ne triomphe plus ; les regards s'éteignent. Et si vous voulez notre confession, la voici : — Que je me déplais à moi-même ! Ce pauvre petit abbé, ce grand capucin, s'ils me voyaient telle que je me connais, me haïraient. C'est bien pour cela que Jésus a pris compassion de moi.... et que je me déteste !

Au surplus, n'allez pas vous représenter la bande tout entière ensevelie sous le sac et la cendre. Il y a parmi nous deux hommes qui ne revêtent guère l'un, qui secouent vite l'autre. Ceux-là se lèvent, ceux-là se couchent dans joie de leur âme. Ils vont droit devant eux, prenant le bien comme Dieu le donne, tournant franchement le dos au mal. S'étudier à la loupe ? quelque sot !

Notre vapeur glisse toujours. Là-haut un sentier, fil blanc capricieusement dénoué, court en corniche, tandis que Démone, avec ses arceaux d'orangers que soutiennent des piliers de granit, s'évase autour du golfe et semble repousser le rocher de tout l'effort de sa végétation.

Que c'est bien perdu ! quels jardins féeriques ! comme ce

lac tranquille parle d'un ineffable repos ! Muraille sévère, villas aux blanches colonnades, vert doré des citronniers, et la plage pleine de sourires, et les oliviers glauques, et ces grands aloès, et partout où la montagne déchirée laisse pénétrer l'œil, ces revers arides, pelés, d'un charme austère qui relève le cœur.

L'un après l'autre, les caps se découpent. Tantôt les gradins, combles d'orangers s'étagent pour monter à l'assaut des roches; tantôt un précipice abrupt se dresse : une paroi de huit cents pieds, en surplomb, tandis que les transparences du lac, noires comme la nuit, répètent l'immensité de ce gouffre suspendu.

Ainsi nous effleurons Carniano, palais aérien, arceaux sur arceaux, un port où clapote le flot, où chantent les mariniers, où le rire court sur la vague amoureuse.

On chante aussi près de nous. A mesure que le soleil monte et qu'il jette au lac son filet d'or, à mesure que s'avance notre nef, laissant sur son chemin les barques entoilées; à mesure que cette magie des gradins, des couronnes d'aloès, des palazzi bariolés, des villas étincelantes s'étend, se prolonge et nous enveloppe de ses rayonnements; deux garçons, deux enfants, tête nue, jambes pendantes, assis au milieu des cordages, le regard perdu sur l'eau, redisent à pleine voix les mélodies italiennes.

Leur cantilène se balance en des modulations indécises, plus harmonieuses que les plus riches accords. Suaves, incertaines, vous ne les saisiriez pas mieux que vous ne saisissez l'arome lorsqu'il passe avec la brise, l'éclair bleuissant de la mouche dans un rayon du jour, pas plus que le bruissement de l'aile d'un oiseau, pas plus que le reflet de la lune sur le flot qui frissonne, pas plus que la note du ruisselet qui filtre, pleure, et tombe goutte à goutte, dans la coupe de cristal que lui a taillé l'hiver.

Pendant qu'on rêve, un de nos négociants, peu songeur, s'approche de M. de Belcoster :

— Con permissione ! dove vanno loro [1] ?
— E ! non si sa !
— Verso la parte di Milano?
— Forse.
— Verso la parte di Torino?
— Ancora.

M. Nérins a dressé l'oreille. Notre négociant reste abasourdi.

Vite, rejetons-nous sur les citronniers.

— Que rapporte un arbre?
— Limoni? due mila [2] ! — La récolte se répète deux fois l'an.
— Beau pays et de bon rapport !
— Qüi, la primavera in febbrajo commincia, e non va più via [3] !

Salò, *vero paradiso*, s'efface dans le lointain. A l'orient se dessine la presqu'île de Sermione. Le lac s'est élargi; les rives abaissées courent au niveau du flot. — Desenzano !

Les ancres dérapent.

Te souviens-tu? il y a un an, Desenzano, nos regards te contemplaient pour la première fois. Ainsi ta vieille tour, ainsi ton clocher mince sortaient des oliviers; ils se détachaient ainsi sur l'azur de ton lac : nous allions, alors. Quels éclats de joie ! Les wagons ailés nous emportaient à Vérone, nous

---

1. — Avec votre permission ! où allez-vous?
— Eh ! on ne sait trop !
— Du côté de Milan?
— Peut-être.
— Du côté de Turin?
— Encore.
2. Citrons? deux mille.
3. Ici le printemps arrive en février, et ne s'en va plus.

emportaient à Venise, nous emportaient vers la mer où se lève le soleil !

Entendez-vous ces cris sonores, et ce langage qui est une musique ? Voyez-vous les corbeillées de fruits, voyez-vous les brunes contadines, et ces pêcheurs aux grands yeux ? Boucles d'oreilles, cheveux frisés, rouges ceintures, jusqu'à la cohue, jusqu'à la bataille pour s'arracher les voyageurs, tout nous ravit. — Et nous rebroussons !

La bande, empilée dans l'omnibus qui la mène au chemin de fer, prend de l'Italie ce qu'elle en peut prendre. Elle dévore du regard ces vieilles femmes à la peau bronzée, dont un double rang de corail entoure le cou ridé. Même ce qui a cessé d'être beau conserve de la grâce. C'est le ciel bleu, c'est le doux idiome, ce sont les chaudes verdures, c'est la liberté du geste, c'est la poésie des horizons ; c'est ce qu'on aimait, c'est ce qu'on va quitter.

Il faut que, pleurant d'un œil, riant de l'autre, la bande soit, elle aussi, bien séduisante, car un de nos jeunes Allemands, penché sur son voisin, lui coule tout bas ces mots : — Die französischen Damen sind *recht angenehm*[1] ! — Cette fois, mademoiselle Hélène a compris.

Coup de sifflet ! Attention ! Le train va venir par ici, pour nous mener là-bas ! — M. Nérins sourit. M. Nérins regarde où il ne faut point. La bande, qui voit rire M. Nérins, sent un trouble, une angoisse !...

Bouh ! bouh ! bouh !

— Comment ! — s'écrie mademoiselle Dora. — Il arrive de ce côté ? du côté de Milan ?

— Ce n'est pas notre convoi, mesdames.

M. Nérins rit toujours.

1. Les dames françaises sont ravissantes! (Traduction libre.)

— Eh vite! eh vite! Je me suis trompé, hâtons-nous! *Ein, zwei, drei, vier*[1]!...

La bande, hors d'elle, s'enfile dans un wagon. Elle ne sent rien, elle ne comprend rien, sinon que quelque chose d'inouï va lui tomber sur la tête!

Sur ce, le gardien paraît :
— TUTTI PER VENEZIA[2]?

Si le train n'a pas déraillé, ce n'est pas la faute de la bande.

Revoir Venise !

Mais c'était hier, mais nous courions ainsi! Avec quels transports nous reconnaissons les lieux aimés! Un soleil a jailli, les yeux rayonnent, la bonté du Seigneur nous pénètre. Revoir, c'est mieux que voir : on possède, les ardeurs de la curiosité se sont apaisées, le bonheur se greffe et s'épanouit sur les belles émotions du souvenir. Et c'est nous! et nous voilà! Tutti per Venezia!

Dans la plaine exubérante de verdure, les tours rougeâtres de Vérone rangent leurs silhouettes. Les villas se couronnent de balustres. Les cyprès de Padoue hachent le ciel d'un trait noir.

Voici la lagune, j'ai respiré le vent de mer! Voici le pont, les flots, Venise tout entière! Elle monte des profondeurs humides. Nous glissons sur le canal, l'eau verte baigne toujours le marbre, les gondoliers jettent toujours leur cri. Les échos des palais nous répondent. Trèfles, colonnettes, magnificences du canal Grande, je vous ai retrouvées!

Je te reconnais aussi, palais des Fieschi; et toi, si rouge, avec tes arceaux mauresques; et toi, palais de la reine Cor-

---

1. Un, deux, trois, quatre!...
2. TOUS POUR VENISE?

nàro; et toi Cadòro merveilleuse, avec tes dentelles, tes torsades, tes ogives et tes balcons !

Voici le Rialto : le fer des gondoles nous effleure : — Ohé ! sta li ! — Nous voici chez nous, au palazzo Loredano. Nos pieds ont touché le pavé de marbre; c'est bien le péristyle, ce sont bien les escaliers de roi. Et cette fraîcheur qui s'exhale de la mer, et notre salon avec ses nobles fresques, et le Doge et la Dogaresse dans leur cadre d'or; tout nous crie : bienvenus !

Venez-vous-en, mes sœurs; les ombres du soir nous enveloppent, allons retrouver la souveraine beauté. A travers les rues, à travers les *campi,* sur ce parquet dallé, dans ces obscurités qu'égayent les mille lumières des boutiques ouvertes aux brises de mer, on marche; on ne parle pas; des ailes nous portent.

Voilà Saint-Marc ! Ses trois mâts se dressent rouges; la triple voûte byzantine s'approfondit en la nuit; des sérénités idéales tombent du ciel sur ce parvis de pierre; l'heure frappe, coup après coup, sonore, éloquente, dans la place que le talon autrichien fait résonner sous ses pas.

Un instant nous sommes restés immobiles, les mains pressées, le cœur gonflé de ressouvenir. Puis, deux à deux, trois à trois, nous avançons lentement. Un rêve n'a pas plus de magie; nos regards s'en vont errant sous les galeries qui étincellent; ils remontent avec le campanile pour se perdre aux profondeurs étoilées; nous marchons toujours, toujours en silence, jusqu'à la Piazzetta, jusqu'à cette splendeur du palais ducal, de la mer, de l'infini !

Et c'est bien Venise ! et c'est bien nous.

TREIZIÈME JOURNÉE

On n'est pas désassoupi, que le bruit de la rame qui plonge, le clapotement du flot contre les murs, la vibration des voix promenées sur l'eau, jettent dans l'âme une impression de bonheur pareille aux magnificences du jour à son réveil.

Étendons-nous dans les gondoles.

Notre cicerone, tout simplement le Pape, IL PÀPA, prend place à nos côtés! Sa patrie, Rome, et son grand air pontifical lui ont valu le surnom. Grassouillet, les cheveux noirs, sous la lèvre un mouchet qu'il tord négligemment, des yeux de velours avec une voix suave, de belles mains blanches moelleusement promenées, une apparence de mystère à tout ce qu'il fait; tel est le haut dignitaire d'Église que sa fortune attache à nos pas. — Bonhomme au demeurant, bien qu'il roucoule trop.

Pas un souffle sur la lagune.
Iles, clochers, maisons bariolées, l'eau répète tout en un reflet huileux. Sous leurs voiles soufre, des barques glissent vers le large; d'autres restent sans mouvement, pareilles à

un alcyon endormi. Alors, quelque pêcheur se dresse sur sa nacelle. Il nous regarde, songeur, puis se recouche au fond de l'esquif.

Ceux-là nous font envie! De jour, de nuit, bercés par le flot paresseux, le ciel avec les nuages, les étoiles allumées quand vient le soir, le fond des eaux transparentes, Venise tout du long rangée avec ses palais, il ne leur en faut pas plus. Ainsi leur vie se balance entre l'infini des cieux et l'infini des ondes. Solitaires et près des hommes, rêveurs tour à tour et travailleurs, passant au travers des douleurs, au travers du bonheur, à peine s'ils effleurent la vague.

— Mais c'est de la moinerie cela! et de l'égoïsme!

Que voulez-vous! l'exemple, l'occasion! nos petits moines de bande, bien encapuchonnés dans le mépris du siècle, abordent au couvent, chez leurs grands frères d'Arménie.

— Pòrta una pànca! per l'ànima de tùoi mòrti [1]!

Le pont jeté, la bande passée, un concierge l'introduit dans le vestibule. Elle a, pour lui tenir compagnie, le portrait du sultan. Ces deux laïques, sultan et concierge, ne font pas son affaire. Aussi, madame de Belcoster, d'une voix confite en miel (c'est la bande qui le dit) :

— Ne pourrait-on voir un des *pàdri?*

— Padrona!

Voici le père Antonio Gelali, de Constantinople. Il porte la robe noire; il a de longs yeux fort doux, une longue barbe fort belle, la bouche à la fois humble, réservée et fière.

Le père nous ouvre son musée.

Cette momie de Memphis dort depuis trois mille ans dans sa chrysalide! le globe ailé se déploie sur la poitrine du mort; l'éclat de sa cotte en perles de verre n'a point pâli. Cette pierre écrite vient de la vallée du Mokatteb! je la tiens dans mes mains, il me semble marcher au pas des dromadaires,

---

1. Apporte une planche! par l'âme de tes morts!

le long des défilés du Sinaï. Ce manuscrit remonte à l'origine des âges chrétiens ; le père en lit quelques versets de sa voix mélodieuse ; on croit entendre un iman dans la mosquée d'El-Aram. Tout près se déroulent les Évangiles que transcrivirent des solitaires pour une reine d'Arménie.

A cette heure même, les moines éditent un poème en grec moderne, avec les *Soliloques* de saint Augustin.

— Combien d'exemplaires ?

— Cela dépend de l'importance du livre.

— Vous tirerez à deux mille les *Soliloques,* à deux cents le poème ?

— Il contrario ! giusto [1] ! fait le père qui éclate de rire.

La glace est rompue ; on babille, on achète : celle-ci des chants slaves ; celle-là, notre grande traductrice, un dictionnaire arménien. Puis, le père nous mène dans l'église. Il a cette souveraine dignité qui distingue les fils de l'Orient, il a cette bonté native qui établit la parenté humaine.

— Nous sommes pauvres ! dit-il en montrant la nudité des murs.

— La richesse, c'est un cœur chrétien.

— Si, ma [2] !

— Grande foi, grand trésor !

— Vero, vero [3].

Pourtant quelques tableaux, avec quelques dorures, ne lui déplairaient pas. — Et nous voilà dans le jardin.

Au lieu des orangers d'autrefois, il n'a plus qu'un carreau de pommes de terre. Les horizons lui restent, avec la profondeur des cieux, le flot qui vient battre les murs, et la gondole qui passe, et le silence, et les douces nuits, et les jours imprégnés de lumière !

1. Le contraire, tout juste !
2. Oui, mais !
3. Vrai, vrai.

Nous avons beau nous en défendre, le père Gelali dépouille les jardinets des moines. Reines-marguerites, verveines, à chaque dame sa fleur! Celle de mademoiselle du Rouvre, en arménien, se nomme *Arsatassim!* Hélas, en français, c'est du pourpier!

Arsatassim, pourpier! pourpier, arsatassim! La belle langue que le turc!

— Sì, sì! — grommelle il Pàpa : — sono fràti quèsti, che sono gentili mòlto per le donne! mà quàndo ùn signor vi va pùr solètto! gùai[1]! — Notre prélat secoue sa main potelée.

Souvenez-vous, ô notre Pàpa, de la sentence que grava Brustolone sur une stalle de chanoine, au chœur de Santa Mària dèlla Salùte :

PENSA DI TE, POI DIRAI DI ME [2]

Une fois dans les canaletti, cette grosse embarcation nous barre le passage. Un des gondoliers, debout, l'œil en feu :
— Andrài nella Caïnàcca[3]! — Dante eût-il mieux dit?

Tantôt glissant, tantôt abordant, ici mettant le pied dans une église, là dans un palais, nous errons de l'aube à la nuit.

Tout à coup : une comète! mademoiselle Lucy l'a signalée.
— Comèta! l'ha vedùta! Vero? proprio veduta[4]?
— Sì, eccola quà[5]!
Elle paraît au-dessus de la Cadòra, vaporeuse, à peine

---

1. Oui, oui! Ce sont des frères, ceux-là, infiniment courtois pour les dames! Mais quand un monsieur y va seul! Misère!
2. Littéral : pense de toi, puis tu parleras de moi.
3. Tu iras dans la *Caïnaque!*
4. Comète! Vous l'avez vue! Vrai? proprement vue?
5. Oui, la voilà!

visible encore, sa blonde chevelure épandue par les airs.
Alors notre prélat, saisissant sa frisure à deux poings :

— Cometa! terribile! Miseri noi! Quando si vèdono quèsti segni, le sciagure son quà! Guerra noi avremo! fame! pestilenza! Perduti siamo noi[1]!

Vers neuf heures les gondoles nous ont ramenés.

Une barque enguirlandée de lanternes couleur de topaze, de saphir, de rubis, se tient amarrée aux poteaux du palais. Et quand nos gondoles s'avoisinent, le chœur, lancé à pleine carrière, fait déborder d'harmonie les margelles du canal Grande!

On s'interroge de l'œil. Une voix murmure tout bas :

— C'est pour vous, la sérénade! *Piccola finèzza*[2].

Quoi! vous! Madame la Bête au bon Dieu?

Ah mais! votre seigneur et maître la trouve un peu bien forte, cette finezza!

— Quand l'avez-vous imaginée?

— Hier.

— Quand l'avez-vous arrangée?

— Ce matin.

— Ce matin! Mais nous étions avec vous, mais vous n'avez pas quitté la bande!

Eh bien, seigneur, sans quitter la bande et sans sortir du rayon de vos beaux yeux, madame votre femme a filé, tissé, noué son affaire.

Ouais! ceci donne à penser.

Sur le balcon, mes sœurs!

Là, par cette nuit étoilée, avec ces voix qui montaient en

---

1. Comète! terrible? malheur à nous! Quand on voit ces signes, les catastrophes sont là : guerre, famine, peste, nous les aurons! nous sommes perdus. — Chose bizarre, la guerre d'Italie éclatait quelques mois après.

2. *Finezza*, surprise, cadeau.

faisceau, qui vibraient dans le silence, mollement promenées dès qu'un souffle venait de terre, deux heures ont passé plus rapides que l'éclair.

Ils ont chanté la canzòn vénitienne : ils ont redit les stances du pêcheur, alors que de l'autre côté des lagunes, la tempête siffle, qu'éclate la foudre, et qu'il affronte la mer.

Pousse ton esquif, sois sans crainte, vois cette étoile : *Avrài compagni in ciel*[1] !

Et le ciel semblait s'ouvrir, et le cœur attendri revoyait ceux qui nous attendent là-haut.

Qu'il sera beau, le ciel ! Que l'inénarrable grandeur du Dieu souverain, que l'éternité de la paix, que l'amour sans mesure, que l'adoration du Sauveur soutenue d'un souffle égal et puissant, que cet océan de lumière, que ce travail sans douleur et comme enlevé d'un coup d'aile, que la sainteté parfaite, que l'obéissance avec joie, que tout cela viendra bien étancher la soif qui nous embrase le cœur !

Après, le *carnavaletto* a jeté çà et là ses notes fantasques : cymbales frappées à deux mains, phrases nettement coupées, des intonations burlesques, puis, enchâssé dans ces variations pleines de caprice, un rythme tout à coup solennel, un chant d'église, une sorte d'office des morts, étonnant de largeur.

Parmi les voix, une voix se détachait, limpide comme l'eau de roche : c'était la voix d'un jeune garçon. Elle montait, elle s'élevait en des régions éthérées, elle dominait tout. Ample, pure, avec un frémissement qu'on sentait vibrer, elle vous remuait l'âme. On eût dit une de ces étoiles qui par les nuits sereines éclairent un grand morceau du ciel. Toujours transparente, toujours éclatante, elle planait, elle régnait, et, dans la barque, on voyait palpiter et se gonfler la poitrine du jeune homme aux cheveux noirs.

1. Tu auras des *compagnons* au ciel !

Je ne sais quoi de hardi tressaillait à travers les *canzòn* : une sourde colère, des ressouvenirs de gloire! Les gondoles, lampe au front, accouraient dans l'ombre. Un peuple de pêcheurs se groupait sur les marches que baisait la vague. Venise tout entière semblait écouter. Et quelle audace, dans ces traits lancés comme la flèche, soutenus par vingt voix, avec des modulations bizarres, et ce fier accent, tel qu'on le doit attendre des princes de la mer!

Liberté, liberté, tu passais! ton haleine frôlait ces rivages. République du temps jadis, tu sortais de l'Adriatique : tes lèvres ont murmuré des paroles d'espoir.

QUATORZIÈME JOURNÉE

Madame la bande, votre historiographe est un pinson! Sur son arbre perché, tant que dure le jour il répète ses couplets. Une fois, bien! le premier triolet a même ce parfum d'avril qui met le cœur en joie. Bon, bon, voici les primevères, et bientôt les lilas. La pluie fait verdir l'herbe. Courage, oisillon! dis-nous les douces nuits, et comment la mésange, la commère, va bâtir son nid de brindilles, et comment le rouge-gorge a choisi pour sa couvée le trou d'un vieux mur! Parle-nous des chèvrefeuilles qui s'accrochent aux vernes, le long du ruisseau; parle-nous des violettes qui couvrent les prés, des pervenches au bois, des scarabées heureux de renaître!

La bestiole ne se le fait pas redire. Elle va son train, le cou gonflé, les ailes soulevées, tours de bec et tours de gosier, tant, qu'en fin de compte elle n'en peut plus.

La chanson, la voulez-vous savoir? L'air lumineux, le bleu des cieux, l'azur des mers.

De votre historiographe, madame, tel est le ramage. Foi de lecteur, c'est assommant. Faites-le taire, ou qu'il varie ses refrains!

Ce matin donc, nous allons au cabaret. Un joli cabaret, sous l'invocation de *san Mosè* [1].

La bande s'y achemine fort décidée. Elle veut déjeuner à sa fantaisie : *frùtti di màre* [2], et du petit vin d'Asti, pour vous servir. Une vigne court en berceau sur le courtil, une fontaine s'y égaye ; le ciel rit à travers les pampres.

En passant, notre Romain fait signe à son pêcheur (au sien, entendez-vous?). Le pêcheur, une corbeille de marée sur la tête, suit le monsignor. Tout cela, sans paroles. Parler, ne serait pas de la dignité d'un si grand prélat. Autre signe au cuisinier! Le cuisinier, boucles d'or aux oreilles, l'air d'un sapeur en vacances, prend le rouget, la sole, le *calamàyo* [3], *e prònto, prèsto la frittàta!* — Joignez-y une nappe blanche, des citrons partout, la bande ne se sent pas de joie!

Mais, un pressentiment lugubre vient voiler son soleil :

— Dans cette saison, dites, messer Pàpa, oserons-nous bien manger des huîtres ?

— Ostriche!

Le pàpa, d'un superbe dédain, hausse les épaules :

— Moi, hier, avec un ami, z'ai mangé huit douzaines... mé voilà.

Il sourit béatement :

— Portez des huîtres!

Il faut voir les grimaces! M. Nérins en essaye deux ; mademoiselle Hélène, qui les trouve appétissantes, en croque trois ; mademoiselle du Rouvre y verse la salière, le poivrier, la burette au vinaigre, et vite avalées, avec un *ribrezzo* [4] d'horreur! — Pourtant on y revient, un peu, rien que pour voir! On se regarde, on n'est pas mort! Allons donc! ces

1. Saint Moïse.
2. *Fruits de mer* : coquillages.
3. Poulpe, et vite, et lestement la friture!
4. Frisson.

huîtres nous empoisonner, elles si engageantes? — Et de rire.

Attendez, mes petits amis, vous avez dit votre dernier mot, pas les huîtres.

Tous allègres, sous cette verte tonnelle, contents de se retrouver seuls, loin des tables d'hôte, on expédie lestement le rouget délicat, le calamayo qui ne plaît guère, la sole qui plaît beaucoup, et de bon pain bis, et du Vino Spumante par-dessus.

Vivent les trous à la lune! Vive la croûte de pain cassée sous les mélèzes du Tyrol! Vive le saut, tout d'un élan, par-dessus les barrières de la grand'route!

Il y a un pays, le vrai : celui que ne voit personne; contrée toute pleine de hasards heureux. La cohorte des voyageurs, qui ne s'en doute guère, s'en soucie encore moins. Elle tient la chaussée, comme ces troupeaux que le printemps on mène de la plaine aux montagnes, qu'on ramène en automne des monts à la plaine, pattes posées aux mêmes ornières, mêmes herbes broutées aux mêmes lieux! C'est absurde, et chacun le fait. Chacun le fait, parce qu'il faut, pour donner un grand coup de poing dans la routinière coutume, beaucoup de vigueur, doublée de beaucoup de résolution.

Vous le connaissez, le roi de ce monde : un petit mot en deux lettres, qui en dit plus qu'il n'est gros : *On!*

Naguère, un républicain farouche lui tirait dessus. Peine perdue; le tyran ne s'en porte que mieux. Gaillard, dispos, prêt à tout, il met les pieds sur vos chenets, tisonne votre feu, meuble votre salon, règle votre table, décide la toilette de madame, prescrit les dépenses de monsieur, invite et désinvite, arrête ce que vous ferez, ce que vous ne ferez pas, qui vous aimerez, qui vous n'aimerez point; et vous restez là, muet, ébahi, docile comme un épagneul que son maître vient de châtier.

C'est qu'aussi, convenons-en, tout despote qu'il est, *On* renferme dans sa petite personne un gros bon sens pratique, une grosse appréciation du beau, un gros effroi du laid, une grosse entente du commode, un gros sentiment de l'honnête, une grosse expérience de la vie, qui expliquent à moitié son pouvoir.

En lui obéissant, à tout prendre, on ne risque pas de trop lourdes bévues, et l'on s'épargne bien des ennuis.

Oui! mais on se perd soi-même, on en reste aux surfaces, on respire un bouquet que tout le monde a défloré, on!... Il y a donc deux On? où est le bon, où est le mauvais? où est l'esclave, où est le maître? — *On* ne s'y reconnaît plus! c'est le petit vin d'Asti! Vite, quittons le cabaret, et à Saint-Marc!

Vous croyez que je vais vous faire du pathos? point. Le langage avec les appréciations de notre *pontéfice* [1], vous n'aurez rien d'autre.

— San Marco [2]! proprio un tesoro!

La porte de Sansovino; ces têtes expressives de l'Arétin, du Titien, des deux Palma, si énergiquement repoussées en ronde-bosse?

— I miglioni non potrebbero pagarle [3]!

Ce tableau byzantin, couvert de pierres fines, plaqué derrière l'autel, caché sous une chemise de bois?

— Questo [4]! Mai Napoleone non lo ha potùto trovàre! I miglioni avrèbbe dàti!

Cette balustrade, qui porte les quatre statues des quatre évangélistes?

1. Prélat.
2. Saint-Marc! Un trésor, positivement.
3. Des millions ne pourraient les payer!
4. Celui-là! Jamais Napoléon n'a pu le découvrir! Des millions, il les aurait donnés!

— La fortuna d'una famiglia [1]!

Le pavé houleux, la coupole aérienne, les vitraux peints?
— Centinaja di miglioni [2]!

Pendant ce temps, un sacristain patibulaire suit la bande, secouant derrière elle sa tire-lire pleine de gros sous :
— Per le ànime del pùrgatorio! per le ànime vòstre [3]!

Que de millions engouffrés là, sans compter les larmes.

La cour du palais ducal (un mondo di migliaja!) voit arriver les *bigolànti* [4]. Elles accoururent de leur pas ballonné, indifférentes aux splendeurs d'une architecture qu'elles ne regardent guère. Penchées sur le puits, elles décrochent leurs seaux, secouent un peu les épaules, font glisser la chaîne dont on entend le bruit argentin; le seau remonte avec lenteur, force est de reprendre le faix, et la bigolànte de courir, légère, son feutre sur l'oreille, les deux bras enlacés au cerceau :

— Quèlla, lì [5]! un negoziànte, richissimo, pazzo per lei! i miglioni darebbe!

Regardez, ses petits pieds nus frappent les dalles. Mignonne, l'air sauvage, ses cheveux blonds s'ébouriffent; quelque chose d'insouciant, un certain balancement plein de nonchaloir, lui prêtent un charme étrange. La voilà qui s'incline vers la margelle, qui rit avec ses compagnes; puis elle s'en retourne du même pas indolent.

Va, negoziànte mon ami, elle possède mieux que tes millions, la bigolànte : elle a sa liberté, son cœur honnête, et là-bas, dans le Frioul, quelque fiancé qui compte les jours.

---

1. La fortune d'une famille.
2. Centaine de millions.
3. Pour les âmes du purgatoire! Pour l'âme des vôtres?
4. Porteuses d'eau du Frioul.
5. Celle-là, ici! un richissime négociant, fou d'amour, donnerait pour elle des millions!

Que faut-il encore à la bande? Des chaînes de Venise.

Par un *traghetto* [1] découlant d'huile, la bande, frôlant deçà et delà des matrones aussi reluisantes que leurs outres, monte bravement à l'assaut du signor Buonamici.

On presse à deux mains l'ampleur des jupes récalcitrantes, on escalade un escalier borgne :

— Favorisca [2]!

Le signor Buonamici, une paire de lunettes sur le nez, apparaît dans sa large redingote, ni plus propre ni plus sale qu'il ne faut. Tout chez lui sent le vieux et le rance. Le bonhomme cligne de l'œil : Ma probité, semble-t-il dire, et ma solidité, me donnent le droit d'être assez laid, passablement malpropre, et tout à fait vermoulu.

— Ma chè! ma còsa [3]! — et que lui veut donc cette pimpante compagnie?

— Des chaînes?

— Tant qu'il vous plaira, mesdames.

On mesure, on coupe. Le bonhomme vend sa denrée au mètre!

— Comment se font ces chefs-d'œuvre?

— Comment? Viens ici, Giàcomo! montre alle Signore ton habileté!

Giàcomo, un hercule de vingt ans, quitte son établi pour s'asseoir vis-à-vis des dames. De ses mains puissantes il infléchit, arrondit, polit, enchâsse l'un dans l'autre, soude à la flamme d'une lampe ces microscopiques atomes, qu'on nomme les anneaux d'une chaîne vénitienne.

— Mais, à ce métier-là, vous perdrez la vue!

— Si [4]! — répond tranquillement le jeune hommes; puis il lève vers nous ses grands yeux fatigués.

1. Ruelle.
2. Faites-moi la grâce d'entrer!
3. Mais quoi! mais qu'est-ce!
4. Oui.

Que ces fils d'or nous pèsent!

Donnez à l'homme un métier d'homme, donnez-lui les fournaises de Mùràno, la bataille avec les mers, les longues nuits sous les étoiles; mettez des fardeaux sur ses fortes épaules, armez d'un fer sa main virile, qu'elle saisisse le soc de la charrue, qu'il connaisse les rudes labeurs, qu'il affronte les dangers! mais ne l'abaissez pas à ces opérations subtiles, inventées, on le dirait, par la malice de quelque méchante fée, pour agacer les nerfs d'une femmelette hystérique.

Ce soir, devant le café Florian, une conversation qui se tient à voix haute nous contraint d'écouter.

Il y a là quatre voyageurs, une mère, jeune encore; son fils aîné, grand licencié roide et taciturne; son fils cadet, un collégien en vacances; l'ami de la famille, homme d'âge à barbe grise. Ils causent entre eux, de ce ton cassant, fort en honneur, je ne sais pourquoi, dans un certain monde :

— Edgard! — c'est le monsieur qui parle. — Voulez-vous, demain, en mer, vous divertir?

— Oui, m'sieu, — répond le collégien.

— Vous savez bien, ces goélands qui suivent le sillage du navire?

— Oui, m'sieu.

— Eh bien, mon garçon, recourbez une épingle, comme ça!

— Oui, m'sieu.

— Mettez du pain au bout, attachez-y une ficelle, et laissez flotter!

— Oui, m'sieu.

— Ces oiseaux-là, c'est stupide! Ils mordront! Vous les traînerez après vous, deux, trois, six, dix lieues!

— Mais cela leur fera du mal.

— Bah! c'est très drôle!

— Mais cela les fera mourir.

— Peuh! je me suis amusé, comme cela, durant toute ma traversée de Constantinople à Trieste.

— Mais ils souffrent! mais ils meurent!

Le collégien parle d'une voix brève; il ne veut pas paraître ému; c'est un franc gamin, même assez brutal; tout à l'heure, il vient d'allonger un coup de pied au marchand de caramels qui lui offrait ses confetti. Pourtant cette perfidie le froisse. La mère reste indifférente.

— Dis donc, mère?

— Hé?

— C'est pas bien drôle, voir mourir des oiseaux?

Point de réponse.

— Dis donc, mère? faire mourir des oiseaux, longtemps, comme cela, c'est pas bien amusant?

Rien. L'enfant cherche sa conscience. Il la sent fléchir. Il voudrait que sa mère l'appuyât, fût-ce d'un : — Fi donc! prononcé de sa voix sèche. La mère se lève, distraite, et murmure : — Fais comme tu voudras!

A quoi elle pense? à ses cartons; à ses chapeaux :

— Allons, je n'ai pas achevé mes malles. Pourvu que les douaniers laissent en paix mes chiffons! — Et elle ne s'aperçoit pas, la malheureuse, qu'il y a là, devant elle, une âme aux abois, le cœur de son fils, qui lui demande secours!

Et voilà comment s'en va la honte de notre première lâcheté.

Ah! que j'aime mieux regarder ces pauvres gens : femmes chétives, beaux enfants au visage pâle! Ils s'approchent, maintenant que va finir le concert; ils viennent s'asseoir sur les chaises vides; ils écoutent les derniers accords. La musique, c'est leur soleil. Attentifs, en extase, deux vies : l'une misérable, celle du jour; l'autre poétique, celle de la nuit, tournent vers eux tantôt une face austère, tantôt un front radieux. Voyez ces prunelles qui s'allument, voyez rougir ces fronts décolorés. Plus de pauvreté, plus de haillons! Ils ont quitté ce monde où un morceau de pain s'achète à la sueur du visage. Ils se sont envolés sur des ailes puissantes, qui frappent l'air d'un battement dominateur. Ils sont rois, mieux que rois ; ils planent parmi les sphères harmonieuses ; à eux le ciel, à eux l'univers!

Et quand tout s'éteint, quand il faut rentrer dans le taudis sombre, quand le matin ouvre la porte aux indigences ; eh bien! le soir n'est pas loin ; à son tour, il poussera les battants dorés par où viennent les beaux songes, par où nous montons aux régions de liberté.

QUINZIÈME JOURNÉE

Ils ne mouraient pas tous, mais tous étaient frappés!

Les huîtres se vengent. La bande, qui part, est bel et bien empoisonnée. Son Infaillibilité, il nostro Pàpa, s'en arrangera comme elle pourra.

Toujours *pompòso*, toujours *solènne*, notre homme gouverne droit sur le chef de douane, un Autrichien, lui désigne M. de Belcoster, et à son oreille [1] :

— Una Grandèzza [2] !

L'autre se retourne. La bande prend cet air digne que vous lui connaissez. Une immense envie de rire la travaille en dessous.

— Gràn signore! Signorìne gràndi [3] !

L'employé jette un inexprimable regard sur le bagage de la Grandèzza : trois malles.

— Un Paròne [4] !

L'employé conserve l'air indécis. Alors le Romain, de sa voix la plus sonore :

---

1. *Pompeux, solennel.*
2. Une Grandesse !
3. Grand seigneur! grandes dames !
4. *Paróne* — Baron — prononcé à l'allemande : il s'agit d'épater l'agent autrichien.

— Sùa Eccelènza, il signor PARONE! veut-elle prendre par ici?

Cette fois, l'employé s'incline. M. de Belcoster, qui n'a rien entendu, va son chemin.

Les trois malles passent intactes devant les bureaux, tandis que la bande réprime, non sans peine, les éclats d'une gaieté qui risquerait fort de compromettre baronnie, grandezza, Pàpa, et le reste.

Voilà comment on quitte Venise; sans compter un chargement de *pan francese* [1] dont nous a gratifié notre homme. Ces dames lui paraissent un peu pâles; elles meurent de faim, c'est clair; et du pain mollet, et des pêches, et des raisins, de quoi nourrir un régiment!

Vers le soir, arrivée à Milan, la bande souffreteuse, fléchissante, se réveille, non sans peine, pour comprendre qu'elle est encore de ce monde.

— A quelle heure se lèvera-t-on demain?
— Demain? se lèvera-t-on? *Chi lo sa* [2]!
— Mais encore?...
— Voulez-vous neuf heures?

M. de Belcoster bâille et s'étire. M. Nérins s'étire et bâille.

— Neuf heures! — dit le chef, — qui peut songer à se dématiner ainsi? Des gens empoisonnés!

La bande respire.

— Mesdames, nous n'avons rien à voir! Monza, tout au plus! Par conséquent, lever *ad libitum*, déjeuner quand vous voudrez : c'est ainsi qu'en ordonne votre serviteur.

La bande ravie court à ses appartements.

1. Pain français.
2. Qui le sait?

A propos! vous ne savez pas? Le dictionnaire arménien de mademoiselle Hélène se trouve être un vocabulaire turc, imprimé rue Vaugirard, pour nos zouaves de Crimée.

« Donnez-moi du raki! Vendez-moi du tabac! En avant, marche! »

Quel beau turc, mademoiselle Hélène va parler!

Attendez cependant; la bande y a découvert un proverbe digne de Salomon.

« Le coq qui chante trop matin, aura la tête coupée [1]. »

Aïe! mademoiselle Hélène se prend le col à deux mains.

1. Voy. *Bande du Jura, Au pays du soleil.*

SEIZIÈME JOURNÉE

Vers sept heures on ouvre un œil.
— Sept heures! quelle folie! — Vite on se rendort.
A huit heures on ouvre l'autre.
— Huit heures! quelle niaiserie! — Vite la tête sur l'oreiller.
A neuf heures, les remuants commencent de s'agiter.
— Neuf heures! si tôt que cela! Voulez-vous bien vous tenir tranquilles!
Quelqu'un frappe à la porte.
— Qui est là?
— C'est moi.
— Qui moi?
— La Bête au Bon Dieu.
— Entrez.
Madame de Belcoster, en châle, en chapeau, tenue de chemin de fer, se présente : Vue de dortoir!
— Comment, mesdames, vous en êtes là? Mais savez-vous que neuf heures ont sonné? Savez-vous qu'en une demi-heure il faut avoir déjeuné, qu'il faut se trouver à la gare, qu'il n'y a que ce train pour aller à Monza, qu'il n'y a que l'autre pour en revenir, et que, si nous le manquons, nous manquons tout!

Par une autre porte, mademoiselle Hélène, en chapeau, en châle, tenue de ville, apparait :

— Mesdames, je suis réveillée depuis une heure, habillée depuis deux.

— « Le coq qui chante trop matin... »

— C'est bon! je pars! adieu!

Une révérence, et les deux dames laissent le dortoir métamorphosé en statue de sel.

Lecteurs, vous comptez sans l'héroïsme de la bande. Dix minutes, pas une de plus, le dortoir a revêtu ses atours. Cinq minutes, la bande s'est échaudée de chocolat bouillant. Une seconde, dans l'omnibus. Ouf, à la gare! — A la gare, une heure d'attente.

L'embarcadère est pavé d'abbés, les uns rieurs, les autres majestueux, celui-ci *bròntolàndo* [1], celui-là jovial, tous marchant *da prelàti* [2].

Le train! On s'établit vis-à-vis d'une famille patriarcale : père, mère, six enfants. Le même mouchoir sert à ces huit nez.

A Sesto, joli village plein de fleurs, encore des abbés. L'honnête famille se précipite aux portières :

— Vèdi qua monsignor Bòtta, che fa la villegiatùra! e monsignor Bruschini, e mònsignor Trabòsco [3] ! — et des soupirs de componction.

Monza! Le grand chef se lève :

— Mesdames, ne perdons pas de temps! Nous avons une heure, pas une minute de plus, pour *faire* Monza, la cathédrale, le trésor, la couronne de fer, le parc et le palais!

---

1. Grondant, marmottant.
2. En prélats.
3. Vois, là, monseigneur Botta, qui fait la villégiature.

On avise, devant la station, un petit homme dépenaillé :
— Eh! l'amico! vùol condùrci [1]?
— Signor si.

M. de Belcoster se lance, le guide suit. Il boite et va comme le vent.

La bande court, éperdue, trottant, s'arrêtant, se rattrapant, les uns en avant, les autres en arrière; une trombe, une flèche, un je ne sais quoi de précipiteux, de tempétueux, d'extravagant avec grâce, qui laisse les Monzois ébahis.

Ils s'en souviendront longtemps, de cette envolée de dames, un instant abattue dans leur ville solitaire. Sitôt aperçues, sitôt disparues : une comète, en plein jour! Ceux qui ont aperçu la queue s'en frottent encore les yeux.

Le tourbillon s'engouffre dans la cathédrale : — Vu! vu! vu! Marbre blanc, marbre noir, colonnes, sculptures, caissons, ogives; la bande n'a pas le temps de s'arrêter à ces fadaises.

Le trésor! Presto! Un grand gaillard de sacristain se précipite au-devant d'elle. Il ressemble plus à un chasseur de chamois qu'à un homme d'église: trente ans, face réjouie, des yeux qui allumeraient des cierges, une chevelure d'Absalon sous la calotte. *burrascoso*, lui aussi, et chaque fois qu'il regarde la bande, un rire à plein gosier.

— Bàda [2]! Quà! — Il bourre son acolyte, enjambe la nef, M. de Belcoster après lui, la bande après M. de Belcoster, et dans la sacristie, où il saute sur la table, sur les rayons, jambe deçà, jambe delà; comme le colosse de Rhodes! Cela fait, il tire les verrous, et pousse les volets :

— Questo! il pettine della regina Téodorinda [3]! — Grand éclat de rire.

---

1. Eh! l'ami! voulez-vous nous guider?
2. Attention!
3. Ça! le peigne de la reine Théodelinde!

On se passe le peigne : une machine à lisser des poils de chameau !

— Quèsto ! ventail [1] ! — Grand éclat de rire.

— Quèsto ! le armi della regina Téodorinda [2] ! — Plaque de cuivre, en ronde bosse, qui représente une poule entourée de ses poussins.

— Quèsto ! manoscritto del sècolo sèsto [3] ! — Magnifique Évangile à reliure d'or enrichie de camées antiques.

— Quèsto ! coròna e croce della regina Téodorinda [4] ! — Nouvelle explosion de gaieté.

— Quèsto ! la croce che appartiène alla coròna di fèrro [5] ! — Il nous fait remarquer une Diane chasseresse, gravée sur l'améthyste qu'enchâsse la croix :

— Còsa profana pende a ròba santa [6] ! — Les voûtes résonnent du rire qu'il en fait.

Et les reliquaires, et les ciboires, et les anneaux, et les patènes ! — Prendre, montrer, renfermer, avec ces éclats prodigieux dont les parois de la sacristie vibrent encore, c'est fait en un instant.

— Il calice, li ! pròprio zaffiro [7] !

— Saphir ! cela ? — Une espèce de salière en verre bleu.

— Si ! pròprio ! Napoleòne, col diamànte, ha voluto rigare ! mài non ha potùto lui [8].

— Miràcolo ! Ho qui, giùst'apòsto, un anello, col diamànte, mi permètte [9] ?...

1. Ça ! éventail !
2. Ça ! les armoiries de la reine Théodelinde !
3. Ça ! manuscrit du vi⁰ siècle !
4. Ça ! couronne et croix de la reine Théodelinde !
5. Ça ! croix qui appartient à la couronne de fer !
6. Objet profane, pend à chose sainte !
7. Ce calice, là ! un saphir !
8. Oui ! positivement ! Napoléon, avec son diamant, a voulu le rayer : jamais il n'a pu !
9. Miracle ! j'ai ici, justement, un diamant à mon anneau, me permettez-vous ?...

Notre sacristain bondit; un rire homérique montre ses trente-deux dents.

— Quèsto nò! quèsto nò [1]!

Un tour de clef, les verrous sont poussés. Un saut, notre sacristain est à terre. Vite, la couronne de fer!

On traverse la nef, on se rend dans cette chapelle. La couronne, qui contient un vrai morceau de la vraie croix, ne peut être montrée que par un prêtre. Le prêtre arrive; vieux clerc à mains tremblantes, à pas chancelants. Notre sacristain lui passe une chasuble, le juche sur une échelle: un enfant de chœur encense l'autel, encense le prêtre, encense la bande; on ouvre les volets! voici la couronne: bandeau fermé, de rude apparence, travail du IIIe siècle, qui a touché le front de Constantin.

Nos jeunettes, un peu désappointées (elles comptaient sur un diadème à triple étage, tout d'or, fleuron sur la pointe, comme on les fait en nougat), poussent un gros soupir.

Aux jardins, maintenant! Bride abattue, par les places, par les faubourgs, par-devant le palais de Barberousse:

— Mais c'est au loup! mais c'est au pôle!

Courage! Enlevé!

Le palais est verrouillé, clos sont les jardins. L'archiduchesse, belle-sœur du vice-roi de Lombardie, vient d'expirer, à dix-huit ans, là, dans cette princière demeure.

Entourée de fleurs, la jeune morte repose sur un lit de parade. Demain on exposera ce qui fut elle. Tout Milan s'y portera. Mari, beau-frère, belle-sœur ont quitté ce matin le pays. Elle reste seule! — Un tel abandon est l'acte irraisonné du désespoir, je le sais bien; à la rigueur on le peut comprendre; que ne comprend-on pas? Mais ce pauvre corps! au milieu d'une foule étrangère, d'un peuple étranger, sous ces froids regards!

1. Ça non! Ça non!

DIX-SEPTIÈME JOURNÉE

Cette fois nous tenons un beau dimanche, plus un petit sermon, qui vaut mieux qu'un gros.

Roideur et simplicité; tel est le sujet.

Roideur!

Ne l'avez-vous jamais sentie, cette dureté secrète, cette instinctive malveillance, ces révoltes au fond du cœur, et cet orgueil, et ces sécheresses, et ce quelque chose d'ennemi, de hautain, qui déplait à Dieu.

Simplicité!

Toi candeur, toi bonhomie, et toi pauvreté d'esprit qui vas humblement dans ton sentier; petits bonheurs, petites joies, saintes duperies qui faites rire de pitié les habiles; parfum des fleurs agrestes; souverain amour du Seigneur qui nous met au cœur l'amour des autres : venez! élisez votre domicile dans notre bande! Vous êtes la part des chétifs, vous êtes notre trésor.

Le soir, car il faut dîner, M. de Belcoster mène sa bande au restaurant. On la sert en un jardin, sous les orangers.

Qui dressera le menu? M. de Belcoster, ce sera vous.

M. de Belcoster prend la carte et crayonne. C'est fait.

Voulez-vous savoir comment notre Grand Chef entend l'ordonnance d'un festin?

Du rôti, des côtelettes sur le gril.
Du rôti, des saucisses sur le gril.
Du rôti, des beefsteakes sur le gril.
Des glaces !

— Quoi ! point de légumes ? — Non.
— Ni d'entremets ? — Encore moins.
— Mesdames, vous n'êtes pas contentes ?
— Si fait ! si fait !

Cependant M. le pasteur Nérins, qui n'a pas cessé d'être le meilleur des compagnons de voyage, en devient, là, subito, le plus galant.

— A quoi songez-vous, monsieur Nérins ? au foulard volé ? M. Nérins en est à son troisième, ce matin.

— Je songe, mesdames, au bonheur que j'ai d'être le pasteur d'un si charmant troupeau.

Italie, ce sont de tes coups ! Bande, ma mie, tiens-t'en là. Monsieur Nérins ! pas un mot de plus ! La bande, voyez-vous, perdrait cette vertu de modestie qui la distingue entre toutes.

M. Nérins suit sa veine ! M. Nérins déclare, à haute et intelligible voix : — Qu'il y a bien des abbés qui voudraient être à sa place !

Monsieur Nérins, nous n'en avons jamais douté ; mais, à votre tour, sachez-le, ô notre ami, la bande n'échangerait pas son pasteur contre tous les abbés de Lombardie, doublés de tous les Monsignori du monde entier !

Allez, si vous connaissiez M. Nérins : cette âme sérieuse, cette vie appliquée à bien faire ; et cet esprit fin qui te sait par le menu, bande, ma mie, et ce burin qui découperait au besoin ta silhouette d'un trait délicat ; si vous aviez rencontré ce caractère loyal, cette gaieté juvénile, ces convictions qui jamais n'ont reculé ; vous feriez comme fait la bande, vous aimeriez M. Nérins à plein cœur.

DIX-HUITIÈME JOURNÉE

Ce matin, on prend pour tout de bon le chemin de Granges, Valpeyres et Montvéran.

Nous sommes à Côme. Le vapeur va démarrer, et voilà mademoiselle du Rouvre maçonnée entre quatre burgraves, lesquels boivent crânement de la bière et fument à faire sauter la machine.

Le pont s'encombre de voyageurs; pas moyen de bouger; les regards seuls peuvent errer à loisir.

Que voit-on ?

Des Italiennes languissantes, au profil classique, dans le laisser-aller charmant de leur nature librement épanouie. Des boyards, grandes figures un peu sauvages, qui vont et viennent sans gêne, renversent tout, l'air hautain des races à esclaves, étonnés de notre civilisation, mais n'en laissant rien paraître, et promenant sur les horizons rétrécis cet œil inquiet, ce regard farouche de gens accoutumés aux vastitudes du steppe.

Voici un monsieur français, avec une belle raie tirée bien droit au milieu de la tête. Sa femme est indifférente. Tous deux glissent sur la surface de l'eau, comme ils glissent sur les surfaces de la vie, préoccupés de leurs gants parfaits, de leur tenue irréprochable, de toutes sortes de petites choses souverainement élégantes. Ils arrivent de la Corniche :

— Toujours la mer ! toujours des orangers ! — La dame fait un geste de dédain. Le mari hausse les épaules et se loge un lorgnon dans l'œil.

Il y a des Milanais barbus, avec des cannes symboliques : tête de mort, deux os en croix, griffe d'aigle !

Là, dans le coin, se ratatine un pauvre petit abbé de quinze ans, blême, désossé, le nez en trompette, point de menton, stupéfié par le séminaire, achevé par une mère grondeuse qui le rabroue et le bouscule à perte de respiration.

Qu'y a-t-il encore? Deux dames mignonnes, toutes roses, toutes blanches, des étincelles aux yeux ; elles s'en vont avec leurs deux maris, manger quelque *frittata*, à la Cadenabbia. Voilà des Diana Vernon sur le retour, sentimentales et romanesques. Voilà monsignor l'évêque de Côme, avec qui les Suisses se querellent à cette heure! Il se rend dans sa villa de Dongo. L'encombrement du tillac le confine au salon, tandis qu'une nuée de prêtres, ses commensaux, s'enchâsse à l'aventure parmi les laïques et les dames.

Quelques Anglais brochent sur le tout, impassibles, piques en main, plantés comme des bâtons d'œillets dans un parterre.

Ainsi l'on navigue sur les limpidités de l'onde endormie.

Où êtes-vous, nos bateliers de Menàggio? Où es-tu, nacelle qui effleurais les lauriers de Nesso et que mouillait sa cascade ; balancelle qui jetais ton ancre partout où te conviaient les parfums et les roses, où es-tu?

La bande passe à tire-d'aile. Au rebours des hirondelles ses sœurs, elle file vers le nord.

Hélas! pourquoi est-on de chez soi? — Et si l'on n'en était point, quelle misère!

Vous les avez rencontrés, ces riches errants, sans foyer, sans devoirs, sans attaches, qui promènent du levant au couchant leur lassitude d'être au monde! Ils ont tout vu, tout éprouvé, ils se sont ennuyés partout. Un homme, pour eux, n'est plus un homme, c'est un numéro qu'ils ont cent fois aligné sur une colonne cent fois additionnée. Un pays ne se distingue plus de l'autre que par le fumet du gibier qu'on y mange ou par le bouquet des vins qu'on y boit. Le globe ne leur présente ni une beauté qui les retienne, ni un pli qui les arrête. Tout ressemble à tout, et la vie n'est qu'un long bâillement.

Va, bande honnête, sois de chez toi! Retournons à notre Jura; il y va neiger, et la bise, et les brouillards, et la grosse terre, et les déluges; mais tu l'aimes, ce coin; c'est ton coin; c'est là, bande, qu'on a besoin de toi; ton cher passé, ton avenir, les vieux qui t'attendent, les jeunes qui te sourient, tout t'appelle : Volons, mes sœurs, volons vite!

Cependant, ils sont heureux, ces deux *villègianti*, en veste de coutil, dans leur esquif que berce la vague :

— Signor conte, signor marchese, la riverisco! pesca buona [1]!

Il y a donc des gens dont c'est ici le pays!

A mesure que nous avançons, le vapeur dépose ses passagers, tantôt sur une rive, tantôt sur l'autre. Les rangs s'éclaircissent. Monsignor l'évêque de Côme, en robe violette, une chaîne d'or au cou, paraît sur le pont et se vient asseoir vers la poupe. De loin, les abbés le contemplent; M. Nérins en fait autant : ***Anch'io son pastor*** [2]*!*

Monsignor a des yeux fort doux, une belle bouche en cœur,

---

1. Monsieur le comte, monsieur le marquis, j'ai l'honneur de vous saluer! Bonne pêche!...
2. ***Moi aussi, je suis pasteur!***

beaucoup de savoir, et de l'habileté, de quoi tenir tête aux *Svizzeri, sti canagli* [1] !

On vogue doucement. Chaque site révèle sa beauté.

Que vous dirai-je? la grandeur du rempart des Alpes, les grâces de la rive, la suavité de l'air, ces verdures mélangées, ce bleu sous les flots, ce bleu dans le ciel, et ces *paesetti* [2], et ces blancs clochers à toutes les hauteurs; ce sont de ces pages enchantées qu'on voudrait lire du matin au soir de la vie, et ne les pas tourner.

Voici Dongo. Monsignor s'ébranle. Son majordome, en habit galonné, chapeau à deux cornes planté de travers, prend les devants; le grand-vicaire et les abbés se groupent autour du prélat. Coups de canon, barques pavoisées, esquifs chargés de dames, et des guirlandes, et des bouquets!

On approche. La musique éclate; les cloches sonnent à grande volée; sur les quais, de beaux messieurs en cravate blanche s'égosillent à crier : Evviva!

Enfin, Monsignor a quitté son fauteuil. Il s'avance avec majesté, répond d'un signe de tête aux acclamations du rivage, étend sa main blanche vers les populations entassées sur la grève, puis descend, lentement, suivi de ses phalanges en robe noire, et s'ensevelit sous les vastes replis du dais broché d'or qui recouvre la barque d'honneur.

— Ah! ce prêtre! ah! ce prêtre!

Pareil accueil, ô notre pasteur, ne vous attend pas dans votre village! Vous avez mieux que cela; une femme bien-aimée; quelques souffreteux à qui vous apportez l'espoir; de petits enfants qui vous tendront leurs bras; des ouailles modestes, peu démonstratives, qui ne tirent guère le canon, à peine la révérence, impatientes pourtant de serrer votre main

---

1. *Aux Suisses! ces canailles!*
2. Hameaux.

et d'entendre votre voix. Ce jour-là, croyez-en la bande, ô notre pasteur! plus d'un monsignor, s'il pouvait du coin de l'œil assister à votre bienvenue, plus d'un dirait tout bas, lui aussi, avec un soupir : — Ah! ce prêtre! ah! ce prêtre!

A Còlico, deux cochers et deux voitures nous attendent. Gennàri conduit la première : carrosse de cardinal, quatre chevaux lustrés, fringants, clous d'or et pompons! — le général-évêque d'Agram n'en a pas tant. — L'autre, un berlingot de mince apparence, ira bien jusqu'au bout.

Lac de Còme, tu as disparu; vous aussi, caresses de l'Italie! Une chaussée nous amène au *Laghetto* [1], miroir pur et sombre, qu'encadrent les roches. Pas une voile. Au fond, là où le torrent a charrié ses galets, des grèves blanches coupent la perspective; c'est tout. On court sur une route déserte, autour d'une onde immobile. Parfois deux pauvres maisons, avec une église, s'élèvent dans la solitude; parfois un châtaignier laisse tomber son image sur l'acier poli; c'est triste à l'œil, c'est presque dur. Eh bien, à côté des splendeurs du lac de Còme, les sévérités du Laghetto plaisent à mon âme. Il y a une lassitude d'admirer, il y a un épuisement qui suit l'enthousiasme. Alors, si quelqu'un de ces sites très sobres, d'une beauté rude, s'offre à la vue, on lui sait gré de ne rien demander, et on l'aime pour sa discrétion.

Moitié clochant, moitié rêvant, tout à fait grillés par l'embrasement d'un jour caniculaire, nous avançons au trot modéré de notre attelage. Gennàri chante avec cette grâce capricieuse, attendrie, et ces modulations à l'infini qui caractérisent le génie musical des nations, filles du soleil.

1. Petit lac.

Dans la seconde voiture, l'autre cocher, un *chiacchèrone*[1], dit Gennàri, *endoctrine* trois heures durant le pauvre John, qui n'y entend mot.

Voici une jolie fille.

— Que portez-vous, la belle, dans ce *cestèllo*[2] posé sur vos tresses noires?

— Ovi freschi! per Chiavènna. Questa mattina le hànno dati le galline[3]!

— Prenez, ma mie! votre voyage est achevé! — La jeune fille, doucement, pose ses œufs dans nos mains, ils sont beaux, ils sont blancs, on les regarde, on voit le jour au travers, puis on en casse un petit bout, puis on y goûte, puis on les mange, tout crus, tout frais, et il se trouve que rien n'est bon comme un œuf qui n'est pas cuit!

Enfin, nous entrons à Chiavènna. Des cimes nues la dominent, un torrent la partage, l'aridité l'enveloppe, tandis que des jardins fleurissent entre ses murs.

La bande, établie en face du Castello, ruine percée à jour que couvrent les folles herbes et qu'habillent les lierres, a pour se loger des appartements immenses, vides, décorés, et dépenaillés.

Sous le porche, un petit boiteux nous guette. Il se traîne sur deux béquilles; son pâle visage s'éclaire de bienveillance; ses yeux et ses lèvres rient à la fois. Le pauvre enfant ne se doute pas qu'il est indigent et qu'il est disgracié. Dieu lui a mis l'azur sur la tête, Dieu a mis de bonnes âmes sur la terre, il y a dans l'air des brises tièdes, il y a des cœurs compatissants par le monde; le petit boiteux trouve la vie bonne,

---

1. Bavard.
2. Corbeille.
3. Des œufs frais! pour Chiavenna! Pondus de ce matin.

et que Dieu a bien fait ce qu'il a fait. Aussi, de quel sourire il accueille la bande, et comme la bande le lui rend !

— Vògliono andar al Paradiso [1]?
— Al Paradiso! je crois bien [2]!
— Allòra, vèngano lòro, con mè [3]!

Le petit boiteux béquille, la bande suit. Où nous mène-t-il? Vers cette roche couronnée de pampres, qui domine les arceaux du castel.

— Mon enfant, tu ne peux grimper là-haut!
— Là, un mio amico si troverà! Aspettero io, quà [4].

Va pour l'amico! On le rencontre devant la porte (car il y a une porte), pas tout à fait si estropié que l'autre, malingre pourtant et tirant le pied. L'amico nous salue, rit à son tour, et nous fait monter quelques marches. Seconde porte :

— Quà è l'amica [5].
— L'amica! de qui [6]?
— Della padròna [7].
— Ma chi è la padrona [8]?

Une *ragàzza* de vingt ans [9]! Rocher, terrasses, vigne, et ce sommet alpestre où croissent les œillets avec la menthe, tout lui appartient.

Je vous laisse à penser si nos jeunettes ouvrent de grands yeux. Que volontiers elles diraient, elles aussi : — Ah! cette padròna!

Et si vous aviez vu l'amìca, la padròna, ces deux fraîches filles errer lentement sous les berceaux; et leurs joues

---

1. Voulez-vous aller au Paradis?
2. Au Paradis! je crois bien!
3. Alors, venez avec moi!
4. Là, un de mes amis se trouvera! j'attendrai ici!
5. Là est l'amie.
6. L'amie! de qui?
7. De la propriétaire.
8. Mais qui est la propriétaire?
9. Une fillette de vingt ans!

brunes, et leurs cheveux noirs touchés des chauds rayons du soleil à son déclin ; si vous aviez vu l'amica, rieuse et folâtre ; la padrona, une orpheline, contenue, grave, avec de rares sourires qui ne faisaient que passer ; vous aussi, en soupirant, vous eussiez dit comme nos jeunettes.

Sur une des terrasses, l'abbé directeur, mollement appuyé contre un mur, regarde en bas le cloître, la place déserte, le torrent qui fuit sous les châtaigniers. D'une main distraite il pique un grain ici, un grain là, cueille la figue qu'a becquetée le roitelet, et savoure dévotement les fruits de la terre.

De treille en treille, de pelouse en pelouse, la padrona nous mène au faîte du Paradiso. Une coupure verticale, prodigieuse, fend le rocher, tandis que dans le fond, dans l'ombre et la fraîcheur court un sentier qui fait envie à M. de Belcoster.

Mais ce qui fait envie à nos jeunettes, c'est cet Éden perché sur sa roche, dans l'air limpide, sous les feux du soir ! Posséder cela, s'asseoir là, le front penché vers la cité dont s'éteignent les murmures !

— O ! quànto felice è d'èssa [1] !

La jeune fille secoue la tête.

— Nòn tànto felice [2].

— Ammogliàta [3] ?

Une rougeur empourpre ses joues :

— No [4].

Cependant, à force de voir l'abbé promener ses doigts nonchalants de la grappe à la figue, notre bande sent s'éveiller en elle un secret désir de manger du raisin. La padrona

---

1. Oh ! que vous êtes heureuse !
2. Heureuse ! pas tant.
3. Mariée ?
4. Non.

s'avance sous les berceaux; avec une aisance rustique toute pleine d'élégance, elle détache les rameaux l'un après l'autre, en laisse trainer les pampres; les grappes ambrées s'échappent du feuillage. Elles ont la fleur, cette poussière impalpable, cette neige de l'été qu'un souffle altère, souveraine fraicheur du fruit. Et le front de la jeune fille, voilé de pudeur, a cette chasteté que pas un regard n'est venu ternir.

— Merci! padrona! — Nos jeunettes, rougissantes en présence de la padrona. si sérieuse et si digne, la soulagent de son fardeau. Le soleil baigne de sa pourpre ces visages candides.

Ce soir-là, je vous assure, c'était bien vraiment le paradis:

— Et maintenant. padrona, ne refusez pas notre modeste offrande! — La padrona se détourne un peu; on la presse, elle regarde. puis elle rit. puis elle court à l'abbé et lui montre la *regalàta*. L'abbé, qui a tout vu du coin de l'œil, consent d'un signe de tête bénévole. Alors la padrona descend les escaliers quatre à quatre. vers l'amica : l'amica s'émerveille, toutes deux jasent. toutes deux s'écrient; la bande est proclamée GRAN PRINCIPESSA INGLESE [1]! Et ce plaisir est si naïf, et l'amica se réjouit si franchement du bonheur de la padrona, que vite on la *régale* à son tour.

Derrière la porte, voici l'amico : un cadeau pour l'amico!

Tout en bas, tout seul. le petit boiteux nous attend. Sa mine est triomphante :

— Non è vero? Paradiso [2].

Oui, pauvre enfant! tiens, double *regalo* pour toi! Le paradis, vois-tu, est dans ton âme; il est dans ton cœur tout rayonnant de la joie des autres! Tu ne picores pas le raisin de là-haut. ni les figues; tu ne promènes pas tes regards sur la

---

1. GRANDE PRINCESSE ANGLAISE.
2. Pas vrai? le Paradis!

vallée; tu ne possèdes rien; tu rampes tout le jour dans la poussière, au pied de cet Éden qui n'est pas fait pour toi. Mais le Seigneur Jésus te connaît bien; il t'aime; il t'a donné la confiance; elle vaut mieux que les grappes au doux miel, que la figue entr'ouverte : c'est elle, enfant, qui te met le ciel dans les yeux!

DIX-NEUVIÈME JOURNÉE

Le Splügen est devant nous; c'est une de ces fraîches matinées que décrit si bien Cervantès quand, à l'aube, il fait sortir de l'hôtellerie don Quichotte avec Sancho, celui-ci comptant sur ses doigts les revenus de son île; celui-là, ses nobles folies au cœur.

On sent passer les saines énergies avec le vent des neiges.

Partout la vendange! Dans l'enclos de pierres sèches, les femmes, têtes lumineuses, aux bandeaux fortement ondés, cueillent et portent le raisin. Les hommes, figures martiales, broyent la grappe. Tout cela se meut avec de beaux gestes, dans une lumière d'or.

Nous montons; plus de vignes; les morceaux de prés qu'emprisonnent d'énormes quartiers de roches, se déroulent sous les châtaigniers au tronc rugueux. Un jour blond traverse la ramée. Çà et là quelque vache paît en un frais réduit. De rares hameaux, blancs comme la neige, s'accrochent aux versants. Quelle paix, et quelles couleurs! D'une montagne à l'autre, de grandes ombres se projettent. Le torrent coule dans la pierre vive; point de gravier, nulle plage désolée. Les vives arêtes du roc, les tons chauds avec les contours arrondis des arbres, et puis cette herbe fine, fauchée au ras du sol.

Qu'on passerait là d'idéales journées, étendu, sous ce dôme tout imprégné de clartés, à voir tomber les châtaignes, brouter les vaches, et l'écume du torrent laver sa margelle !

Gennàri, d'humeur peu rêveuse, a pris des chevaux de renfort avec un contadino [1] pour les mener.

Le site, tout merveilleux qu'il soit, ne plaît guère à celui-ci :

— Una vallada brutta come questa non si vede [2] !

Gennàri approuve.

Voyez plutôt ! Le chemin se fait roide. Cinq ou six plans de montagnes croisent derrière nous leurs croupes qui s'abaissent. Le premier profil se dentelle de forêts ; le second, que rencontre le soleil, baigne dans les teintes argentées du matin ; le troisième se peint d'un vert indécis. Après, il n'y a plus que des lignes qui vont s'adoucissant et s'éteignant vers les lointains brumeux.

Dans ces solitudes, chaque village prend sa valeur ; la plus chétive masure vous dit quelque chose ; l'œil enivré d'immensité se repose sur les plus pauvres détails et les interroge pour y trouver quelque trace de vie.

Depuis longtemps nous regardons la *Madonna* [3], perchée sur son roc. Le chemin s'élève, grimpe, enveloppe de ses replis les belles maisons, la chapelle, l'église, et les jardins ornés à l'italienne. Une femme, assise sur ce petit mur, nous contemple aussi. La joue posée sur une de ses mains, son cou chargé de bijoux massifs, elle reste immobile, pensive, tandis que sa chèvre tond l'herbe au-dessus d'elle, et que le campanile, sorti tout d'un jet du gazon, coupe d'une ligne blanche l'entassement des pics, là-haut.

L'air se fait vif, le feuillage délicat, tout s'éthérise à

---

1. Paysan.
2. Impossible d'imaginer une plus laide vallée.
3. Gros bourg.

mesure que l'on monte. Mademoiselle du Rouvre n'y tient plus. La voilà par terre :

— Mesdames, si vous saviez ce que c'est que de marcher !

Ces dames le savent ! Personne ne bouge.

Voici la seconde voiture :

— Vite, mesdemoiselles, marchons un peu, s'il vous plaît ! quand ce ne serait que par pitié pour ces pauvres chevaux !

Les jeunettes sautent à bas. A peine sur la route, nos deux cochers se carrent dans la calèche, et chevaux de tirer !

Parlez-moi des compassions bien placées.

Cependant les charrettes, remplies de femmes et d'enfants, descendent vers la plaine ; tout cela rieur, causeur, avec quelque : *buon viaggio* [1] ! jeté à la volée.

Les arbres ont disparu. Devant nous se dresse un col neigeux : le Splügen.

Quelques derniers hameaux, plus misérables, plus clairsemés, nous laissent entrevoir leurs beaux enfants derrière les barreaux énormes des croisillons. Parfois, dans une salle basse, des groupes tapageurs se balancent à quelque grande branloire. Bientôt la solitude reprend, avec le silence. Nous sommes entrés dans les régions où le rocher est maître, où pas un rameau, pas une feuille ne murmure, où les gais babils s'éteignent, où se tait l'oiseau.

A Campo Dolcino pourtant, on parle, même on rit.

— O ! bel Uòmo ! — crie Gennàri, — cavàlli [2] ! — Le bel homme arrive avec son attelage de renfort :

— Che nàso ! ma che nàso [3] !

— Sènza nàso còme vìvere [4] ? — Là-dessus, en selle,

1. Bon voyage.
2. Oh ! bel homme ! des chevaux !
3. Quel nez ! mais quel nez !
4. Sans nez comment vivre ?

au galop! Les quatre chevaux tournent bride et s'enfilent dans l'écurie.

— Bel Uòmo! non ròmperci le còste [1]!
— Hànno sèntito la biàda [2]! — D'ailleurs, ces dames ont des côtes de reste, ainsi pense l'homme..... qui repart en fou.

Repos ineffable, dans ce vallon de Càmpo Dolcino.

Le village dort, étendu sur le velours de son pré; le torrent éparpillé brille au soleil; une inexorable muraille ferme les horizons : ce sont de ces tableaux faits de calme et de lumière, qui rappellent les limpidités de quelque eau profonde.

Ah! croyez-moi, dans ces sites où tant de majesté se mêle à tant de douceur, il ne faut nul effort pour adorer Dieu. Et quand nos regards, de ces pyramides vertigineuses redressées par un mot de l'Éternel, descendent aux gazons qu'il a déroulés, à ces pauvres fleurettes dont il a semé des lieux si solennels, comment voulez-vous que notre âme, remuée dans le plus intime de son être, n'exhale pas son amour en prière, et que notre cœur, tout brûlant, ne cherche pas Jésus, le Sauveur, ce fils de Dieu qui est notre frère : celui qui tant de fois a marché, lui aussi, sur les routes de ce monde, à côté de pécheurs comme nous!

La gorge s'est rétrécie, la route serpente le long des parois de granit. De rares sapins, ébranchés par les tourmentes, montrent leurs têtes mutilées, tandis que le pic d'Isola, en face de nous, porte ses glaces éternelles dans l'éternel azur.

Une seule voix se fait entendre, les mugissements de la chute de Pierrazzo. Un éblouissement! Cela tournoie, cela poudroie, cela jette les feux du diamant, cela s'enveloppe

1. Bel homme, ne nous rompez pas les côtes!
2. Ils ont senti l'avoine.

d'une écharpe irisée, tantôt pluie de perles, tantôt masse étincelante, avec le tonnerre des flots en courroux, là-bas, là-haut, dans cette bataille sans trêve ni merci du torrent contre l'abîme !

Du côté d'Italie, éther lumineux. Du côté de Suisse, une forteresse de Titans sous une noire carapace.

Maintenant, l'un après l'autre, les glaciers ont passé leur tête blanche par l'embrasure des contreforts : froid diadème qui çà et là resplendit.

Encore, encore, gravissons encore !

Isolement absolu. Plus rien ne sourit ; les ravines déchirent le sol, les ossements de la montagne percent le gazon maigre, quelques tas de tourbe essayent de sécher sous les blêmes rayons d'un soleil à moitié transi.

Enfin, le col ! On s'arrête devant ce chaos de cimes décharnées, d'âpres aiguilles, de glaces inviolées.

Te voilà, ô notre pays, reployé dans les plis de ton manteau d'hiver. Les nuées, couches sur couches, roulent à flots pressés sur le ciel helvétique. Pas un pauvre petit coin bleu.

Rentrons ! rarement à courir le monde on devient plus homme de bien ! Assez promené, assez vagabondé !

Tarapatino, Mandèle, Bello, Maschèrina, nos quatre bêtes vaillantes, sous vos pompons vous secouez la crinière. Comme tout cela va grelotter chez nous !

Les deux voitures se dévallent. Nos jeunettes, qui ont pris M. Nérins avec elles, se dégèlent en lui faisant leurs plaintes. Ce sont les sœurs aînées qui servent à réchauffer les cadettes ; on conte ses griefs, et comme quoi les jeunes sont molestées, et comme quoi les aînées veulent tout, prennent tout, décident tout ! — M. Nérins écoute, place à propos un mot sage, et n'en croit que ce qu'il faut.

Si nous déjeunions? Le village du Splügen nous y invite. Des œillets tombent en festons des fenêtres, les vitres rayonnent; les *pitz* se hérissent; c'est le paysage suisse avec toutes ses audaces, avec toute sa gaieté.

Devant l'auberge, solide maison en pierre de taille, notre hôte se tient fier, vrai type du caractère grison : — Je suis un homme libre, vous aussi; entrez chez moi, je vous recevrai bien; si vous n'y entrez pas, je ne vous presserai point!

La bande se fait donner une soupe aux choux; c'est agreste et c'est national.

— Gennàri, surveillez nos manteaux!

— In Svizzera [1]? Quà, signòre, ròba di miglioni si puó lasciàre!

Ah! qu'on est fier d'être Helvétien....

— Quand on mange de la soupe aux choux?

La soupe mangée, on continue de dégringoler.

En hiver, quatre-vingts pieds de neige couvrent le sol. Plus de ravins alors, plus de route. Les diligences, posées sur des traîneaux, coupent en droite ligne les versants.

Heureux troupeaux bergamasques à laine touffue qui passez là, votre berger des Apennins après vous; comprenez-vous bien votre fortune, et que vous allez où l'air tiède déroule les corolles du cyclamen, où butine l'abeille quand la glace nous emprisonne, où rit la mer avec ses flots de saphir, quand ces gros nuages vident sur nous leurs cataractes avec leurs frissons?

Maschèrina, Bèllo, Tarapatino, Mandèle courent grand train. A chaque tournant, messer Gennàri leur allonge une *frustata*. Nous plaidons pour Mandèle, l'objet particulier de ses soins. Gennàri secoue la tête.

— Vèda signòra, Mandèle ha da màngiar bène, da bever

---

1. En Suisse? Ici, monsieur, on peut laisser des millions!

bène. come gli àltri tre. Ma se sbàglia, la frùsta! Cosi facèva il maestro. Con mè ha riùscito, son divenùto brav'uòmo. Mandèle divèntera brav' ànch' èssa. È d'ìndole buona ; quàlche bastonàta, sera perfètta ¹ !

Voilà des principes d'éducation nettement posés.

Une fois dans la via Mala : pics, tours, citadelles, eau furieuse, roches suspendues, écrasante grandeur, des défilés à se croire enfoncé au centre de la terre! — Il y a certes de quoi s'extasier. Que voulez-vous? cela ne nous dit guère. L'homme est pour sa bonne moitié dans l'impression qu'il reçoit de la nature. Telle beauté de premier ordre manquera son effet, tandis qu'un pauvre pré, une pauvre flaque où se mirent les saules, le tout assez laid, vous prendra le cœur, on ne sait comment ni pourquoi, sauf que votre âme avait besoin de se recueillir, votre œil de trouver de l'ombre, et que chétif, l'humilité du site s'accommode à votre petitesse.

Au surplus, ce coin vert, près du torrent, serré par une paroi verticale, avec ce sapin mort, à demi déraciné, cent pieds au-dessus du gouffre, séduit la bande. On serait bien, là, blotti sous quelque roc, à voir couler cette eau et pendre ce sapin. Pour moi, une idée me hanterait : décrocher le sapin! Ce sont de ces obsessions tenaces autant qu'absurdes, qui ne vous laissent pas dormir.

Décrocher le sapin! je me coucherais, je me lèverais avec cette pensée. Chaque jour je m'essayerais à gravir le mur. Je vois d'ici la place de mes pas. Un pied sur ce ressaut, l'autre dans ce creux, la main à cette saillie, je l'ai, le bout,

---

1. Voyez, *signora*, Mandèle, tout comme les trois autres, a bien à boire, bien à manger. Mais si elle s'oublie, le fouet! Ainsi faisait mon patron. Il a réussi avec moi : je suis devenu brave homme. Mandèle deviendra sage, elle aussi. Elle a bon naturel. Quelques gourdinées, elle sera parfaite.

le tronc! crac! au fond du torrent. Et voilà comme finissent les rêves.

Autre site grandiose, ce chaos où mugit la rivière avant de se perdre. Une frénésie, des citadelles de granit jusqu'aux nues, puis les roches engloutissent le fleuve tout entier, puis une dernière muraille se dresse, noire, lisse, gigantesque, le front dans les vapeurs, le pied lavé par les flots! — et nous arrivons sur la pelouse de Thusis.

Vous en avez assez, moi trop. Prenons gîte en ces quartiers.

L'hôte de Thusis, pareil à l'hôte du Splügen, nous case dans de bonnes petites boîtes suisses, planchéiées, lambrissées, le tout propre et coquet. Le fils de l'hôte, grand garçon jovial, deux mâchoires de requin, sert la bande. Aux dames, une graisse de phoque antédiluvien, en manière de beurre frais! à M. de Belcoster, une eau chaude parsemée d'œufs à la neige, l'abomination de la désolation du grand chef! à mademoiselle Hélène, une décoction de feuilles de noyer! chaque mets accompagné d'un : — Ch'espère, fous êtes contents!

Ravis.

VINGTIÈME JOURNÉE

Les sœurs aînées, dès l'aurore, accaparent M. le pasteur Nérins, et tout en lui contant leurs petites affaires, le nourrissent de chocolat. Voilà des cadettes bien recommandées ! — M. Nérins croque le chocolat, écoute, sympathise, et garde ses opinions.

Le pays ressemble aux habitants. C'est grand, c'est libre, c'est fort, cela n'a besoin de personne. Ajoutez un temps superbe, des fleurs à foison, vous n'aurez nulle peine à comprendre que la bande descende gaiement du côté du Jura.
La Calande, un sommet en démolition, tout cendre et tout ruine, lui fait face. Une poussière digne des plaines de Lombardie l'étouffe. C'est égal, elle a chaud, elle voit le ciel; et puis ces Grisons de franche mine, cela lui va.
On passe devant Reichenau, à cheval sur sa presqu'île que lavent les eaux des deux Rhins. On traverse de beaux villages bien ouverts.
Devant nous marche un chasseur de chamois, vêtu de mi-laine; il a sa bête sur le dos. Pauvre chamois, son cou gracieux est roidi, sa tête fine ne se dressera plus pour écouter l'avalanche.

— Halte! — En un saut, Gennàri, par terre, a fouillé la

gibecière du chasseur : une gelinotte! achetée la gelinotte. Hans voudrait bien nous vendre le chamois! Cela, non; le chamois nous fait pitié :

— Peccàto! sì! — répond Gennàri. — Ma adèsso, è mòrto[1]!
Belle oraison funèbre et qui dit tout en trois mots.

L'homme est éreinté, charrions l'homme. Hop! sur le siège! le chamois dans les coffres, le chasseur content, fouette cocher!

— Combien en tuez-vous par an?
— Dix à douze.
— Et pour les avoir?
— Ah! pour les avoir, je *roule* des semaines dans le glacier, seul, et je risque ma peau.

Triste métier! sans compter qu'il dépouille nos montagnes de leurs hôtes les plus charmants.

Au surplus, si vous voulez en savoir long sur ces bêtes mignonnes, et les voir paître au lever du jour en un gazon que vient d'abandonner la neige, et flairer le vent qui a passé sur l'homme, et, bondissant de leurs jambes nerveuses, détaler au galop chef en tête, franchir d'un bond l'abîme, retomber des quatre pattes sur un bout de roche, immobiles, les cornes dressées, l'oreille au guet, lisez Tschudy[2].

Nous entrons à Coire avec notre chasseur et son chamois.

On dîne, on flâne le long du torrent, on considère la ville adossée contre ses montagnes. Si l'on ne revenait pas du lac de Côme on dirait : C'est l'Italie! on en revient, on ne dit rien.

Tandis que la bande réfléchit, arrive un vieux homme en culottes, en tricorne et en queue; un Grison de par là-bas derrière, du fin fond d'une vallée perdue au fin fond des

---

1. Dommage! oui! Mais à présent, il est mort.
2. *Le Monde des Alpes.*

monts! Il s'arrête devant la bande, planté sur ses deux jambes, et se met à rire, mais d'un rire si bénévole, que la bande, tout d'un élan, se prend d'amitié pour le bonhomme. Le voilà qui se décide; il fait deux pas, et l'une après l'autre, nous tend la main, à toutes. Le brave homme voudrait nous raconter son histoire. C'est du *romansch*, c'est de l'iroquois, un dialecte formé de français, de latin, d'allemand, de turc! si bien que la bande lui rend rire pour rire, avec maintes civilités. Pourtant, à force d'écouter (on n'a pas pour rien un dictionnaire d'arménien dans sa poche), mademoiselle Hélène parvient à saisir quelque chose.

— Que de dames! que de dames! Et qu'elles sont gentilles!

Premier point; idée flatteuse, autour de laquelle en rôde une autre, non moins obligeante, mais plus malaisée à débrouiller.

Notre homme, qui fait le commerce des vaches, court après sept vaches, ou sept demoiselles, on n'en sait rien :

— Si son scampà [1]!

— Les vaches? — Non, car elles allaient à la foire pour acheter des rubans.

— Scampà tütt [2]!

— Les demoiselles? — Non, car ce matin encore, elles broutaient l'herbe.

— Tütt, tütt scampà [3]?

— Alors, ce sont les vaches? — Non, car hier au soir, elles dansaient au village.

— Alors ce sont les demoiselles? — Non, car elles portent au cou des toupins [4].

— Bon! je disais bien, les vaches?

1. Elles ont décampé!
2. Décampées, toutes!
3. Toutes, toutes décampées!
4. Grosses sonnailles.

— Scampà nell'osteria [1] ! — Le bonhomme fait entendre qu'elles boivent un coup.

— Positivement, ce sont des demoiselles.

— Scampà sette [2] ! — Le bonhomme mugit !

— Bon ! des vaches ! cette fois c'est sûr.

Vaches, demoiselles, nous n'en sortirons pas. Quant au vieux Grison, il aurait continué, comme cela, jusqu'au soir. Par malheur, le chemin de fer siffle. Un serrement de main à Gennàri, un autre au brave homme :

— Scampà, ces dames [3] ?

Hélas oui ! Avec vos filles et vos vaches, cela fera les deux douzaines. Pauvre homme, s'il vous faut courir après ce troupeau, que d'affaires !

Ici, l'on prend les billets à coups de boutoir. Ils accourent, nos Grisons, par troupes, par hordes, tout enfiévrés de la foire. Ils tapent devant eux, poings en maillet, coudes en équerre ; c'est comme cela qu'on gagnait la bataille de Morgarten.

Sur le nombre, il en parvient un au guichet :

— Wie viel [4] ?

— Vierzig ! nein, Vünfzig cents [5] !

— Vierzig ! Vünfzig ! Donner-und-blitz [6] ! — Ah ! vous croyez, vous autres messieurs de bureau, qu'il n'y a qu'à dire Vierzig, Vünfzig ! et qu'on vous donnera de bel argent sonnant, à première réquisition, sans défendre son bien !

Discussion acharnée. Notre Grison débat le prix, l'employé n'en rabat rien ; le paysan tire, le monsieur ne lâche pas ;

1. Décampées dans l'hôtellerie !
2. Décampées, sept !
3. Ces dames décampent ?
4. Combien ?
5. Quarante ! non, cinquante centimes !
6. Quarante ! cinquante ! Foudre et tonnerre !

enfin, on s'entend. Le voilà qui plonge la main dans les profondeurs de sa poche; il en sort une bourse de cuir; il en dénoue lentement les lanières.

Cependant la locomotive souffle, les conducteurs appellent, la foule piétine, boxe et crie.

Alors, du sein de cette masse compacte qui essaye en vain d'arriver, une voix s'élève :

— Fritz! nimmst du ein billet, für mich [1]!

Une autre :

— Und ein für mich [2]!

Une autre :

— Und ein für mich [3]!

Fritz se gratte la tête. S'il prend les billets, lui rendra-t-on son argent? S'il ne les prend pas... allons, il se décide : payons. Il y met le temps, Fritz; pièce après pièce! Courage! encore cinq centimes, nous y sommes. Non, nous n'y sommes pas! Ces cinq-là, voyez-vous, on ne les lui arrachera qu'avec la vie. Fritz a un front de taureau, ce n'est pas pour rien. L'employé le sait, il ramasse la monnaie, passe à un autre, puis à un autre, jusqu'au départ du train, qui laisse une douzaine de Fritz le bec dans l'eau, stupéfaits des allures outrecuidantes de cette machine pressée [4].

Mais un spectacle affligeant attend la bande. A peine en wagon elle voit, de ses yeux, dans le compartiment voisin, un monsieur rôtir! Ce monsieur dort de toutes ses forces dans un embrasement de soleil; chacun des boutons de son habit flambloie; il est écarlate, il ruisselle, il charbonne sur le gril, et ne s'en aperçoit pas! Comment l'avertir? Bon, une odeur de soufre! Le monsieur ouvre un œil effaré, s'essuie le front;

---

1. Fritz! prends un billet, pour moi!
2. Et un pour moi!
3. Et un pour moi!
4. 1858.

mademoiselle du Rouvre referme son porte-allumette, le monsieur promène çà et là un regard inquiet, secoue la tête, considère la bande, et se laisse retomber à l'ombre. La bande a sauvé un homme !

Pendant que cuisait le voyageur aux boutons ardents, la vallée s'est élargie; elle s'est couverte de vergers. De merveilleuses richesses jaillissent du sol; il y a dans l'air des haleines d'une douceur infinie. Les maisons de campagne à toits découpés s'asseyent sur les hauteurs, parmi les sapins; dans les arbres fruitiers on voit reluire les pommes; les chalets de bois s'éparpillent; devant les granges se meut une abondante population, beaux enfants, belles femmes, tout cela vigoureux et bien membré.

Et Rheinek ! quelle poésie ! Le village côtoie le Rhin; ses maisonnettes se touchent toutes; on dirait que chacune d'elles renferme un nid de gens heureux, tant elles ont cette gaieté rustique, cette physionomie modeste, intérieurement éclairée, qui fait rêver de vie agreste sous la feuillée.

Le fleuve coule sans bruit, sans rides; les derniers rayons du soleil enflamment son paisible courant; sur l'autre bord, quelques vaches, enfouies dans les hautes herbes, lèvent la tête et poussent une bramée au hasard.

Que l'air a de pureté, que de mollesse ont les lignes !

Soudain le lac, le vieux lac de Constance, un bouclier d'or, démesuré ! Il sommeille dans sa coupe évasée, au sein des splendeurs de la végétation. Ce ne sont que prairies, ce ne sont que grands arbres qui ploient sous les fruits. Rohrschach s'étale sur la pelouse. Là-haut se campe un château, avec sa face blanche, ses angles capricieux, ses draperies de vigne vierge. Là-bas s'épanouit quelque villa moderne, au milieu de ses massifs de sauges bleues, de sauges rouges, des traînes de ses roses remontantes. Il y a dans tout cela une virilité de la nature, une bonne santé des hommes et des choses qui met le cœur en joie. Et puis, c'est le pays des belles indiennes, des belles broderies sur mousseline. Un air de fête se répand sur les moindres hameaux. Les enfants qui jouent dans l'herbe ont des robes neuves aussi fraîches que leurs joues. Aux fenêtres des chaumières se gonflent les rideaux à grandes fleurs, à splendides ramages; derrière ces plis on voit travailler les jeunes filles, leur tête blonde penchée sur le métier.

Et pendant ce temps, le convoi que remorquent deux locomotives, quitte le lac pour franchir les coteaux. Du dernier wagon, où nous sommes, nous suivons des yeux sa courbe harmonieuse, qui ondule comme un gigantesque serpent. Sans effort, décrivant des orbes immenses, il s'élève sous son panache de fumée. La lune, dans son plein, regarde, suspendue au milieu d'une vapeur aux tons fauves.

Helvétie, que tu es belle! Tu as les sourires de l'Italie, tu as les sévérités du pôle; tu as des vallons tout débordants de verdure, tu as des cimes vierges qui portent leur front dans l'éternel silence, là où plus rien ne vit, sinon la lumière et Dieu.

A force de monter, le train entre à Saint-Gall. Il y passe comme vous, comme moi, le chapeau sur la tête et la canne à la main. Les regards plongent tour à tour au fond des jardins, dans la cuisine, dans le salon; jamais on ne vit chemin de fer plus indiscret. Et propre, cette petite ville! et coquette! Et toujours ces jolies filles qui brodent derrière leurs vitres, claires comme l'eau de roche.

Ici, la bande est prise d'assaut. Les confédérés se précipitent, les bancs sont envahis. En face de nos jeunettes, un monsieur, jeune, un *lion*, se vient asseoir! Il a le binocle, il a l'ondoyante chevelure, et des yeux, point mourants, je vous assure. Nos jeunettes se tiennent droites. Le lion se met en frais; quelques mots, avec un regard modeste où se dessinent deux points d'admiration!!

Hélas! hélas! Mademoiselle du Rouvre a vu cet œil, a vu les points d'admiration! On est tante ou on ne l'est pas. Il y a regard et regard. Mademoiselle du Rouvre se lève, marche au lion, et d'une voix inexorable en sa douceur :

— Monsieur voudra bien prendre ma place; là-bas!

Le monsieur, stupéfait, se lève à son tour et se va tristement asseoir dans le coin que lui assignent les compassions de mademoiselle du Rouvre.

Quant à nos jeunettes, elles éprouvent pour cette bonne tante une reconnaissance égale à ses bienfaits.

Quoi! pas un pauvre petit grain de mil pour subsister! Et cette manne céleste qui leur tombait de Saint-Gall! juste ce qu'il en fallait pour se désennuyer jusqu'à Zurich! Souffler dessus! — C'est n'avoir ni conscience, ni pitié.

Quoi qu'il en soit, on atteint Winterthur : éternel arrêt dans la salle d'attente. Mademoiselle Marthe n'est pas rancunière, ni mademoiselle Berthe, ni mademoiselle Dora : mais vrai, elles souhaitent que trois lieutenants d'artillerie, ni plus, ni moins, se viennent ranger, là, devant elles, en bataille, rien que pour faire plaisir à mademoiselle du Rouvre.

En route! La nuit a mille étoiles; d'artillerie point, c'est dommage. Tout là-haut, la comète déroule par les cieux son voile tissé de lumière.

Et qu'on juge de l'étonnement, c'est peu dire, de la stupéfaction de mademoiselle du Rouvre, lorsqu'elle voit, à la clarté des astres; lorsqu'elle entend, de ses deux oreilles, madame de Belcoster causer, oui, causer, avec un vis-à-vis, lion, ours, hippopotame, individu quelconque, genre homme, assis en face d'elle, dans l'obscurité!

— Vrai, cette soirée est ensorcelée! Tout à l'heure mes nièces, à présent madame la Bête au Bon Dieu!...

Que voulez-vous? c'est la comète.

Una comèta! gùai à nòi! Sciagure vedremo! pestilènze, guerra [1]!

Zurich! on s'y arrête.
— Vous avez reconnu un parent?
— Vous avez retrouvé un ami?
— J'ai, mesdames et messieurs, rencontré un homme pieux, Anglais, qui m'a dit quelques paroles sérieuses auxquelles j'ai répondu de plein cœur.

La bande se tient pour rassurée. Mademoiselle du Rouvre l'est tout juste. M. de Belcoster l'est tout à fait.

1. Une comète, malheur à nous! Guerre, peste, désolation.

VINGT ET UNIÈME JOURNÉE

Notre dernier jour de voyage s'est levé.
Soleil radieux.
La bande préfère rentrer dans ses familles par le beau temps; c'est plus... c'est moins... enfin elle aime mieux. On a, dès l'aube, expédié en hâte les *Weks*, les *Zwiebacks*, l'armée entière des petits gâteaux zurichois.
Ici, deux mots.

Vous vous imaginez peut-être que la bande, du grand matin au grand soir, rit, mange du bonbon et s'émoustille! Qu'elle ne retourne point en arrière pour compter les bénédictions de Dieu! Que le cœur ne lui bat pas de reconnaissance et d'adoration! Et parce que la main qui tient cette plume a passé rapide sur les heures recueillies, vous pensez que la bande s'est promenée insouciante des vallées du Tyrol aux enchantements italiens? Détrompez-vous. — Notre sentier ne s'arrête pas toujours aux zones radieuses; il pénètre en des retraites plus austères. Ce qu'on éprouve en de tels lieux, de quelles larmes ou de quels sourires ils retiennent la mémoire, nul ne le saura. Chacun garde son trésor : ce sont joyaux qui se portent sur le cœur.

Ainsi la bande rentre au logis un peu triste, pas mal songeuse.

N'y prenez pas garde.

La bande, voyez-vous, quoi qu'elle dise et quoi qu'elle fasse, est Jurassique jusqu'à la moelle des os. Si vous l'arrachiez de son pays, elle en mourrait. Une escapade, bien! Mais son noir Suchet, frangé d'argent dès que vient décembre; ses larges allées de fin gazon sous les sapins, ses belles clairières sous les chênes, son rempart d'Alpes à l'orient, ses fraîches fontaines, ses vergers où les fruits s'amoncellent en automne, ses vaches bigarrées qui font retentir les prés des sauvages harmonies de leurs cloches, et la libre vie dans les libres campagnes, et les gens du village, et son devoir! elle ne donnerait pas cela pour l'empire d'Autriche, y compris les Vénitiens et les Lombards.

Notre wagon, à l'américaine, offre ces vastes perspectives de nez qui toujours donnent à réfléchir. Trompette, pied de marmite, évent de baleine, cornet à bouquin, tout y est! Il y a des nez pédagogiques : nez très honnêtes mais un peu lugubres; nez accoutumés à gémir sur les imperfections du prochain; nez élargis par l'aspiration des choses grandes; nez habitués à l'autorité; nez qui sermonnent la plèbe, et que la plèbe ne sermonne pas. Il y a des nez revenus de tout, des nez blasés, désillusionés, écœurés; ceux-là se plissent avec un mélancolique dédain. Il y a des nez armés en guerre; rien qu'en les voyant, on croit entendre le clairon des batailles. Il y a des nez prudents, il en est de retors, et d'autres bonasses, à qui l'on ferait tout croire, et d'autres si fins, si fins, qu'ils sentent passer l'ombre d'une idée.

Maître historiographe, voilà qui est un peu fort! se fait-on son nez? et si le ciel vous a doté d'un manche de parapluie, ou d'un bec de canard, ou de quelque chose de fort laid et de fort déplaisant à porter, vous ira-t-on chercher querelle?

Eh bien! je crois, moi, que, dans une certaine mesure, on fait son visage... voire son nez ! Je crois que les préoccupations de la pensée, je crois que les mouvements du cœur, agissant sur notre argile, réforment ou déforment tour à tour la carapace des humains. Je crois à la puissance de l'âme sur sa prison. J'ai vu, c'est vrai, de fort belles âmes dans de fort tristes cachots ; mais toujours quelque harmonie disait la noblesse de l'hôte, ou sa grâce, ou sa bonté. Non, un homme de cœur ne peut être irrévocablement laid, ni un homme loyal, ni un homme de talent. Le génie a sa puissance, qui domine et qui pétrit la matière. L'honneur redresse le front, la foi y met sa flamme, l'amour de Dieu y fait resplendir de célestes clartés. Les yeux de l'homme qui espère, de l'homme qui aime, de l'homme qui veut le bien, n'ont le regard ni du matérialiste, ni de l'égoïste, ni du sensuel empâté dans les raffinements charnels. De quelque façon que la nature les ait tracées, les lignes se rectifient ou s'infléchissent, soumises à la vie intérieure. Un travail s'opère, de jour, de nuit, à notre insu; et l'âme ici, c'est l'ouvrier.

Chaque race a sa figure, on vous dira cela. On vous dira que les longitudes avec les latitudes la lui ont imposée; qu'il faut s'en prendre de sa laideur ou de sa beauté, même de ses vices, même de ses vertus, aux forêts qui couvrent ses montagnes, aux neiges qui les blanchissent, aux fleuves qui promènent leurs flots dans ses plaines, à ce pli du terrain, à cette courbe du golfe, et que les habits dont il se revêt, les aliments dont il se nourrit, la terre qu'il frappe du pied, sont les créateurs de l'individu moral! — Ils en sont les esclaves. Nos traits aussi, à quelque degré. L'esclave, à certains jours devient tyran; je ne l'oublie point. Quiconque ne le tient pas dompté, l'esclave lui mettra le pied sur la gorge. L'esclave, tout esclave qu'il est, exerce son action; l'âme la plus indépendante ne se dégage pas tout entière de son étreinte. D'ailleurs, il ne le faudrait point; d'insupportables disparates éclateraient; l'existence ne serait plus possible. Mais le roi reste roi, le serviteur n'est pas le maître; et pour en revenir à notre visage, celui que nous donna la naissance n'est point un masque de fer. Laissez faire l'idée, laissez faire le cœur; eux aussi, comme Prométhée, déroberont l'étincelle divine : un homme nouveau naîtra, car cet homme, si l'âme est belle, aura sa part de beauté.

Voilà ce que c'est que la pluie, et rentrer chez soi sans le moindre petit lieutenant d'artillerie pour se désennuyer un peu.

A Soleure, averses!
A Nidau, torrents!
Sur le vapeur, déluge, froidure!
On se ressouvient. L'Italie apparaît en un lointain mirage! et ces beaux jours commencés tous ensemble, et ces bonheurs d'enfant, sans cause, et c'étaient les meilleurs! On se regarde, on essaye de sourire, on se détourne parce qu'on va pleurer.

Je vous l'ai dit, une pluie de lièvre; des larmes, avec le soleil en dessous. Nos cœurs sont joyeux. Reprendre la vie utile avec le sain travail : privilège immense, don royal du Seigneur!

Et maintenant, amis inconnus, adieu.
La bande saura bien, je pense, retourner seule d'Yverdon à Granges, Valpeyres et Montvéran.

Pourvu que l'artillerie!...
Bah! Mademoiselle du Rouvre se tient l'arme au bras.

CHEZ NOUS

CHEZ NOUS

PREMIÈRE JOURNÉE

Oui! chez nous!
Une villa, quelque part, non loin de Genève, sur les rives du Léman.

Pauvre bande! la voilà raisonnable par force. Tout l'été son crayon lui a manqué. Le crayon prend les eaux, flâne ailleurs : on sait les allures du beau sire. La plume, sans lui, reste bec en l'air, avec cette mine ahurie qu'ont les gens délaissés. Notre crayon s'en soucie comme d'une paille. Il rejoindra, plus tard, une fois ou l'autre, quand il aura mugueté de Clarens à Vevey.

Par cette matinée de septembre, un peu froide, un peu terne, on voit donc arriver à Chavornay les anneaux morcelés de la bande.

Plus de mademoiselle Marthe! Un digne homme est venu, qui l'a, du consentement de son père, conduite à l'église, puis en sa maison. — Ce que c'est que de nous!

Point d'Italie! Pas même un pauvre petit *Kufstein* pour se mettre en colère! — Chavornay, tout simplement, et trois heures de chemin de fer.

La bande regarde par la portière. Elle voit, dans le brouillard, des flèches de marbre avec des tableaux : puis elle ne voit plus rien que *Penthallaz, Cossounay!*

Bande, ma mie, ne chevauchez pas la fantaisie : passez-lui bravement le licou, attachez-la de près au râtelier, fourrez-y une botte de foin ; libre à elle de s'imaginer que ce sont perles et rubis! Pour vous, bande, tricotez-moi cette paire de bas, en ménagère, en propriétaire. Au fait, vous l'êtes. Vous allez habiter votre immeuble, consommer vos légumes, manger vos fruits. Vos pêchers, il est vrai, cette année n'ont pas de pêches, ni vos pruniers de prunes, ni vos poiriers de poires ; c'est égal ; en cherchant bien, on trouvera sur vos figuiers trois figues mal mûres, sous vos cloches, deux melons encore verts.

D'ailleurs, vous mettrez vos belles robes. En faut-il davantage? On vous promènera, on vous repromènera. Et que venez-vous, folle du logis, nous parler de maigre chère et de rude vie? La bande, ma belle, est une bande établie : elle veut vivre en honnête femme, sédentaire, point coureuse : — Rolle! Nyon! Coppet! Chambésy! Halte.

On prend le chemin sous les ormes. A côté de la grand'-route, voici une cour ombragée : voici une maison qui a sa physionomie ; devant la porte voici des fuchsias, des lauriers-roses et des jasmins ; sur la terrasse, des corbeilles de géraniums avec des massifs de plantes exotiques : bananiers aux larges feuilles, yuccas aux girandoles blanches, et le lac tout d'azur, et des parfums d'Italie!

La bande bat des mains.

Rendons-lui justice ; ses trois malles, qui ne sont pas grandes, renferment une denrée assez rare : le contentement d'esprit. Il y en a là, voyez-vous, de quoi défrayer dix royaumes, sans compter les annexions.

Qu'on aille au nord, qu'on aille au midi; qu'on se repose, qu'on se *brigande*; qu'on jeûne ou qu'on festoye, la bande se réjouit. De quoi? de ce qu'elle a de la joie. Elle en a, parce qu'elle en possède. Elle vous en revendra, pleurnicheurs de ce siècle, tant que vous en voudrez! Elle se regarde, elle rit, remercie Dieu et rit encore.

Quant à notre villa, des chromatelles grimpent à ses murs (maître jardinier, tiens-toi bien)! Sous ce grand vitrage, se balancent le parasol des calladiums; les hampes délicates des orchidées laissent pendre leurs fleurs étranges, pétales qui sont des ailes, papillons couleur de feu. Çà et là des feuilles de velours, des feuilles de brocard s'étalent dans l'atmosphère humide: la fontaine pleure goutte après goutte à travers les fougères et les bégonias; chaque larme qui tombe dans le bassin donne sa note limpide: c'est un fourré de végétation tropicale, c'est une jungle avec des senteurs d'Orient, fines, musquées, arômes que n'exhalent pas nos fleurs.

A demain le reste.

DEUXIÈME JOURNÉE

On se réveille en face du lac et des Alpes.

Faire l'éloge de sa villa, siérait mal à la bande; pourtant, elle n'en connaît guère qui lui plaise mieux.

Figurez-vous une habitation très ouverte et très avenante, avec des salons de plain-pied. Le soleil, les brises folles, l'ombre des grands marronniers, tout y entre. Où qu'on regarde, on voit du vert et du bleu. Ici le Jura, là le mont Blanc, le ciel en haut, des fleurs partout.

Voulez-vous le détail?

Devant, une terrasse; à gauche, un jardin; à droite, un verger; plus bas, un sentier tout du long de l'eau. Sous les saules à la chevelure traînante, dans le remous transparent, d'innombrables légions de sardines vertes, de perchettes argentées glissent tantôt à travers le flot pénétré de lumière, tantôt dans les sombres profondeurs. Et c'est là que les dames de la bande ont grand plaisir à rêver.

On en passerait, des heures, à voir les lézards qui se promènent aux embrasements de midi, parmi les mousses, le lierre, les sédums au rouge feuillage; et crac, dans une crevasse, au moindre bruit!

Le matin, des vapeurs légères montent du lac; le soleil les a bientôt bues. Alors paraît l'autre rive, avec ses maisons blanches, ses bouquets d'arbres, ses terres bigarrées de chaumes, de vignes et de prés.

Les deux Salèves, que sépare une large entaille, s'asseyent au premier plan, zébrés de roches qui courent en travers. Les Monts-Maudits hachent l'horizon de leurs crêtes ravagées. Le Môle découpe son triangle sur l'amphithéâtre alpin. Les Aiguilles-Rouges, la grande Aiguille-Verte, dressées en pyramides, s'enlèvent dans l'éther. La croupe neigeuse du Buet va se cacher derrière les Voirons qui prolongent à l'Orient leur dos uniforme; le mont Blanc, d'un éclat sans pareil, resplendit de la base au sommet avec son dôme du Goûter, lavé de teintes bleuâtres, avec ses roches des Grands-Mulets rayées de traits noirs!

Hélas! pour rendre ce tableau, de quoi servent les mots? Il y faut la sérénité des lignes, la paix immuable, les perspectives aériennes, et cette nappe azurée, étincelante dès que la touche un zéphir.

Parfois, dans ce grand silence, on entend, de l'autre côté de l'eau, quelque aboiement lointain, le bruit cadencé du fléau qui bat en grange, ou bien le soir, au crépuscule, l'Angelus répété de village en village. Les sons glissent; ils frissonnent sur les petites vagues, avec les rayons lunaires. Alors un chemin tout d'or traverse le lac: voie lactée, nappe de feu moirée d'argent, des caprices, des ombres fantasques, des élargissements, des rétrécissements soudains; et la lune, calme, pleine, monte lentement.

Ce matin, il n'y a point de lune. Le jour éclate dans sa magnificence. Une brise venue du nord effleure le Léman et le peint d'outremer.

On ne se quittera ni demain, ni après-demain ni cette semaine, ni l'autre, ni l'autre! Nos cœurs rayonnent.

Pour moi, je fais peu de cas des joies au pied levé. Il me faut la durée. Le bonheur que j'espère, double le bonheur que j'ai. Au fond, possède-t-on autre chose que ce qu'on n'a pas encore? Un instant impalpable, voilà le présent; vous mettez la main dessus, plus rien! Mais l'avenir, le bel avenir! Demain aux ailes diaprées, au jeune visage, bouton de rose dont je pressens à peine les frais parfums; demain sans rides, demain sans tache, demain, tu es le soleil d'aujourd'hui.

Nous voici donc au milieu de la zone éclairée. Point d'ivresse; le calme radieux de la possession.

On règle sa journée, on se donne des airs de gens établis.

Nous lirons; après, chacun ira promener sa fantaisie sous les charmilles. Plus tard le déjeuner, puis le goûter, puis le dîner, puis le thé. Un peu de causerie, un peu de musique, un peu de tout; c'est comme cela qu'on mène douce vie.

Un moment! la bande a de la vertu. Chaque jour, son culte de famille célébré, elle s'administrera ce qu'on appelle : une lecture d'édification.

Oh! ma Bible, que je t'aime! Parole de mon Dieu, toi qui connais mon cœur, toi qui me relèves et qui m'abaisses, toi qui dis à mon âme le mot vivant dont elle a faim; toi, ma Bible, tu es mon trésor. Je t'ouvre à toutes les heures, toujours tu m'amènes au Seigneur. Pour mes douleurs tu as des larmes, pour mes péchés un pardon; la voix qui sait compatir retentit comme la foudre; si tu me consoles, tu me reprends aussi; ce que peut donner l'homme, tu l'exiges : tu ne l'écrases pas, tu ne le méconnais point.

Mais les bons livres! Il en est d'excellents, mes frères, je le sais : pages écrites avec le sang du cœur; études profondes; épanchements simples et vrais de quelque âme très humble, qui adore et qui prie. Ceux-là, des diamants, sont rares.

La plupart, phraséologie de commande, idées toutes faites, fond et forme ennuyeux à périr, vont leur train, répétant de siècle en siècle les mêmes banalités, perdant à chaque pas ce qui leur restait de caractère : l'individualité n'y étant plus, ni la vie, ni la flamme, ni rien de ce qui fait respirer et marcher.

Vous criez au scandale! Parler ainsi des bons livres?

Ces bons livres-là, je les tiens, moi, pour mauvais. Ils dégoûtent les sains esprits; ils défigurent les choses saintes; ils réjouissent l'incrédulité, car ils ruinent la foi. Voir en eux une arche sacrée? Jamais. Ce sont les tristes harnais de la paresse humaine : poudreux, vermoulus, et qui tombent par morceaux.

Vous avez beau dire. Quiconque, pour affirmer la vérité, ou pour la défendre, prend les premières armes venues : vieux sabres de fer-blanc, vieux mousquetons rouillés : celui-là sert mal son Dieu et ne le respecte guère! Quant à moi, c'est parce que Jésus est mon souverain, c'est parce que l'Évangile est ma vie, que m'en parler misérablement, c'est me froisser le cœur.

Au surplus, il faut voir, ce matin, la lecture en question.

Les dames travaillent d'un air recueilli. M. le pasteur Nérins écoute de toutes ses forces. M. de Belcoster, d'un ton grave et mesuré, lit je ne sais quelle biographie dévote. Peu à peu, les mots fléchissent au bout des périodes; les consonnes s'embrouillent, les paupières s'abaissent. — Le bon livre s'est fermé. Il ne s'est pas rouvert.

Allons à Genève! Les équipages de la bande arriveront demain. Aujourd'hui, la bande possède quatorze pieds; elle s'en sert pour courir où l'appellent ces mille emplettes menues dont se compose le bonheur des braves femmes.

Les braves petites femmes, voyez-vous, aiment bien à

s'acheter de belles petites robes neuves; mais ce qu'elles préfèrent cent fois, c'est de *rabistoquer* (pardon du mot) les vieilles! Se mettre en face d'une vieille robe, constater qu'elle a trois ans de service, que les couleurs en sont un peu fanées, que le corsage en est complètement démodé, qu'il faudrait un miracle pour lui donner une tournure acceptable; et ce miracle, le demander à toutes les énergies de l'intelligence! Tourner, retourner l'étoffe; passer par le froid des efforts impuissants, par le chaud des soudaines espérances; voir tout à coup jaillir la lumière, s'écrier: Eurêka! — c'est un de ces plaisirs doublés de bonne conscience, dont s'émaillent çà et là nos humbles sentiers.

On se rend donc à Genève; on s'y fournit de galons, dentelles et rubans. Une robe neuve eût moins coûté. Oui, mais le bonheur de la création! Enfin, le bataillon se reforme; il ne faut que cinq minutes de railway pour retourner chez soi.

Dans la salle d'attente, on retrouve les illusions du voyage: chapeaux Tudor, touristes alpestres, et des idiomes à l'infini! La bande se croit en route *per Venezia*.

Une fois arrivés.

— Mesdames! vous ne savez pas?

— Non.

— Le grand orchestre de Munich donne ce soir un concert, dans l'île Rousseau!

Munich! voilà des dames au troisième ciel.

— Oui, mais pourrez-vous, mesdames, retourner à pied, une seconde fois, à Genève?

— Nous, monsieur! pour qui prenez-vous la bande?

— D'ailleurs, ajoute M. de Belcoster, nous reviendrons en voiture: on trouve des calèches sur le quai.

— Et c'est vraiment ce soir? vous en êtes sûr?

— Que voilà bien une question de Bête au bon Dieu! De mille femmes, si l'une, je dis une seule, met en doute votre parole, soyez sûr que c'est votre femme! — Oui, madame! ce soir! j'ai lu l'affiche, elle porte AUJOURD'HUI! en caractères gros comme le bras! Est-ce clair?

Clarissime, oh! le plus pratique des chevaliers français!

Dînons, nous n'avons que le temps.

Il est des hâtes pleines d'angoisse, quand, débordé, surmené, on double, on triple les relais, jusqu'à ce que le souffle avec les forces, tout manque à la fois. Mais cette hâte joyeuse, qui, d'un bon travail, s'élance vers un plaisir honnête ; cette agitation qui de la salle d'étude fait courir les enfants au feu d'artifice, tout haletants de la délicieuse peur d'arriver trop tard, qu'elle est jeune, celle-là, et qu'elle met de vent sous les ailes!

Vite, on revêt les fraîches toilettes. Sur la route bien unie, au crépuscule du soir, le long du lac dont les plis viennent mouiller la rive, notre bande marche d'un pas léger.

Une fois en ville, on retient deux calèches :

— Vous nous prendrez vers neuf heures, après le concert.

Les deux cochers regardent l'île, puis M. de Belcoster.

— Neuf heures?

— Oui, neuf heures.

— Ça suffit, on y sera.

— Mesdames, allons à notre aise. Je ne vois personne encore, pas même les musiciens.

L'île verte sort des eaux, Des deux côtés glisse le courant. Péniches, canots, bateaux plats, bateaux quillés, ceux-ci minces comme des anguilles, ceux-là ventrus comme des truites se balancent sur les profondeurs d'azur ; et les beaux cygnes blancs, leurs ailes entr'ouvertes et gonflées, tantôt coupent l'onde, ou bien tout à coup s'enlèvent et traversent l'air.

Pour un soir de concert, l'île est bien déserte! Trois vieux messieurs, le menton sur la canne; un homme en blouse, deux curés dans cette allée, point de bureaux pour les billets, point d'estrade pour l'orchestre, point de... M. de Belcoster, depuis un instant, semble préoccupé. Il a doublé le pas; le voilà sur la passerelle, le voilà devant l'affiche, il recule! et se donne un grand coup de poing dans le front.

Bande, tu es flambée :

Aujourd'hui (aujourd'hui, on n'en saurait douter!) *aujourd'hui* LUNDI! la *musique de Munich,* etc.

Aujourd'hui, c'était hier.

En attendant, M. de Belcoster va passer mal son temps!

Bah! n'ayez crainte, M. de Belcoster n'est pas pour rien mari de sa femme. Dis-moi qui tu fréquentes, je te dirai quels tours de gibecière tu as dans ton sac. M. de Belcoster fait la *Bête au bon Dieu,* tout simplement; ni plus ni moins que la bestiole en question, lorsqu'il s'agit d'attendrir les grands chefs, grands scheiks et autres potentats qui tiennent dans leurs fortes mains les clefs de Granges, Valpeyres et Montvéran. M. de Belcoster se proclame criminel, impardonnable! il se déteste, il se foule aux pieds! ces dames pourront oublier sa forfaiture, lui, jamais! Indigne de voir la lumière (heureusement qu'il fait nuit), il achète, dans son délire, un coupe-papier de l'Oberland, pour se le passer au travers du corps! Bref, de l'affaire, il résulte que voilà cinq innocentes, sans compter sa femme, occupées à le consoler.

Les cochers arrivent avec leurs voitures; ils rient de voir rire la bande. — Riez, mes amis, de longtemps vous ne trouverez gens si peu attrapés de l'être.

Le soir, contents comme des rois, nous rentrons chez nous. Les fenêtres sont ouvertes, le parfum des héliotropes monte avec la senteur des roses.

M. de Belcoster lit, on écoute.

Malheur aux volumes qui, dans ces heures-là, s'en viennent tomber au beau milieu de la bande! L'auteur, lui-même, s'il entendait M. de Belcoster, n'y résisterait pas.

Est-ce du sentiment? pleurs dans la voix, quelque chose de contenu, d'intime, de pénétré, avec des trahisons de mots, des accrocs, des raccrocs, et des explosions de rire à détruire Corneille. — Est-ce de la philosophie? appréhendé au corps dès le premier mot, pris à partie, discuté, contredit, appuyé, réfuté, haché menu comme chair à pâté! Tout cela, croyez-le bien, sans plus de malice que l'enfant qui vient de naître.

Allez, aux heures sérieuses, la bande prend sa revanche, les beaux livres aussi, et je leur souhaite pour interprète l'accent convaincu, vibrant, passionné; cette émotion qui tant de fois nous a tenus palpitants sous les vers de Victor Hugo, de Musset, de Lamartine; cette verve, cette grâce, ce caprice, qui nous promènent du drame à la comédie, des larmes au sourire, sans se lasser, sans s'épuiser, toujours vaillants et toujours divers.

TROISIÈME JOURNÉE

Cette fois, c'est bien mercredi, et ce soir, c'est bien le concert.

On passe la journée à faire des préparatifs pour Chamonix. Car on y va demain. La bande que l'expérience a rendue modeste, ne parle ni d'escalader l'aiguille du Midi, ni de planter un drapeau sur le mont Blanc. Elle découpe des gantelets de cuir pour garantir ses mains blanches, elle chiffonne des voiles de crêpe autour de ses chapeaux, elle étend au fond de sa malle de gentilles robes de piqué, après quoi, vers cinq heures, ayant lunché, dîné, grignoté, et s'étant mise sous les armes, la bande monte en voiture.

Chevaux de race, cochers en moustaches, tenue de *Gràn Principèssa Inglèse,* rien n'y manque, sauf la perruque à frimas !

A Saconnex, point de vue classique. Genève se masse au pied du Salève, les vieilles tours de Saint-Pierre brillent encore au soleil ; le lac, d'un calme idéal, s'étend comme une glace au milieu des vergers qui l'emprisonnent dans leur corbeille ondulée, et les Alpes, auxquelles l'ardeur du couchant jette de passagères rougeurs, ferment l'horizon de leurs aiguilles et de leurs pics dont les flammes, l'une après l'autre, vont s'éteignant.

Plus tard, on prend le pont des Bergues, on franchit le Rhône couleur d'outremer. Les vapeurs arrivent, chauffent, partent; et voici la route d'Hermance.

Tout y est paisible. Le flot y palpite en molles ondulations, chaque pli qui lentement se soulève, charrie des boisseaux de pierres précieuses; c'est un violet lumineux où le rose domine; au loin, la silhouette de Genève se détache du ciel clair. On va, on va toujours; puis l'on retourne sur ses pas.

Le soir, sur cette île enchantée, que c'était beau! Dans le crépuscule erraient des formes incertaines, groupes nonchalants et silencieux, à peine un chuchotement discret. L'orchestre, tantôt jetait à la brise une fanfare de chasse, tantôt les notes sautillantes de quelque polka du Rhin, tantôt les sauvages harmonies de Weber, tantôt le tragique défi par où brusquement finit l'*Egmont* de Beethoven!

A mesure que descendait la nuit, les deux rives s'allumaient. Au loin, des feux tremblants, clairsemés, un dessin fantasque; puis les lumières rentraient dans la ligne, elles formaient deux rangées d'étoiles, avec des prolongements indécis. Et le lac dormait, et les nacelles balançaient leurs globes lumineux : saphirs, rubis, un écrin éparpillé sur le flot, et le Rhône coulait dans cet éblouissement.

QUATRIÈME JOURNÉE

Deux voitures, d'un saut dans les glaciers !

Les avons-nous assez vu grandir, ces Alpes gigantesques, leurs blanches épaules et leurs entassements de granit ! Ce matin, elles se découpent en lignes à peine accusées, tandis que, sur la plaine, s'enroulent mollement les brouillards. Un instant ils ont baigné le pied des monts ; puis, déchirés par le vent de l'aube, leurs flocons se sont arrêtés à mi-hauteur ; les lambeaux qui allaient flottant par les airs ont rencontré quelque rude aiguille, ils s'y sont accrochés, et le ciel tout entier déblayé nous a pénétrés de son azur.

Plantureuse, cette Savoie ! tout en désordre, de l'abondance à pleines granges, avec une incomparable misère, haillons, goitres, visages peu lavés et malsains ! — Çà et là, quelque gros château dépenaillé s'effondre dans les arbres : seigneuriale avenue, portail ambitieux, fortes murailles ; les croisées du premier étage illustrées de quelques vitres en papier ; au second étage, plus de vitres du tout ; par-dessus, un toit percé ; là dedans, des gerbes de maïs qui débordent, des jardins dont les poiriers versent par-dessus les clôtures éventrées, et des pampres, et des courges, et de l'herbe et des feuilles, et c'est cela justement qui fait le charme du pays savoisien.

Ici, tout vient dru, rien ne vivotte; la végétation ne présente pas les tons jaunâtres, elle n'a pas l'air souffreteux des zones pluvieuses: ces dehors misérables sont l'exclusif apanage des créatures humaines. Les plantes se portent bien : les hommes se portent sur deux jambes cagneuses, surmontées d'un buste carré, large, plat, que toute cette bombance devrait, ce semble, capitonner un peu. Hélas! cela ne capitonne rien, sinon des goitres d'une effrayante ampleur.

Longtemps nous avons couru sur le chemin de Maglan, que serre le contrefort des roches et qu'effleure le courant de l'Arve aux écailles d'argent. Nous avons suivi les bosquets d'aunes dont le pied trempe dans le flot, et ces mille petites sources qui brodent le sable d'un réseau nacré.

Servoz, un peu triste, avec ses maisons blanches et les grandes montagnes qui l'emprisonnent; les Ouches, éparpillées sur les prairies; torrents, bosquets de mélèzes, glacier des Bossons dont l'éclat azuré vient se mêler au vert vif des pacages; voyageurs en tournée, guides au front résolu, et ces jolies filles, l'air éveillé, leur petite mine ronde encadrée dans l'auréole de dentelle noire : nous avons tout vu.

Voulez-vous des phrases? Vous n'en aurez point.

Tenez, j'aime mieux vous dire que mademoiselle du Rouvre, dans la vallée de Chamonix, a compté trois vaches! Trois, pas une de plus! Mettez, s'il vous plaît, en regard de ces trois vaches, les trois cents théières, sans compter les cafetières, des trois cents voyageurs qui se précipitent vers Chamonix, et mesurez, si vous l'osez, la profondeur de l'abîme où va tomber la bande!

En attendant, elle s'installe dans les appartements royaux de l'hôtel royal de l'Union. — Salon de quarante pieds sur trente, divans, lustres, girandoles, piano, du velours partout! il ne fallait rien moins à Granges, Valpeyres et Montvéran. Oui, mais pas de commodes, pas d'armoires, pas même une pauvre cheville où pendre son manteau! Les malles restent faites : peu confortable pour des gens qui demain, dès l'aube, exécutent la course du *Jardin*!

CINQUIÈME JOURNÉE

Nos mulets arrivent d'un peu partout. Chaque propriétaire tire le sien par la bride. Bon! il en manque trois, deux, un! Guides de courir : Yü! dia! les voici, nous y voilà.

On se juche, on s'entortille dans les burnous et l'on part. Il fait cru. Le souffle du glacier pénètre les os.

Mademoiselle du Rouvre, qui jamais n'a monté sur quoi que ce soit, âne, cheval, éléphant ou chameau, prétend qu'au lieu d'une ascension, c'est une *descension* qu'elle va faire! Toujours est-il qu'elle prend les devants, que la bande suit dans les prairies, sous les bois du Montanvert; et c'est là qu'il y a du plaisir à grimper, silencieux, en longue file, dans la nuit que font les mélèzes et les sapins.

A travers la dentelle des ramées, on voit le Brévent, on voit la croix de Flégères; les pics, lentement, s'allument aux feux du soleil; le sentier reste sombre, on y respire une fraîcheur humide; la caravane s'élève de replis en replis.

Tandis qu'elle chevauche, une Parisienne : crinoline, robe à volants, bien chaussée de brodequins vernis, bien gantée de peau de Suède, à la main quelque ombrelle dont elle badine, gravit le Montanvert. Son fils et sa fille suivent, sur leurs mulets; en vain chacun d'eux la presse d'accepter sa monture. Non, elle ira comme cela : pas un pli dérangé, point essoufflée, du même pas dont elle effleure l'asphalte des boulevards.

Arrivée au pavillon, notre promeneuse considère la mer de glace.

— Je la traverserai, dit-elle; après, nous monterons au Chapeau; de là, nous franchirons le col de Balme; si je suis lasse, nous y passerons la nuit.

— Ce soir! au col de Balme! à pied?

— Mais oui.

Après cela, ne lui parlez ni de montagnes, ni de forêts, ni de glaciers. Elle trouve cela joli, ne le regarde guère, continue son chemin, tout est dit.

C'est qu'il faut une éducation pour sentir de telles beautés. Il faut avoir aspiré à pleins poumons l'air des libres espaces. Il faut avoir vécu dans les solitudes, en face de la vraie création, sous les vraies forêts, au sein des vraies montagnes, parmi toutes ces choses agrestes et sauvages!

En attendant, nos guides se restaurent.

— Parie que vous n'arrivez pas! disent les camarades. Mener cinq dames au Jardin! avec cette petite fille? Jamais.

Braves gens, vous ne connaissez ni la grande bande, ni la petite Églantine! Ces dames, voyez-vous, avaleraient votre mont Blanc tout cru, si elles voulaient; mais elles ne veulent pas. Quant à votre Jardin, vous verrez.

Pied leste, on descend du côté de la mer de glace.

Voici les Ponts! coulées de pierre avec des cassures où l'on assure le pas. — Que cela? ils sont franchis.

Voici les moraines! détritus de granit, criant, coupant, avec de gros rochers qui dégringolent. — Que cela? passés.

Voici des crevasses! un gouffre bleu, une arête en travers, mince comme un rasoir. — Que cela? C'est fait.

Voici le glacier, pour tout de bon, avec ses houles congélées. avec son silence, avec sa crudité! — Que c'est grand, que c'est solennel, et que c'est gai, et qu'on se sent bien en vie dans cet air si pur.

La caravane éparpillée a ce pas vaillant que lui donne l'aise du cœur. Aller tout le jour ainsi, quatorze heures, quelle joie! Et pourquoi pas demain! et pourquoi pas le mont Blanc?...

Madame la Bête au bon Dieu, faites-moi le plaisir de laisser votre fantaisie, le nez dans ce râtelier bourgeois, où dame Raison, avant-hier, l'attacha de court.

La bestiole n'en fait qu'à sa guise, cela va de soi. D'une main preste, elle dénoue le licol, d'un bond s'élance sur sa chimère, rend les guides, bon voyage! Et les Grands-Mulets, et l'on y grimperait fort bien. Une fois là, ne pas tenter le reste, ce serait folie. A deux heures du matin, par le froid, on monte sans trop de peine; on a d'ailleurs du café noir; avec le café noir on irait à la lune. Vers dix heures, on atteint le Mur de la Côte, on y taille des marches. La cime, nous y sommes. Splendide! glacé par exemple; ouf! la bise coupe le visage. C'est égal! Voyez-vous l'océan des pics, des pointes, des aiguilles? Là-bas, sous nos pieds, les horizons remontent en lignes indécises; ils se perdent à l'orient dans les flots de l'Adriatique! Le bleu du ciel, en ces altitudes suprêmes, devient presque noir. Le soleil semble une lampe dépouillée de rayons. Un silence mortel nous enveloppe; le cœur se fige. N'importe! mont Blanc, tu es vaincu!

Laissons-la battre de l'aile, et tournoyer, et planer. — Solitaire, immaculé, maître dans l'azur, le Roi des Alpes qui en a vu — et entendu — bien d'autres, se contente de resplendir.

A mesure que le jour marche, cependant, et que chauffe le glacier, de petits ruisseaux se forment, qui coulent avec un bruit argentin dans leurs canaux transparents. Ceux-ci, rieurs, étincellent et gazouillent; d'autres, teintés de vert ou de bleu, selon que la glace est frappée d'ombre ou de lumière, vont se précipiter en des conques profondes, d'un dur lapis, avec des notes qui chantent comme des clochettes. Partout, glace vive! Les rochers sont de glace; de glace les plages solitaires, de glace le flot, les houles, ces lames énormes soulevées par un vent de tempête, figées sous l'haleine du mont Blanc. Le sentier qui serpente aux vallées, et ces vallons eux-mêmes, et le précipice, et l'abîme aux parois d'aigue-marine, et ce fond plein de ténèbres : glace pure, inexorable, rigide, une sainteté sans défaillance! C'est un autre monde, sévère, éblouissant, où se promènent des souffles que nulle bouche n'a respirés! C'est un tabernacle rayonnant de lumière : Dieu l'a dressé, l'homme ne le souillera pas.

Mais qui redira votre beauté parfaite, cristal liquide, limpidités d'outremer, qui tombez dans ces gouffres laiteux comme l'opale; tandis que de tous côtés les ruisselets plus prompts que la flèche sillonnent l'étendue, et seuls dans ce grand silence, osent parler, osent sourire.

A droite, le mont Blanc, levé de toute sa hauteur, laisse tomber jusqu'à nous le pli de ses neiges éternelles. Le col du Géant, qui fait front, coupe le ciel de sa ligne égale. En trois heures on remonterait, il semble, ces pentes faciles que n'accidente pas un rocher. Le glacier du Léchaud s'ouvre au bas. Devant nous, la Grande-Jorasse s'assied lourdement, les pieds dans la neige. L'aiguille du Dru perce l'air de sa pointe noire. La tour du Talèfre découpe à gauche son colossal encombrement de roches. Et dans cette immensité où l'on n'entend plus rien, dans ces vastitudes blanches où rien, sauf les grands pics et les grands entassements de rocs, n'arrête le regard, notre caravane avance, taciturne et recueillie.

Le guide-chef, celui de mademoiselle Berthe, montagnard d'expérience, en moustaches de chat, une couleur insolite, le pas précis, l'air résolu, tient la tête.

Celui de madame de Belcoster, un étourneau, se lance en éclaireur, s'embosse contre une paroi, donne du nez dans une crevasse : casse-cou ! revient, rattrape la queue, force l'allure, regagne son rang, recommence, tant, que la dame fait deux fois le chemin. — Entre nous, le mont Blanc s'en relève un peu.

Églantine, au bras d'un papa d'âge, qui la réconforte aux montées et la divertit aux coins suspects, ne se doute ni de la fatigue (dans le fait il n'y en a guère), ni du péril (dans le fait il n'y en a point).

Mademoiselle Hélène, solide, marche à la gloire et à l'immortalité sur les traces d'une espèce de bouquetin sauvage. Celui-là procède tantôt par bonds, tantôt par chutes ; il lui serre le poignet dans un étau, à chaque faux pas une étreinte désespérée ; au bout, elle aura une gloire de plus et un bras de moins.

Mademoiselle du Rouvre, pour l'instant, va seule ; M. le pasteur Nérins aussi, M. de Belcoster aussi. Quant au chevalier de mademoiselle Dora, pris en gros et en détail, c'est un brave homme.

Il s'agit de gravir les Égralets, pente assez roide, avec une manière de précipice à côté ; on s'en rit. Il s'agit de se hisser sur le Couvercle, un rocher droit à n'en pas finir ; on y rend l'âme. Églantine est trépassée, la voilà tout de son long étendue sur le sol. Rassurez-vous ! un morceau de pain bis, quelques instants de repos, et la *tapette*, comme dit le bon papa, se remet en train.

— Elle est forte, la petite, allez, tout de même !

Le Couvercle est dans le sac. Une fois dessus, on reprend le glacier. De rudes moraines défendent le plan du Taléfre ;

un fourré d'aiguilles se dresse en dessous. La bande patauge jusqu'aux genoux dans la neige fondue. Trois quarts d'heure comme cela : mesdames, voici le Jardin !

Mademoiselle du Rouvre, il faut l'avouer, est désappointée. Elle s'attendait à quelque chose d'un peu propre, comme qui dirait, de confortable. Elle voyait en perspective une bonne pâte de jardinier, bonnet à la main, paquet de joncs passé dans la ceinture, et se préparait à le subtiliser; car, enfin, qui dit jardin dit jardinier, et qui dit jardinier dit chromatelles. Tout au moins, trouverait-on quelques roses à cent feuilles, quelque bordure de reines-marguerites, quelque massif de crêtes-de-coq, une fleur honnête, en un mot, et de bonne compagnie.

Si la bande avait eu plus d'esprit qu'elle n'en a : jardinier, chromatelles, crêtes-de-coq, queues-de-renard, tout se serait rangé sur la moraine, ô la plus fine enjôleuse des plus matois planteurs de choux !

Hélas ! au lieu du petit parterre bien entendu que rêvait mademoiselle du Rouvre, désolation ! — Une herbe flétrie laisse traîner ses filaments sur les rocailles; la glace s'enchâsse qu'un îlot de gravier, et quatre corneilles, qui n'enlèvent lourdement, saluent la bande d'un croassement moqueur.

Nous sommes en septembre. Or il faut voir le Jardin au mois de juillet, avec son gazon vert d'émeraude, avec ses renoncules près des neiges, ses azalées roses, ses gentianes plus bleues que le ciel, ses saxifrages dont tout le jour les tiges flexibles se balancent sous l'haleine du glacier.

Silence des silences. Les corneilles s'en sont allées; la caravane s'est laissé tomber sur le sol.

Elle a derrière elle l'amphithéâtre des Courtes, avec ses fourches bizarres, minces et rougeâtres. Elle a devant elle le mont Blanc, ses steppes de neige d'où pendent les moraines désolées. De tous côtés se hérissent les séracs. Le dôme céleste, d'un azur intense, pose sur les pilastres géants.

Alors, le chant des cantiques a retenti dans ce désert magnifique de solennité, au milieu de cet univers tout entier plongé dans la mort.

Les guides écoutent. Ils écoutent notre culte, attentifs et graves ; après, ils se tournent vers nous et nous disent :
— C'est bien.

On ne parle pas ; les mots sonneraient faux. On contemple, et l'on reste absorbé. Une sensation voisine de l'écrasement emplit le cœur. La puissance de Dieu, dépouillée de ses compassions, éclate seule. Il y a quelque chose d'oppressif dans cette admiration sans limites, dans ces splendeurs sans ombres. Aussi, quand les guides donnent le signal du départ, l'âme, d'un seul élan, brise les liens qui l'enserraient, et bondit hors du royaume enchanté qui la tenait captive.

Le soleil a baissé. La nuit, ici, parmi les crevasses, ne serait pas une nuit vénitienne ; madame la Bête au Bon Dieu le sait de reste. Elle coupe court et va comme le vent. En vain mademoiselle du Rouvre entame un bout de conversation :
— Madame de Belcoster, votre jupon est ravissant !
Madame de Belcoster se retourne :
— Donnez le bras à votre guide !

Ce disant, elle enfile celui de son étourneau, brrrt ! en poste, par monts, par vaux ; un chamois ne les rattraperait pas.

Rien de joli, vous pouvez m'en croire, comme cette caravane à la course ! Les robes coquettement relevées sur les jupons écarlates ; chaque dame à côté de son guide, pas alerte, front joyeux; on dirait une noce de village lancée à travers le glacier!

Aussi les guides :

— Jamais nous n'eûmes tant de plaisir!

Le glacier, regelé, s'est fait plus glissant que verre. Le pied fuit sur l'arête. Nos hommes, campés des deux côtés des crevasses, plantent leurs bâtons sur l'un et l'autre bord; la main s'appuie légèrement à cette barrière improvisée; comme cela nous passons.

Cependant l'aiguille du Dru, l'aiguille Verte, celle du Tacul, rencontrées par les derniers rayons, s'idéalisent jusqu'à devenir transparentes. La neige des altitudes prend des tons incarnats. Notre chalet du Montanvert, détaché en silhouette, brille longtemps comme un phare, puis s'éteint; et les aiguilles Rouges, avec le massif du Brévent, continuent seules de baigner dans une vapeur pourpre.

La nuit est close. On a gagné le chalet.

Descendons sur Chamonix.

Chacun, replié dans son manteau, tandis que les mulets font résonner leurs sabots et que montent les petites lumières sous les mélèzes, chacun contemple en son âme les merveilles de la création de Dieu. Nos yeux revoient les plaines étincelantes, cet éclat pur, ces imprenables forteresses, les aiguilles éternellement perdues dans leur ciel tour à tour orageux ou clair. Les voilà, fières, fortes, inébranlables, au milieu des escadrons de la tempête, tranquilles sous les éclairs qui échangent leurs foudres. Le murmure des ruisselets, la voix des cascades, ces couplets sauvages qui vont se perdant sous les voûtes de cristal, sautent et dansent à nos oreilles. La lune s'est levée; elle jette des clartés sereines au Brévent; ses froides lueurs glissent sur la flèche du Dru; selon que les mélèzes s'éclaircissent ou se rapprochent, les pâles colosses paraissent ou s'effacent.

A peine sur la place, le canon retentit, des fusées partent, foule sur le pont, foule devant l'hôtel, acclamations !

Volontiers la petite Églantine, premier enfant qui ait fait la course du Jardin, croirait que c'est pour elle : Oh ! que nenni, ma mie !

Les voilà ! les voilà ! ils arrivent du mont Blanc ! D'abord trois hommes, des Anglais, figures graves et dignes. Ils reviennent du pays de la mort ; cela se sent. A peine s'ils entendent ce fracas, à peine s'ils voient cette multitude. Quelque chose, la solitude avec Dieu, a mis sur leurs visages une forte empreinte qu'ils conservent sans le savoir.

Les guides suivent, à pas lents et lourds. Ils portent la tente, les pioches, l'échelle, les cordes, le chaudron. Voici M. Auguste Balmat ; c'est lui qui a commandé l'expédition ; il va son allure, en veste de futaine, jovial, un bâton de promenade à la main, comme s'il sortait de son verger.

— Bravo pour les fatigues virilement endurées ! bravo pour le péril vaincu !

La bande aimerait bien à revenir du mont Blanc.

On rentre à l'hôtel. Les dames logent dans le voisinage d'un monsieur qui pratique la gymnastique alpestre. Franchir les crevasses, gravir les moraines, escalader les dents, glisser le long des névés ; coups de pique, coups de pioche, et des bonds !

Vers minuit, cela s'arrête. Ou notre homme est au fond d'un précipice, ou il est au fond de son lit.

La bande essaye d'en faire autant. Pas plutôt les paupières closes, toute la fantasmagorie du glacier, portée sur le dos de trente farfadets, se vient déployer devant elle : Égralets, séracs, les Ponts, les gouffres, des sauts, des ressauts, patatras !

SIXIÈME JOURNÉE

Les intrépides, sauf madame de Belcoster, et la petite Églantine à qui le Jardin suffit, ascensionnent la croix de Flégère.

Au moment de partir, mademoiselle Hélène tire madame de Belcoster à l'écart.

— Puis-je vous donner une mission de confiance ?
— Certainement.
— Je possède une paire de brodequins, légèrement altérés par la course d'hier. Il s'agirait de les faire raccommoder.
— Apportez-les-moi.

Or, il faut vous le dire, mademoiselle Hélène, qui n'a pas l'ombre de coquetterie, tient tout simplement à être chaussée par la main des fées. Ce qu'elle a désespéré de cordonniers, ce qu'ils se sont plantés d'alènes dans le cœur, l'histoire le redira.

Un millimètre de plus qu'il ne faut : — Je ne les prends pas ! — Un bout carré : — Non ! — Pointu : Fi ! — Rond : — Horreur ! — Ceux-ci avaient trouvé grâce. Le Jardin y met ordre : pas plus de semelle que sur ma main; d'empeigne, guère davantage. Un morceau de talon, un cou-de-pied et demi, deux boutonnières, c'est tout ce qu'il en reste. A peu près le compte de Sancho Pança dans la bouche de son maître, après la fameuse affaire des muletiers aragonais.

Mademoiselle Hélène donc, présente gravement ces vestiges à madame de Belcoster :

— Voilà mes brodequins ! — et s'en va.

MES BRODEQUINS. Ce que c'est que les illusions !

Madame de Belcoster demeure pétrifiée. Heureusement, une femme de chambre passe, qui la tire de peine.

— Ayez l'obligeance de faire raccommoder ces brodequins.

— Ces brode...! ça ?

— Oui, ça.

— Y a bien du mal !

— C'est vrai.

— On fera comme on pourra.

— Faites.

Cependant le canon tonne. Un voyageur aux Grands-Mulets !

Mademoiselle du Rouvre, placée sur une bête gigantesque, déclare qu'elle aussi est au grand mulet !... et réclame le canon !

Bon voyage ! On muse ; Églantine ne demande pas mieux.

On se promène sur la terrasse, on s'arrête dans le kiosque ; on y trouve le maître d'hôtel, un Romain, qui braque son télescope sur le mont Blanc et se livre à toutes sortes de récits dramatiques :

— C'est lui !

— Qui, lui ?

— Le Russe ! le voilà, il peut à peine se tenir !

Le maître d'hôtel nous fait placer devant la lentille. A deux pas de nous, sur les dernières altitudes, dans ces champs désolés, scintillants, sans limites, trois pauvres petites créatures humaines cheminent lentement. Nous voyons le Russe; à chaque pas il enfonce; un vent comme il n'en souffle que là-haut agite violemment les pans de sa redingote, on les entend craqueter. Sa tête est basse, il fait front contre l'ouragan, il assure sa pique; un guide marche en avant, un guide marche en arrière; trois atomes dans l'immensité.

— Ce Russe! dit le maître d'hôtel, je le croyais perdu! Il est poitrinaire, ce monsieur! L'autre soir, il arrive; je lui donne une chambre au troisième; il souffle tout du long, tousse à chaque palier, me regarde, et fait : Je ne puis grimper ici, cela me tuerait! — Mais, monsieur! — J'ouvre les volets : — Regardez! Vous avez le mont Blanc! — Alors il s'approche, reste debout vers la croisée, se tourne vers moi, et me dit : J'y monterai. — Moi, je recule. — J'y monterai! qu'il répète. — Je pousse du coude François, le valet de chambre; mon Russe s'en aperçoit et redit du même ton : J'y monterai! — après quoi il se laisse tomber sur son fauteuil et s'évente avec son mouchoir. Eh bien! il y est! ce sera le premier Russe! a-t-il de la volonté, celui-là!

On regarde encore, plus rien. Guides et voyageur ont disparu.

Alors, notre Romain dirige sa lunette sur les flancs du colosse et nous montre ce qu'il appelle un pas malaisé. Non, jamais pareille chaos, murailles à pic, gouffres béants, titanesques décombres, monde en démolition ne s'est offert à la pensée! La lumière bleuit dans ces glaces déchirées, redressées, blocs cyclopéens, aiguilles ténues, des formes avec des attitudes impossibles! Rien qu'à les voir, un frisson fige le sang.

M. Derby, un des Anglais qui arrivaient du mont Blanc hier soir, s'approche, regarde à son tour, secoue la tête et sourit :

— On ne passe pas là.

Nous causons; c'est un homme simple et vrai, qui met ses exploits bien au-dessous de leur valeur. Tout le monde, dit-il, peut aller au mont Blanc; avec un peu de résolution chacun s'en tire.

— Les crevasses de la mer de Glace donnent-elles une idée de celles du mont Blanc?

— Non.

— Même les fentes qu'on rencontre sur la route du Jardin?

— Même celles-là.

— Des gens qui ont été au Jardin parviendraient-ils au mont Blanc?

— Sans doute. Vous, madame, et ces dames aussi.

Seulement ni ces dames, ni la petite Églantine, ni M. le pasteur Nérins n'y mettront les pieds; voilà ce que dit clairement le regard de M. de Belcoster.

Le fait est que, jadis, monter au mont Blanc, c'était monter à la lune. Aujourd'hui, vingt, trente expéditions partent de Chamonix chaque été : toutes aboutissent ou peu s'en faut. On n'a plus le nez gelé, il n'y a plus d'avalanches, et malgré les histoires lugubres du Romain (qui nous raconte comme quoi plusieurs des touristes grimpés là-haut ont dès lors cessé de vivre), on en revient avec ses quatre membres, et l'on reste dans ce monde, aussi longtemps qu'on devait y rester [1].

Coup de canon! Celui-ci pour un petit Anglais, parti hier soir, qu'on signale à la cime.

Puisque force est de renoncer aux exploits, allons faire une visite au pâtissier. La femme du pâtissier, gentille

---

[1]. Par malheur, des accidents trop souvent répétés dès lors, montrent que le géant des Alpes tue à l'occasion qui l'attaque.

comme toutes les Chamouniardes, a pour mari, non pas un pétrisseur de gâteaux, mais un guide. Des touristes le lui enlevaient ce matin; il est au mont Blanc.

— Vous le verrez en haut! — lui ont-ils dit pour la consoler.

— J'aimerais mieux le voir en bas.

Chaque soir, les femmes des guides et des porteurs montés dans la journée se réunissent sur la place, autour d'un télescope; elles cherchent du regard leurs maris. L'étape est aux Grands-Mulets; on avise un drapeau, parfois quelque fumée, on reconnaît à sa tournure Pierre, Jean-Marie, Félix, puis on retourne au logis. Ils auront froid, cette nuit, dans les neiges; ils partiront vers deux heures, il faudra traverser le plateau, gravir le Mur de la Côte, il y en a qui ne sont jamais revenus! La pauvre femme serre ses enfants contre elle : — Mon Dieu, gardez leur père!

Avant le soir, la bande s'est retrouvée.

Coup de canon! Toujours le petit Anglais, revenu sain et sauf, pas accéléré, engouffré dans l'hôtel, disparu. L'arrivée d'hier était plus solennelle. Elle avait cette majesté, on y trouvait ce recueillement qui conviennent à pareille aventure. Mademoiselle du Rouvre prétend qu'on lui ravaude son mont Blanc. A chaque ascension, il baisse de mille pieds; deux ou trois de plus, il n'en restera rien.

Cependant la table d'hôte réunit tout : mont Blanc, Jardin, Géant, Buet, Flégère, Chapeau, Brévent!

Le petit Anglais, figure sèche et déterminée, s'est assis près de nous. Qu'allait-il dire à ces vastitudes? que lui ont-elles dit? En vérité je n'en sais rien, ni lui non plus.

A chaque arrivant il débite son histoire :

— Hier, j'étais au Jardin; le soir, au Brévent; ce matin, au mont Blanc; demain, au Buet; après-demain, aux Diablerets!

— Et le Russe?

— Le Russe! je l'ai dépassé en allant, dépassé en revenant; je l'ai laissé aux Grands-Mulets, demi mort.

Coup de canon! M. Fol, un Anglais, revient de l'aiguille du Midi. il a le premier planté son drapeau sur la pointe. Demain, il attaquera l'aiguille Verte; après-demain, l'aiguille Rouge, puis l'aiguille d'Argentière, puis l'aiguille du Dru. — Celui-ci enfile les aiguilles! il met les aiguilles sur les dents! — Je vous laisse à penser quelles jolies choses dit la bande, pour se consoler de sa grandeur qui l'attache au rivage.

Plus tard on va voir la lune. La lune fait chaque nuit, sans que personne tire le canon, l'ascension du mont Blanc en une heure quinze minutes. Ce que c'est que de n'avoir point de jambes!

Mais la lune, enveloppée de nuages, aujourd'hui ne reçoit pas. Rentrons, et bonsoir.

Bonsoir est bientôt dit! L'avez-vous remarqué? ce mot à peine lâché, les bougies allumées, le congé pris, tous debout et chacun sur le seuil de sa porte, les conversations recommencent de plus belle. Ce sont les projets, c'est ce qu'on aurait pu faire, c'est ce qu'on ne fera pas, votre goût, mon opinion, votre humeur, mon caractère, problèmes de théologie, questions de sentiment, art, poésie, musique, peinture, danse au besoin, et quereller un peu, pour se divertir!

Tout justement, nous y voici.

Mademoiselle Hélène Châtillon, bien encapuchonnée, en frère de Clairvaux qui prêche la croisade, tient tête à mademoiselle Dora. Mademoiselle Dora, sous le capuce, elle aussi, son gentil minois franchement éclairé, donne l'assaut. Berthe, jeune frère en goguette, cagoule à demi dénouée, dans les doigts un flambeau qui vacille, se pâme de rire.

— Qu'y a-t-il donc, et de quoi s'agit-il?

De ce fait, très grave, que mademoiselle Hélène Châtillon, le moine prêcheur, et mademoiselle du Rouvre, sa pénitente, ont, hier, au retour du Jardin, causé, mais causé de rage, sur les sujets les plus superlativement intimes, de onze heures du soir à trois heures du matin. Après quoi, vers six, elles se sont réveillées anéanties, se plaignant de n'avoir, pour je ne sais quelle cause, pu fermer l'œil de la nuit!

Or, mademoiselle Dora, qui, derrière la paroi, se mourait de sommeil, n'a pas perdu deux mots de l'entretien. Elle aurait donné, vous pouvez l'en croire, les mines du Potose avec les trésors du Pérou, pour qu'une bonne léthargie vînt clore les lèvres de ces trop bien disantes demoiselles. Frapper contre la paroi, elle ne l'a pas voulu; c'eût été leur manquer de respect. Mais l'aube une fois levée, mademoiselle Dora s'enveloppe dans le burnous que voici, pousse la porte de communication que voilà, et fait aux deux dames, qui se frottent les yeux, un bel et bon sermon en quatre points.

Mademoiselle Hélène se demande si le sermon en quatre points indique plus de révérence que les trois coups sur la paroi?

SEPTIÈME JOURNÉE

Les brouillards pèsent sur la vallée; plus trace ni de montagnes ni de forêts; à peine aperçoit-on le torrent. Dans cet air opaque et froid s'avancent en longues files des femmes vêtues de noir: elles ont la tête enveloppée de voiles blancs. Un cercueil les précède, quelques hommes suivent. Devant le cercueil marche un prêtre en surplis; deux enfants de chœur l'accompagnent; ils portent des cierges dont la flamme sillonne les brumes d'un trait rouge. Ce cortège va vite, comme s'il avait hâte de rendre à la terre ce qui appartient à la terre. Le prêtre psalmodie, les femmes disent les *répons* d'une voix que la marche, que le froid, que la douleur font trembler. Cet aspect donne le frisson. Il semble qu'on entend le bruit de la première pelletée sur un corps bien-aimé. — Alors, l'âme tout entière se jette aux pieds du Sauveur! Si pour un instant on a quitté sa main, que promptement on la vient reprendre, comme on se blottit au plus près, et quelle prière humiliée!

On n'est bien que là, le cœur sous son regard. Et c'est pourquoi nos paisibles dimanches en voyage ont triple valeur.

L'esprit s'est agité, le matériel a pris le haut bout, l'activité du corps tend à l'emporter sur la vie de l'âme. Arrive le dimanche, halte bénie; c'est la source pure, c'est le ciel entrevu; les bras du Père nous ont mieux enveloppés; une force, une joie nouvelles nous sont données; nous respirons mieux.

Vous concevez si, dans ces jours de repos, la bande cause et raisonne!

Après qu'on a tout dit sur tout, on se rabat sur la vallée.

Ils sont gentils, nos Chamouniards, caractères décidés, intelligences réveillées, parole claire, bonne grâce à ce qu'ils font, énergiques et fidèles; avec cela, très diplomates, cultivant chèvre et choux, curés et Anglais, d'une main prenant la Bible, de l'autre les chapelets bénits, un sourire à la Suisse, des caresses à la France, et, au bout du compte, *Chamouniards* pour le temps et l'éternité.

Le vertigo du mont Blanc continue. On ne cesse d'y monter, on ne cesse d'en revenir. Il n'y a que le jeune Russe qui n'arrive pas. Dans ses déserts glacés, notre frère inconnu ne se doute guère qu'en bas, une brave bande prie pour lui.

Cependant le petit Anglais, devenu grand lion, ne marche ni sans son ombre, ni sans sa pénombre. L'ombre? un gentleman pâle, efflanqué, longueur indéterminée, à la mode des ombres. La pénombre? un autre gentleman, plus maigre, plus indécis, à l'instar des pénombres! L'ombre couve du regard le petit Anglais, rit comme lui, balance les bras comme lui, mange ce qu'il mange et boit ce qu'il boit. La pénombre, debout en face de son héros, le crible de questions: *And that? and this?* et les souliers qu'il avait, et combien de clous, et quel gilet, et la couleur de son thé, et les cordes, et les crampons, et s'il a fumé, et s'il a porté un toast à la reine, sans compter les guides et leur parenté? — Malheureuse pénombre! une idée la dévore : escalader le mont Blanc! Entendons-nous, y monter, oui, surtout en redescendre, juste comme la bande.

Quant à M. Derby, le grimpeur d'avant-hier, il brûle du désir de recommencer. Il a fait son excursion trop vite. Là-haut, c'est un aspect qui stupéfie. On plane sur le monde; on gèle, on souffre, on a vaincu. En dehors de l'atmosphère terrienne, lancé dans le vide, on ne tient plus au globe que par un piton glacé. — C'est pour savourer ces impressions à peine ébauchées que M. Derby voudrait repartir. Aussi, parce que la fièvre du jeu l'a saisi. Il y a de la rouge et de la noire dans ces hasards-là!

Mais le Russe manque toujours. — Prenons le sentier des Bossons, peut-être le trouverons-nous.

Nous ne le trouvons pas. En revanche, nous trouvons Sidoine Couttet, qui rentre chez lui.

Sidoine faisait partie, il y a bien des années, de je ne sais quelle expédition néfaste, avec je ne sais quel Anglais funeste.

Le pauvre Payot, celui qui vend des liqueurs au Montanvert, en eut les pieds gelés, et coupés.

Sidoine ne demande pas mieux que de raconter son histoire à la bande, groupée autour de lui, vers ces troncs écorcés où il a posé la jambe pour s'expliquer plus à l'aise :

— Par ainsi donc, nous étions aspirants, moi et Payot; pas encore guides, trop jeunes! Ils nous avaient pris pour porteurs. C'est l'apprentissage; après, on passe guide.

Aux Grands-Mulets, voilà les anciens face contre terre! Quoi? pas question d'avancer, malades; la neige, le froid!

Alors, moi et Payot, nous allons à leur place. Fallait bien. Un temps! de la neige, la tourmente; bref, ça tourne mal. Le sommet, bernicle! Par ainsi, on revient.

Les autres, les anciens donc, bien reposés, nous attendaient aux Grands-Mulets. Ils reprennent la tête. Moi et Payot, on suit. Rompus, par exemple. Moins il y a de gloire, plus il y a de peine. On brasse la neige fondue; les autres toujours en avant : Bah! que je dis, laissons-les courir!

Jusqu'aux Bossons, cela va bien. Après les Bossons, voilà Payot qui sent un fourmillement dans les deux pieds! Moi, un picotement dans le mollet! Quoi? deux jeunesses, nous ne savions pas ce que cela voulait dire.

Encore trois pas, voilà un feu, voilà une brûlure! nous crions! Les autres vont toujours. Payot prend courage, il force; inutile. Il veut ôter ses souliers. Ah! bien oui! faut couper le cuir. On le coupe. Moi, je tâte par-dessus son bas : un moignon! Plus de doigts, tout est joint!

Je ne dis rien : Attends! que je fais. Je grimpe comme je peux vers les autres. Ça se trouvait qu'ils mangeaient un morceau : — Y a Payot qui ne peut plus bouger! il a les pieds comme ça! — Sidoine montre ses poings fermés. — Les autres se regardent, lèvent les épaules et se remettent en chemin. Pour quant au milord, il ne profère pas une parole. Alors moi, lorsque je nous vois à l'abandon, comme ça, je retourne vers Payot. Mon Payot se tient assis, par terre immobile, blanc, quoi?

Patience! que je dis, je vas me traîner au Prieuré, je j'enverrai du monde.

A onze heures de la nuit, j'y étais. Son frère part avec des amis. Au point du jour ils l'ont trouvé dans la forêt; il s'était transporté jusque-là! Le 14 septembre de la même année, on lui a *franchi* les jambes. Ne remontera pas.

— Et vous?

— Oh! moi, les médecins voulaient tout couper : Minute! que je fais. Je m'examine pendant six semaines; je vois qu'il y a du bon dans les premières phalanges. Ces phalanges-là, voyez-vous, ça suffit pour pincer les pierres, je dis : je garde ça!

Y a un médecin à Sallanches, un fameux! Je fais tirer mon pied en portrait. Le charpentier, qui est arpenteur, vous savez, ça manie le crayon; ça me fait mon affaire. Quand j'ai le portrait du pied : — Allez, que je dis aux autres, allez me chercher ce fameux, de Sallanches !

— Faut trancher ça ! qu'il dit. — Pardon, pardon ! que je fais : je suis propriétaire de mon pied !

Je prend mon dessin, je dresse une ligne : — Vous couperez jusqu'ici, pas plus ! — Il fait la grimace. Moi je dis : — Quoi ? c'est à prendre ou à laisser !

Le médecin réfléchit. Il n'avait pas ses meubles, ça le gênait : — Ah ! ce n'est que cela ? il y a l'horloger, demandez-lui sa petite scie, un homme complaisant, ne refusera pas. — Une fois qu'on a la petite scie, le médecin me fait : — Voulez-vous l'*endormie?* — Non, pas de ça ! — J'avais peur qu'il m'escamote mon pied.

Il commence ; moi je regarde. Il taille, il tire la peau sur le petit doigt. Quand il a fini pour celui-là : — Et les autres ? qu'il demande. — C'est bon ! — que je dis. Je le paye, c'est réglé, il redescend.

Moi, j'avais vu son coup de main : — Pas bien malin ! Les bouts d'os, les autres, restaient ; ceux qu'il voulait *franchir.* Je fais faire des pinces d'acier, tranchantes comme des rasoirs. Un jour je coupe ici, le lendemain je coupe là, je ramène la *viande* par-dessus, je la raplatis par-dessous, quoi ? C'est l'orteil qui m'a donné le plus de mal !

Sidoine tend la jambe. Cette jambe est retournée au mont Blanc.

Je vais faire sourire beaucoup de grands esprits. Eh bien, oui ! nous avons parlé de Dieu, nous avons parlé de notre Sauveur à Sidoine ; tout en serrant sa main, nous lui avons parlé du ciel. Sidoine Couttet ne riait pas, et lorsque nous nous sommes quittés, nous sentions que nos âmes s'étaient rencontrées.

A peine revenus, coup de canon ! Cette fois, c'est pour le Russe.

Le Russe, très pâle, apparaît dans le crépuscule; il avance à pas lents, il est épuisé. La bande lui adresse une bienvenue sympathique; le jeune homme s'arrête, voit de bons regards, remercie, prend le bouquet qu'on lui présente, et le soir, à dîner, placé près de nous, il décrit dans un langage pittoresque les crevasses, les avalanches et les névés. Mais si l'âme vit toujours; le corps, ce corps débile, cette poitrine étroite, ce souffle court, rien ne va plus.

Il avait bien raison, notre Russe, il ne pouvait monter au troisième étage!

Ce qui lui a manqué là-haut, nous dit-il, c'est un ami avec qui échanger ses pensées. L'isolement l'oppressait encore plus que la rareté de l'air. Alors, il s'est récité, à soi-même, sur la cime, quelques vers de Pouchkine. Lui, le premier Russe qui ait gravi le sommet, il y a parlé sa douce langue, la langue de son père, de sa mère, de son pays.

Puis, il a entendu le coup de canon qui annonçait sa victoire. La cloche de l'église sonnait pour les offices; les vibrations, d'onde en onde, lui sont arrivées, là, perdu à ces hauteurs.

Quelle voix, et comme il a remercié Dieu!

Lorsque, remis de son émotion, il a pu regarder, ce qui lui a semblé prodigieux, c'est l'aspect des montagnes; ce hérissement de pointes, brisées, soulevées, dans leur désordre sublime, à ses pieds. Plus rien que lui, que ses deux guides, sous cette coupole d'un bleu sombre, à cette incomparable altitude.

Onze heures du soir. Nous montons vers l'église.

Le mont Blanc semble grandi de tout le silence de ces lieux. Quelques aiguilles passent derrière les crêtes. Au-dessus du Prieuré, la mer de Glace descend dans les mélèzes; au-dessous, le glacier des Bossons descend dans les vergers; tous deux, d'un blanc teinté de bleu, que coupe le vert obscur des forêts. La lune, solitaire, jette ses clartés aux sommets neigeux qui semblent lavés d'argent; le glacier brille par places comme un bouclier; en d'autres endroits c'est un blanc mat; puis l'éclat reprend : Grandeur, majesté, gloire de la terre et des cieux!

Minuit sonnait comme nous sommes rentrés.

Il y aurait encore de belles courses à faire. Il y aurait le col d'Anterne, il y aurait la vallée de Six.

— Seigneur et madame! — ce sont les dames de la bande qui parlent. — Il y a *notre villa*. Revenons au plus vite, par le plus court!

On fait la malle. Ici, triomphe mademoiselle Hélène. Voyez comme ses mains intelligentes vont chercher les objets de poids pour en lester le fond du coffre! Voyez comme elles s'emparent de ces brimborions pour en garnir les coins! Voyez-les, maintenant, disposer sur une surface unie les étoffes légères! — Chaque dame se tient debout, en apparence indifférente; chacune suit et protège son bien.

A l'instant solennel où passe le corsage délicat, le mantelet de dentelle, l'objet mignon des sollicitudes, la voix s'émeut, le regard se fixe, la pensée s'abstrait. C'est fait! on respire! Mais je vous défie, tant son grand cœur est au niveau de sa grande tâche, je vous défie de signaler au vol les robes de mademoiselle Hélène. Peut-être, du revers des doigts, un petit coup plus maternel; peut-être un léger soupir à ce faux pli; une exclamation mal comprimée à cet accroc; pas même cela. Périssent les égoïstes tendresses! Serré, sanglé, bouclé, égalité, fraternité! et, j'ai bien l'honneur de vous saluer!

— Ah! mais! Et mes brodequins?

On sonne la femme de chambre.

— Madame!

— Les brodequins de mademoiselle?

— Ceux d'hier?
— Oui.

La femme de chambre secoue la tête, disparaît, reparaît, portant à bras tendu des bottines qui chausseraient à peu près un éléphant. La semelle est rétablie : cinq centimètres d'épaisseur. L'empeigne aussi : le cuir d'un bœuf. Les mettre dans la malle, impossible. On les attachera dessus, avec une corde à serrer les chars de foin.

Vous pouvez, dans le musée de Montvéran, contempler ce chef-d'œuvre de l'industrie chamouniarde.

HUITIÈME JOURNÉE

Le petit Anglais, parti hier soir pour je ne sais où, est revenu dès l'aube. Le voilà qui se frotte les mains, pendant que l'ombre lui sucre son thé, et que la pénombre, pas trop contente, car elle monte au mont Blanc, c'est décidé, interroge le guide-chef, les porteurs, les mules, et se verse du vin de Champagne à grands coups.

Pauvre pénombre, elle donnerait bien quelque chose pour voir descendre le baromètre ou le mont Blanc! Ni l'un ni l'autre ne bougent. Au moins, si le mont Blanc se coiffait de son chapeau, signe de tourmente! Il ne se coiffe de rien du tout, le grand traître! il est serein, il a des arêtes d'une implacable pureté; pas un nuage gros comme la main ne s'accroche nulle part. C'est un hérissement de pics, de dents, de fourches, à faire frémir.

Bon succès!

Et tandis que nos voitures, qui traversent la foire des Ouches, bousculent un peu les groupes de jolies Chamouniardes à l'épais chignon; nos regards avec nos pensées montent là-haut, tant haut qu'ils peuvent monter.

Pensée, regards! heureux compagnons qui s'en vont bras dessus, bras dessous, partout où les mène la fantaisie.

Pour eux, nul obstacle. Navigateurs hardis, sur l'Océan ils se moquent des abîmes. Sifflez, tempêtes; ouvrez-vous, profondeurs! nos gens nagent et s'ébattent, et les dauphins eux-mêmes n'en savent pas tant.

Les montagnes? escaladées en trois pas. Les déserts? traversés sans une goutte d'eau. Ce qu'on ne voit pas, ce qu'on ne sait pas? eux le savent, eux le voient. Ces coquins-là n'ont-ils pas trouvé moyen d'aller à la lune!

Cependant la bande salue Servoz avec le col d'Anterne. Elle y envoie les deux gaillards en question. C'est sa manière de gravir les cimes. Pour elle, doucement établie en deux chars de côté qui démantibuleraient des carcasses de fer, elle exécute à pic descentes et montées.

On retrouve Chède, caché dans ses noyers et ses pampres; Maglan, sous ses aulnes et ses pruniers.

A Saint-Martin, on prend une calèche de famille, trois chevaux, les dames dans la voiture, les messieurs sur le siège.

Pendant qu'ils clochent (M. le pasteur Nérins deçà, M. de Belcoster delà), les dames, que la placidité de leurs protecteurs met en joie, font rage, et se découvrent un sixième sens, *la rate!* indispensable au bonheur.

Il faut de bons rires, croyez-moi, de ces rires à cœur-joie, de ces rires sans cause, le rire d'enfant! il faut de bonnes bêtises, sans façon, comme elles viennent; et là où il n'y a ni des uns ni des autres, l'esprit reste perclus, l'âme est rhumatisée, le cœur figé. Ne me parlez pas des rieurs de profession, ils me donnent une mortelle tristesse. Ne me parlez pas non plus de ces gens, austères par l'estime qu'ils font d'eux-mêmes, tendus sur le diapason grave, qu'on ne déride point, qui ne s'abandonnent point; de ces individus calculés où il ne fait pas clair, de ces êtres politiques dont on ne voit pas le fond: figures impassibles, dont un sourire contraint, sourire de pitié pour la faiblesse humaine, parvient seul à déraidir les lèvres!

Le rire, le rire honnête, mais c'est la note juste qui donne le ton du cœur; c'est une confession involontaire; c'est le soleil; il entre partout, il montre tout.

Tant pis pour ceux qui ne rient point, la bande n'en pense rien de bon.

Avons-nous cassé des noisettes, sur cette place de Bonneville, entourée de bicoques, et croqué des poires *étrangle-chat*! Soudain une diligence, trente voyageurs dedans, trente voyageurs dessus, mastodonte hérissé de bâtons ferrés, débouche par cette rue, grand train, six percherons au galop... Le plâtras achève de tomber des murailles, les volets de se disloquer, les vitres d'éclater. Nos vendeurs de poires étrangle-chat, voletant, se culbutant, courent après, tandis qu'au faîte, sur l'impériale, en aiguille, le petit mont Blanc brandit sa pique, l'ombre fidèle son parasol.

Sur la route, on rencontre toutes sortes de gentilshommes savoisiens, en tilbury, traînés par de grandes bêtes pas trop grasses. Ils sont de race, nos gentilshommes, belle tenue, bien corsés, l'œil noir, moustache en croc, l'air vainqueur.

Et de l'esprit! Vrais seigneurs, familiers avec le vilain, sans jamais déroger.

— Eh! eh! mossieu le marquis! — disait un paysan narquois au maître du château, qui, dévotement agenouillé pendant la grand'messe, tenait son livre à rebours : — Vo ne téni point vot' livre tot drais!

Le marquis se retourne, le toise, et d'un imperturbable sérieux :

— Je me moque pas mal de ceux-là qui ne savent pas lire *lotement*[1].

1. De toute façon.

Le sol se fait pauvre. De longues zones de blé noir alternent avec des jachères hérissées de chardons. Quelques graminées à moitié sèches s'inclinent sous le vent. On traverse le tout sans trop d'enthousiasme, et comme la calèche court sur la route de Chênes, un petit vieux, en culottes, l'arrête d'un grand : — Holà!

— Que voulez-vous, l'ami?
— Vous venez dé Sallansse?
— De Sallanches, oui.
— Vous venez dé Sallansse?
— Oui, après?
— Vous venez dé Sallansse!

C'est tout ce qu'il tient à nous dire. Il a vu que nous ne sentions pas notre bonheur, ni la gloire qu'il y a dans ce fait, qu'on revient de Sallanches. Tant que tournent les roues et qu'il peut donner de voix : — Vous venez dé Sallansse! Vous venez dé Sallansse!

Notre villa ne nous attendait pas, ni le dîner : personne, excepté nos angoras. Gros dos, queue en panache, ils font mille civilités à la bande.

La lune aussi nous attend; elle luit dans sa paix; elle jette aux transparences du lac son trait de lumière que n'éparpille pas une ride. Les jasmins, les callas à l'amphore d'albâtre, les géraniums mêlés aux roses tardives répandent leur odeur. De l'autre côté du lac, le mont Blanc nous regarde avec sa grande face pâle.

J'étais là, telle chose m'advint! bonheur des voyages; quand on est rentré chez soi.

NEUVIÈME JOURNÉE

Rien ne signale cette journée, sinon des félicités tranquilles et les dédains de M. Keuler.

M. Keuler, boîte de fer-blanc sur le dos, feutre crânement planté sur le chef, franchit le portail, aperçoit la bande épanouie au soleil, et marchant droit sur elle :

— Bonjour, mesdames! Vous revenez du mont Blanc?

Du mont Blanc! ce serait plus beau que de revenir de Sallanches. N'importe :

— Monsieur Keuler, nous revenons de Chamonix.

— Vous avez été au mont Blanc?

— Monsieur Keuler, nous avons été au Jardin.

— Comment! vous n'avez pas été au mont Blanc?

— Mais, monsieur Keuler! le bon sens?

— Ah! moi, je croyais que vous aviez été au mont Blanc.

— Mais nos familles, monsieur Keuler!

— Une bande qui fait des prouesses.

— Au Jardin, monsieur Keuler! AU JARDIN! et ce n'est pas peu de chose!

— Moi qui disais à tout le monde que vous aviez été au mont Blanc.

— Le Jardin! Course numéro deux, monsieur Keuler! Règlement particulier! Un guide par personne!

— Ah bien! jamais je n'aurais cru la bande assez modeste pour revenir de Chamonix sans avoir été au mont Blanc.

— Ah çà, botaniste de malheur! y avez-vous été, vous, au mont Blanc?

— Non.

— Comment! vous n'avez pas...

— Je ne suis pas une *Banda heroica*, moi!

— Avez-vous été au Jardin?

— Non.

— Non! et vous osez accueillir la bande avec ces ébahissements saugrenus, et lui faire ces questions insultantes?

— C'est égal, quand on m'aurait dit, il y a trois jours, que la bande irait à Chamonix, qu'elle en passerait quatre à ne rien faire, et qu'elle ne monterait pas au mont Blanc!...

— Monsieur Keuler, c'en est trop, votre compte est réglé, votre vie a duré! Demain, nous vous promenons sur le Salève pour y pleurer votre *Catalogue des plantes vasculaires du canton de Genève;* catalogue inachevé, monsieur Keuler [1]! Nous vous donnons huit jours pour disposer de vos diagnoses, monographies, follicules et autres misères. Ces huit jours expirés, le vingt et un, sur la Dôle, sans une minute de sursis, nous vous soldons le montant de vos crimes : un sacrifice druidique, monsieur Keuler! Songez-y et déterminez, vous en avez tout le loisir, l'espèce, le genre et la variété du gui sacré dont seront couronnées les six Vellédas qui vous y attendront, armées de la faucille d'or!

1. Complet en 1862.

DIXIÈME JOURNÉE

En calèche jusqu'à Verrier. A Verrier, on prend le sentier du Salève. La petite Églantine court en avant; et les cris de joie, et le plaisir qu'on a, et le bonheur qu'on aura; celui-là surtout! Quant au présent (l'avenir d'hier), la petite Églantine ne s'en soucie guère. Mais le déjeuner, tant qu'il n'est pas mangé; la promenade, tant qu'elle n'est pas faite; voilà pour la ravir.

Pourtant cette heure du matin, et cette fraîcheur des versants vers le nord ont un charme ineffable.

L'ombre des pitons, comme une tache immense, tombe sur la plaine. Les insectes tourmenteurs ne sont pas encore dégourdis, la rosée brille aux moindres fétus, l'air a gardé les moiteurs de la nuit, un souffle restaurant caresse le front, bleuit le lac; au-dessous de nous, parmi les saulaies, l'Arve, serpent nacré, déroule ses anneaux; la vue est libre et les regards vont du côté de France, jusqu'au Jura, solidement assis dans son ampleur.

Ainsi l'on arrive à Monnetier.

Que de souvenirs! Tout petits, par les beaux jours de mars, quand sous les buissons encore dépouillés fleurissaient les perce-neiges, mon père nous conduisait sur le Salève.

Escortés de notre respectable gouverneur, nous gravissions le pas de l'Échelle. Nous entrions au village, chez un vieux bonhomme de cabaretier, grand meneur de bourriques, un peu sale, jambes torses, menton noir et barbu, lequel hébergeait les promeneurs.

Le vieux bonhomme *déguillait* sa grosse cafetière, perchée sur le haut chambranle de la cheminée. Il *avantait* son pot au lait, ventru comme un tonneau. Vite, les assiettes sur la table; il les essuyait, une à une, avec le pan de sa redingote. Le feu flambait, on s'asseyait sur les bancs de sapin. Le vieux bonhomme allait trottant, boitant, nettoyant les verres par le même procédé. Il apportait la cafetière, il apportait le gros pot. Le lait écume, jaillit :

— Une araignée! — velue, pattes en étoile, au beau milieu de l'écuelle!

Je sens encore sur moi le regard de notre mentor. Je sens sur mes doigts... autre chose. Ce jour-là, j'appris, à mes dépens, qu'il est telle confidence qu'on doit garder pour soi.

Le déjeuner mangé, midi sonnant, on se remet en route. Soleil flambant.

— Monsieur Keuler, par où prend-on?

— Par ces cailloux.

Il est un peu pierreux, ce grand Salève, un peu bien nu. Une fois en haut, magnifique!

Devant-nous, les Alpes, étalées en un cirque inouï de grandeur : mont Blanc, aiguilles, dômes, vallées de neige, une magie! Au couchant, la plaine.

Un rocher, celui qui marque l'entrée de la gorge par où nous allons redescendre, coupe de son dur profil les lignes indécises du bas pays. Il oppose la roideur de ses angles aux méandres mollement dénoués de l'Arve et du Rhône; il tranche de ses lignes arrêtées les ondulations incertaines des rives du Léman. Immuable, sa r le silhouette s'enlève lourdement sur les teintes harmonieuses de la vallée. Et pendant qu'ici règne l'âpreté des hauts sommets avec l'austérité des solitudes absolues, là, tout près, à quelques mille pieds de chute, une ville s'étale dans toutes les élégances de la civilisation! Le Rhône, d'un bleu de saphir, morceaux perdus, retrouvés, pierres précieuses semées dans les prairies; le lac, d'un azur plus pâle; les campagnes, très vertes, avec leurs villas jetées à l'aventure; un réseau de chemins, capricieuse broderie; par-ci, par-là, quelque clocher qui étincelle comme le diamant, tout apparaît à la fois! — Un écrin de reine, ouvert au soleil, n'a pas tant d'éclat.

Alors l'âme, saisie, tombe en un de ces rêves indéfinis où la pensée, qui trace des orbes immenses, plane sur les abîmes d'éther, sans rien préciser, sans rien approfondir, enivrée d'air et de lumière.

Que vous dirai-je? cette opposition de la vie citadine avec l'isolement des montagnes plaît à ma nature. Je sens mieux mon indépendance. Personne ne me viendra querir. La paix des hautes cimes, je l'ai; à peine si un oiseau frôle mon vêtement en s'enlevant du sol. Je regarde, tout en bas, la fourmilière des hommes. Les wagons courent sur les voies ferrées, les bateaux à vapeur sillonnent le lac, il y a comme une fièvre, il y a comme des clameurs; la vie, semble-t-il, monte haletante le long des parois du rocher. Mais la houle meurt avant d'avoir mordu ces grands pans de gazon. Je vois passer la tourmente, mon ciel reste clair, mon atmosphère demeure calme; c'est beau, c'est libre, c'est le nid de l'aiglon.

Tout à coup, la liberté primitive nous apparaît sous la figure d'un jeune gars qui nous demande des bouts de cigares. Le voilà, flanqué de deux robustes filles, chevelures incultes, jupons déchirés, et des visages qui n'ont guère connu l'eau. Garçons et filles, étendus de leur long, les jupes serrées au corps, se dévallent sur le revers des pentes; et de rouler train express, jusqu'à destination!

Nous détalons en sens inverse, par un procédé différent.

Ainsi M. Keuler dit adieu aux bergères du Salève ; ainsi les hôtes de ces lieux enchantés célèbrent, d'une façon tout arcadienne, la disparition prochaine du plus téméraire des botanistes... et du plus infortuné.

Prenons la gorge. Elle a des retours pleins de grâce. Tantôt le sentier s'enfouit dans les rocailles, tantôt il surplombe les premiers plans de noyers et de vignes. C'est un tableau que chaque pas fait grandir, que chaque instant perfectionne, comme si quelque pinceau magnifique y ajoutait des traits plus chauds avec des détails mieux sentis.

A Crevins, on retrouve les voitures ; on se met dedans ; on revient par le plus beau soir. Et il y aura un demain !

ONZIÈME JOURNÉE

Le bonheur n'est pas parleur. — Vous nous voyez d'ici. Les jours s'écoulent, doucement éclairés.

On fait ce qu'on veut, comme on veut. Qui dit congé, dit liberté. Le nôtre est court, profitons-en.

A certaines heures, tous au salon, tous sur la terrasse. Et tandis que le crayon de mademoiselle Lucy, qui nous a rejoints, s'évertue en quelqu'une de ces pages vigoureuses et délicates que vous diriez dérobées à l'album d'un maître, on lit les annales de l'an dernier. Küfstein *recolère* la bande. Mademoiselle Dora regrette de n'avoir pas tenu bon, vingt-quatre heures durant, dans la diligence dételée, au milieu de la place, par-devant l'écusson de M. le juge de paix! Mademoiselle Lucy montre ses vignettes. M. Nérins s'indigne du nez qu'elle lui fait, ou plutôt qu'elle ne lui fait pas. Mademoiselle Lucy prend son air candide. M. de Belcoster appuie le nez de mademoiselle Lucy; madame de Belcoster plaide pour celui de M. Nérins. Églantine entre et sort; les angoras, au galop, fondent l'un sur l'autre, et tous deux sur les boules de papier que leur jette M. Nevil.

Et quelle paix, et quelle gaieté, et comme on reprend des forces pour travailler après!

Vous l'avez respiré, cet air tonique de septembre. Vous avez senti cet arome des fleurs dont l'automne, en ses premiers pas, radieuse et couronnée de guirlandes, jonche sa route à pleines mains.

Les rayons du soleil qui courent sur les prés tondus, le feuillage éclairé qui s'émeut dans la lumière blonde, les petites vagues dont chacune s'allume dès qu'elle touche la grève, ces Alpes, un instant voilées, tout à coup découvertes, immuables dans leur pâleur de vierge, vous connaissez cela.

Le soir, parfois, on monte au salon de musique. Du balcon, par-dessus le couvert des platanes, on voit le lac, on voit l'autre bord, on aperçoit dans la nuit les grandes pyramides blanches. Alors, celui qui passerait en bateau devant ces croisées ouvertes, celui qui laisserait tomber ses rames, abandonné sur l'eau, selon que va le flot, entendrait des accents tantôt tragiques, tantôt badins, et des couplets agrestes et des invocations passionnées, et bien de belles choses; n'est-ce pas, gens de bande?

Vous souvient-il des *Trois sœurs de Bourgogne*? et de *la Barque à trente matelots*? Vous souvient-il de *Belle vous m'avez-t-embarlifi-t-embarlificoté*? Et de *Salvator*, vous en souvient-il? et de *Libertà*, au souffle héroïque? et de nos hymnes, et de nos cantiques, et des deux fraîches voix de deux fraîches sœurs? Vous rappelez-vous les *Romances sans paroles*, les glorieuses *Symphonies* de Schumann, et toute cette noble musique, et comme quoi la bande, assise sur un nuage empourpré, s'enlevait au plus haut des cieux?

Assez! dit un lecteur morose. Cette joie m'ennuie, même elle me déplaît; si l'on me presse, je la déclare outrecuidante! De quel droit ces gens-là viennent-ils me rire aux oreilles, à moi qui bâille! et chanter sous mes fenêtres, à moi que le bonheur a fui? Si ce n'est pas de la cruauté, c'est de la sottise!

O mon frère! nous aussi, nous avons nos peines. Allez, nos mains se sont déchirées aux rudes labeurs; nos âmes ont fléchi sous le faix; nous portons des blessures; vos douleurs, nous les comprenons; nos cœurs ont eu leur part de deuils, un lot de souffrances nous est échu; des fardeaux, par moments bien lourds, pèsent de tout leur poids sur nos épaules. Eh quoi! si le Seigneur, dans sa pitié, nous accorde une heure de repos, cette clémence vous froissera?

Nos rires, dites-vous, et notre félicité vous fatiguent! Pourtant, vous écoutez la fauvette, quand elle gazouille sous la feuillée. Et le faneur, lorsqu'il revient le soir, son râteau sur les bras, redisant sa chanson; et les éclats de rire, lorsqu'ils marquent le pas des jeunes filles; vous les écoutez encore, vous les suivez longtemps, votre âme en reste charmée! Ce soleil, qui s'égaye tout le jour, lui cherchez-vous querelle? Non, vous l'aimez; il vous réchauffe. Ah! laissez-vous aimer aussi, et laissez-vous réchauffer. L'allégresse est saine, elle fait du bien, elle se communique. La joie produit la joie. Tel rire naïf donne envie d'être gai.

Je vous entends bien : — Nous autres, les déshérités, dites-vous, nous ne possédons ni salon de musique, ni villa, ni lac, ni plantes exotiques, ni brises parfumées, rien de ce qui réjouit les heureux!

O mes amis, à Dieu ne plaise que je méconnaisse les dons du Créateur. Mais, croyez-moi, croyez-en la bande : pour avoir le cœur en fête il n'en faut pas tant! Nos plaisirs les plus vifs, voyez-vous, et nos plus pures allégresses, nous les avons trouvés sous les forêts, sur la montagne, dans un pré, au bord du ruisseau, chez ce pauvre homme à qui nous tendions la main, dans ce regard d'enfant qui nous remerciait, partout où le ciel est bleu, où l'herbe croît, où le ruisseau coule, où fleurit la haie, partout où il y a des larmes à tarir avec du bonheur à donner.

DOUZIÈME JOURNÉE

Si vous ignorez ce que c'est qu'une bourse de famille, je vais vous l'apprendre.

Une bourse de famille, c'est un magot, mis au fond d'un pot, par un homme prudent, lequel magot, placé, replacé, et les intérêts par-dessus, sert, au bout de cent ans, à payer les dettes d'un mauvais sujet, venu dans ce monde sous les noms et rubriques du fondateur. Ses dettes une fois payées, on expédie notre bandit en Amérique; il s'y fait rôtir par les Peaux-Rouges; et voilà ce que c'est qu'une bourse de famille.

M. Nevil, l'administrateur d'un de ces magots-là, en a bravement acheté une montagne; la plus haute cime du Jura, pour faire honneur à la bande. Quand l'honnête garçon dont nous parlions tout à l'heure sera né; qu'il aura mangé ou bu son bien, y compris celui de ses père, mère, oncles, tantes, frères, sœurs, cousins et cousines jusqu'au vingtième degré; on lui campera la Dôle sur le dos, et tire-toi de là comme tu pourras!

En attendant, M. Nevil, botaniste *galant'uomo*, donne un dîner à la bande, et le donne sur la Dôle.

Voulez-vous le manger, mesdames? Allez l'y chercher.

Ceci vous explique pourquoi la bande, vers quatre heures, se lève en tapinois. Hélas! mademoiselle Lucy la laisse faire. Par un inique arrêt, ses docteurs l'ont condamnée à ne bouger ni pieds ni pattes. Elle fait semblant de dormir; la bande fait semblant de croire qu'elle dort; on part le cœur un peu gros, et nous voilà bel et bien en voiture.

Parlez-moi de ces débuts. Au sortir du sommeil, mal réconcilié avec la nécessité de vivre, piquer des cailloux sur un *châble* de montagne, fi! Mais se laisser doucement traîner sous les châtaigniers, durant deux lieues; j'appelle cela un *brigandage* savamment organisé.

Ainsi va la bande. Ce qui la rassure, c'est que, derrière, elle entend venir la carriole aux provisions.

A Gingins, on descend; M. Nevil a fort à faire:

— Fritz! par ici les pâtisseries. John! par là les galantines. Franz! de ce côté les paniers de fruits. Pierre! veillez aux vins. Monsieur Chamblaz [1], je vous confie le dessert. En avant, marche!

Dès les premiers pas on entre sous bois. Les hêtres, qui sortent trois à la fois du sol, balancent à quelque quinze mètres sur nos têtes leur dôme léger. Au travers on voit le ciel, en bas on voit le lac; une dentelle de feuilles s'émeut et frissonne à toutes les hauteurs, tandis qu'un souffle frais descend des sommets.

Qu'on monte bien ainsi, pensif, sous cette colonnade aux troncs lisses. Chacun rêve, enveloppé de lumière adoucie, dans cet air pénétré d'émeraude et d'azur. Parfois une mouche aux élytres d'or passe comme un trait de feu. Lorsqu'on s'arrête, les regards qui glissent dans l'ombre se perdent aux dernières profondeurs. Pas un souffle; les exhalaisons du bois s'élèvent en paix. Nul parfum n'a ce

1. Garde forestier.

charme. C'est l'haleine de la terre assouplie par les rosées de l'aube; c'est l'odeur fugitive des fleurs qui s'épanouissent dans ce demi-jour de la forêt; c'est un arome imprégné de la saveur des écorces, c'est quelque chose dont la fraîcheur pénètre jusqu'à l'âme. Dans ces clartés égales qui rappellent les pérennités élyséennes, on irait toujours.

Çà et là, de larges échappées marquent les étapes. En voyant le lac grandir, et se découper des golfes avec des promontoires qu'on ne soupçonnait pas, on comprend qu'on a marché.

Voici les sapins, ceux-ci droits, solides, en obélisques; ceux-là déchiquetés, dans un magnifique désordre de branches et de ramée. Quelques-uns morts, blanchis, à moitié déracinés, jettent une ligne pâle à travers le fond obscur du bois.

Arbre de mon pays, arbre de nos montagnes, tu es sévère, tu es fier. D'un jet puissant, inexorable en ta rectitude, tu montes au soleil. Tu exprimes la liberté, tu n'as jamais fléchi, et si l'on coupe ta flèche, tu meurs!

Il y a des coins oubliés où les forces de la végétation prennent carrière : troncs éventrés, lierres par dessus, le col couvert d'un triple vêtement de feuilles charnues. Dans ces forêts, la hache de l'homme respecte la vétusté; les âges suivent leur cours, les jeunes pousses y viennent envelopper les vieilles souches. Ce sont les forêts de l'État. — Vive l'État, qui laisse chacun mourir de sa belle mort!

Cependant M. Keuler, à l'écart, songe à la sienne.

Trois heures comme cela. — Un bout de prairie, un fond, des roches, et le chalet.

— Quoi, c'est ici? Quoi! c'est la demeure dernière du fils de famille?

Devant, de l'herbe ; derrière, du roc ; par-dessus, le ciel. Ni vue, ni plaine, ni lac. M. Nevil a sagement placé le magot. Amenez dans ce coin, une fois en leur vie, tous les petits Nevil présents et futurs, je vous réponds qu'ils marcheront droit.

M. Nevil s'indigne, M. Nevil trouve que la bande est une princesse Pimbêche-Orbêche !

— Ce chalet n'est-il pas beau, mesdames?
— Si, mais!...
— Comment, mais! j'y ai fait l'an dernier pour mille francs soixante-quinze centimes de réparations!
— Il se peut, mais!...
— Mais! avez-vous vu la chambre aux fromages?
— Oui, mais!...
— Mais! mais! que manquera-t-il ici, je vous le demande, au bandit en question? Il gardera les vaches; il épargnera, sur ses revenus, de quoi se payer un habit de milaine ; il boira de l'eau, tant qu'il en voudra ; il aura la botanique pour se distraire, la *renoncularia*, la *gentiania*, l'*abies pinsapissimo!* — n'est-ce pas, monsieur Keuler?

M. Keuler pense qu'il aimerait mieux cataloguer toutes les plantes *vasculaires* de la Dôle que de se voir offert en holocauste, là-haut.

— Il aura du lait, mesdames; du petit-lait, de la battue, du séret!

Ceci rappelle à la bande qu'elle meurt de faim :

— Manger! tout beau, mesdames! Vous allez, s'il vous plaît, grimper sur cette crête. Vous y promènerez votre appétit pendant huit quarts d'heure! après, on verra!

La bande prend le sentier d'un air morne. M. Nevil n'a pas aperçu sa sœur, derrière le chalet, qui se fait couper, par Fritz, un gros morceau de pain bis. Elle le croque à belles dents. C'est singulier comme ce croûton donne du cœur à la bande!

Sur la corniche on s'extasie. Le premier plan, croupe dentelée de sapins, se détache de la plaine, étendue à quatre mille pieds au-dessous, merveilleusement sereine, riche, et tout étincelante de villages. Le lac serpente en rivière, d'un bleu vif, gracieux dans ses courbes, imposant dans sa grandeur. Cent lieues d'Alpes, savoisiennes, valaisanes, bernoises, italiennes, projettent vers les cieux leurs formidables redressements. C'est le Mœnch, c'est l'Eiger, c'est la Blumlisalp, c'est la Yung-Frau, et le Combin. et le Velan, et tant d'autres! En avant, les dents de Branlaire avec les dents d'Oche; au fond, la dent du Midi; et, trônant dans son ampleur, écrasant tout : le mont Blanc, qui met ses pieds sur la tête des rois!

Au bout du lac, Genève brille comme une escarboucle. Un océan d'air est devant nous. La lumière, les couleurs, les lignes, semblent nous donner une de ces fêtes comme il ne s'en célèbre que sur les plus hautes cimes, par le plus beau jour.

Cependant, si vous tournez vos regards du côté de France, vous voyez des ondulations mornes s'élargir, le gros village des Rousses s'entasser au loin, son fort couper d'angles roides l'herbe jaunie, et les pacages monotones s'étendre sur les horizons uniformes, d'une tristesse sans mesure comme eux.

Assez contemplé! A nos pieds, sur la base des roches, une table s'est dressée. John, Fritz, Pierre s'agitent, trottent et s'évertuent :

— Mesdames! arrivez!

Rien de joli comme notre repas. Les dames commodément assises, les messieurs étendus, à l'antique, sur le gazon.

On dévore. Le vin de Champagne détrône le petit vin d'Asti. Mademoiselle du Rouvre le boit en douceur, mademoiselle Hélène le boit en tapage; tout près flambe le feu du bivouac; la fontaine se verse avec un bruit joyeux dans le tronc creusé qui lui sert de bassin; une vache brame, tendant vers nous son museau noir. — Mais quoi? M. Nevil n'est pas content. M. Nevil trouve que la bande ne se nourrit point. On recommence deux, trois, quatre fois, pour lui faire plaisir.

Et M. Keuler? et les druides? et la faucille? — Bah! une scie, comme tant d'autres.

Plus tard, en un réduit entouré de sapins, nous nous sommes recueillis.

Et quand je veux me représenter un petit bout du ciel, je retourne à vous, heures idéales, où réunis autour de la Bible, sur un sommet de montagne, en pleine lumière, parmi les insectes qui bourdonnent, au milieu des parfums sauvages, nous écoutons d'un cœur simple la Parole de notre Dieu.

On redescend à la fraîcheur. Les uns suivent le sentier, les autres courent droit; les spéculateurs attrapés rattrapent les réguliers; en bas, *ramassée* générale.

Délices des voitures, de l'heure du soir, du retour paresseux! Les prairies glissent des deux côtés, les villages aussi, et la pensée encore.

— Redîner! Monsieur Nevil, y pensez-vous?

— Mesdames, voilà plus de cinq heures que vous n'avez mangé quoi que ce soit!

Et l'on remange, et l'on retrempe ses lèvres aux coupes de cristal. Mademoiselle Lucy trouve qu'il ferait assez bon vivre en Champagne. La bande, après la Dôle, attaque résolument un mont-rose, glace framboisée : le mont Blanc est terrassé.

Voté par acclamations :
M. Nevil fait bien ce qu'il fait!

DERNIÈRES JOURNÉES

Devant ce beau lac, trois semaines ont passé.

Puis, un matin vint, où, pour la dernière fois, on s'assit sous les grands platanes. Pour la dernière fois on causa. Pour la dernière fois on lut. Les mélodies que redisait Edgard nous arrivaient encore par les croisées ouvertes, elles se mêlaient au tintement des cloches riveraines qu'un souffle apportait, qu'un souffle éteignait.

On se promena sous les saules. On regarda longtemps les vagues bleues. On se dit comme l'on s'aimait; on remercia Dieu; on se promit de le mieux servir... et l'on partit.

— Tutti per Venèzia?
Hélas! non, mon bon ami : Tutti pour le devoir!

A FLORENCE

A FLORENCE

La bande est éclopée.

Mademoiselle Hélène? sur le carreau : des travaux d'Hercule, une jeune amie à former, *les Femmes de la Réforme* [1] à lancer, des brodequins à mettre sur la forme! Bref, elle n'en peut plus.

Mademoiselle du Rouvre? noyée. Il a plu en juin, il a plu en juillet, il a plu en août! le cœur chaud, le reste figé.

Mademoiselle Dora? étiolée. Le froid, le gris! pourtant du courage, avec un petit sourire pâle qui ne dit rien de bon.

Mademoiselle Lucy? trépassée. Mademoiselle Lucy flotte dans les eaux du lac de Halvyl, pour sa santé. Ne lui parlez ni de chemin de fer, ni de voiture, ni de cheval, ni de mulet, ni d'âne; après cela, menez-la où vous voudrez.

Telle est la situation de la bande.

Ah! je sais bien ce qui chatoye à l'horizon : la mer, des voiles blanches, une rive couverte d'orangers, qui va fuyant jusqu'au pays où résonne *il dolce parlar toscano!*

Allez dire un mot de cela! vous verrez de quel air vous recevra mademoiselle Lucy.

1. Un vol. Chez Bridel, Lausanne, 2ᵉ édition.

Non! le non catégorique; un non flanqué des quatre facultés. En robes noires, en bonnets carrés, voici la phalange des docteurs : — L'Italie! par Esculape elle en mourrait! — Or la dame ne veut mourir que du fait de ses docteurs.

Reste que la bande a soif de bleu, de chaud et de s'en aller hors de chez soi.

Où la conduira-t-on, faite comme elle est? Aux lacs? Hélas! oui. Le lac Majeur, le lac de Côme, le lac d'Isella, le lac de Garde, avec un tas de petites flaques intermédiaires.

Et songer qu'il faut, en tout cas, passer les Alpes; que les Alpes franchies, au bout d'un tunnel il y a Gênes!

— Faites sans moi!
— Non.
— Laissez-moi!
— Non.
— Ne vous embarrassez pas de moi!
— Non.
— Je suis un trouble-fête!
— Non.
— Vous me voulez?
— Oui.
— Aux lacs donc! et *pas un pas* de plus!

Cet oracle est moins sûr que celui de Calchas.

On ferme les malles. M. Nevil reste seul à Valpeyres. Rester, lui? non; il va. Où? il ne sait pas bien. — Un seul point demeure arrêté dans son esprit : il va où ne va pas la bande.

Le Nord? c'est trop loin. Le Midi? c'est trop tard. Pour les botanistes, il n'y a que deux mois : juin, juillet tout au plus; le temps de voir fleurir, d'empiler dans la boîte, de fourrer dans du papier gris et d'écraser sous la presse; après cela, bonsoir. M. Keuler et M. Nevil, en août et en septembre, ne font pas plus de cas des montagnes, des plaines, de la mer ou du sec, que d'une gousse de pois.

— Si vous veniez nous rejoindre?
— Moi! point du tout!
— Cela vous ferait plaisir.
— A moi! pas du tout!
— Si par hasard les Apennins!
— Moi! dans cette saison? à d'autres.

Chagrin de se quitter, bonheur de se revoir, prières, fâcheries, rien ne sert.

— Bon voyage, et laissez-moi tranquille! — Toujours la queue de l'homme de Noiraigues [1]!

Voici le grand jour. Le cœur palpite, tout est plein de soleil; il y a des parfums d'orangers, il y a des brises de mer; cela vient je ne sais d'où, cela sort des mantilles de dentelle, cela s'épanouit sur la soie, cela se niche aux petits coins, avec les gants frais, avec les mouchoirs brodés!

Êtes-vous prêts?

Partons.

1. Voir SUR LES MONTAGNES.

PREMIÈRE JOURNÉE

Pleut-il, ne pleut-il pas? Peu importe. Nous allons aux lacs.

Mademoiselle Hélène nous attend à Yverdon. Mademoiselle Lucy nous attend à Lucerne.
Yverdon! point de mademoiselle Hélène. Les guichets de la station se ferment! pas l'apparence de mademoiselle Hélène. Une fumée blanche pointe à l'horizon! personne :
— Elle arrivera, vous dis-je; elle doit arriver.
Le train débouche. Ah! mais, cela commence à devenir sérieux :
— John, courez à l'*ancienne* gare, mademoiselle Châtillon s'y trouve peut-être!
John court, lève les bras au ciel, et revient comme il était parti.
Cinq minutes d'arrêt.
Vite, un crayon! on écrit : « Qu'êtes-vous devenue? Ne vous découragez pas! suivez la bande! Ce soir, Lucerne! »
— Fritz, vous porterez cela, vite, à Montvéran!
— Messieurs les voyageurs pour Neufchâtel, Berne, Lucerne! Montez, mesdames, montez!
La bande démontée, monte. Toutes les têtes à la portière!

Qui vient là-bas, rêvant à loisir? *Elle.*

Fritz l'a vue, il l'aborde, il se démène! Mademoiselle Hélène le considère d'un grand calme. Fritz saute en l'air et montre le train! Cette fois, elle a compris. On ouvre les grilles, on ouvre les portières, on la prend, on la tire! Pâle, expirante, elle se laisse tomber sur les coussins.

Il y a des gens qui ne connaissent que le Dieu des grandes circonstances, ceux-là lui permettent de gouverner les empires. Je connais le Dieu des petites choses, des petites bêtes, des petites compassions, et je le bénis tous les jours de ma vie.

Maintenant que la voilà pâmée, notre Hélène, que lui dirons-nous? Elle rit; le rire du désespoir. — Des sels! une pêche!

Bon; elle revient un peu.

— Mademoiselle, ferez-vous à la bande l'honneur de lui apprendre...

— Clément mourra sur l'échafaud!

— Clément? votre cordonnier?

— Clément mourra sur l'échafaud!

— Oh! clémence par trop inclémente à Clément!

— Il y a trois mois; trois! que j'ai combiné, avec Clément, une paire de brodequins merveilleux! trois mois que je la lui ai commandée! trois mois qu'elle doit être faite! Des brodequins vernis, satinés, légers, cambrés, des amours! J'arrive samedi, avant-hier. J'entre chez Clément. Clément lève le nez et me regarde sous ses lunettes : — Eh bien, monsieur Clément! mes brodequins? — Les brodequins à mademoiselle? — Oui. — Je ne les ai pas commencés. — Vous ne-les-a-vez-pas? — Oh! là! voilà! j'ai pensé que j'en voulais reparler avec mademoiselle! — Reparler! reparler! mais je pars, mais je m'en vais, mais c'est fini! — Oh! là! on pourra toujours les faire, pour le retour à mademoiselle!

— Le retour ! quelle dérision ! des brodequins qui devaient...
il suffit ! Maître Clément, dès cette heure, vous êtes dispensé
du soin de ma chaussure ! — Et je sors avec calme, mais
j'ai pleuré. Pourtant, il me fallait des brodequins, à tout
prix. J'en rêve la nuit, j'y pense le jour. Ce matin, avant
l'aube, je suis debout. Le train ne part qu'à sept heures...

— Six heures et demie, voyez l'*Horaire*!

— Je n'ai rien vu. Je cours la ville, je réveille les cordonniers, j'essaye ici, j'essaye là ! Six heures sonnaient que
j'essayais encore ! Enfin, je rencontre une paire de brodequins
qui va... couci, couci ! Je la prends, il me reste dix minutes,
je viens à mon aise ! vous savez le reste.

Tenez, quand nous nous retrouvons ensemble, et qu'après
les premières explosions, nous prenons notre bonheur par le
bout sérieux, il se fait dans notre ciel une de ces grandes
trouées bleues, à travers lesquelles on voit jusqu'au paradis.
Joie plénière, les soucis jetés par-dessus bord, un épanouissement des nobles facultés de l'âme, une amitié attendrie,
une tendresse rayonnante de gaieté ! — Je crois que quelque
chose de cela entrera dans les parvis de là-haut.

Jusqu'ici, la bande avait marché seule. On lui incorpore
deux concitoyens, des montagnards, trente-deux dents puissantes comme roc, gilets boutonnés jusqu'au menton, caractères idem, l'air fin sous l'épaisseur, une conversation où ce
qu'on ne dit pas tient plus de place que ce qu'on dit ; bref,
des bourgeois de *la Comté*.

Neuchâtel !

Le convoi s'arrête, nos confédérés nous quittent ; un couple
anglais les remplace. Bande, c'en est fait de toi ! Le monsieur,
mince et pâle, s'assied sur le bord des coussins, au beau
milieu de la bande ; il a l'air inoffensif. Sa femme, pâle et
mince, s'assied vis-à-vis de lui ; elle a l'air sec. La bande se

tait. Pourtant il faut aimer son prochain! Cette réflexion, qui s'agite au fond de la conscience de madame de Belcoster, en sort tout à coup, sous forme d'un cornet de chocolat.

— Madame?

— *No!* avec un geste dédaigneux.

Ah! que voilà un bon sentiment refoulé mal à propos.

Madame de Belcoster était sur le point de se réconcilier avec l'Angleterre; un mariage au point de vue chrétien! *No!* Que voulez-vous faire contre : *No!*

Le pauvre mari a beau dire : *Yes!* et mettre la main au cornet, et promener son regard de mouton sur la bande : en pure perte, mon brave homme! l'alliance est à vau-l'eau.

A propos de mariage? si nous communiquions à la bande les fiançailles d'un de ses membres honoraires!

— Blanche d'Essert.

— Avec?

— Avec M. de Montagny.

Vivat pour les fiancés! Douce enfant, preux chevalier, bon descendant des comtes de Grandson.

Et que cela fait de bien de marier les gens!

Bande, je ne parle pas pour toi. Mets ton chapeau sur l'oreille, plantes-y des plumes de coq, sois éblouissante, sois meurtrière, mais pas de *conjungo*, ma belle : les fées ne se marient pas.

En attendant, pourriez-vous me dire ce que fait M. de Belcoster, là, dans son coin? Il doit être content, notre chef. Les lacs! en a-t-il célébré les vertus, en a-t-il chanté les délices?

— Les lacs! mais ce serait idéal! Errer le long des eaux paisibles, monter sur tous les pics, boire à tous les ruisseaux, coucher dans tous les taudis, c'est de la poésie, cela!

Nous y allons, monsieur, nous y courons. Ni mer, ni

palmiers. Nous barboterons, nous pêcherons à la ligne, nous grimperons dans les rocailles, nous dégringolerons dans les pierrailles : délicieux, prodigieux, merveilleux... et vertueux.

Tout à coup, M. de Belcoster saisit son carnet; il écrit, efface, écrit encore : — C'est cela, ce n'est pas cela, je l'ai! — Un sourire intime, et le carnet bravement enfoncé dans les profondeurs de la poche.

— Neuville! Messieurs les voyageurs, en bateau!

M. de Belcoster transvase la bande; puis, tout bas à sa femme :

— Figurez-vous!

— Quoi?

— Quelque chose d'étonnant! Au moyen d'un calcul, très simple, voici ce que je découvre : Si nous filons sur Gênes, Nice, Florence, Bologne, Milan, Turin, nous aurons quinze jours de repos!

— Bah?

— Si nous allons aux lacs, nous n'en aurons pas cinq.

— Bon!

— Mademoiselle Lucy ne veut pas de longs trajets, parce qu'elle craint la fatigue.

— Oui!

— Or, les lacs la fatigueront trois fois plus que Florence.

— Soit! mais qui le lui fera croire?

— Vous.

— Moi?

— Pièces en main.

Bienheureux petits morceaux de papier! Mardi, Aïrolo; mercredi, Locarno; jeudi, Gênes; vendredi, Gênes; samedi, Gênes; dimanche, Gênes; lundi, Sestri! mardi, la Spezzia!

Qu'on s'entend bien, et quels tressaillements de joie!

— Nidau! Messieurs les voyageurs!
En wagon, et croquons du chocolat :
— Vous l'avez?
— Non.
— Au fond du panier?
— Non.
— Oublié! dans le convoi de Neuchâtel!

Que voulez-vous? Là-bas, à cette heure même, un employé dont la main distraite interroge le filet, rencontre ce rouleau si correctement ficelé. Il le flaire, son nez se dilate; il l'ouvre, ses yeux s'écarquillent; il l'enfouit dans sa redingote; il rit de plaisir en pensant à ses enfants.

— Enfants! devinez ce que j'ai là?
Dans la chambrette la mère déshabille son plus petit; le marmot lui échappe, jambes nues, bonnet de travers.
— Oui! là. — Le père montre sa redingote toute gonflée :
— Tâtez! — Le frère et la sœur osent à peine. C'est long, c'est rond, c'est dur! — Sentez, petits! sentez! — Quelle bonne odeur! Ils rient sans savoir pourquoi. Alors le père, lentement, sort un peu le cornet; les mains s'y précipitent, on tire, le voici! — Oh! les belles cordelettes roses! Oh! le beau papier d'argent! — Du chocolat! et de grosses tablettes! comme ils n'en ont jamais vu!

C'est bien beau, une belle action faite sans le savoir, et sans le vouloir.

Lucerne! mademoiselle Lucy nous attend; ses yeux brillent de santé sous un petit chapeau bersagliere, fièrement ombragé de plumes vertes.
— Nous voici, comment allez-vous?
— Là! là!
Madame de Belcoster sourit.
— Il n'y a pas de quoi rire!
Elle se défie, mademoiselle Lucy, elle sait les tours de la

Bête au bon Dieu ; d'un regard elle a *percé la picace* (définition romantique du mot *perspicace*, donnée par M. Nevil) !

— Oh ! reprend-elle, je vous vois venir ! inutile, parfaitement inutile ! Mes docteurs.....

— Mademoiselle, on ne vous dit rien.

La bande affairée prend les ponts couverts tout bariolés de vieilles peintures ; elle court dans les rues ; elle court sur les quais, elle court à l'hôtel du Cygne : elle y est.

— Daignerez-vous, mademoiselle Lucy, favoriser vos serviteurs d'un moment d'entretien ?

On monte à la dérobée. Mademoiselle Lucy s'assied entre le mari et sa femme ; deux enjôleurs s'il en fut. N'importe ! on a de la volonté, ou on n'en a pas.

— Non, non, et non ! — Ceci posé, conclu, arrêté, on cause.

Alors M. de Belcoster, d'un grand calme, tire de sa poche le carnet :

— Nous savons très bien, mademoiselle, que vous ne pouvez aller à Florence. Le déplorable état de votre santé ne vous le permet pas. Seulement, comme il faut, pour la résoudre, posséder tous les éléments d'une question, permettez-moi de vous soumettre cet itinéraire, une esquisse, bien inutile, tracée à la hâte, afin de me rendre compte, à moi-même, de nos deux plans. Voyez. Ici les lacs : Mardi, Aïrolo ; mercredi, Locarno ; jeudi, Varèse ; vendredi, Côme ; samedi, Bellagio ; lundi, Lecco ; mardi, Canzo. Tel est le projet des lacs. Chaque matin, à peu près, on lève la tente et l'on passe outre. Maintenant voici le plan... l'autre ! Jeudi, Gênes ; vendredi, Gênes ; samedi, Gênes !

Mademoiselle Lucy prête l'oreille.

— Une promenade, à petites journées, le long de la mer, sur la riva di Levante. On s'arrête dans l'après-midi, on flâne le reste du jour, on ne reprend que le lendemain, et tard.

Mademoiselle Lucy ouvre de grands yeux.

— A la Spezzia, repos ! Repos à Pise ! à Florence, séjour ! Repos à Bologne, repos à Parme, repos à Plaisance !

— Mais ! mais ! est-ce bien possible ?

— C'est certain.

— Quoi, jeudi à Gênes ? Vendredi à Gênes ? Pise ? Florence ? Oui, c'est bien cela !

Alors M. de Belcoster, d'un air indifférent :

— Dans ce projet-ci, celui de Florence, il y a quinze jours d'arrêt. Dans le projet des lacs il y en a... un, deux, trois, il y en a cinq.

— Comment ! cinq ? et ici quinze ! et moi qui croyais !

— Examinez, mademoiselle, comptez vous-même.

Pendant qu'examine mademoiselle Lucy, une voix timide murmure tout bas : — Les agavés, le flot, l'air tiède, Florence, la Vierge à la chaise, les Pérugins, la Loggia de Lanzi, et Garibaldi, et l'Italie qui se réveille !

— Si c'est comme cela ! — se prend à dire mademoiselle Lucy, — je ne vois pas pourquoi nous n'irions pas à Florence ?

— Ni moi.

— Ni moi.

Ce que c'est pourtant qu'une volonté de fer.

Chut ! triple cachet sur les lèvres ! C'est aux lacs que nous allons !

DEUXIÈME JOURNÉE

« Oggi! faremo poche parole! » comme disait certain capucin de l'Engadine à ses ouailles, qu'il prêchait en un petit pré vert, sous un ciel éclatant : « Oggi faremo poche parole, *perchè il tempo minaccia* [1] ! »

Il tempo minaccia! Votre historiographe manque son passage du Saint-Gothard, c'est de règle. *Poche parole!* Installons-nous à bord du vapeur, et glissons.

Placée à l'écart, mademoiselle Lucy dérobe le profil de monsignor Raniéri, le nonce du pape. Monsignor, qui s'en aperçoit fort bien, se laisse faire avec mansuétude; il se met un peu de trois quarts, un peu de face, et coule vers mademoiselle Lucy un regard tout paternel. Son serviteur aussi voudrait bien être croqué; placé derrière son maître, il hasarde un coup d'œil vers mademoiselle Lucy. Peine inutile, mon pauvre garçon; ce crayon-là, voyez-vous, ne travaille que pour les princes de l'Église et pour les bandes. Quant à la petite Églantine, qui, au lieu du nonce, a entendu l'*oncle du pape!* elle ouvre des yeux à dévorer le pape lui-même avec les cardinaux.

1. Aujourd'hui, nous ferons peu de paroles..... parce que le temps menace!

A Fluelen. inondation; de l'eau partout. Une figure bronzée attend sur le bord.

— C'est vous?

— C'est moi!

— Gennari?

— Madonna! dommage! j'ai deux familles!

— Quel guignon! nous avons deux voitures! Cela va-t-il bien, brave garçon?

— Si! si! toujours en voyage!

— Et Tarapatino? et Mandele?

Gennari fait claquer ses doigts :

— Vendues! l'anno scorso, per la guerra!

— Eh quoi! Tarapatino? eh quoi! Mandele?

Gennari secoue la tête; lui aussi les plaint; mais qu'y faire : Finito adesso [1]! — comme pour le chamois.

Dure condition, celle de bête sur la terre.

Et tandis que nous montons au milieu des prés trempés, sur la montagne ruisselante, et que le Bristenstock, éblouissant de neige, transperce les nues : nos pensées prennent leur vol, franchissent les Alpes et planent sur l'Italie.

Là, un peuple s'émeut. Là un homme, aventurier disent ceux-ci, héros disent ceux-là, marche par les campagnes. Quand il brandit son épée, les jeunes gens embrassent leur mère et courent vers lui. Ce capitaine, avec sa poignée d'enfants résolus, prend des villes; d'une main, il plante sa bannière sur le sol conquis; de l'autre, il fait signe à son roi! Le roi vient, les cités l'acclament : duchés, provinces, tout s'unit! l'Italie se lève dans sa puissance. — Que voulez-vous? je trouve cela beau.

Le pont du Diable! merci de moi! A travers les déluges on n'y voit goutte. Un remue-ménage d'écume, de tour-

---

1. C'est fini!

billon, de fumée; nuages qui traînent leur linceul, vapeurs qui tournoyent, vent glacial, le tonnerre des clameurs, et deux heures après, Hospital.

Les frères Mayer y ont bâti un hôtel; six sapins morts se rangent de chaque côté. La bande cherche un pâle rayon de soleil où se déraidir; M. de Belcoster cherche sa feuille de route :

— Monsieur, voici le contrat avec l'entreprise postale.

Le frère Mayer, debout sur sa porte, prend le papier. Qu'y a-t-il? Le front du frère Mayer s'obscurcit, ses lèvres se contractent, la main qui tient le feuillet se met à trembler, il lit! mais que lit-il donc? Ces mots, en belle coulée : « Cher et honorable correspondant, vous voudrez bien payer au porteur de ladite, toutes les sommes qu'il requerra de vous, jusqu'à concurrence de... » — Il paraît que la concurrence est forte, car le frère Mayer pâlit, recule, et laisse tomber la feuille que M. de Belcoster saisit au vol.

— Ma lettre de crédit! Mille et mille pardons!

Le frère Mayer respire.

— Des chevaux! Oui, monsieur! tout de suite, monsieur! Trois, quatre, huit, tant que vous en voudrez, monsieur! Mais des... oh! — Quand le frère Mayer a repris ses sens, il rit, du rire d'un homme qu'on vient de repêcher sous le pont du Diable.

Hélas, sa joie est courte, et voilà qui ne va pas arranger ses affaires. Quatre Anglais sortent de l'hôtel : figures à peindre! L'un, tout poil, tout crin, noir, hérissé, inculte, un ours qui descend de la Furka! L'autre, anguleux, nez pointu, regard pointu, sourire à l'avenant; c'est avec celui-là que la Bande, plus tard, échangera des notes diplomatiques. Le troisième, indifférent. Le quatrième, James, un Huron, charpente colossale, tête fauve emmanchée d'un long cou, plaid à carreaux de matelas, un bout de corde en guise de ceinture, son pantalon rattaché par des ficelles, et, faits comme les voilà, nos quatres dandies s'étalent dans une calèche tournée du côté d'Andermat.

Le frère Mayer salue ses voyageurs, les chevaux partent. Cri formidable !

— No ! pas là-haut ! là-bas !
— Comment, messieurs ?
— Nous, lé pont dé Diable !
— Messieurs, vous avez commandé la voiture pour Aïrolo !
— Aïrolo, yes ! auparavant Aïrolo, lé pont dé Diable !
— Alors, messieurs, c'est un autre prix. Il faut d'autres chevaux.
— Autres chivaux ! no ! Autre prix ! no !
— Mais, messieurs, on compte une heure pour descendre, deux heures pour remonter ; ces chevaux-là ne peuvent pas, en une traite, vous mener au pont du Diable, et traverser après le Saint-Gothard !
— Ils pouvaient !
— Messieurs, non ! allez au pont, vous payerez la course suivant le tarif ; en revenant, vous changerez de chevaux, et vous continuerez !
— No !
— Messieurs, venez voir le tarif !

James descend et suit l'hôte. Les trois gentlemen sautent à bas et disparaissent dans le brouillard.

Un quart d'heure s'écoule. Voici James.
— Monsieur voit que j'avais raison !

James, muet, remonte dans la calèche. Et les autres ?
— Messieurs… milords !…

James reste impassible. On va, on vient, on court, on hèle, enfin on ramène les trois Anglais ; James a disparu.
— Oh ! James ! *Come here, James!*

James ne répond pas. Les trois Anglais s'établissent dans la voiture. Le frère Mayer s'agite et s'égosille. Enfin, la grande silhouette de James reparaît sur une crête. Cette fois, ils y sont tous les quatre. Une fanfare, la calèche descend grand train, et le frère Mayer de se prendre la tête !

— Des gens comme ça ! moi, j'ai jamais vu !

A notre tour.

Ce n'est plus cette chaude soirée d'il y a trois ans, quand le soleil, à son déclin, métamorphosait les pics en aiguilles d'or, quand la brise venue d'Italie courait sur les petites fleurs des Alpes, quand nos Luganais chantaient à pleine voix, et que le *biribiribi* secouait ses étincelles sur les buissons ! Nous allons aux lacs... tout comme alors nous allions à Milan.

Si jeunesse savait ! Si vous saviez, gentils minois, où l'on vous mène ! Mais vous ne le savez pas, et voilà pourquoi votre joie, raisonnable et posée, luit d'une clarté bienséante. Ni rayons, ni splendeur; un petit bonheur nuancé grisaille, qui va trottinant l'amble, sans se permettre un écart.

Depuis quelques moments, nous rencontrons d'étranges individus, soldats en pantalons garance, la branche de laurier au shako, qui descendent les versants de toute la vitesse de leurs jambes. On accoste le premier :

— D'où venez-vous, l'ami ?
— De Rome.
— Qu'êtes-vous ?
— Suisse.
— Et vous désertez ?
— Lamoricière voulait nous faire battre pour le pape !
— Eh bien ?
— Contre Garibaldi !
— Ah !
— Ça nous *embête !*

Braves gens, cela aurait dû vous ennuyer plus tôt. Un

engagement est un engagement. La parole donnée ne se reprend pas. — Ne se reprend-elle pas ? Et quand l'ignorance l'a prononcée, et quand elle appuie un crime, et quand la conscience se révolte ? Autant de problèmes soulevés, autant de questions discutées. Au bout, on y voit un peu moins clair qu'avant.

Airolo !
— Mademoiselle Lucy, comment vous trouvez-vous ?
— Fatiguée.
Fatiguée ! en voilà un, de pavé, sur la tête !
— Ce ne sera rien ; demain j'irai *joliment*.
Tenez, ce joliment-là, je le trouve hideux. Joliment ! Savez-vous ce que cela signifie ? Je souffre, mais je ne veux pas gâter le plaisir des autres ! — Et si vous pouviez voir cette bouche un peu triste, qui fait effort pour sourire, et ses yeux ternes, qui disent aux lèvres : vous mentez !

Joliment ! allez, *joliment*, allez vous promener avec le mot diplomatique de M. de Belcoster : *Au contraire !*

— Monsieur, vous avez de l'ennui ? — Au contraire ! — Monsieur, vous êtes fâché ? — Au contraire !
Bande, tu meurs de sommeil ?
Au contraire !
C'est pour cela qu'on dort à poings fermés.

TROISIÈME JOURNÉE

Il y a du soleil, mademoiselle Lucy se porte bien, la bande resplendit.

De nos cochers, l'un est Italien, l'autre Allemand. L'Italien, un feu d'artifice; l'Allemand, rassis et posé. A chaque masure, l'Italie fait trompeter l'Allemagne.

Voici un troupeau de vaches, fruitier en tête. Elles passent honnêtement, les braves créatures; le fruitier les range, et se range. Va, tu ne l'échapperas pas! Notre Italien rageur ne s'est pas encore *infuriato* [1] ce matin; il lui faut une empoignée, c'est sa tasse de café, à cet homme-là :

— Bèstia maledètta! càne! brùtta fàccia! mòstro [2]!

La belle langue, et les beaux gestes!

Le berger se défend de son mieux, avec douceur, pourtant, en homme qui sent son droit. Tout à coup, notre Italien se dresse. Du haut de son siège : — Vilain! crie-t-il en français. Le berger demeure abasourdi. — Vilain! Le pauvre homme ne trouve pas un mot à répondre : — VILAIN! — L'Italien secoue fièrement sa crinière, fait claquer son fouet, trompette de trompeter, et grand galop au bas de la rampe!

Lecteur, je t'arrête. Tu as pincé les lèvres :
— Bande légère, as-tu dit!

1. Mis en furie.
2. Bête maudite! chien! face de brute! monstre!

Lecteur, tu te trompes. La bande ne se divertit pas du mal, bien plutôt elle en pleurerait. La bande est artiste, voilà tout. Le burlesque la saisit ; les scènes de ce monde se peignent en traits vifs sur sa rétine. Dans chaque homme il y a deux moi, non pas le bon et le mauvais ; ceci, lecteur, est une autre affaire ; mais le philosophe et le peintre, le moraliste et l'observateur. Le moi chrétien reste pénétré de tristesse à la rencontre du péché ; il aime ses frères, il trouve à partager leurs maux, il trouve à les consoler ses meilleures joies. A côté de ce moi-là, l'autre, grand barbouilleur de toile, peintre de genre, si tu veux, tient la palette, manie la brosse, s'arrête aux formes et se prend aux couleurs. Certaine physionomie des idées, le côté pittoresque des choses, tel contraste inattendu, voilà qui le fait partir. — Ces deux *moi* constituent la bande. C'est à prendre ou à laisser.

Vous hochez la tête ? Eh bien, je vous saisis au collet, vous, l'homme grave ! Tenez-vous là, et répondez. N'avez-vous jamais passé, de votre personne, par une situation grotesque ? Vous est-il jamais arrivé, dites, de vous étendre par terre, carrément ? Et lorsque votre majesté vous est apparue sous cet aspect nouveau, ne vous est-il point arrivé d'en rire ? Qui riait ainsi de vous ? Vous. Il y avait donc un moi qui s'amusait de l'autre. Pourtant on ne vous accusera pas de vous manquer de respect ! Voyez, et tirez les conclusions.

Foin des remarques acerbes, foin des sourires mauvais ; loin de toi, bande, le front hautain et la langue médisante ; sois humble, sois bonne, aie le cœur ouvert à toutes les sympathies. Mais qu'un chapeau malmené, que je ne sais quels disparates, que je ne sais quels travers, et les tiens avant tout, t'arrachent un sourire ; ce n'est pas moi, le moi sérieux, entendons-nous bien, qui te condamnerai.

Que j'aime ce défilé de Piotino : des murs jusqu'au ciel ! Tantôt la route monte, et l'on voit l'eau bouillonner au fond du gouffre; tantôt elle descend au raz du torrent, et l'on voit l'onde polie s'arrondir sur les écueils. Je le regarderais longtemps, ce contraste des rigidités du roc avec les souplesses de l'eau : opposition de l'immuable avec la vie, dans son caractère le plus fugitif.

Au sortir de ce royaume des cyclopes, où le ciel ne semble plus qu'un ruban bleu jeté à d'effrayantes hauteurs, s'ouvre la vallée. Voici des prés avec des arbres. Le Tessin, apaisé, s'amuse à remplir, chemin faisant, de petites vasques où se reflète le vert sombre des mousses. C'est un fond limpide, tout pénétré d'obscurités lumineuses. Au travers des troncs déchiquetés paraît le jour. Il y a des rayons, même dans les retraites perdues. Quelques enfants, l'un ici, l'autre là, gardent leurs chèvres; ils ont la mine éveillée, le teint brun, vêtus de loques, charmants, et des dents qui éclairent ces petits visages couleur de châtaignes.

Quelle heure peut-il bien être? L'heure de déjeuner. Justement, nous entrons à Osògna. Les cochers vont y passer une heure; choisissons une prairie :

— De l'ombre !

— Du soleil !

— De l'eau !

— De l'air !

— De la terre et du feu, les quatre éléments!

La bande, qui n'a pris ce matin que trois pots de café, cinq jattes de lait, des petits pains, du beurre et du miel, ne peut plus se soutenir.

On cherche; partout des murs de clôture, et le village sur nos talons.

— Ici! venez!

A travers les ronces, on suit la direction de la voix. On arrive; c'est le lit du torrent.

— Ah! vous appelez cela un pré?

— Il y a de l'air, il y a de l'eau, il y a du soleil : trouvez mieux!

On grogne un peu, on s'assied à l'arabe, sur les talons, et l'on procède au repas.

Ouais! la denrée, on le dirait, a baissé. Un morceau de papier est attaché sur sa serviette. Lisons!

« Midi et demi.

» Chère madame,

» Nous avons une faim atroce! Nous prenons quelques petits pains, mes amies et moi.

» Pour vous prouver notre discrétion, nous ne donnons rien à ceux du coupé!

» Hélène Chatillon. »

Mais c'était le radeau de la *Méduse* que cette voiture-là!

Ceux du coupé, pauvres innocents, ne rient pas; ils se sont nourris de bonnes pensées, avec force commentaires sur la prédication : il la faut longue, il la faut courte. Pendant ce temps, nos trois jeunes crocodiles mastiquaient à petit bruit : — Aïe! ne faites pas crier le pain! aïe! ne cassez pas le chocolat! — Et mademoiselle du Rouvre, au milieu d'une définition oratoire : — C'est singulier! quelle bonne odeur de pain frais! — Cela restaure! répond tristement son pasteur.

Mais regardez un peu ces trois mines contrites :

— Demi-portion, quart de portion, nous ne sommes pas dignes de plus!

C'est bon, c'est bon! En attendant, ces quatre-vingt-seize petites dents-là font assez bien leur ouvrage.

Bellinzona s'est pavoisée pour recevoir la bande; des arcs de triomphe à toutes les portes, des drapeaux à toutes les fenêtres : Benvenùti [1]!

Benvenùti qui? quoi? — La bande, à coup sûr.

Aucuns esprits moroses prétendent que ces arceaux de fleurs ne sont pas pour elle, qu'ils sont pour la Société scientifique réunie à Lùgano; un tas de géologues, d'astrologues, d'entomologues, d'alchimistes et de botanistes.

Bah! regardez un peu ces salutations, au passage des deux voitures, et ces sourires! Tout cela t'appartient, bande, y compris les capucins et les abbés!

Cependant on prend la route de Locarno.

Les figuiers, la vigne, les fleurs, tout ce qui végète et s'épanouit, pousse librement ses frondes, couvre le sol de ses couleurs. Le soleil laisse tomber une pluie d'or. La bande ne parle pas; elle est trop heureuse pour faire autre chose que de se taire.

A ce moment, Bête au bon Dieu, je suis fâchée de le dire, vous avez eu votre crise d'égoïsme, ah! mais! solide.

Ces petites bêtes-là, chacun le sait, portent robe écarlate semée de points noirs. Qui dira les soins? la nôtre surtout. Brosser, polir, et puis les antennes, et puis les pattes, et si un grain de poussière s'égare sur ses ailes, recommencer! on n'en finit pas.

Elles ont des robes de rechange, ces bestioles; la nôtre en a, dans un coffre gros, comme, n'importe quoi. Et c'est arrangé! Mademoiselle Hélène s'évanouirait tout d'une pièce, rien qu'à le voir. De ce côté les petits plumets, de l'autre les élytres, une perfection! Or, ne voilà-t-il pas qu'un grand drille de chasseur, escopette en bandoulière, se vient, d'un saut, camper sur le coffre de la dame! Je vous laisse à penser

---

1. Bienvenus!

l'air effaré. Madame la Bête au bon Dieu lance un regard terrible au grand drille; celui-ci la regarde à son tour, de ses yeux languissants: et reste. La Bête au bon Dieu s'agite, se lève à demi, regarde encore; le chasseur regarde aussi, l'air placide, siffle son chien, et le fait mettre à côté de lui.

— Ah mais! ah mais! il pèse bien un quintal, ce fainéant-là! il va écraser mes ailes!

— Pauvre garçon, il est fatigué.

Qui dit cela? Un monsieur qui n'est pas Bête au bon Dieu; un monsieur qui n'a ni ailes, ni parures, ni antennes, ni quoi que ce soit de fragile.

— Fatigué, fatigué, tant pis pour lui! Quand il aura effondré mon coffre, cela ne le reposera pas.

Bête au bon Dieu, c'est vilain ce que vous dites là! Un cœur compatissant, croyez-moi, vaut mieux que dix paires d'étuis écarlates avec dix mille points noirs.

Pourtant les Bêtes au bon Dieu ont une conscience, pas trop grosse, mais enfin, elles en ont une. Notre bestiole baisse la tête; elle n'ose plus regarder ni le chasseur, ni le monsieur qui n'a point d'ailes. Elle réfléchit, elle se trouve odieuse, on ne lui dit pas non, et voilà comme on atteint le lac Majeur.

Quoi! l'onde endormie que voici, avec ces rives silencieuses?

A mesure que nous avançons pourtant, le rivage se fait plantureux. Les maisons à l'italienne, murs dégradés vêtus d'un enchevêtrement de bégonias et de rosiers, se groupent vers la route. Des corbeilles de pêches s'entassent devant, avec les flacons à long cou, pleins d'eau fraîche ou de vin. Des familles entières prennent l'air du soir. Les jeunes femmes à la brune carnation, la tête entourée de l'auréole d'argent, retiennent par la chemise ce petit enfant qui tend les bras aux voitures. Le rire éclate, et les cris de joie. Sous les châtaigniers, sous les pampres, le regard qui glisse voit le lac lumineux. C'est d'une douceur infinie ; on respire le parfum du réséda, des jasmins et de la verveine. Dans l'ombre verdissent les mousses qu'humecte quelque filet d'eau, pur comme le cristal. Derrière, bien haut, bien loin, de rudes montagnes encadrent cet Éden.

Palàzzo du marquis de Turin, tu ouvres là tes arceaux! Forteresse massive, rouge parmi tes orangers, tu te couronnes de ta *lòggia* aérienne, galerie aux colonnettes légères, que frôlent en passant les hirondelles. Bande, restons-ici, veux-tu? le marquis n'y est pas. Il y serait d'ailleurs...

Le soir, sur le balcon, nous laisserons l'arome des citronniers s'exhaler vers nous. Le lac reflète jusqu'aux découpures des cyprès ; les coteaux se mirent tout violets dans l'onde ; des traces argentées y marquent le rare sillage des bateaux pêcheurs. Veux-tu?

Mais déjà les voitures font retentir le pavé de Locarno. Partout des villas, partout des fleurs. Les stations de la madònna del Sàsso grimpent aux flancs de la colline ; les clochers étincellent au faîte des monts ; les maisons bariolées, à l'architecture bizarre, dressent leurs pignons et leurs tourelles parmi les grenadiers ; le coteau, ruisselant de soleil jette son grand pont sur le ravin ; et plus bas le miroir du lac, frangé de palazzi, de bosquets, de lignes tantôt heurtées, tantôt moelleuses, répète en les idéalisant, ces profondeurs de verdure.

QUATRIÈME JOURNÉE

Montons sur le vapeur.

La nature contemplée à jeun est un poison mortel. Gens de bande, déjeunons!

On déjeune si bel et si bien que, deux heures après, voici une pauvre dame française, son mari, monsieur son fils et monsieur son vieil ami, tous gens fort honnêtes, obligés de jeûner, au pain et à l'eau.

— Plus de lait! on l'a bu! — Ceci, avec un regard du côté de la bande. La bande se sent rougir. — Madame de Belcoster prend son grand courage :

— Mille pardons, madame! si nous avions su, si nous avions supposé!

La dame sourit et grignotte son pain sec, en protestant qu'il est exquis. Pour la consoler, M. de Belcoster va lui tracer un bel itinéraire de voyage : Lugàno, Menàggio, Belàggio, la Sommariva, la Serbellòni! Le vieil ami note tout. Le mari écoute; il ne demande pas mieux que d'aller où l'on voudra; seulement, ne lui parlez pas de tableaux. Au premier mot qu'en lâche madame de Belcoster, l'excellent homme se rebiffe.

— Des galeries! non, madame, non!

— Cependant, monsieur, vous avez, à Milan, *le Mariage de la Vierge*!

— Ça m'est égal, madame, ça m'est tout à fait égal!

— Vous avez, au palàzzo Castel di Bàrco, une page de Raphaël, unique : *les Borgia* !

— Les Borgia! peut-être! Un tableau sans doute? Les tableaux, madame, cela ne me regarde pas!

— A Gênes, vous avez les Van Dyck; ce *Brignole à cheval*, d'une si fière attitude!

— Possible, madame, possible! Mais les tableaux, voyez-vous, non, non!

Nos quatre Anglais se sont installés à bord.

Mademoiselle Lucy, avec votre mine innocente, vous m'avez tout l'air d'une chatte qui va sauter sur la souris! vous vous êtes barricadée derrière les malles. Mademoiselle du Rouvre, une autre ingénue, vous tient compagnie. Croyez-vous, la belle, qu'on ne voie pas votre album! ni ce bout de crayon qui va son train! ni cet œil négligemment tourné vers les quatre fils d'Aymon!

Ils l'ont si bien compris, nos quatre facardins, que voilà le plus madré, l'anguleux, qui taille sa mine de plomb. Il ouvre son Murray, crayonne à son tour; quoi? Madame de Belcoster, qui n'en peut mais! Elle est debout, l'infortunée, appuyée contre la cabine; elle devine le tour de la perfide Albion, elle le sent, elle se sent caricaturée à fond! eh bien, elle aura la vaillance de ne pas bouger. Tout de même, c'est ennuyeux. Oui, mais attendez un petit moment! Le croquis fait, montré sous main à James, au barbu, à l'indifférent, la dame croquée, croque à son tour.

Qui est penaud? notre *Contre-bande*. Vexée sans pouvoir se fâcher.

La trêve était conclue, quand, à Canobbio, l'entrée d'un couple du pays, gens à peindre, remet tout en question.

— Georges? s'écrie la dame française, mon fils! dessinez-moi cela! n'oubliez rien! ni la barbe, ni les grands yeux étonnés, ni les boucles d'oreilles!

Oh fortune! les quatre Anglais se trouvent embrochés par le rayon visuel de Georges! Les quatre Anglais s'imaginent que le Français, né malin, les caricature! Affaire de nationalité! En avant les crayons : Vive la Reine? Tu m'as croqué je te croque; tu me croques, je te recroque!

Heureusement, voici l'*Isolina*! Un aloès en fleur jaillit du roc. Le monsieur qui n'aime pas les tableaux ne conçoit rien à notre enthousiasme. Il voit des feuilles charnues plantées sur une grosse pierre, il voit une tige longue de six mètres avec de petits mouchets au bout : il n'y a pas de quoi se pâmer.

— Après cela, se dit-il à soi-même, les souvenirs! C'est cela... les souvenirs! — Là-dessus, il pousse un gros soupir, regarde la bande d'un œil attendri, et s'écarte pieusement pour nous laisser à la mémoire du passé.

Tu ne te trompais pas, honnête homme! la bande a ses souvenirs! L'agave, de ses étamines d'or nous remue le cœur.

Mademoiselle du Rouvre parle des lacs avec une ivresse qui se possède. Les jeunes répondent : — Oh! oui!

On aborde : l'Isola-Bella!

— Mesdames et messieurs, nous passerons ici la journée.
— Et ce soir? hasarde M. Nérins. — Pas de réponse.
— Quelle voie prendrons-nous?
— L'autre vapeur.
— Et... après?
— Le chemin de fer.
— Pour?
— Ne faut-il pas aller à Milan?

M. Nérins reste cloué. — *Ne faut-il pas aller à Milan?* question en l'air, et travaillez là-dessus.

Si vous voulez des exclamations, des admirations, avec du bonheur d'être au monde, adressez-vous à la petite Églantine : cela sort par les yeux, cela rit, cela chante, et des embrassades, et des sauts de joie! Les truites aussi sautent dans le lac. Et l'on contemple cette profondeur glauque, émue d'un mouvement très large, très lent, comme si des soupirs pleins de langueur soulevaient le flot. Pas une ride, seulement quelque bulle d'air, de temps à autre, monte ainsi qu'une perle, du fond de l'eau, et vient mourir au soleil.

On s'assied sur la plage. — Que je la préfère, cette grève où ne s'attarde pas un voyageur, aux jardins traversés à la hâte, avec le touriste indifférent !

Mademoiselle Lucy dessine son prochain pêcheur; son prochain pêcheur le prend mieux que son prochain britannique. Il le prend même si bien, que mademoiselle Lucy ne peut plus respirer. Hommes, femmes, enfants, tous ont quitté leur ouvrage pour voir courir ce crayon :

— Son mi! sei tu? è d'egli [1]!

Lorsque, décidément, il y a trop de têtes sur l'épaule de mademoiselle Lucy, elle lève les yeux vers un grand batelier.

— Al largo [2]! — d'un tour de bras le grand batelier nettoie la place.

Et quelle couleur sur cette plage, quelle poésie! A côté des somptuosités du palais, cela repose et cela charme de voir ces femmes aux belles têtes, les pieds nus, battre et laver le linge. La vague vient rire sur le sable, de petits enfants s'y trempent à plaisir, les bateliers dorment étendus dans l'ombre que fait leur barque. On part, on arrive, le clapotement des rames qui s'enfoncent d'un même coup, qui sortent ruisselantes, cette note limpide dont rien ne redira la fraîcheur, le bruit des ancres qu'on laisse tomber, celui des chaînes qui filent le long de la proue, et les appels.

1. — C'est moi! c'est toi! c'est lui!
2. — Au large!

et les prolongements de la voix sur l'eau, tout berce et tout enchante.

Une paix ineffable nous enveloppait. On eût dit ces impressions radieuses qui servent de propylées aux plus beaux jours de la vie. Ceux qui voyaient les perspectives lointaines en étaient illuminés; ceux qui ne voyaient rien se laissaient charmer par l'heure fugitive et ses doux enchantements.

— En bateau !
Arona! On n'a pas le temps de demander quoi que ce soit à qui que ce soit.
Une fois le train parti :
— A Gênes, à GÊNES, à GÊNES !

S'en est-il chanté ce soir-là, de belles chansons !

CINQUIÈME JOURNÉE

Nous voici donc à Gênes! Chez nous!

Ce chez-nous-là vaut bien l'autre.

Les grands hôtels d'Italie ont un attrait puissant. Leurs murailles nous parlent de siècles valeureux et poétiques. Les allures de ce temps, les mesures dont il mesurait ne sont pas les nôtres. Ces hommes appelaient à eux les nobles arts, ils leur ouvraient à deux battants les portes de la vie intime. Beaucoup d'air pour ces larges poitrines! des plafonds voûtés à vingt pieds du sol! un ciel étoilé, où floconnent des nuages roses, tout chargés de déesses à demi couchées, qui boivent l'ambroisie! Il fallait à ceux-là des pavés de mosaïque où faire retentir leurs pas; il leur fallait des salles immenses où recevoir et la *famiglia*, et les condottieri, et la plèbe encore, qui, à certains jours franchissait, centaines par centaines, les escaliers qu'apportaient de Carrare, bloc par bloc, les navires de ces princes marchands.

Quand ils s'approchaient de leurs croisées à colonnettes, pour aspirer le vent de mer et regarder les voiles à l'horizon, c'est sur des balcons sculptés comme la dentelle qu'ils appuyaient leurs pourpoints de velours. Des candélabres d'une taille à défier de jeunes arbres flambaient dans les vestibules qu'on eût pris pour des nefs d'église. Grande vie, grandes proportions! On eût ri, dans ce temps, de nos bonbonnières d'aujourd'hui, bimbelots chatoyants, dignes tout au plus de figurer sur l'étagère d'une petite-maîtresse.

C'est cet air-là qu'aime à respirer la bande. Elle aime ces fresques aux murs et ces arabesques qui enlacent les panneaux; elle aime ces vieilles moulures et ces hauts plafonds qui laissent tomber sur elle les souvenirs d'autrefois. Elle aime aussi son hôte, M. Bottachi, un type de belles manières et de bonté; et Messer Antòn Nardèlli, le secrétaire, un vaillant capitaine, qui se battait il n'y a pas un an! Jusqu'au dernier jour, il a tenu dans le fort Malagherra. Il a mangé ce pain noir qu'on vendait au poids de l'or, et que garde l'arsenal de Venise! Les balles autrichiennes l'ont blessé. Sans son bras malade, il manierait le revolver à côté de Garibaldi!

Voici notre cicérone, Salvator Ròsa, une antiquité, lui aussi. *Ròsa?* la bande croit que Salvator plaisante! Point. Salvator est *Ròsa* par droit de naissance.

Il nous attend, un peu courbé, toujours serviable. Il n'a guère plus d'esprit qu'autrefois; mais si humble! et tout joyeux de retrouver la bande. — Allons, notre vieil ami! (Comment se fait-il qu'une vieille impatience devienne une vieille amitié?) Allons, conduisez-nous par la ville!

Salvator s'incline profondément.

Ne craignez rien, je ne vous parlerai ni de palais ni de peinture.

Bah! ravisons-nous, en l'honneur de saint Antoine.

Me ferez-vous la faveur de m'apprendre pourquoi les tentations de saint Antoine, qui ne sont pas tentantes du tout, s'appellent du nom qu'elles ont?

Il faut avoir passé trente années dans le désert, pour se laisser affrioler par ces épouvantables figures. Aussi, le saint, qui ne sait à qui se vouer, se tient-il recroquevillé, ahuri, ramassé dans sa coule, plus attrapé, convenons-en, que ne devrait l'être un si grand débrideur de miracles.

Dans les airs se jouent des vautours à tête humaine, des lézards ventrus, force diablotins qui font la nique au solitaire. Il y a des serpents ailés, des dragons flamboyants, des crapauds proprement assis, avec des yeux qui lancent des chandelles romaines. Il y a des diables qui tirent la langue, il y a des enfants qui rôtissent, il y a des crânes sans pieds ni pattes, qui prennent leurs ébats! — Mais la séduction suprême, c'est une Vénus colossale et décharnée, dont le cou de girafe prolonge sous le nez du moine un visage à méduser ciel et terre. S'il résiste à cela, saint Antoine est un grand saint.

Il y a résisté.

On rencontre dans les rues quelques soldats de Garibaldi. Les uns, ceux qui vont rejoindre leur général, très jeunes, presque des enfants, promènent sans trop de chagrin leur chemise rouge par la ville. Les autres, ceux qui reviennent, figures pâles, la plupart blessés, le bras en écharpe, appuyés à des béquilles, tremblent la fièvre et portent vaillamment leur souffrance.

A peine sommes-nous rentrés, Salvator Rosa gratte à notre porte :
— Eccelènza! venez! dans cette petite cour, les gens, — *ils s'enrôlent pour Garibaldi!*

Trente à quarante hommes, en effet, de conditions et d'âges divers, donnent leurs noms qu'un commissaire inscrit à mesure. Ni cris, ni paroles. Ce soir, quand le soleil aura disparu, ces hommes partiront; ils iront se battre, beaucoup iront mourir. Personne, excepté quelque mère, ne saura ce qu'ils ont fait.

Le sérieux, et je dirai la sobriété de l'action, nous pénètrent de respect. Rien de théâtral. Cet acte, digne des grandes époques historiques, s'accomplit comme un mouvement naturel de la vie ordinaire.

Le cœur nous bat; la bande est bientôt dans la petite cour. Elle échange des poignées de main avec ces braves gens; elle leur donne ce qu'elle a, et des bibles par-dessus le marché. — Haussez les épaules, vous qui ne savez pas ce que c'est, à l'heure suprême, qu'une bonne parole de Dieu! Ils le comprennent, eux. Tous acceptent, tous remercient avec effusion.

Chaque soir l'enrôlement recommence; chaque soir, malgré la défense du gouvernement, un embarquement s'opère sous ses yeux, qu'il ferme; près du phare, où il ne va pas regarder.

Et ne croyez pas que les enrôlés soient des chercheurs d'aventures : existences dévoyées que des fainéants abandonnent aux hasards de la guerre! Non, ce sont de bonnes vies; ce sont des bourgeois et des travailleurs : riches, pauvres, tous graves et tous décidés.

Plus tard, M. Nardelli se présente à son tour.

— Monsieur, les officiers garibaldiens sont réunis dans une salle basse. Voulez-vous leur donner des livres?

Les voilà, ces mâles visages! Tous se sont levés. M. de Belcoster leur adresse une cordiale allocution.

Les fronts s'éclairent, de chaudes adhésions partent des lèvres : — Merci, merci! — Alors, dans le silence, les mains s'avancent, une à une. Bien des prières montaient que Dieu a entendues.

Le soir, comme la bande repasse ces choses en son cœur, Antôn Nardelli, vibrant encore, vient, de la part des officiers, demander le nom de leurs amis inconnus; tous veulent l'avoir, avec une ligne de souvenir.

« Iddio benedica loro, nella vita e nella morte [1]! »

---

[1]. Dieu vous bénisse, dans la vie et dans la mort!

— Portez-leur cela, brave capitaine!

Il prend, il lit, ses yeux sont humides; soudain, avec cette expression candide, si attachante, lorsqu'elle s'unit aux énergies et je dirai, aux facultés très politiques du caractère italien, il entr'ouvre sa redingote, en tire un petit paquet, ses décorations, payées de son sang, et tout joyeux les pose devant nous.

Oui, vous les avez bien méritées! oui, elles sont vraiment belles! oui, c'est dur, capitaine; voir partir les autres et rester! Dieu le veut; il faut obéir; un bon soldat garde sa consigne!

Un pâle sourire éclaire la figure d'Antòn Nardèlli; il nous serre la main, enfonce les décorations dans sa poitrine et retourne à ses frères d'armes.

SIXIÈME JOURNÉE

Allons où nous mènera la fantaisie!

On sort de Gênes, du côté de Voltri; une fois sur la plage, on descend de voiture. Pour quoi faire? Pour s'emplir les mains de cette belle eau qui arrive avec fracas, pour voir bouillonner l'écume, pour respirer cet air salin qui apporte la vie! Aussi pour contempler. Il y a de l'extase à regarder l'infini : ces plaines de la haute mer où s'efface le flot, qui montent, montent encore, jusqu'à ce qu'elles rencontrent les plaines du ciel.

Parfois un grain balaye l'horizon; l'averse, jetée en travers, cache de ses lignes capricieuses les grands traits du tableau. Ici, la mer étincelle; plus loin, la voilà verte, d'un vert mauvais, couleur de traître; là-bas elle tourne au noir. Un coup de vent, tout a changé; l'ondée a trempé la terre, la mer a repris ses sourires.

Quoi? déjà partir?

Allez, allez, vous en aurez, de la plage! vous en aurez, des profondeurs d'azur, avec des pins en parasol, et des vasques d'eau claire!

On va toujours.

Ils sont là, dans un chemin creux, vers Sestri, cinq à six paysans de bonne mine, en veste de velours, bien découplés, l'air ouvert et gai. A vingt pas d'eux se débat un coq, écrasé contre le sol. La malheureuse bête se traîne dans les convulsions de l'agonie. Or ces hommes, l'un après l'autre, coup de pierre après coup de pierre, lui brisent les membres, lui cassent les ailes, et plus cela dure, plus vif est le plaisir !

Voilà de ces infamies qui arrêtent la respiration. Ces cruautés-là se dressent jusqu'au ciel. Dieu n'a donné à l'homme ni le droit de torturer les créatures, ni la permission de s'abrutir. Ces voluptés sauvages sont une dégradation. L'abus de la force est le plus infernal des crimes. Tout notre sang reflue. Quoi ? vous, dont la puissance implique la protection du faible, vous le déchirez, fibre après fibre ; vous repaissez de son supplice vos appétits de bête féroce ? Allez ! si prolongeant, si exaspérant ses douleurs vous lui avez ôté la vie, vous avez plus perdu : vous vous êtes ravi, à vous, la conscience et l'honneur.

La science ! disent les uns. Le développement de la vigueur ! disent les autres.

Très bien ! Prenez des lions, alors ! partie égale. Faites vos expériences sur des panthères ! Exercez contre les muscles du tigre l'énergie de vos bras ! Mais écorcher la grenouille qui palpite sous vos doigts ; disséquer sur le vif ce chien qui vous regarde et qui vous supplie ; assassiner en détail, par manière de jeu d'adresse, la bête qui meurt lentement : nommez cela comme vous voudrez, moi, je l'appelle lâcheté.

Au dernier jour, il vous faudra bien l'appeler comme moi.

Adieu pour longtemps, douce joie de ce beau matin ! Vous les connaissez, ces frémissements de l'âme qui vont jusqu'à la défaillance physique. L'image reste là ; les mains se joignent dans une muette prière ; le cri de la création mutilée s'élève de partout ; on n'entend plus que lui. Passez villas, passez vagues rieuses, et vous les Apennins couronnés de forts ! nous ne voyons plus rien.

Garibaldi vient d'entrer à Salerne. Le roi de Naples est parti pour Gaëte. Voilà les nouvelles.

Voulez-vous autre chose?

M. de Belcoster essaye de découvrir (il s'agit de s'y rendre dimanche), le local du culte évangélique italien. L'entreprise n'est pas aisée, d'autant que M. de Belcoster, las du pilotage, veut marcher seul.

— Chièsa italiàna evangèlica?
— Nòn conòsco [1]!

Enfin, enfin, on l'envoie dans je ne sais quelle maison borgne. Il sonne, et se trouve nez à nez... avec un Hercule en maillot, acrobate de profession, sept pieds huit pouces, massue à l'épaule, ceinture de feuillage, surpris au plus intime de son intérieur.

Le premier étonnement passé, notre Hercule, bon père de famille, autour duquel viennent gambader force petits Amours en costume de rigueur, donne à M. de Belcoster les renseignements qu'il demande.

Le soir : Café de la Concordia.

La bande retrouve les citronniers, le ciel clément, l'eau qui chante. Tout un peuple emplit le jardin.

M. de Belcoster, où mettrez-vous votre bande?

Ici, dans le cornet des trombones.

Prònto! Prèsto! M. de Belcoster, d'un bond, a franchi la distance. Et voilà un vieux monsieur, qui prenait tranquillement sa tasse à l'eau-de-vie, fourragé, bousculé, noyé sous des flots de liqueur! La carafe au vol, le gobelet en l'air! M. de Belcoster rattrape tout. Le monsieur s'est trouvé perdu, sauvé, inondé, essuyé, avant d'avoir aperçu le cataclysme.

1. — L'église évangélique italienne? — Connais pas.

— Garçon! crie M. de Belcoster.

Le garçon est aux antipodes. La bande une fois casée, avec des fous rires qui tournent au supplice, le garçon arrive, reçoit les ordres, n'y comprend rien, se tourne vers le vieux monsieur qui appelle de son côté, prend le flacon, le considère à travers la flamme du gaz, et s'émerveille.

Il y va de sa réputation, au pauvre vieux monsieur :

— *Un bicchière* [1]*!* dit-il d'une voix grave.

— Si! si! fait M. de Belcoster [2]. C'est moi, c'est nous!

Le garçon consterné regarde la bande.

---

[1]. Un verre!
[2]. Oui! oui!

SEPTIÈME JOURNÉE

Chaque nouvelle remue la cité; on dirait des houles sur un fond immobile; c'est la paix des forts. Intérêt ardent, ni pose ni mise en scène : on sent le courant électrique, à peine voit-on l'éclair.

Ce peuple jaseur, ce peuple chanteur ne laisse écouler sa politique, ni en couplets, ni en bons mots. Habile, il sait se contenir. Patient, il a cette silencieuse ténacité des gens à bonne tête. L'impression, chez lui, peut être vive, elle ne gouverne rien; le cerveau mène tout.

Ces pêcheurs que vous voyez étendus sur la grève, redisant à la brise qui l'emporte quelque canzòn; ces grands rieurs, ces grands gesticuleurs, ces hommes qui obéissent, semble-t-il, à toutes les passions de leur véhémente nature; ces hommes-là vivent d'idées; ils raisonnent en mathématiciens. Laissez faire, ces bouillants agiront de sang-froid. Nulle ivresse ne les empêchera de voir le but, nul obstacle d'y marcher. Prompts à jeter par-dessus bord tout bagage fâcheux, ils sauront museler leur fierté blessée, ils sauront supporter, ils sauront s'abstenir, et tels qui pensent les fatiguer, se lasseront avant eux.

La joie d'une matinée splendide descend à flots dans notre cœur. Les croisées ouvertes laissent nos regards s'enfoncer en plein ciel. Cet azur est comme une promesse d'éternité.

Chacun connaît son fardeau. Telle vie qui paraît jonchée de roses, pareille à ces tapis de fleurs où passe la procession, cache de rudes combats ! Celui qu'on croit assoupi aux jardins d'Armide, l'âme perdue en je ne sais quels rêves parfumés, bien souvent déchire ses genoux sur les pierres et tord ses mains sous les étreintes de la douleur.

Il est, en des existences heureuses, des âmes difficiles, dures à elle-mêmes, volontiers travaillées. Quand Jésus dit à celles-là : « Venez, prenez un peu de repos ! » quand il étend sur elles les magnificences d'un ciel serein, quand il permet aux souffles printaniers d'attiédir l'air qu'elles respirent ; alors elles se dilatent, les forces leur reviennent, un cantique de gratitude s'émeut en elles : c'est la trêve de Dieu.

Où va demain la bande ?

Mademoiselle Hélène sourit. Les yeux de M. Nérins s'ouvrent tout grands.

— Demain, nous partons pour FLORENCE.

Je vous fais grâce de l'explosion ! Sachez-le seulement, en ces heures-là, heures bénies, heures au pas léger, la fleur donne son plus doux arome, l'arbre son ombre la plus diaphane, le vent qui passe a de l'ambroisie sur son aile, il a des notes divines dans la voix ; de tous les horizons s'exhalent des harmonies, couleurs, parfums, beauté, avec des hymnes d'amour.

Quand la bande a bien erré ; quand, au travers des gerbes transparentes de l'Acqua Sòla, elle a bien regardé les profondeurs de la mer ; elle monte jusqu'à ce pan de mur qui sépare le parc des jardins de monsignor di Nègri. Gênes entière : palais, églises, le port et les navires, se massent au bas. La Méditerranée, plus bleue que le plus vif azur des tabernacles célestes, étendue sous les embrasements du soleil, va, semée de perles blanches, se perdre dans la lumière et l'infini.

Quelques hommes se tiennent debout ; un journalier, figure honnête et résolue ; un jeune garçon, blême, aux lèvres minces, blond avec des yeux clairs ; d'autres encore. L'ouvrier est un Vénitien, le jeune homme est un Trévisan. Tous, ou presque tous, viennent de la Vénétie. Ils regardent la mer de ce long regard qui cherche la liberté.

Nous causons. Il faut voir les individus, il faut entendre d'eux leur cas particulier, pour comprendre l'horreur de certaines situations. On lit dans les journaux que Venise est écrasée ; on s'en afflige, modérément. Mais quand un homme, sorti de Venise parce qu'il n'y peut plus tenir, vous raconte que des forts, tournés contre sa ville, se dressent le long du Lido ; quand il vous apprend que des patrouilles parcourent les rues et balayent la place Saint-Marc ; quand il vous dit que le soir, quiconque a des allures suspectes est écroué sous les verrous, sans que femme, père ou enfants entendent plus parler de lui ; quand les vibrations de sa voix frappent votre oreille, quand vous voyez trembler ses lèvres, lorsqu'une larme saute hors de ses yeux ; je vous réponds que l'idée, tout à coup vivante, vous plante ses griffes dans le cœur.

— Una gàbbia [1] ! murmure le Trévisan.

Il n'y a plus de travail. Un homme ne peut plus nourrir sa famille. On part !... ceux qui peuvent.

— Dans notre càmpo [2], s'écrie le Vénitien, nous sommes trois cents émigrés. Il le faut : pour leur envoyer du pain.

L'ouvrier regarde la mer encore, respire largement et reprend :

---

1. — Une cage.
2. Quartier.

— Le soir de Villafranca, on se croyait sauvé! Le commandant avait ordonné de fermer les maisons. On entendait passer les troupes. Sortir, impossible! mais on se disait : — Venise est délivrée! demain (*l'indomàni*) il n'y aura plus un Autrichien. *L'indomàni, vi erano tutti* [1]!

Le Trévisan pâlit, le soldat crache à vingt pas, l'ouvrier se retourne vers la mer! vers la grande indomptée, celle que jamais n'asservira ni l'airain, ni le fer.

— Courage, amis! Iddio vi renderà la pàtria [2]!

L'obscurité descendait, nous sommes revenus.

Vous qu'effraye la veillée à l'hôtel, ce campement moins les étoiles et les chameaux, voulez-vous des heures aimables? ayez une lampe!

Une lampe, c'est le chez-soi, c'est l'intimité.

Voyez plutôt! Les uns bâillaient sur le sofa, les autres s'étiraient vers la fenêtre; on entrait, on sortait, ennuyé de tout, propre à rien. La lampe! tout s'éclaire, âme, esprit et cœur.

Sommes-nous assez heureux? Attentifs, les doigts agiles, l'esprit éveillé.

Il s'est fait là de bons rires, je vous en réponds; plus d'un paradoxe y a risqué les aventures.

Qui les lance? mademoiselle du Rouvre. D'une chiquenaude, elle leur donne la volée; bulles chatoyantes qui vont crever à deux doigts de votre nez. La fée des reparties dota la dame, le génie de l'indépendance lui servit de parrain, un brin de malice lui fut soufflé par la chevrette sa nourrice; aussi, regardez-la, lorsque bonnement, sans avoir l'air d'y

1. Le lendemain, ils y étaient tous!
2. Dieu vous rendra la patrie!

toucher, elle adresse à M. de Belcoster une proposition toute bourrée d'hérésies.

— Ah! mademoiselle, pouvez-vous pensez! — et des démonstrations, et la logique, et la synthèse, et le branle-bas de combat.

Allez, allez, mes bons amis, regardez, je vous le dis encore, regardez ce pli, au coin de la lèvre, et cette étincelle qui part de la prunelle. On se moque de vous, ni plus ni moins. Ce que vous savez, on le sait; ce que vous croyez, on le croit: on tire la ficelle pour se divertir un peu; et marionnettes de sauter!

HUITIÈME JOURNÉE

De bon matin, Salvator se présente. Salvator a un cœur. Salvator regrette la bande, il éprouve le besoin de lui faire un petit cadeau. Lui papal, lui *codino*, il vient d'acheter une dépêche pour la bande : Insurrection des Marches et de l'Ombrie! GARIBALDI A NAPLES!

Merci, Salvator, la bande accepte télégramme et nouvelle. Mais quand Salvator, tout confus, s'excuse de nous avoir si *mal servis*; quand il murmure qu'il est vieux, et qu'il ne sait rien, et qu'il aurait voulu mieux faire! la bande sent son cœur, à elle, s'attendrir pour tout de bon. Va, Salvator, la bande reviendrait dix fois à Gênes (et Dieu fasse qu'elle y revienne!) vingt fois, trente fois elle te reprendra, toi, tel que tu es, avec dix, avec vingt, avec cent ans de plus! (Et que Dieu te les donne!)

Les paniers aux provisions sont remplis, les parapluies attachés, les livres ficelés; chaque dame, tenue de voyage, se tient prête.

— Madame la Bête au bon Dieu!
— Qu'y a-t-il?
— Descendez, vite! En vain j'ai dépensé mon éloquence auprès du padrone delle carrozze! Une des calèches est dé-

couverte, l'autre ne l'est pas. Il dit qu'il la faut comme cela, que la pluie, que le soleil... bref, descendez!

En trois sauts on est en bas. La première voiture, une perfection, s'ouvre largement au soleil. La seconde, un tombeau, couverte, archicouverte : vache, veau, filet, et des coussins appliqués contre les glaces.

Le padròne se frotte les mains.

— Monsieur, dit bien gentiment la bestiole, nous ne saurions monter dans ce coffre.

— Perchè? [1]
— Nous ne verrons rien.
— Mà! il sole [2]!
— C'est après lui que nous courons.
— Mà! il polvere [3]!
— Nous ne la craignons pas.
— Mà, la plouie!
— Nous l'aimons.
— Che Diàmine [4]!

Tout en grommelant, le brave homme fait un signe; facchini de grimper! On ôte la vache, on ôte le veau. Cela fait, le padròne se frotte les mains de plus belle.

— Monsieur, vous n'avez pas compris.
— La vache, il y est plus!
— Oui, mais le couvercle, *il* y est toujours.
— Le couvercle, il protège contre l'air!
— Nous ne voulons pas être protégées.
— Mà il faut qu'oun delle carrozze il soit fermé!
— Non, il faut que *les deux ils soient ouvertes*.
— Mà la salour, la plouie, il polvere!
— Nous voyageons pour cela.

1. Pourquoi?
2. Mais! le soleil!
3. Mais! la poussière!
4. Que diantre!

— Maledetta! [1] — Carrozza? Bête au bon Dieu? on ne vérifie pas. Les facchini regrimpent, le padrone va bròntolàndo [2]. A bas les cuirs, à bas la prison! deux jolies calèches, du jour partout, et l'on part.

— C'est égal! — murmure mademoiselle Lucy; — Fines mouches, ces petites bêtes-là! Moi j'aurais bourrasqué, et je serais partie dans la boîte.

Mademoiselle Lucy, les bestioles connaissent les cages! elles n'y échappent pas toujours! Mais cette fois, la nôtre avait une conviction; or, une conviction, même dans une cervelle de petite bête, cela suffit pour transporter des impériales de voiture.

Riva di Levante [3]! Beau nom, resplendissant comme l'aurore.

Connaissez-vous ce rayonnement de l'âme, qui éclaire d'une lumière idéale les plus vulgaires objets? Tenez, cette affiche! tel n'y lira que l'annonce d'un navire en partance; cette boutique! tel n'y verra que des lanternes de bord; eh bien! la bande y voit la mer lointaine : un vaisseau file sous le vent; elle entend la chanson du matelot; les brises qui ont froissé le panache des cocotiers lui caressent le visage.

Et voici des troupes, tenue de campagne, la tente-abri roulée sur l'épaule, avec le bidon et les pieux de campement. Elles passent des deux côtés des voitures : Ceux-là s'embarquent pour le royaume de Naples.

Bonne chance! Evvìva l'Itàlia ùna [4]!

Nous t'avons retrouvée, route au bord de la mer : le plus poétique méandre que l'homme ait, de son pied négligent, brodé le long de la plage!

1. Maudite!
2. Grommelant.
3. Rive du Levant!
4. Vive l'Italie *une!*

Est-ce le bleu qui se reflète dans l'âme, est-ce le souffle venu du large qui nous apporte la saveur des flots? nos yeux s'enivrent et notre cœur est vaillant.

Azur sans fin; par places, un indigo foncé! Autour des roches, la lame qui s'émiette lance au soleil sa pluie limpide, elle retombe à la mer, puis, ramenée, se projette en écume; et cela recommence toujours. Dans les petites vasques, l'eau tranquille prend une teinte d'aigue-marine; des bulles d'air courent égrenées sur la surface polie; en dessous brillent des étoiles, diamants que vient remuer la vague.

Il y a dans la possession par le regard, une plénitude de félicité vraiment royale.

Ramons lentement [1].

Cochers, retenez votre attelage!

Pour mieux voir, la bande se tient debout, pour mieux respirer aussi. Les orangers, les arbousiers, les lauriers-roses, les mimosas, jettent leurs tentures à tous les murs.

Caritelles, grosses berlines chargées de jolies filles et de vieux abbés; villa Giustiniani, palmiers qui balancez vos frondes, et vous nos agavés, splendides, si sauvages et si fiers; et toi Recco, petit bossu, Gràn Colòmbo! adieu! Nous passons! La bande ne revient pas, elle *va!* deux lettres magiques.

Attardons-nous sous les châtaigners. Glissez, mes regards, sous la ramée, dans cette ombre lumineuse, jusqu'à cette petite baie où Camòcci brille parmi ses citronniers. Un brick, toutes voiles dehors, court des bordées sur les eaux profondes; le golfe s'élargit, les rives semées de villages, dentelées de pins, vont fuyant, vont s'effaçant, et, tout là-bas, Gênes étincelle.

---

1. Prouesses de la Bande.

Bande, vois-tu, près de la cime, cette locanda pauvre et gaie? elle est à toi. Son reposoir, festonné de guirlandes où pendent les grappes, surplombe l'abîme. L'enchevêtrement des vignes, des oliviers et des figuiers descend jusqu'à la mer, avec ces tons puissants, avec ces ampleurs de lignes, avec ces jours ambrés sous les feuilles qui proclament la surabondante magnificence de Dieu.

De beaux enfants jouent à la morra. Des bohémiens s'arrêtent devant nous; la femme est jeune, ses yeux reluisent comme du jayet qu'enchâsserait la perle; elle a le regard farouche, sa carnation dorée fait paraître plus noires les ondes crépues de ses cheveux que ne parvient pas à retenir son mouchoir bariolé :

— La sorte [1]?
— No, cara [2].
— La sorte di ciaschedun, la sò, io [3]!
— La sorte nostra, è lassòpra [4]. — La bohémienne nous regarde. — Iddio la fà, nessun la può dire.

Un petit cadeau, elle sourit, et continue son chemin.

Venez sur cette terrasse, sous ces pampres; froissez le géranium dans vos doigts, respirez la verveine!

Et vous, notre hôte, arrivez! Pour bien rêver il faut bien déjeuner.

— Qu'avez-vous à notre service? Du poisson?
— E! non c'è [5]!
— *Marigiàni* [6]?
— E! non ce ne sarà [7]!

1. Le sort?
2. Non, chère.
3. Le sort de chacun, je le sais, moi!
4. Notre destinée est là-haut. Dieu la fait, nul ne la peut dire!
5. Eh! il n'y en a point!
6. Aubergines?
7. Eh! il n'y en a pas!

— Pësche ¹?
— E! qui, luògo pòvero! nòn se nè troverà mìnghe ²!
— Polènta ³?
— Sì ⁴.
— Frittàta ⁵?
— Si.
— Pòme di tèrre ⁶!
— Si.
— Allez, mon frère, donnez-nous tout : nappe blanche, *paynotte*, vin du pays, et toi polènta!

La voilà, elle est blonde, elle est ferme, on meurt de faim; la bande s'en empâte à ne plus ouvrir le bec. Ce qui ne l'empêche pas de croiser le fer.

Pour que vous le sachiez, une éternelle contestation pend éternellement entre la première voiture et la seconde. Dans la première, on parle peu; en revanche, on regarde tout. Dans la seconde, le matin, le soir, par la pluie et par le beau temps, on cause, mais là, de rage. A quelque moment que la première calèche jette les yeux sur la seconde, elle la voit qui ne voit rien (réclamations)! les chapeaux tournés vers les chapeaux, un corps législatif, une chambre des députés (elle s'est réfugiée dans la seconde voiture), et de contemplation, pas gros comme un pois. La seconde voiture n'est ni sourde, ni muette : elle est aveugle, tout simplement.

Aussi M. de Belcoster :
— Avez-vous reconnu l'agavé?
— L'agavé! certainement..... à droite!
— Non, à gauche.

---

1. Pêches?
2. Eh! ici, c'est un pauvre endroit, il ne s'en trouvera pas une!
3. Poulainte?
4. Oui.
5. Friture?
6. Pommes de terre?

— A gauche? un cactus alors!
— Non! un agavé! Avez-vous remarqué la fleur?
— Est-ce qu'il y avait une fleur?
— Non, il n'y en avait point; elle montait à trente pieds, elle était grosse comme moi, avec des girandoles comme le bras.
— Ah! oui, sèche!
— Non. Verte, jaune, bleue, rouge aussi, de toutes les couleurs. Avez-vous vu les palmiers?
— Les palmiers! sans doute, là-bas, vers Camòcci!
— Du tout, là-haut, à côté de vous, dans la villa Giustiniàni.

Vous concevez si les accusés ripostent. A leur tour de lancer le foudroyant : — Avez-vous vu? — Au besoin ils inventeraient des éléphants.

Hélas! j'entends les grelots!
Nous prenons le revers des Apennins. Plus de mer. Les bois couvrent les pentes, les cimes s'étagent, des touffes de cistes et de bruyères s'accrochent à la terre dénudée; après, viennent les oliviers avec leur glauque dentelle; bientôt, le cap franchi nous laisse en face des abîmes d'azur.

Que vous dirai-je? la bande, enivrée de lumière, court au travers des enchantements. Ah! si ses petites mains tenaient le frein des heures, comme elles s'y cramponneraient!

Rapàllo brille au fond de son golfe, avec sa vieille tour rougeâtre dont chaque vague vient mouiller la base. Sous les arcades les femmes travaillent; leurs doigts lancent, rattrapent les fuseaux, et les fleurs de s'épanouir sur le merveilleux tissu. Soyez tranquille, cette fois les deux voitures regardent. De la guipure! Une femme passerait en ballon, elle distinguerait cela.

Bel été, nous t'avons ressaisi. La cigale chante, des insectes, à foison, se réjouissent parmi les lavandes, tu secoues sur nous ta gerbe d'or; et pendant que nous suivons chaque repli de la corniche incendiée de soleil, là-bas, sous les averses, dans la froidure, parapluie sur le chef, imperméable au dos, deux botanistes s'acheminent, avec un docteur.

Ils gravissent le Saint-Gothard embrumé. Que cherchent-ils? la bande. En partant, elle leur a planté dans le cœur une flèche barbelée. De près, c'étaient mille dédains : « Je n'y veux point aller, je n'en aurais que faire! » De loin, ce sont mille ardeurs : « Bande, où es-tu? Bande, ô bande! »

Jusqu'à M. Keuler! ce profanateur, cet inconoclaste, qui demande la bande aux échos d'alentour!

Allez, caminez, braves gens! la bande vous voit venir.

A Chiavari, dans cet embrasement de rayons, les mariniers qui, jusqu'au matin, ont jeté leurs filets, sommeillent étendus sur la grève; la population vit dehors; les chevelures noires se tordent sous le pezzòto de mousseline blanche.

On court grand train.

Le soir s'avoisine, la vague du large nous arrive; c'est une clameur qui remplit l'espace des mêmes accents. Toute la nuit ils rediront l'éternité de Dieu, sa domination sur les âges, le flux et le reflux des peuples, les harmonies des cieux pleins d'étoiles. Cette mer a battu du même flot les sables du grand désert; elle a entendu les chameliers arabes pousser par les vastitudes leur chant sauvage; elle vient le redire aux orangers d'Italie; elle vient mêler sa plainte au babil de la rive.

Oh! que je t'écouterais bien les jours et les nuits, oh! que tu as des notes pénétrantes sous ton immuable égalité, et que tu me ferais pleurer, soupir immense, qui montes de la création tout entière vers le Seigneur Dieu!

Arrêtons-nous à Sèstri, hors de la ville, dans cet albèrgo bâti sur la plage.

Un saut des voitures à la mer!

Une irrésistible envie prend aux dames, d'entrer dans l'eau. Elle est tiède, cette eau, elle est veloutée, elle vient, flot après flot, s'étaler sur le sable.

Pour M. de Belcoster, l'affaire est vite faite : à grandes enjambées le long de la baie, perdu dans les ténèbres, et nager, et plonger!

Les dames se sentent l'humeur des Néréides..... en pure perte.

Les dames sont gardées à vue par deux petits bonshommes guère plus hauts que le coude; une matrone et son marmot complètent l'entourage. La bande parle italien aux gars, elle leur parle français, elle leur parle anglais, mademoiselle Hélène leur parle arménien; la bande s'efforce, en ces langues diverses, de faire comprendre aux petits bonshommes qu'elle désire être seule.

— Vàttène! làscia-mi! nòn restar quà [1]!

Nos deux gars écoutent le tout, sans branler.

Enfin, enfin, la bande leur déclare net qu'elle veut :

— Bagnàrsi *via*! VIA [2]!

Autant s'adresser à ce bout de planche, échoué là.

C'est trop fort! Mademoiselle Lucy a une volonté de fer, chacun le sait de reste! Mademoiselle Lucy se déchausse bravement. Il ne sera pas dit que du bout de son pied au moins, elle n'aura pas senti le balancement de cette vague amoureuse. La voilà qui s'avance, noire silhouette profilée sur les clartés célestes! Les deux gamins gardent un imperturbable sérieux. Alors, la grosse matrone rattache un peu ses jupes, prend la main de mademoiselle Lucy, donne l'autre

---

1. Va-t'en! laisse-nous! ne reste pas là!
2. Se baigner. Va-t'en! Va-t'en!

à son poupon, et de trois ! Trois figures, seules debout dans l'immensité, chapeau bersagliere, plumes au vent, dentelle livrée aux zéphirs, le tout découpé sur un éther à la Pérugin !

Quand la bande a ri, et ri de plus belle :

— Voyons, faisons comme mademoiselle Lucy! mettons les pieds dans l'eau ! — Nos gars, qui n'ont rien compris aux délicatesses de la bande ; qui ne comprendront jamais, les misérables, quel genre de scrupule l'empêche de se donner le plaisir d'une immersion complète ; les gars se l'accordent, tout habillés : il est vrai qu'ils ne le sont guère. Cela fend la houle, cela pique des têtes, cela reparait sur le flot :

— È morto[1]! — dit gravement l'un d'eux, en montrant son camarade qui fait la planche.

C'est bon, c'est bon ! On n'y voit goutte, on rattrape comme on peut les brodequins pleins de sable !

Clopin-clopant, heureuse et riant encore, la bande revient au logis.

1. Il est mort!

NEUVIÈME JOURNÉE

La lune, qui ne s'est pas couchée de toute la nuit, flotte endormie au travers des nuages. Tantôt se versaient les ondées; le vent du matin a balayé le ciel. Mes amis, qu'il fait bon se retrouver!

Seul on est bien seul! Si mon moi sent quelque ennui, il se comprend trop bien. Mais quand la bande, à peine éveillée se réunit, à ces premières heures où la lueur indécise des bougies lutte contre les incertaines clartés de l'aube; quand elle contemple ces figures un peu ahuries, vite égayées; et qu'on se serre la main, et que la féerie du voyage apparaît dans son éclat; alors fuyez, soucis! disparaissez, langueurs! béni soit mon Dieu, qui met de telles pages dans notre vie!

La route se dirige vers l'intérieur des terres. Elle s'y enfonce à travers les jardins d'orangers. Par là, d'un pied leste, arrivent les contadini, gens de bonne mine, et les jeunes filles aux lèvres rouges. Toute cette population chemine entre les richesses du sol et l'abondance de la mer.

Tandis que les collines débordent sur la plaine, chacune avec la couleur que lui prêtent ses cultures; la chaîne des Apennins entasse ses sommets arides, tour à tour noirs ou blanchâtres, selon que vont les nues ou que les frappe le soleil.

Les grandes cimes se sont redressées : désolation sur désolation! Des vallons, remplis de verdure comme des coupes combles, descendent à la plage. Sur les pentes que déchirent les ravins, tantôt se tord le tronc des châtaigniers, tantôt la tige effilée des pins s'élance, portant haut dans le ciel son parasol élégant.

Mais qui dira votre beauté, vous, les fleurs de montagnes! Vous ne ressemblez pas, vives et fières comme vous êtes, à vos sœurs de la plaine! L'abondance de vos touffes, nulle main ne l'a saccagée; vos pétales éclatants, nul souffle ne les a flétris. Quelques genêts balancent encore leurs papillons d'or au bout des verges déliées; la bruyère plante ses bouquets de ressaut en ressaut; la saison des cistes est passée, mais il y a des immortelles à la hampe cotonneuse, aux boutons incarnats. Près de la route, des tapis de sariette ouvrent par milliers leur gueule d'argent que partage un trait rouge. Les romarins bleuissent. Une flore entière, toute parfumée, sème ses trésors sur la lande.

Bande, éparpille-toi, grimpe, cueille! Dans les voitures les brassées! aux paresseux les paquets d'herbe odorante! On froisse des deux mains, on entasse la jonchée qui sent bon! A moitié debout; juché, je ne sais comment, là où il y a le plus de mer, le plus de soleil, le plus de cet air embaumé; on se soulage par ces profonds soupirs qu'exhale aussi le bonheur.

Et la cantilène du paysan qui monte les chevaux de renfort jette au vent ses couplets. Elle suit, sans la gouverner, notre rêverie; elle laisse ses notes mélancoliques tomber dans notre joie; tout, jusqu'à sa monotonie, sur laquelle se détachent en broderie les caprices du chanteur, tout repose l'âme et la ravit.

Le col est atteint. Des deux côtés la mer, royalement belle et bleue, vue ainsi, du sommet des Apennins, se déroule dans son amplitude. Un orage s'y promène. La crête des vagues sillonne l'étendue : de grandes ombres y courent avec les nuées ; au loin quelque cap s'éclaire. Le fond reste perdu dans les brumes.

Quand nous revenons aux détails prochains, nous trouvons près de nous une chevrette qui broute les maigres buissons, quelque plante d'asphodèle dont la tige desséchée se balance tristement, ou bien quelque paysanne, son fagot de bruyères sur la tête.

Je vous verrai toujours, poétiques figures, avec votre regard un peu farouche. Elles descendent, les contadines, de roche en roche, bondissantes, contenues ; le collier de corail saute sur leur cou ; elles posent légèrement leurs petits pieds que protège à peine la sandale de bois. Une de leurs mains soutient le paquet de lavande, de l'autre elles affermissent les pas de leur enfant.

A Poliàstra, dans un trou des Apennins, on déjeune. Que faire? regarder par la fenêtre.

Voici une fée qu'agacent les gens de l'endroit. Vieille au masque tanné, au rire baroque, avec une malice de bête fauve dans les yeux. Sur sa tête, un bonnet d'homme se dresse ; des touffes de cheveux gris s'ébouriffent en dessous. Elle porte une jupe rouge, un corset bleu ; ses mouvements sont saccadés ; elle tient une grande gaule. Les enfants n'en ont pas peur. Les voilà tous autour d'elle. Elle abaisse le pan de sa robe, relevé dans ses doigts, et leur distribue des pommes : double part pour ce petit blondin, son favori, aux regards doux ! La Bande s'attendrit. La vieille lève la tête, voit la Bande, et tousse. Vite ! des pastilles de gomme, et du pain blanc, et ceci, et cela !

Cependant les beaux de Poliàstra, qui ont suivi le tout, viennent, avec maintes civilités, présenter leurs hommages à la fée. Elle écoute, elle répond, elle a des coquetteries de petite-maîtresse. La Bande se sent navrée. Alors, Bande, pourquoi regardes-tu?

Pourquoi?

Alippe, pourquoi tes yeux restaient-ils attachés aux égorgements du cirque?

Mais quand un des jeunes gens porte la main sur cette tête chenue, un cri d'horreur part des fenêtres : *Vergògna* [1] *!* La vieille, rapide comme l'éclair, a tapé de sa grande gaule ! elle a tapé juste et ferme ! Bràva !

Les jeunes gens, tout honteux, la laissent en paix.

Pauvre femme, nous ne pouvons rien pour toi. Une aumône, un sourire, en passant ! — Mes sœurs, nous pouvons prier. Le Seigneur Dieu, pauvre vieille, connaît tes douleurs ; il a d'incomparables pitiés pour les misères sans nom !

On chemine longtemps au milieu des cimes ravagées, dans les sévérités un peu mornes de ces pentes abruptes et de ces flancs dénudés.

La Spèzzia nous sourit là-bas. Des grappes énormes tendent à la petite Églantine leurs grains noirs couverts d'une poussière bleuâtre ; Églantine, aussi, leur tend les bras. Des filles du Corrège, blondes aux reflets d'or, quelque corbeille de figues sur la tête, montent lentement, sous les oliviers.

A chaque tournant on se récrie. M. de Belcoster montre la terre, montre la mer, montre le ciel !

Les admirations de M. de Belcoster font le bonheur du cocher de la seconde voiture, brave garçon, Génois, qui vit d'éclats de rire. Toutes les fois que M. de Belcoster désigne du geste un cactus ou un palmier, le Génois promène sur l'horizon un regard interrogateur, découvre l'objet, le montre aux dames, et de se pâmer sur son siège.

1. Honte à vous !

Nous sommes arrivés! Vite à la mer!

Il y a comme une intermittence dans les bouffées du vent, dans les gonflements de la lame. Par moments tout se tait. Puis, un calme se fait, absolu. Puis une voix se lève du fond de l'abîme, grandit, se déchaîne en clameurs; le flot succède au flot; ils montent, ils s'accumulent, jusqu'au dernier, qui se dresse avec des frissons de serpent et nous couvre de son écume.

Ce tumulte immense remplit l'étendue. Nous crions, nous courons sur le sable, dans la houle. C'est de la vie, cela!

Un bateau, une de ces grosses coques qui affrontent les gros temps, s'approche et lutte de toute la vigueur de ses quatre hommes. Ils escaladent la vague, proue en l'air; ils disparaissent entre deux replis; les voilà; ils sont ensevelis! non, ils font force de rames. Aborder? pas moyen. A l'eau, les hommes! Vêtus de toile goudronnée, ils marchent et nagent à la fois, debout, flottants, solides, pagayant des deux bras. Ils déposent leurs filets sur le rivage, prennent je ne sais quel paquet de hardes, et vont rejoindre au large cette caravelle dont la mâture balance et touche le flot.

La mer amène le varech; on reconnaît à leurs veines noires les lames qui l'apportent. Un homme, deux femmes, l'attendent, debout, impassibles. Le vieillard ressemble à Caron. Elles, sombres, le geste tragique, l'air des divinités qui président aux tempêtes, jettent le râteau dans cette mer en furie, sous ces rafales qui promènent par le ciel des lambeaux couleur d'encre.

Sur la jetée, là-bas, la vague s'emporte. On voit de loin tout un peuple, tantôt s'élancer devant elle, tantôt fuir sous la nappe d'eau.

Quand une trouée se fait et que le soleil darde ses rayons, alors ce qui s'éteignait resplendit; les ondes glauques s'illuminent; puis le rideau, ramené pli par pli, dérobe la lumière, et sur notre plage déserte, toujours les trois figures, ce Caron, ces Romaines, fièrement drapés dans leurs loques d'un pourpre noir!

L'âme a besoin de grandeur. Ces belles tristesses des gens qui vivent en présence de l'infini, lui parlent de l'éternelle noblesse humaine. Qu'ils me plaisent, ces fronts hautains et songeurs! Arabes qui marchez dans les solitudes, en présence des mêmes horizons, sur les traces qu'ont formées les troupeaux du cheik Abraham; pêcheurs d'algues, attardés en face de la haute mer, indifférents aux colères de la houle : on sent qu'une aile divine a passé sur vous.

La bande est enivrée. Églantine aux coquilles! mademoiselle Lucy aux crayons! Berthe dans l'eau! M. Nérins sous les bosquets de laurier-rose! les autres où il leur plaît!

Vient un moment où tout doucement on se réunit, où l'on se reconnaît, où l'on s'avoue qu'anéanti par l'extase et le jeûne, on mangerait du poisson cru.

Aussi paraît-elle bien entendue, cette salle voûtée, vrai réfectoire de moines; et bon, ce dîner italien; et serviables, ces braves gens qui nous pressent de goûter à tout!

— Buòno, quèsto! frèsco, quèl pèsce[1]!

Donnez-moi de ceci, rapportez-moi de cela! — Ne faites pas attention, la bande est mourante, mademoiselle Lucy surtout; c'est pour cela qu'elle dévore.

Le soir, dans le salon, on essaye le petit chapeau de la Spezzia; un champignon grand comme la main, que retiennent deux galons cramoisis. Il va bien à tout le monde, excepté peut-être à M. de Belcoster!

1. Bon, ce mets! frais, ce poisson!

DIXIÈME JOURNÉE

Qui a osé dire que les beautés de la création détournent du Créateur? — Cela n'est pas vrai. J'en prends à témoin les premiers gazouillements de l'hirondelle, le chant glorieux du rossignol dans les nuits d'été, et ta prière, ô bande! ces regards tout brûlants de gratitude, qu'à l'aube du jour tu fais monter vers Dieu!

Il faut un miracle pour que la fleur s'épanouisse sous la glace. Dans la tiédeur d'une lumineuse atmosphère, ses pétales, l'un après l'autre détendus, s'entr'ouvrent et laissent le calice répandre ses parfums.

A la plage! à la plage! La mer est radieuse jusqu'à cette limite extrême qu'efface le ciel. Des deux côtés la rive, en un trait aérien, découpe le profil de ses promontoires. Le soleil qui vient de jaillir, marche dans la gloire de sa force. Le flot, à peine ému, marque la grève d'une couleur plus accentuée, comme si un pinceau se fût appuyé tout du long.

Ce matin, point de varech. A peine un pêcheur aborde; il laisse ses filets roux amassés en tas, disparaît, et nous trouvons le rivage sublime ainsi, dans sa solitude, devant l'immensité, sous les sérénités du jour naissant.

Quand elle a bien admiré cette grande toile, la bande

court sur le môle. Ici l'on débarque, ici l'on s'embarque. Les femmes arrivent de la ville, chargées de fagots de lauriers, de corbeilles de fruits, un beau sourire aux lèvres et faites comme des déesses de l'Olympe. Celles-ci, qui chargent sur leur canot du bois, des oignons, des paquets d'herbe avec quelques mauvaises figues, retournent à Calamàra.

— Buon paese [1]?
— Oimè! non c'è un fòglio da dàre a una gallìna [2]!

C'est égal, la bande voudrait bien aller à Calamara.

Un nid au ras de la mer, posé comme une algue sur le flot.

Que voulez-vous, la fantaisie a des ailes couleur du ciel, toutes pailletées d'or; d'un coup de talon elle s'enlève, s'envole et la voilà qui plane, et la voilà qui monte au plus bleu des airs. Que de fois, en ces profondeurs, elle a salué des voyageurs venus de la terre, comme elle, qu'elle n'avait pas connus, que peut-être elle ne reconnaîtrait pas. D'un même élan ils fendaient l'abîme étoilé. Ils ont vu de belles choses en ces régions; ils en ont fait de grandes, et de simples aussi, qu'on ne fait point!

Et tandis que la vaillante et que la victorieuse, quelque flamme au front, nage dans l'éther, une créature misérable, sa sœur, notre vie de tous les jours, vous l'avez nommée, marche tête basse, la chaîne au cou, sur les cailloux du chemin. Elle porte une pauvre robe grise, qu'en maints endroits ont déchirée les ronces; parfois une larme tombe de ses yeux. Elle aussi était belle; mais quoi! les soucis ont plissé son front, la poussière a terni son éclat, les bises froides l'ont flétrie. Elle a tant regardé vers la terre que son corps s'en est courbé. C'est elle qui chaque matin s'assied à notre chevet; c'est elle que nos yeux rencontrent quand ils

1. Bon village?
2. Merci de moi! il n'y a pas une feuille à donner à une poule!

s'ouvrent, et c'est parce qu'ils la rencontrent qu'ils se referment, et que, la sachant là, qui nous attend aujourd'hui, comme elle nous attendait hier, comme elle nous attendra demain, notre sang se fige, une détresse nous étreint le cœur.

Eh bien, à certaines heures, la conquérante qui s'ébat là-haut, tout enivrée de liberté; cette souveraine prend pitié de la créature chétive qui se traîne dans la fange de notre monde. Du centre d'un de ses orbes radieux, elle plonge résolument, saisit sa sœur, étend son aile, et les voilà parties pour le pays du soleil. Alors un flot de lumière colore ce front pâle, alors ces yeux éteints retrouvent une étincelle, alors la tête se relève, le corps se détend, des rayons ont illuminé la robe, et quand elle redescend, la pauvrette, quand son pied touche le sol, on voit à son sourire, on voit à sa fière allure, on voit à sa vigueur juvénile, on voit qu'elle aussi a eu son jour de fête, qu'elle aussi, a traversé les régions de l'idéal.

Et Calamàra? — Bah! on n'y pense plus.
Et les coquilles? — On en ramasse à pleines mains! Nos jeunettes se sont administré deux acolytes, deux petits mousses à mine avenante, qui travaillent comme dix. On les trouve dans le sable, les belles coquilles, on les détache de la quille de quelque vieux bateau; il y en a de nacrées sous une écorce brune, il y en a de bigarrées, il y en a de ciselées, il y en a de transparentes comme l'albâtre; celles-ci s'enroulent en cornets, celles-là se hérissent de piquants. Voyez les porcelaines, et ces peignes à deux valves, et ces stries incarnat. On en fera des bracelets, on en fera des parures! — On n'en fera rien du tout, mesdames, mais le plaisir d'emmagasiner!

En voiture!
C'est ce matin, que le Chef a de la peine!

— Églantine!

— Me voici. — M. de Belcoster tourne la tête, Églantine détale du côté des petits matelots.

— Mademoiselle Lucy!

— Me voilà! — Ah bien! courez après! — Mademoiselle Lucy, qui voit qu'Églantine n'est plus là, vire de bord, et croque je ne sais qui, derrière je ne sais quoi.

— Madame ma femme!

— Je suis prête! — Mais les autres ne le sont point, et madame sa femme retourne à l'eau.

— Mademoiselle du Rouvre!

Pour celle-ci, bien fin qui l'apercevra! Elle a pris son pasteur, elle a pris sa résolution, elle est au marché, elle est en mer, à Calamára, à Porto Venere, bref, elle n'est pas là.

— Mademoiselle Hélène!

— Monsieur, si tout le monde restait, comme moi, fidèle au poste, nous roulerions en voiture depuis une heure.

— Mademoiselle Berthe!

Mademoiselle Berthe arrive, sa robe pleine de coquillages :
— Personne! J'ai le temps. — Partie.

— Mademoiselle Dora!

Comme mademoiselle Hélène, inébranlable au devoir.

— John!

John pèse et soupèse des denrées quelconques, sur un point quelconque de la ville.

— Eccelènza, se non si pàrte adesso, a mezzodì nòn si può rèndere a Carràra [1]!

— Miséricorde! — Dernier appel : on s'en va! Tant pis pour ceux qui restent! Au revoir!

Ils y sont tous.

---

1. — Excellence, si nous ne partons pas maintenant, impossible d'atteindre Carrare à midi!

Mesdames, regardez bien! Cette eau tranquille est la Màgra! Naguère, la Màgra se passait de pont; les voyageurs aussi. Pour trois averses tombées dans les Apennins, la rivière arrivait en muraille, inondait ses îles et ravageait tout. Quand un tel caprice prenait à la dame, touriste et carriole, plantés au beau milieu du torrent, s'en allaient, celle-ci portant celui-là, souper chez les nymphes de la mer.

En temps ordinaire, c'est-à-dire en temps calme, on attendait sur l'une ou l'autre rive le bon plaisir de messieurs les passeurs! Messieurs les passeurs, escouade peu vêtue, encore moins policée, accouraient à grand bruit. Gaillards de six pieds, avec un menu fretin de facchini, drilles, gars, depuis cinq ans jusqu'à vingt, vociférant, gueulant, mendiant, et des : Eccelènza! et des : Vossignòria! et des bras en l'air, et des cabrioles : — Lasci fare a me! Lasci portare a me! Non credere coloro! Iò buòno, lui cattivo¹!

La voiture, appuyée par ces Hercules, cahotait tantôt à sec, tantôt dans l'eau, jusqu'à ce que le courant montât aux marchepieds, montât aux portières, remplît l'intérieur. Alors les voyageurs, éperdus, criant de toute leur énergie, empoignés par ce qui restait d'hommes valides, portés sur les bras quand c'étaient des femmes, jetés à califourchon lorsque c'était le sexe fort, se voyaient *trimballés*, il n'y a pas d'autre mot, à travers les profondeurs du fleuve. Leurs montures, touchées du fouet de la discorde, s'arrêtaient en pleine eau; et de se prendre de parole, et des gestes à tout lâcher! On abordait sur un îlot fraîchement abandonné du flot, que la moindre crue pouvait en un instant recouvrir. Caròzza, voyageurs et bêtes, messieurs les passeurs entassaient tout dans cet étroit espace. Ils étaient abimés, ces honnêtes gens! Ils

---

1. Excellence! Votre Seigneurie! — Laissez faire à moi! Laissez-vous porter par moi! Ne croyez pas ceux-là! Moi bon, celui-ci mauvais!

tombaient, haletants, sur le sable! Un pas de plus, ils ne le pouvaient! A moins d'un renfort d'écus sonnants, ils ne branleraient point! Le voyageur, égorgé, payait. Lorsqu'on l'avait pressuré jusqu'à la dernière goutte, caròzza, voyageurs, guenilleux enjambaient l'autre bras, arrivaient sur terre ferme, et l'on se séparait dans une bourrasque de malédictions.

Cela s'appelait franchir la Màgra.

Ce matin, le torrent paresseux s'étend comme un miroir entre les rives ombragées; il décrit une vaste courbe, et, glissant tout entier sous les arches du pont, va porter à la mer ses ondes vaincues.

Salut! jadis douane de Toscane! Au lieu de gendarmes, une récolte de maïs en occupe les bâtiments.

A gauche paraissent les monts de Carrare : pyramides ravagées dont les écorchures laissent voir la blancheur du marbre. Il y a là des aspects de glaciers : moraines sales, arêtes aiguës, avec les coulées de neige et le grand abandon.

Les dimensions du cirque rassurent mademoiselle Lucy. Mademoiselle Lucy se représentait quelque chose comme une brioche, dévorée à belles dents. Encore une cheminée, bonsoir à la carrière!

Cette forte provision de là-haut lui fait plaisir. Le trésor éparpille jusqu'à nous son abondance. Macadam, boute-roues, piliers, murailles, et les linteaux des portes, et la margelle des puits, marbre, marbre partout, marbre toujours.

Un gaspillage! Que voulez-vous, les riches sont comme cela.

Je n'ai jamais vu tant de beaux pàesètti à cheval sur les coteaux, ni tant de vieilles tours dorées par l'âge, passer derrière le rideau des oliviers, passer derrière les peupliers à feuilles tremblantes.

Tenez, ce village de Lavènza, je le trouve éclatant sous les ardeurs de midi. Son château noir est assis dans sa puissance démantelée, mais opiniâtre. Au loin se dessinent les lignes de la montagne, lavée çà et là d'un trait éblouissant ; tout près, des masures effondrées se jettent leur ombre courte que troue la ruine. Dans l'embrasement de l'aire, le maïs égrené, rouge comme le cuivre, chauffe au soleil ; de petits enfants se roulent sur les tas. Les femmes, au seuil de leurs portes que protège l'avant-toit de roseaux, graves, silencieuses, laissent tourner le fuseau dans leurs doigts. Une charrette descend le pont, une de ces nobles charrettes qui transportent les blocs de Carrare, antique, avec des roues pleines et d'énormes moyeux. Elle aussi cherche le frais ; elle vient s'abriter sous un porche ; les bœufs élargissent leurs naseaux et soufflent ; le paysan qui les conduit s'appuie contre le timon relevé, pensif, une tête de pâtre grec !

Tout cela vibre de lumière, avec cette mélancolie de la plénitude du jour. Une halte où le voyageur s'arrête et regarde des deux côtés.

Ainsi nous arrivons à Carrare.

C'est un chaos splendide. Rochers, ébauches, esquilles, fragments, tout a des blancheurs vierges. Le grincement de la scie qui se promène sur les blocs, retentit du haut en bas de la cité. A droite, à gauche, les ateliers sollicitent le regard ; la brise qui soulève les draperies nous montre un peuple de statues ; larges épaules, têtes gracieuses, un bout d'aile, un torse colossal, quelque lion à la formidable encolure, une Hébé, sa coupe en l'air ! Chaque maître a son palazzo qu'embellit la sculpture. Toutes les nations, luttant côte à côte, pourfendent le marbre en l'honneur du drapeau.

Arrêtons-nous.

Notre cicerone, un maître renard, flaire la gent emplumée et ne demande pas mieux que de la dépenner un peu.

Italia una[1]! C'est de ce bois que nous nous chauffons, mes belles petites dames? On vous en donnera, du civisme, tant qu'il vous plaira!

— Moi! z'ai dou fils avec Garibaldi!

— Oh! ah! vous! deux fils!

— Li doux ainés! Lé premier, il est entré lé second à Melazzo!

On est toujours entré le second.

Les dames, émues, s'arrêtent pour contempler le père du héros.

La bande est artiste? Notre compère va la servir à son goût :

— Ma mère, qu'il a quatre-vingt-dix-ouit ans! Il a conosciu toutes les escoulteurs du monde! Canòva, Thorwàldsen, tùtti, tùtti! Ma mère, zé vi la vous aurais fait voar! mà! il est pas là!

Entrons sous ce hangar. Buste de Garibaldi, cela va de soi, figure loyale et décidée; des colonnes, des urnes, des vases, des dieux, des déesses, des amours de pacotille! Voulez-vous un inventaire? Non. Ni moi non plus.

A dire le vrai, dans ces ateliers qui tiennent un peu de la manufacture, ce n'est pas tel ou tel morceau qui attire, c'est l'ensemble qui éblouit : une abondance de nobles sujets librement exécutés.

Il y a, dans notre monde matériel, des régions de grosse richesse parvenue et de grosse vulgarité banale; il y a des régions que l'art imprègne de ses clartés, tellement que gens et choses en gardent le reflet. Nous traversons un de ces pays-là.

Ces hommes en blouse, dont les mains fortes et délicates

---

1. Italie *une!*

tantôt manient à grands coups le marteau, tantôt font glisser le ciseau sur des contours arrondis ; ces hommes qui poursuivent l'idée, qui l'arrachent au marbre, ces hommes ont des gestes, des regards, des attitudes pleines de poésie et pleines de fierté. A chaque instant on coudoie de jeunes garçons qui rappellent l'admirable tête de Raphaël. C'est un peuple à part; il vit d'autre chose que de son labeur; il respire un air saturé de beauté; des questions d'art et de génie s'y agitent. Jusqu'aux scieurs de ce marbre scintillant qui couvre la terre de paillettes, jusqu'aux conducteurs de ces charrettes à l'attelage sculptural, jusqu'aux femmes qui promènent leurs pas nonchalants, faisant tourner, du bout des doigts, le fuseau chargé de laine, tous ont une grâce antique, presque sévère, tous un regard qui a rencontré l'idéal.

Nous entrons un peu partout.

Tandis que nous regardons, les ouvriers se groupent : Une dépêche! L'armée pontificale a renouvelé, dans je ne sais quelle cité des Romagnes, le massacre de Pérouse!

Pas un cri. Ni menaces ni *furia*. Mais de ces yeux qu'a fatigués le travail, jaillit du feu ; on sent trembler la voix, la main frémissante serre l'outil, un même courant magnétique embrase le cœur.

Qu'allons-nous faire à l'Académie ? En vérité je ne sais.

La cour, dallée de marbre, avec un péristyle que soutiennent des colonnes très sveltes et des arceaux très légers, peut avoir son mérite. Et puis c'est l'ancien palais de la princesse Panfili; et puis c'est ici que la mère de Mèrli, notre guide, a *partori*[1] vingt et une filles, sans compter les garçons !

— On rencontre bien des merles par le monde.

1. Enfanté.

— Des merles ! *il y en a trois !*

— Trois merles ! c'est peu.

— Oun ici, à Carrare, il è moà ! Oun à Paris, il è oun grand Merle ! Oun en Amérique ; celui-là, zé sais pas son sort !

— C'est un merle d'Amérique.

— Peut-être. D'autres, il y a pas ! Trois merles ! pas oun dé plous !

Cependant on se groupe vers cette fontaine ; mademoiselle Lucy la dessine. Des matrones nous ont apporté des tabourets. Une population entoure l'album, ouvriers aux regards vifs, qui lisent couramment dans cette belle langue de l'art, écrite sans mots ; les jeunes filles, leur vase d'airain sur la tête, s'approchent. Toujours sérieuses, comme les *filles d'Alvito* [1], elles posent l'urne sur la margelle ; l'eau jase, chante, monte en tourbillons, verse en nappe ; alors la jeune fille se penche, saisit l'amphore d'un mouvement aisé, la remet sur ses tresses, la soutient des deux bras, et les gouttes, perle après perle, tombent autour de son beau visage.

Voici le colossal Christophe Colomb qui, bientôt, se dressera sur la place de Gênes.

C'est lui, c'est l'intrépide ; les fortes pensées ont sillonné son front ! Ces yeux dominateurs se sont fatigués à chercher la terre nouvelle ; ils l'ont demandée aux profondeurs de l'horizon, ils l'ont arrachée aux obscurités de l'inconnu. Le regard est resté ferme dans les tempêtes, la bouche a souri d'un même dédain aux menaces de l'équipage, aux ingratitudes des cours : vainqueur, et l'âme plus haute que le triomphe !

Voici, blottie à ses pieds, naïve et sauvage, la jeune Amé-

1. Voyez le tableau d'Hébert.

rique. Elle se confie; pourtant elle a les timidités d'une gazelle effrayée. Il l'a rencontrée, il a étendu sur elle sa puissante main, elle est à lui. Oh! si elle n'était qu'à lui! Mais là-bas s'avancent d'autres figures, cruelles, avec des gantelets de fer, avec des croix flamboyantes! Elle se serre contre son maître, la jeune fille; elle a peur.

Ici encore, les artistes, plus émus de Garibaldi que de Christophe Colomb, se pressent autour de la dépêche. Tous ont souscrit pour le million de *fucili* [1]! Ils apportent leur liste; le Chef de Bande y met son nom; les dames y inscrivent le leur. Voilà des Italiens contents! Aussi, cinq jours plus tard, nos hommes montreront l'offrande, soigneusement enveloppée, à M. Nevil, à M. Keuler, au docteur Delmas, trois âmes en peine qui se hâtent après nous.

Alerte les marchands de babioles : — Signòre, Signorine! — Vingt grands gaillards, types magnifiques, accourent avec des assiettes de pêches, de poires, de prunes, de figues; un plein verger de marbre.

Les dames disent non, disent oui, et rient aux grands gaillards. Églantine s'éprend de chaque objet en particulier, et de l'ensemble en général. On achète tout. Au bas de la montée, adieu, bonnets en l'air : Evviva!

Cependant nos voitures s'élèvent sous les châtaigniers, chacune précédée d'une charrette à bœufs, timon relevé, conducteur étendu de son long. Les dames, qui n'ont pas vu les chaînes de remorque, se figurent que ces deux charrettes, ces deux conducteurs et ces quatre bœufs, font route avec elles pour l'amour de leurs beaux yeux. Certes, mesdames, vos yeux en vaudraient la peine! Malheureusement, nos Antinoüs dorment à poings fermés.

1. Fusils.

Sous le capuchon du cabriolet, mademoiselle du Rouvre et M. Nérins ressemblent à deux petits saints dans une coque de marron. Toujours l'éloquence sacrée! Toujours le sermon que fait mademoiselle du Rouvre à son pasteur, sur la manière de faire les sermons.

Tandis que va la théologie, derrière nous la montagne entr'ouvre, pour la dernière fois, son flanc d'albâtre; les baroccini [1] passent rapides, le poulain trottant à côté de sa mère, pendant que les chasseurs, barbus, en veste de velours, fusil sur l'épaule, lancent mainte œillade assassine aux jolies demoiselles que traînent les charrettes à bœufs.

Nous voici sur le point culminant, c'est *la vista*. Notre cocher se lève droit :

> Màssa!
> Salùta pàssa!
> A chi tròppo si stà,
> Bòrsa ghà lassà [2].

Cela dit, il se lance bride abattue.

Ce Màssa est un Éden. Si la bande en avait été le duc ou la duchesse, je vous réponds bien que ni criailleries ni émeutes ne l'en eussent fait déguerpir. Des constitutions! elle en aurait donné tant qu'on aurait voulu, et la république par-dessus le marché. Mais, quitter cette vieille cité du moyen âge, perchée sur ses remparts, avec sa ceinture d'orangers gros comme des marronniers, avec ses fortes murailles d'où jaillissent trois rivières, limpides, irisées, qui bondissent par-dessus les jardins! Abandonner ce palais

---

1. Petite voiture à deux roues.
2.
> Màssa!
> La santé passe!
> Qui trop y reste
> La bourse y laisse!

pourpre, avec ses encadrements de marbre, avec ses bustes que dore le soleil! Non, cela, vous pouvez m'en croire, la bande ne l'aurait pas fait.

Les rues sont pavoisées. Grande nouvelle : Prise de Naples ! Vive Garibaldi ! Des drapeaux à toutes les fenêtres ! Toute la population dehors ! C'est sous l'ondoiement des étendards que la bande fait son entrée.

Jusqu'à cette statue de femme au visage écarlate qui surmonte la fontaine, jusqu'au moine de pierre qui garde la porte Malaspina, chaque statue tient dans ses bras la bannière italienne.

Derrière les créneaux du mur d'enceinte, le château féodal, — il en a vu bien d'autres — domine la scène. Une lumière à la Rembrandt lui jette ses flammes; les oliviers et les cyprès baignent dans les incandescences de l'air.

Jamais cables de frégate ne se tordirent comme font ici les sarments prodigieux qui grimpent aux vieux arceaux, qui enveloppent les vieilles murailles, qui découpent leurs enroulements et leurs volutes sur ce fond limpide si vigoureusement embrasé.

Tout passe et nous passons.

Sur le bord de la route, un grand abbé confère, nez à nez, avec un petit capucin. C'est la nouvelle ! La prise de Naples ne les fait pas rire.

Maintenant les calèches courent dans la campagne.

Vous ne voulez plus de paysages; je le sais. Tenez, vous me lapideriez, vous ne m'empêcheriez pas de vous dire que cette forêt d'oliviers, à ce moment du soir, me rappelle les champs Élyséens, et qu'il y a sur les troncs des lueurs blanches, et qu'il y a sur l'herbe des traînées d'or, et que le sol cuivré de la colline s'allume aux dernières ardeurs du soleil, et que nous allons, comme cela, dans un air tiède, dans une lumière de paradis, et que ces longs promenoirs, toujours les mêmes, sous le bois à demi clair, à demi sombre avec ces odeurs flottantes, romarin, lavande, nous jettent en un monde où tout est splendeur.

La porte fortifiée des États de Modène ne les défend plus contre le progrès. Et voilà qu'un brave abbé, dans son baroccino, va se casser le cou sur les roches, plutôt que de déranger mademoiselle Lucy, qui la saisit au vol !

Mademoiselle Lucy a bien autre chose à faire que de remercier l'abbé. Voyez-vous ce qu'elle met derrière sa porte ? Un petit bout de mer, qui n'y est pas, juste ce qu'il en faut pour faire enrager madame de Belcoster et se gausser des premiers plans.

Qu'on dirait de belles choses si l'heure s'y prêtait ! Elle ne s'y prête point. C'est l'heure où règne l'invisible.

Tout se tait. Il n'y a plus dans le ciel qu'une vapeur rose : on devine l'azur à travers. L'incarnat passe au violet, l'azur au vert pâle. Alors les maisonnettes, enfoncées sous les arbres, s'égayent au feu de sarment qui incendie leurs vitres : les enfants crient et gambadent ; au sein des ombres croissantes se dressent les montagnes couleur d'étain. Les grands oliviers continuent d'épandre çà et là leur chevelure abandonnée, la terre de s'assombrir, le ciel de perdre ses clartés, le chemin de courir, les hommes de songer.

Nous avons passé la nuit à Piètra-Sànta, gros bourg bien établi. Notre hôte, d'humeur gaie, s'escrime contre les couvents : la plaie du pays, dit-il.

— Nous autres, à Piètra-Sànta, nous avons vingt-quatre frati ! Douze, ils disent la messe ! douze, ils tendent la main ! Les vingt-quatre, ils mangent comme quatre-vingts !

— Quelles nouvelles ? Que fait le roi de Naples ?

— Le roi ! il proteste !... il est protestant !

— Et le grand-duc ?
— Le grand-duc aussi, protestant !!
— Et le pape ?
— Le pape !... encore oun protestant!
Et le bonhomme de rire.

ONZIÈME JOURNÉE

Ce pays sent la maremme. Nous gouvernons sur Viareggio, notre dernier port de mer.

Tant que va le regard, plaine sans fin! Des fossés larges et profonds que remplit une eau stagnante, coupent les plantations de maïs. Quelque ligne de peupliers laisse frissonner son feuillage le long des canaux. Étendez là-dessus cet azur égal que renvoient, on le dirait, les déserts de la mer aux déserts du ciel, vous aurez l'aspect.

La chaussée file en un trait droit. Toute la vie s'y est réfugiée. Des charrettes combles de roseaux, des bœufs si bien enfouis sous ces meules branlantes qu'on ne voit plus que leurs grandes cornes avec leurs grands yeux; des femmes, le mouchoir replié sur la tête, qui marchent en escouades, d'un geste aisé relèvent la jupe et découvrent leurs pieds nus : on ne rencontre que cela. Cela suit la route sans parler, sans chanter; rien, pas même le vol d'un oiseau ne rompt le silence absolu.

Mademoiselle Lucy se sent empoisonnée. Elle a respiré l'odeur d'un champ retourné, c'est l'exhalaison du marais, elle prend la *malària!* Aussi, pour la guérir, madame de Belcoster lui administre triple dose des *Musées d'Italie;* un fort bon livre. Hier soir, le Grand Chef en a lu trente pages à sa bande, qui dormait tout debout.

Ah! nous sommes des esprits engourdis! Ah! nous nous permettons de sommeiller vers dix heures, après une journée de quinze! Vous allez voir! Florence, Parme, Plaisance, Bologne, tout y passe; et quand c'est fini, on prend *Du Pays,* et quand on a fini *Du Pays,* on prend un vieux bonhomme de volume, dépenaillé, rongé, qui en sait plus à lui tout seul que tous ces cadets de bonne maison! On empile, on compile, on discute, on crayonne. Il vous faudra du temps, messire Chef de Bande, pour rattraper nos érudites!

— Cela va-t-il mieux?
— Si bien que je meurs d'anéantissement! Et vous?
— Moi, j'en vis depuis le déjeuner.
— Où est le panier?
— Le voilà!
— Pas une miette de quoi que ce soit! John a juré notre mort! C'est l'histoire d'Ugolin! il a trop de couleur locale, ce garçon-là!

Tout simplement, depuis deux jours, mademoiselle du Rouvre pratique, à l'endroit des provisions, et en faveur de M. de Belcoster, un renoncement qui menace notre vie.

Il n'y a pas assez de pain, par conséquent il en reste! D'où John conclut qu'il y en a trop! Chaque matin la provende baisse. Les reliefs augmentent chaque soir. C'est trop fort.

— John! aujourd'hui, prenez une montagne de *pagnottes!*
— Une montagne! fait mademoiselle du Rouvre : John, prenez deux ou trois petits pains, tout au plus, les poches sont pleines de croûtons!

John, entre deux, penche du côté de la modération.

— Ah! c'est comme cela! Nous allons voir! portion congrue pour tout le monde! le Chef y passera, mademoiselle du Rouvre aussi! — Ils grignotent, un peu surpris du *peu.* — Monsieur et mademoiselle, il y a ce qu'il y a!

A Viarèggio, notre cocher nous met sur le pavé.

Bande, les viandes et le vin ne t'ont pas appesantie. Cherche la mer, va! chemine dans la poussière, par trente-huit degrés, un soleil à plomb sur la tête, droit devant toi! *Tu feras tant par les journées*, que tôt ou tard tu trouveras l'eau.

La mer nous est apparue. Elle et rien autre, sans sourires, dans son caractère le plus grave. Une jetée, une cabane sur pilotis, une voile blanche au loin, une autre voile, fortement ombrée : près de nous, des côtes si basses qu'elles s'en effacent, une vague qui semble tenir toute l'ampleur de l'horizon, des vagissements uniformes; et nous restons là, et c'est ainsi que dans sa solennité mélancolique, la mer se montre à nous pour la dernière fois.

Jamais nous ne l'avons vue si largement ouverte. A peine un îlot, Vergone, flotte-t-il dans la brume. Les plaines liquides s'étendent sous les plaines célestes; l'immensité répond à l'immensité.

Cependant, le long de la jetée pend quelque filet. Le pêcheur accroupi guette sa proie. Au bout, le flot brise contre les pieux. Des matelots détachent leur esquif. Une nageuse, en robe brune, se laisse bercer par la vague. Il n'y a pas d'autre mouvement.

C'est éclatant de lumière, et cela ne réjouit pas. La splendeur, partout uniforme, écrase plus qu'elle n'éclaire. Une tristesse monte lentement au cœur.

Quand on a bien contemplé, il faut partir.

Si elle osait, la bande pleurerait.

C'est que la mer, c'est l'inconnu : c'est que la terre, c'est le fini; c'est que ces houles bleues portent nos pensées aux rives lointaines, aux plages ignorées, et que dire adieu à ces profondeurs, à ces perspectives, à ces voix, à ces rayonnements, à ces tempêtes, à ce monde sans limites pour se cogner contre le mur de Jacques et contre l'enclos de Thomas, c'est rentrer en prison, c'est voir tomber ses ailes, c'est échanger les grands mystères où flotte la pensée, contre un plan court, arrêté, où chaque arbre, chaque maison, et je dirais presque chaque homme, porte son numéro.

Voici une rangée de fermes modèles. Elles appartiennent au prince Borghèse : des cubes de maçonnerie, pareils, épatés de distance en distance.

L'agriculture y gagne-t-elle? je le veux croire. La nature y perd tout. Quel dommage, au milieu de cette longue avenue de cyprès aux troncs déchirés, avec ces ombres solides, et ces pyramides aiguës qui enfoncent leur pointe dans le ciel !

Ils ne t'ont pas ôté, Sèrchio, ton caractère sauvage! La rivière, qui s'élargit entre les saules, laisse à sec des îlots que fréquentent les hérons. C'est un airain poli, c'est une placidité morbide; tout y dort. Des effluves marécageux y planent sur les roseaux; nulle chanson dans les arbres, pas un trille d'insecte dans l'herbe; et ce silence même, avec ce délaissement, a sa beauté.

Mais, sommes-nous en Égypte? le soleil embrase la tranchée, des travailleurs en costume de fellah, chemise serrée à la ceinture, poussent les brouettes, attaquent le sol, nivellent le terrain ! On se croirait au barrage du Nil. Les mêmes loques splendides couvrent les mêmes hommes; les mêmes prunelles plus noires que la nuit jettent à l'étranger le même regard long et triste; les mêmes physionomies, farouches, comme si le désert d'où elles sortirent leur avait laissé son empreinte, gardent la même fierté native, le même dédain pour la civilisation qui les contraint aux durs labeurs.

Hélas! non, c'est le chemin de fer! il achève de détruire ces bois.

Et tandis que la bande songe, là-bas, en Piémont, les botanistes et le docteur,

Come i grù van cantando lor laï [1],

demandent la bande aux échos :

— Monsieur Bottàchi! avez-vous hébergé une ban... Non, une compagnie de *damigelle, soave, déliziouse* [2]?

M. Bottàchi ouvre ses bras aux botanistes. M. Nardèl montre nos noms au docteur. L'hôte et son secrétaire redisent aux pèlerins l'épopée de la bande. Après, on les fait monter au premier étage sous l'empyrée, au sixième à partir de terre : et ces pourfendeurs de montagnes ont la petitesse de s'en plaindre !

— Les jambes, s'écrient-ils, leur rentrent dans le corps!

Allez, botanistes qu'ont trop engraissés les délices du train express! Allez, prenez la poste, prenez le vapeur!

Cela souffle au tèrzo piàno, et cela se permet de rire aux carrosses de la bande!

Tout à coup, du sein des monotonies de la *pianùra*, des formes colossales se sont dressées.

Pise, le Dôme, la tour Penchée, le Baptistère!

Pourrions-nous bien l'oublier, cette arrivée sur la place déserte, en face des quatre monuments inondés de soleil!

Des larmes ont jailli, les mains se sont cherchées, ce sont de ces instants où une même flèche traverse le cœur.

Plus tard, quand on s'est un peu remis, l'incroyable richesse d'architecture, le dessin, le profil, les détails, tout se dessine dans cet éblouissement.

1. Comme les grues vont chantant leur lai.
2. Demoiselles, suaves, délicieuses!

Le Baptistère étale sur une base unie sa dentelle à jour ; le Dôme avec ses mosaïques, avec ses colonnes de Paros, avec ses portes de Gian Bologna, s'assied puissamment à l'écart ; la tour Penchée, ceinte jusqu'au faîte de colonnettes et de galeries, s'incline et reste suspendue par un miracle d'équilibre, tandis qu'au fond, le Càmpo Sànto, porte verrouillée, garde le trésor de ses fresques.

Mademoiselle Lucy se hâte vers la cathédrale, elle veut toucher les portes de bronze, ces chefs-d'œuvre tant de fois étudiés. Mademoiselle du Rouvre se précipite vers la tour ; elle veut s'élancer au sommet, là où le dernier balcon surplombe, et avoir le vertige, peur, tout.

Les autres contemplent.

Coup de sifflet ! — De terre, des dalles, de je ne sais où, sort un guide.

Alors on avance dans cette belle nef du Dôme. Et la bande s'attarde aux caissons dorés, aux mosaïques de Cimabüé, aux anges du Ghirlàndàjo, aux Vierges du Sarto. Elle s'arrête devant la lampe révélatrice de Galilée. Voici des colonnes en porphyre, venues de Jérusalem. Voici des bas-reliefs de Jean de Pise. Comme c'est fouillé ! Avec quelle vigueur ces hommes, sévères envers eux-mêmes, contraignaient la matière de se ployer à leur volonté !

Voulez-vous m'en croire ? Allons à l'aventure ; dans cette lumière violette, écarlate, d'un vif azur, d'un jaune limpide, selon que le soleil traverse les vitraux d'améthyste, de rubis, de saphir ou de topaze.

Et quand vous aurez bien passé sous les arcades aériennes, et foulé le parvis que soulèvent les tombes armoriées ; quand le sacristain vous aura, malgré vous, introduit dans chaque chapelle, écartant le rideau devant chaque image, et que vous aurez regardé toutes les madones et compté tous les saints, venez, entrons au Baptistère !

Le Baptistère, d'un style plus grec que chrétien, est sobre

d'ornementation, exquis d'élégance; il a une cuve merveilleuse: une chaire, le chef-d'œuvre de Jean de Pise; des médaillons d'un caractère antique, avec des chapiteaux où l'on voit Diane chasseresse, Diane au pied léger, courir après ses chiens.

Le sacristain, de sa voix pleine, jette trois notes sous la voûte; elles montent l'une après l'autre, en trois accords; elles se nouent au faîte : mode majeur, éclat de triomphe; mode mineur, pleurs d'anges! Cela s'élargit comme les orbes dans l'eau; cela fait vibrer les parois de marbre, puis cela s'assoupit, cela meurt au loin, et de faibles échos redisent l'accord en le brisant. Notre sacristain, qui voit la bande extasiée, fait de son mieux. Il écraserait un serpent de paroisse sous ses magistrales intonations. Sans M. de Belcoster, nous y serions encore.

Nous voilà dans le Campo Santo. Cinquante vaisseaux apportèrent de Judée la terre sacrée que vous voyez. Rien de pareil à ces galeries du haut en bas revêtues de fresques des anciens maîtres, avec des sarcophages antiques, des morceaux de sculpture qui sont des pages d'histoire : tombeaux du moyen âge, monuments funéraires de l'art moderne, plans de ville, bustes, colonnes entassées le long des murs, tandis que les arceaux brodés d'étoiles à jour, portés par des colonnettes travaillées comme des bijoux d'orfèvrerie, s'ouvrent dans le bleu du ciel. Une clarté tempérée vient caresser les vieilles peintures aux tons effacés. Là nous trouvons Orcagna, son *Triomphe de la Mort!* Elle fauche les enfants, elle moissonne les belles vies, elle laisse les misérables et les rassasiés de jours. Voici le *Jugement dernier :* moines que tiraillent anges et diablotins, évêques dans les flammes, papes au pilon, et parmi tant d'autres, une tête de Napoléon Ier, étonnante de vérité.

Vous ferai-je la nomenclature de ces richesses? Non ; marchons ensemble; touchez de vos mains les chaires du port de Pise, du *port*, entendez-vous, prises en 1300. Voulez-vous l'Orient? regardez cet hippogriffe; les Pisans, aux jours de leur puissance, l'enlevèrent aux Sarrasins! Voulez-vous la Renaissance? voyez ce médaillon tourmenté par Michel-Ange! Voulez-vous de l'art moderne? arrêtez-vous et contemplez ce tombeau; Thorwaldsen l'a sculpté : c'est d'une paix qui fait penser aux sérénités des nuits d'hiver.

Et maintenant que nous avons lentement suivi les corridors, devisé devant chaque peinture, montons à la tour.

Tient-elle bien? Ni mademoiselle Hélène, ni la petite Églantine n'en sont très sûres.

— Vrai? demande mademoiselle Hélène. Elle n'a plus bougé?

— Eh! pochìno [1]!

— Alors je n'y entre pas! C'est que, voyez-vous, dix, onze personnes avec le guide! Je ne ris point! Une goutte d'eau...

— Fait dégringoler les tours! on sait cela.

— Elle a branlé! je l'ai senti!

Pourtant mademoiselle Hélène enfile bravement l'escalier; la bande suit en appuyant du bon côté. Plus on s'élève, moins se fie Églantine; ces minces barrières au travers desquelles passerait fort bien un homme, ne sont pas pour tranquilliser l'imagination. Et lorsque, décidément, chaque anneau que forment les balcons, nous ramenant en surplomb dans le vide, la base fuit derrière nous; une sorte de malaise nous prend, comme si quelque géant malin nous tenait suspendus dans les airs, au bout d'un fil d'araignée.

Arrivés au sommet, car on y arrive, Dôme, Baptistère, tout s'idéalise. La campagne où pas un détail n'arrête le

1. Eh! un *petit* peu!

regard, s'étend vers les horizons lointains que n'accidente pas un repli. C'est solennel comme le désert, c'est morne comme des lieux habités qu'a délaissés la vie.

En bas, une apparition nous attend : pénitent noir plié dans sa cagoule, deux trous lugubre, à la place des yeux! Le pénitent secoue sa tire-lire : *Per le loro anime*[1]! — La bande donne : — *Per i loro poveri*[2]!

Une légion de mendiants nous assiège, une légion de calèches nous accompagne. De l'argent aux mendiants. Aux voitures : *Via, via!* — Les uns, pas plus que les autres, ne l'entendent ainsi. Les guenilleux jaillissent du pavé; chaque moneta[3], comme les dents du dragon, fait lever un homme! Les voitures emboîtent le pas.

— Montez, messieurs!
— Non.
— Il è trop lontan, dè ci, à l'auberze!
— Laissez-nous tranquilles.
— Fà escouse, signor! mountez, eccelènza!
— Non, non, et non! — Après quoi, la bande, sciée vivante, s'établit dans les voitures.

Elle passe devant l'ancienne cathédrale, beau fronton à cent colonnettes; elle passe devant le palais Làmprédùcci, façade sévère que dessina Michel-Ange; elle passe devant la Spìna, joyau travaillé comme de la guipure, avec ses rosaces, ses clochetons et ses douze apôtres; elle arrive à l'hôtel des *Tre Donzelle*[4] : facchìni, mendiants, cochers se précipitent sur ses pas; elle s'engouffre dans le salon, notre horde s'y casse le nez. Ouf!

John n'a pas tort : ces gens-là sont *indiscrets*.

Quant à mademoiselle du Rouvre, elle déclare Pise admi-

1. Pour leurs âmes! (en purgatoire).
2. Pour leurs pauvres.
3. Pièce de monnaie.
4. *Trois Demoiselles* (Pèvèràno).

rable ! mais, plutôt que d'y respirer une minute de plus, elle préférait jeter un pot d'eau sur le feu de Vesta, quitte à se voir murer, telle quelle, dans une tombe, avec deux pagnottes pour passer la première faim, une cruche de vin d'Asti pour tromper l'ennui, et un lacrymatoire pour conserver ses pleurs !

Donc, allons-nous-en.

Allons-nous-en ! ce n'est pas si facile. Sur la porte, une escouade attend la bande.

— Mònsu ! z'ai lévé le baùli de lègni [1] !

Buòna mància [2].

— Mònsu ! z'ai porté lé baùli par terre [3] !

Buòna mància.

— Mònsu ! z'ai entré lé baùli dans lé magazin [4] !

Buòna mància.

Les deux portiers s'avancent, et touchant du doigt leur casquette galonnée :

— Mònsu ! nous avons gardé li zéffets [5] !

Buòna mància.

Les valets de chambre, sommeliers, garçons de vaisselle, cuisiniers, maîtres-queux et marmitons se dévallent sur l'escalier :

— Mònsu ! lé service il è pas sùlla note !

Monèta dessus, dessous, partout, est-ce tout ?

Oh ! que non pas ! Une invasion de bras, de jambes, de nez, de profils crasseux, sur le marchepied, sur le siège, devant, derrière ! — John se prend la tête à deux mains :

---

1. Monsieur ! j'ai enlevé les malles des voitures.
2. Bonne main.
3. Monsieur j'ai mis les malles par terre.
4. Monsieur ! *j'ai entré* les malles dans le magasin de l'hôtel.
5. Monsieur ! nous avons surveillé les effets.

— Quel pays! quels indiscrets! Granges, Valpeyres et Montvéran, peut-on vous quitter pour voir ça?

Monèta, monèta, à vous, à toi, à nous! Vrai, M. de Belcoster, dans son trouble, donne l'aumône à sa propre bande! Cette fois, nous roulons.

A la gare on retrouve l'ordre; on y rencontre des manières doucereuses, avec quelque afféterie. Bah! la politesse a son prix; c'est un fruit d'ailleurs qui tend à devenir exotique, n'en disons pas de mal.

La foule, une foule discrète, circule dans les galeries couvertes. A peine si l'on surprend, sur ces lèvres un peu précieuses, quelques murmures aux consonnes effacées. Le *tchi* caractéristique fait place au *ci* français. Les Toscans auraient eu mauvais jeu le soir des Vêpres siciliennes! En revanche, l'*h* aspirée, à la tudesque, râcle tous les gosiers. Elle me froisse l'oreille : c'est comme une chope de bière jetée sur des orangers en fleurs.

Trois soldats de Garibaldi attendent comme nous. Ils reviennent de Sicile. Des trois, celui qui parle le plus nous plaît le moins. Il se plaint de la guerre, et des Siciliens :

— Il pese di quèsti, sarà più grave di quel dei Borboni [1]!

Le second, pâle, tremble la fièvre, se tait, et promène çà et là ses grands yeux caves.

Le troisième, figure énergique, très jeune, une tristesse mortelle sur les traits, appuie au banc sa jambe brisée. La souffrance a creusé son visage. Toutefois le malheur suprême, pour lui, ne vient pas de la douleur. Tant que son compagnon jase, il laisse errer un œil distrait sur la foule; ces choses, on le dirait, ne le concernent point. Mais lorsqu'un de ces consolateurs fâcheux dont la terre est semée, gros garçon

---

[1]. Le poids de ceux-là, sera plus lourd que celui des Bourbons!

bien membré, vient d'un air gaillard, toucher sa béquille et lui crier : — Tòsto guàrito¹! e ritornéra¹! — Le blessé pâlit, lève la tête, serre les lèvres, jette un regard morne sur son membre perdu, et répète, d'une ironie désespérée : Sì! tòsto ².

Sa jeunesse est finie, il le sait ; la suite des jours monotones se déroule devant lui. On se battra, on prendra des villes, il y aura des bruits de camp, Garibaldi secouera l'étendard d'Italie, les jeunes hommes y voleront par milliers, et lui, vieux à vingt ans, il les verra passer, courbé sur sa béquille! — Ce sont des amertumes sans nom.

Va, Jésus te saura bien rencontrer! Il ne peut pas te laisser ainsi!

Les dames de la bande murmurent au blessé quelques paroles consolatrices; une main s'avance avec le livre des Évangiles; le jeune homme sourit encore (cette fois le sourire s'est détendu); il prend le livre et le cache dans son sein.

— E per ingràti ³! — répète le garibaldien beau diseur.

Alors une voix grave, celle d'un homme sec, maigre, au profil dantesque, articule, comme s'adressant à soi-même, cette sentence que suit un silence absolu : — Quello che ritorna indietro, sempre si lagna ⁴!

Où nous met-on? dans un box.

— Dites donc, les employés! nous ne sommes pas un troupeau de moutons! Il y a bande et bande.

Un conducteur mielleux se présente :

— Favorisca, i bolettini ⁵!

1. Bientôt guéri! Vous y retournerez!
2. Oui! bientôt.
3. Et pour des ingrats!
4. Celui qui retourne en arrière, toujours se plaint.
5. De grâce, vos billets!

Bon! il va nous ouvrir, nous caser ailleurs.

Lui? il ferme à double tour!

Le convoi part, revient, repart, revient; une demi-heure comme cela! Boum, boum, boum. Cette fois nous y sommes.

Mais as-tu considéré, Bande, que te voilà réunie, toi qui, depuis Gênes, voyageais partagée en deux! As-tu compris ta fortune! et que ces archicourtois Toscans t'ont mise, tout exprès, dans une boîte à bêtes, pour favoriser l'*unità bandesca*.

Mademoiselle du Rouvre, il faut que je vous embrasse! Vous, les jeunettes, venez çà! Se retrouver, nous seuls, est-ce assez de bonheur? On se fait visite, on s'établit, en l'air, debout, assis; la belle chose qu'un box! Tout à coup, la clef grince dans la serrure. L'employé qui a favorisé l'*unità bandesca*, fait glisser la porte; un jeune homme, mince, blême, barbe rousse, lorgnon dans l'œil, entre, et s'assied gravement en face de la Bande.

Si vous voulez savoir ce que signifie le mot figé, regardez-la.

Elle a pris ses livres, elle plonge aux profondeurs de l'étude : peinture, histoire, géographie, statistique, ce qui vous plaira! bien embarrassée serait-elle, si on l'interrogeait. Au surplus, elle lit dans son propre cœur : — Que vient-il faire ici, cet individu? s'imposer à nous? Tant pis pour lui!

Tandis que la bande nourrit à l'endroit du prochain ces sentiments d'une bienveillance toute chrétienne, le jeune homme, qui se promettait un voyage enchanté, décompte et se reploie en son coin. Il a laissé tomber son lorgnon; il a vainement promené des regards fort modestes sur les dames, puis sur les messieurs; huit nez dans huit volumes!

Enfin, la conscience se réveille, on tourne un peu la tête, on voit ce pauvre garçon transi : — Monsieur, quel singulier compartiment! est-ce bien un wagon?

Voilà un jeune homme content! Mille civilités, et que c'est

bien un wagon, mais que le convoi, train de marchandises, ne prend les passagers que par complaisance; que si l'on sait quand on part (encore ne le sait-on pas bien), on ne sait quand on arrivera, que la compagnie ne garantit ni gens ni bêtes!

Les nez sortent l'un après l'autre des volumes. Ils trouvent à cette voix un timbre assez doux. Cette *lingua toscàna*, si correcte, si bien disante, coule en flots harmonieux des lèvres fines. Le jeune homme, certes, n'est pas beau. Il est mieux que cela. Un visage qu'éclaire la pensée, des yeux fatigués et éloquents; je ne sais quoi de souffreteux, d'un peu chétif; un extérieur très soigné sous lequel perce, semble-t-il, quelque pauvreté vaillamment combattue. — Bref, les livres tombent, les têtes se relèvent, les physionomies reprennent leur bonne grâce, et l'on cause.

Notre jeune homme espère tout de l'Italie, il ne veut rien demander à l'entrainement. C'est une de ces intelligences qui croient résolument aux victoires de la vérité. Ses prunelles un peu pâles ont je ne sais quel éclat phosphorescent, comme si le regard voyait par delà.

Il n'est pas protestant, notre jeune homme, il ignore jusqu'à l'existence des petites communautés évangéliques de Florence; toutefois il connaît la Bible, elle est pour lui le souverain émancipateur des peuples. Quiconque devient fils de la Bible, apprend à se gouverner soi-même; qui se gouverne, mènera le pays. Telle est sa thèse :

— Non sarà quella, l'opera d'un giorno! opera di generazioni! Non lei, non io, i nipoti nostri, vedranno quel trionfo[1].

Quant aux classes illettrées, dit-il, le réveil de l'Italie

---

1. Ce ne sera pas l'œuvre d'un jour! ce sera l'œuvre de générations successives. Ni vous ni moi ne le verrons. Nos descendants, eux, assisteront à ce triomphe.

n'excite pas leur enthousiasme. Les còntadìni regardent faire la révolution; ils ne la font point. Les còntadìni appartiennent encore au *frate* qui les confessent, au clergé qui les marie, au curé qui les enterre. Manger, dormir, gagner bon an mal an ce qu'il faut d'indulgences pour ne pas trop languir en purgatoire, le paysan se contente ainsi. Mais, à cette heure, tout va changer. Le grand-duc est parti, Victor Emmanuel arrive, les capucins s'arrachent la barbe, les curés annoncent la fin du monde, le sànto Pàdre fulmine des excommunications; on n'en vit pas moins, la terre tourne toujours, les oliviers donnent leurs olives, le còntadìno s'en aperçoit, demain il enverra ses fils aux écoles laïques : ses petits-fils, après-demain, seront émancipés!

Notre patriote, tout brûlant de l'ardeur de ses convictions, reste calme en apparence, presque froid. L'âme seule rayonne. La voix, le geste, rien, sauf l'éclair des yeux, ne trahit l'émotion.

Lorsque le grand-duc a quitté Florence, une population maîtresse d'elle-même remplissait les rues et les places. Pas une insulte, silence de mort! Et c'est au milieu de ce reproche muet, d'une si fière éloquence, que le souverain a franchi la limite de ses États.

Lorsque je songe à cet exil, le revirement des choses d'ici-bas me revient en mémoire. Je revois une prison, un *ergàstolo*, comme ils disent. Je marche le long d'un corridor sur lequel ferment des portes verrouillées; chacune est munie d'un judas qui s'abaisse du dehors, à volonté, de sorte que le captif n'a pas même la possession de soi. J'entre, sur les pas d'une religieuse, dans un de ces cachots. Une femme est là, digne et triste. Son front rasé se dérobe sous l'ignoble coiffe de toile rayée. Ses membres endoloris s'enveloppent dans une espèce de sarrau. Cette femme a commis le crime de lire la Parole de Dieu. On l'a violemment tirée de sa maison, on l'a traînée devant les tribunaux, on l'a séparée de son mari, jeté, lui, à trente lieues de là, dans un autre ergàstolo! Elle est calme, elle prie, elle attend. Tout ce tableau s'éclaire devant moi. Alors je me dis que les petites pierres détachées de la montagne font crouler de grosses statues, et que ces deux petites gens, les Madiaï, et que cette infamie de leur emprisonnement, pourraient bien avoir brisé jusqu'à la réduire en poudre, la royauté grand-ducale, défendue par l'aigle autrichienne, de l'ongle et du bec.

Florence! La gare! Point de voitures. A force de chercher, on découvre deux carcasses attelées de deux squelettes. Les dames là-dedans, les *baùli* par-dessus, les messieurs à côté, les facchìni par derrière, des haillons tant qu'on en veut, et dans ce galant équipage, on longe les quais où se croisent les carrosses armoriés qui volent aux Cascines. Toilettes à fracas, livrées à l'italienne, de l'argent, de l'or, du bleu, du jaune, et des galons et des couleurs, à crever les yeux! Les cavaliers font caracoler leurs anglais pur sang, les élégantes agitent languissamment l'éventail. Je vous laisse à deviner quels regards tombent de ces hauteurs sur la pauvre bande.

Par bonheur, un télégramme a prévenu l'hôtel d'Angleterre; sans cela, bande, en dépit de ta distinction native, et de tes beaux yeux, et de tes printemps, et de tes automnes, on te laissait bel et bien à la porte.

Croyez-moi, l'affaire du logis est une grosse affaire; ce soir, Madame de Belcoster en perdra la tête.

— Un letto quà! un altro là! Per la signorina, quel gabinetto! per la figliuola, quel sofa! per l'amico nostro, questa camera! per le sorelle, quel salotto [1]!

---

1. Un lit ici! un autre là! Ce cabinet pour mademoiselle! pour ma fillette ce sopha! cette chambre pour notre ami! pour les deux sœurs, ce salon!

C'est fait. Chaque pièce a son dégagement; les sœurs sont avec les sœurs; le salon donne sur l'Arno; tout va bien, prenons du bon temps!

Sur ce, mademoiselle Hélène paraît, le visage illuminé d'un de ces rires splendides qui éclairent la bande.

— Madame la Bête au bon Dieu, venez un peu voir le résultat de vos combinaisons!

Madame de Belcoster, troublée, suit mademoiselle Hélène; elle entre dans la chambre de mademoiselle du Rouvre, et voit une barcelonnette, garnie de son capuchon de soie verte!

La bande accourt. Jugez de l'effet!

Églantine seule ne le prend pas en gaieté. Son indignation se hausse à la proportion de l'offense.

— Un berceau! à moi! Si l'on croit que je coucherai là dedans!

Oh! pour cela, à moins de lui couper la tête et les jambes, je l'en défie.

On retourne au salon.

— Mesdames, puisque nous sommes à Florence, — c'est le grand chef qui parle, — nous ne ferons pas mal de renouveler nos souvenirs historiques. Qu'en pensez-vous, monsieur Nérins?

M. Nérins, immobile dans un fauteuil à dos renversé, se redresse et crie à tout hasard :

— Bien! très bien!

— Qu'en pensez-vous, mesdames?

— Moi, répond mademoiselle Lucy, je trouve que M. de Belcoster a raison! Quand on ne sait rien, on voyage comme des oisons bridés. — Là-dessus, mademoiselle Lucy prend un flambeau, l'allume, et d'un accent très doux :

— Bonsoir, mesdames, je suis un peu fatiguée; à demain.

— De l'histoire, s'écrie mademoiselle du Rouvre! Ah!

certes. Oui, monsieur! des chiffres, des dates, le passé, le présent, l'avenir, nous vous écoutons!

Les demoiselles bien sages disent comme mademoiselle du Rouvre. Il n'y a qu'Églantine qui bâille, avec sa tante; mais sa tante lui fait de gros yeux.

« Florence, capitale de la Toscane! Ce beau pays, qui avait subi le sort commun à la plupart des autres États italiens.... ». Une demi-heure comme cela; après quoi :

— Mesdames, un petit examen, pour s'assurer qu'on écoute.

Mademoiselle du Rouvre n'ose pas dire non, les jeunettes n'osent pas dire oui.

— Combien y a-t-il de ponts à Florence?
— Douze!
— Pas tant; quatre. Combien d'habitants?
— Trois cent mille!
— Pas tant; soixante et dix mille. Comment s'appelle le dôme?
— Eh! il s'appelle dôme!
— Non. Il s'appelle Santa Maria de' Fiori.
— Fior! Flor! Florence! que la science est belle!
— Nommez quelques églises?
— Santa Maria Novella!
— Qu'y trouve-t-on?
— On y trouve des confitures et des moines!
— Parfaitement! Passons à San Lorenzo. Que voit-on dans la chapelle?
— Le gril de saint Laurent!
— A merveille.

Parlez-moi de s'instruire.

DOUZIÈME JOURNÉE

C'est jour de marché. Les còntadìni remplissent la place du palazzo Vecchio. Au-dessus du pavé des têtes, les statues. Le bronze ici règne en roi.

Que ne puis-je vous montrer la *Lòggia* de Lanzi, et sous les arceaux largement ouverts, le *Persée* de Benvenùto, la *Sabine* de Gian Bologna, l'*Esclave antique*, le *Centaure*, toutes ces lignes pures qui s'enlèvent dans une douce clarté.

Còme de Médicis, fièrement assis sur ton cheval, tu considères tes Florentins. Qu'en dis-tu? Aurais-tu voulu, toi, d'*une Italia ùna!* Et que penses-tu de ce petit duc de Savoie, qui met la main sur tes trois boulets [1]!

Quoi que tu en aies écrit, Benvenùto, l'*Hercule* de ton rival Bandinelli n'est pas sans grandeur. Il foule bien *Cacus*! On lui demanderait vainement cette élégance que tu as dérobée aux Grecs; il a les brutalités d'un barbare; mais, pour être grossière, cette expression de la force n'en garde pas moins sa beauté.

La tour du palazzo Vecchio domine tout, crénelée, sans ornements, rude témoin d'un autre âge, alors que les batailles se livraient dans les rues et que les bombes venaient ricocher sur ces forteresses qu'on appelait des palais.

---

1. Armes des Médicis.

Si vous tournez la tête, vous verrez les *Uffizi* prolonger leur double péristyle jusqu'à l'Arno, tandis que les bustes des grands citoyens de Florence : Orcagna, avec son œil inspiré, Pisani, tête magnifique, tant d'autres, se rangent des deux côtés.

Sèrchi! Sèrchi! crient les vendeurs de figues. Ils les ont cueillies dès l'aube, ils les ont étalées sur la feuille odorante, elles s'empilent dans les paniers évasés. Les femmes de la campagne circulent, coiffées tantôt du feutre noir où se balance une plume, tantôt du grand chapeau de paille dont l'aile se renverse pour laisser le front découvert. Des corbeilles d'œufs, de légumes, *negòzi* de vingt espèces s'entassent sous la Lóggia. Pas un des lionceaux qui forment la base des colonnes, pas un degré de marbre qui ne porte quelque groupes de jeunes filles, de vieillards, tous gracieux, tous au parler caressant. Peu de gestes, un murmure plutôt qu'une clameur, ni cris, ni colères : un peuple auquel on aurait mis la sourdine.

Il n'en est point de mieux appris; j'en connais de plus pittoresques. Ces gens-là ressemblent trop aux paysans de chez nous. On dirait des métayers du Languedoc. Ils ont le chapeau-tromblon, ils ont la veste de drap carrément enfilée, la chemise irréprochable, le col bien empesé, un teint blanc, l'air fin, des yeux modérés. Les femmes, vêtues de nos étoffes, indiennes, cotonnades, affectionnent ces abominables teintes sales et ces formes banales qu'on retrouve partout.

En vain vous chercheriez une belle loque; en vain une chevelure bouclée, couleur de charbon, en vain des prunelles de feu! Point de cou brun sous des tresses noires; ni aiguilles d'argent, ni corsets écarlates! Encore moins les poses classiques, l'ampleur du geste, la tête noblement portée! — Italie, nous t'avons laissée avec la mer.

Oh! que je voudrais voir, appuyé contre le socle du *Cen-*

taure, un de ces charretiers de Carrare, et son profil de Phidias!

Le seul original, parmi cette foule de trop bonne compagnie, est un charlatan. Encore a-t-il déposé cuirasse et plumet.

La bande, entre l'idéal et le grotesque, considère ce brave garçon, frais arrivé de son village, qui monte à l'échelle, apporte au Dulcamare une mâchoire d'hippopotame : cric, crac, roulement de tambour! et don Brindolone montre au public une molaire antédiluvienne, ornée de racines plus rouges que des carottes! Le villageois stupéfait, à demi tragique, à demi rieur, comme la bande, tantôt regarde la foule, tantôt le charlatan, tantôt sa molaire, tantôt le tambour.

Mesdames, voici le palazzo Vecchio!

On entre dans cette cour mauresque où chante la fontaine. On passe au milieu des colonnes sculptées par Michelotto Michelozzi.

Vous semble-t-il pas errer aux limites de ces régions, entre l'histoire et la fantaisie, où tout ce qu'il y a de charmant et d'inusité vous fait cortège?

Pour un instant, vous vivez d'une vie antérieure. Ce n'est pas le souvenir, ce n'est pas l'érudition ; jamais les livres ou la mémoire ne vous feront éprouver ce que vous sentez. Vous appartenez à des siècles évanouis; les effluves du passé vous pénètrent ; vous laissez les traits classiques, ou bien ce sont eux qui vous laissent, et vous marchez dans l'atmosphère du temps, tout imprégnée de ces petites choses qui sont le caractère même et la couleur.

Que vous dirai-je? un parfum respiré, un souffle venu je ne sais d'où, et votre âme fourmille d'idées, votre esprit d'images qui appartiennent à cette ère-là. Les maisons à pignons avancent leur toit où grincent les girouettes; vous vous jetez de côté pour laisser passer le grand-prévôt avec ses hommes d'armes ; ce fier-à-bras dont les bottes à canon tiennent la moitié de la rue vous heurte du coude, vous entendez son épée qui sonne sur le pavé. Puis il vous vient des refrains de vieux noëls. Des figures se détachent de leur fond d'or, des vierges au voile chaste, leurs longues paupières baissées vous frôlent, enveloppées de leur nimbe lumineux !

Cependant les tours s'élancent. Les palais en pierre de roche, les portes bardées de fer, les lourds anneaux où pend encore un bout de chaîne, ces vestiges d'une existence à la fois puissante et sévère, tout s'est réveillé. La Florence des républiques se tient debout, comme par enchantement.

Prenons les rues, allons toujours ! L'oratoire d'Or San-Michele, bijou d'un art exquis et sobre, nous arrête un instant. Voilà le Duomo, le Baptistère, le Campanile.

Vous savez ce que c'est que de contempler : le regard plus haut que ne vont les hirondelles, la bouche muette, à peine une de ces explosions qui ne s'écrivent dans aucune langue.

Ce qu'on voit ? Un azur profond, des lignes parfaites, l'énergie des maîtres jusque dans les infiniment petits ; et puis cette pensée qui sort tout à la fois, complète, sûre d'elle : cet élan tout d'un souffle, de la terre aux cieux.

Le Dôme est bien florentin, revêtu de sa mosaïque en deuil, solidement enraciné. Il ne ravit point comme sa blanche sœur de Milan aux éblouissantes pyramides ; il ne fait pas rêver d'Orient comme le Saint-Marc de Venise ; il n'étale pas les richesses merveillleuses de la cathédrale de Pise ; il a sa splendeur austère ; il s'inquiète peu de charmer. Un étonnement triste, où palpite l'admiration, c'est tout ce qu'on sent devant lui.

L'intérieur, froid, affecte une sorte de lourdeur dédaigneuse. La grande Méridienne, celle qu'ont foulée de leurs pas tant d'hommes historiques, jette en diagonale son trait rigide sur le pavé que le soleil, à ses heures, marque d'un rayon d'or.

On n'arrive pas sans peine au Baptistère, défendu contre les curieux par le bric-à-brac de la ville et des faubourgs. Sur un étalage, des Bibles de tous les formats se vendent publiquement. Là, entre le Dôme et le Campanile ! Il s'en achète par centaines.

Laissez faire, ce petit livre avancera plus la cause des libertés publiques, il rendra l'homme plus capable d'indépendance que tous vos congrès et que tous vos bataillons.

La bande, qui s'est mise par terre au milieu des chaudrons, des chenets, des vieux coffres et des vieux fers, parvient, en traînant un peu sa grandeur dans la poussière, aux fameuses portes de Ghiberti : Les portes du paradis ! Ainsi les appelait Michel-Ange.

Le regard se rive aux bas-reliefs. — Belle époque, le temps où l'homme imprimait sa conviction à l'airain; où l'artiste, enfermé dans sa forge, attaquant le métal, ne se contentait pas à moitié; où il n'usait d'autre procédé que celui d'un implacable duel avec la matière inerte; tellement qu'une part de son âme entrait dans le bronze en fusion, et que vous la saisissez, et qu'elle vous parle aujourd'hui comme alors !

S'il faut arriver aux détails, je préfère les médaillons de l'Ancien Testament à ceux qui représentent les scènes de l'Évangile; ils ont plus d'emportement, plus de lumière s'y joue, ils sont moins encombrés.

Notre siècle paresseux se détourne au moindre effort. La difficulté, même lorsqu'elle est vaincue, le fatigue. Si vous me présentez les cent têtes de l'hydre à couper, je me sauve à toutes jambes; et si vous jetez devant moi un écheveau embrouillé, je le laisse là. Deux ou trois figures, une ordonnance très simple, à ces conditions je regarde. Dès que vous m'en montrez plus, je ferme les yeux.

Nous avons admiré les fleurs et les feuilles enroulées avec une grâce attique, et ces bustes vigoureux, si grands sous leur petitesse! Après, nous reculons un peu, nous prenons notre point de distance, et l'ensemble, ce quelque chose de mâle et de caressant, cette splendeur qui émane de tant de beautés réunies, éclate à nos yeux. Chacune, on le dirait, jette son reflet; l'atmosphère, tout imprégnée de leur lumière, ne ressemble pas à cet air morne qui enveloppe nos cités industrielles. Voilà l'attrait suprême de l'Italie, de la Grèce, de l'Égypte, pays de sculpture et de soleil.

Voulez-vous nous accompagner aux Uffizi?

La bande prend ce corridor que tapissent les toiles des vieux maîtres; elle suit les progrès de l'art.

Ce qui nous frappe, ici comme devant le Dôme, ce sont les effluves du beau.

Vous n'avez rien regardé, vous êtes saisi. Des couleurs suspendues, il semble, comme ces échelles de gemmes que jettent les vitraux peints dans la nef des cathédrales, emplissent l'air de leurs traits et vous réchauffent l'âme. Bientôt une toile se détache; elle s'impose, elle commande. Il y a de ces despotismes-là.

Vous les nommerai-je? L'*Homme à la cuirasse*, du Titien, sombre et lumineux. Voyez-vous pas, à sa narine dilatée; n'avez-vous pas compris, à cette contraction des lèvres, que la volonté fond sur l'idée, et qu'elle ne lâchera point! L'œil, fixe, froid, est sans éclair, parce qu'irrévocable est la résolution.

Ce *Joueur de mandoline*, du Moretto! et ce Giorgione! et ce *Cavalier* de Francia, placide avec mélancolie! Autant de chefs-d'œuvre.

Mais tu as laissé glisser vers nous un de tes regards, tête idéale, à demi noyée dans tes cheveux d'or! De quel nom tu l'appelles? je ne veux pas le savoir. Titien fut le peintre. Ce qu'il y mit de son génie, ce que tu révélas de ta grâce, je l'ignore. Cette femme est la beauté même. Souriante, les mains pleines de fleurs, rêveuse, un peu triste, comme si elle regardait par delà l'admiration des hommes, et par delà leurs amours.

Dans la royauté de la vie, elle a le sourire déçu. Ce n'est pas un ange, oh! non; elle habite la terre. Ce n'est pas davantage une idole enivrée d'elle-même; sa pensée, qui traverse l'encens, cherche ailleurs.

Pour moi, mes yeux à peine rencontrent cette femme, son indicible attrait m'a pénétré le cœur. Les autres toiles ont leurs clartés, celle-ci est la lumière.

Tenez, je me place devant *la Fornarina*, et j'oppose son visage fortement peint, ses traits un peu ramassés, sa beauté vulgaire, aux célestes splendeurs de la femme du Titien. Cette tête puissante de *la Fornarina* me rappelle la tête du taureau; elle en a le front bas, elle en a l'œil dur; les attaches du cou sont empâtées; le regard ne révèle ni une idée, ni une passion; je ne sais quoi de court arrête l'enthousiasme. Aime-t-elle, pense-t-elle? son masque d'airain ne vous le dira pas. Chaleur de ton, modelé, tout s'y trouve, j'en conviens; la peau de tigre est incomparable, les mains sont exquises; les hommes se pâment, bien des femmes en font autant; je l'ai vue dix fois, vingt fois je l'ai contemplée, j'ai tenté des efforts prodigieux pour me persuader que c'était sublime, et toujours ce caractère borné, terre à terre, essentiellement prosaïque, m'a laissé ma froideur.

Ne trouvez-vous pas que l'âme, comme le souffle, a besoin d'espace, qu'il faut à celle-là des profondeurs, comme il faut à celui-ci l'air libre? J'étouffe, pour ma part, là où manque la pensée. Je me heurte à des formes; leur impuissance me fatigue, leur silence m'irrite. Sous la figure, il m'est impossible de ne pas chercher l'esprit. Derrière l'enveloppe, je veux rencontrer cet hôte divin, l'homme, qui seul lui prête valeur. Que voulez-vous que me dise un front, des yeux, une bouche parfaite, si pas une idée, si pas un sentiment ne palpite en eux? La beauté! mais en vérité c'est la loger à l'étroit, que de l'emprisonner dans notre charpente humaine.

Pour correct que vous fassiez un visage, s'il n'exprime ni plaisir, ni douleur, ni haine, ni tendresse, ni défaite, ni victoire : rien en un mot; il ne me dit rien non plus. Je porte en moi un type supérieur, qui ne se contente pas du néant; je veux la vie; je ne la veux pas quintessenciée dans l'abstraction, je la veux encore moins empâtée dans la matière; je la veux noble, grande, complète, telle enfin qu'elle m'élève l'âme au lieu de me la dégrader.

Au surplus, le comble de la dégradation, c'est une figure qui trompe. J'ai vu de celles-là. J'ai vu de ces faces aux lignes contrariées, où le regard ne livrait plus les secrets du cœur, où la lèvre n'avait plus de frémissement, où tant d'écritures se croisaient, qu'on eût dit un de ces papiers brouillards, maculés en tous sens, et pas un mot, pas un, qui parle! — Ces masques-là m'ont toujours fait peur.

Ici, dans la salle des portraits, rien de pareil. Le temps jadis était sincère; on ne se gênait guère pour avoir des vices, on se souciait encore moins de les cacher.

Les caricatures de Callot grimacent sur son satyrique facies.

Rigaud, tête haute, ampleur boursouflée, est bien le peintre des honnêtes gens du grand siècle : Hum! mon cher! nous savons notre mérite!

Le visage d'Holbein, affreux, ne ment pas. Grâce à ce pinceau trivial, des hommes de génie nous sont arrivés sous des formes repoussantes; paquets de chair et d'os; des mufles, point d'idée. Allez, allez, Holbein, aplatissez-vous les lèvres, rabattez-vous le front, taillez-vous, en trois coups de hache, un menton de casse-noisette, la bande ne dira pas non!

Pérugin, très sérieux, profil très pur, est l'homme de ses tableaux.

Salvator Rosa! un vainqueur.

Rubens, au chapeau retroussé! un magnifique. Celui-là brassait largement les couleurs; sous ses doigts ruisselaient les brocarts, les satins, les puissants reflets; ces chevelures opulentes se tordaient et laissaient échapper leurs boucles blondes; les beaux corps se ployaient en des attitudes grandioses et souples. Vigueur, exubérance, tout ce qui respire dans cet air superbe, il le possédait.

Que j'aime, Raphaël, ton ovale allongé, ces yeux qui se voilent et ta bouche si triste. Tu as vingt ans, le poids des jours t'accable; ta jeune tête s'est penchée sous l'ardeur de midi. Quiconque, après s'être tourné du côté du ciel, se tourne du côté des hommes, a ce regard abattu. Ce n'est pas une de tes vierges, que tu viens de créer! non. Tu viens d'achever le portrait de la Romaine. Ton génie s'y est épuisé. Vérité des lignes, magie des couleurs, savoir, amour; tu as tout versé sur cette toile; après, tu l'as regardée, tu as rencontré ce visage de pierre, tu t'y es heurté, tu t'y es meurtri, les enchantements se sont évanouis : tu pleures les cieux, tu pleures ce que tu avais entrevu là-haut!

Toi, Léonard de Vinci, toi, l'athlète, tu t'es mesuré avec la vie; tu as été le plus fort. Tu as affronté tout ce qui épouvante cet enfant, et tu as tout traversé. Qu'est devenue ton âme? Dieu le sait. Tu possèdes la science; le temps des étonnements est passé. Rien de ce qui dévore ce jeune homme ne mordra ton cœur. Tu vas seul; la pensée est ton souverain bien; ton large front abrite un monde; tu as étendu tes bras vers tous les horizons; tu as plongé tes mains dans tous les trésors; tes traits respirent une royauté calme et réfléchie;

pourtant une ride profonde creuse ton front : la connaissance aussi, est une vanité!

Regardons la *Niobé*. Transpercée, désespérée sous les fureurs d'Apollon, la mère, résistante, protège encore ses fils. — Après cela, que vous dirai-je; est-ce un effet de la fatalité, du Destin, qui écrase jusqu'aux velléités de l'émotion, ces classiques infortunes ne m'arrachent pas un soupir.

Mais qui donc l'a jetée, cette traînée de lumière sur la mer? Nul autre que toi, Claude Lorrain. Tu es le poète du soleil. Tu embrases la belle Méditerranée sous les feux du jour; tu lui envoies les pâleurs de l'aube toutes moites encore de rosée; tu l'empourpres à l'heure du soir, l'heure où seigneurs et nobles dames descendent les degrés de marbre, jusqu'au flot qui berce les felouques à l'éperon doré.

Venez, la Tribune est ouverte.
Notre bande tressaille. Ce qu'elle va voir lui donne le frisson du respect.
Car la Tribune est un sanctuaire. On y parle bas. A peine se permet-on d'y sentir pour son propre compte. L'enthousiasme des siècles antérieurs y pèse de toute son autorité. L'aspect seul de ces dilettanti, posés, qui sur leurs deux jambes, qui sur un fauteuil, dans les attitudes diverses de l'admiration connaisseuse, vous pénètre de vénération pour ce qu'ils contemplent, de défiance pour ce que vous éprouvez.

Voyez plutôt ce nez pointu, coiffé de bésicles, qui examine par le menu cette toile minuscule (insignifiante, diriez-vous si vous l'osiez), et s'extasie! — Par *a* plus *b*, il vous en démontrera les cinquantes mérites, et que vous êtes un âne.

Deux pas plus loin, un voyageur de conscience, Viardot en main, bouche ouverte, narines dilatées, cherche soigneusement dans son livre pour voir s'il s'est émerveillé, juste, au bon endroit.

Il y a des gens campés de trois quarts, armés de jumelles formidables, la tête inclinée tantôt de ce côté, tantôt de l'autre, qui soufflent d'un souffle de triomphe, en fronçant le sourcil.

Tout cela donne à réfléchir. Hasarder une impression individuelle! Toi! Ici? Oh! oh! bande jurassique ma mie, aurais-tu bien cette audace?

La bande, modeste mais sincère, va son allure, sans se trop embarrasser ni du prochain, ni de ses lunettes d'or.

Que voit-elle? Une *Madone* del Sarto, peinture veloutée et large, où la pensée s'enfonce avec le regard.

Quoi donc encore? L'*Hérodiade* de Luini; tête frivole, tête charmante! On entend sonner les notes argentines du tambourin que frappent les doigts déliés. Elle est bien la fille de sa mère, sèche et cruelle sous la grâce. Un meurtre! bah! elle n'y a pas songé! Le serment du roi tinte à ses oreilles. Elle a ce mystérieux sourire de la *Joconde*. Révélation de l'idéal? mépris des insensés qu'elle enivre? on ne sait. Une petite broderie noire dessine les contours du corsage; ses cheveux, un nuage, ont laissé courir une folle mèche, alors qu'elle dansait! Je vous l'ai dit, Vinci l'a marquée de son sceau : le sourire. — Luini n'a pas ces arrière-pensées entre l'ange et le démon.

Les connaisseurs, pas ceux de la bande, disent leurs patenôtres devant la *Vierge* du Corrège :

— Il faut être un sot, en trois lettres, pour rester froid.

Hélas! dix degrés au-dessous de zéro! Qu'y faire? cela nous paraît maniéré.

Nos allobroges trouvent un grand air à la *Sibylle* du Guerchin. Non que la figure, prise en elle-même, les charme; l'inspiration leur paraît banale, les chairs sont trop blanches, le bout du nez trop rose, la pose trop étudiée; mais la maestria arrête : elle commande le regard.

Jules II, de Raphaël, coloris solide, une perfection, nous retient longtemps.

Quant à la *Vierge au chardonneret*, après que mademoiselle du Rouvre l'a soigneusement étudiée; d'une de ces chiquenaudes que vous savez, elle lance en l'air l'hérésie que voici :

— Ces Madones sont sublimes. Croyez-vous qu'elles pensent à quelque chose?

— Je crois, mademoiselle, que si l'on vous entendait, on nous mettrait à la porte. Chut! et venez voir le *Saint Jean*.

Celui-ci ne ressemble à personne: un adolescent, seul dans son désert, le regard sombre, joyeux pourtant, parce qu'il aime Dieu; et des tons d'une vigueur à tout éteindre! Cela dit, l'attitude laisse à désirer. Le jeune homme est-il debout, est-il assis? nul n'en sait rien. Appliqué contre la roche, mal équilibré, dans une intenable position, le bras qu'il désarticule au-dessus de sa tête achève de le mettre au supplice.

On est convenu de n'admirer point *la Sainte Famille* de Michel-Ange. Nous l'aimons pour ce geste résolu de Marie, qui présente, par-dessus l'épaule, son enfant à Joseph.

Mais que l'*Endymion* du Guerchin, un autre dédain des connaisseurs, est bien enchanté par son beau rêve! Les paupières demi-closes, il a cette intime contemplation des adorateurs de l'idéal. Et dans la nuit, l'arc un peu froid de la lune, laisse égarer un rayon sur ce front pâle.

Je passe sous silence le cabinet des gemmes, celui des statues, même ce *Mercure* de Gian Bologna, enlevé d'une si gracieuse énergie.

La bande, éblouie, retourne au logis. Elle va prendre un repos bien gagné, songer, réfléchir, se souvenir? — Vous allez voir :

M. Nérins, avec mademoiselle Hélène, court les rues; mademoiselle du Rouvre, avec mademoiselle Lucy, court les rues; madame de Belcoster, avec les jeunettes, court les rues : trois lieues, de magasins en magasins.

Une fois rentrés on se jette à corps perdu dans les définitions du *clair-obscur*.

— Clair-obscur! ombre portée.
— Clair-obscur! ombre transparente.
— Clair-obscur! ombre veloutée.
— Clair-obscur! ombre lumineuse.

La question s'obscurcit plus qu'elle ne s'éclaire.

TREIZIÈME JOURNÉE

Aimez-vous les anniversaires? Non.

Ah! tenez, je vous comprends! Et cependant je plains, pour ma part, les familles et les bandes qui ne les célèbrent point.

Tout anniversaire a des larmes. Voudriez-vous ôter les larmes?

Allez, ne craignons ni de trop sentir, ni de trop appuyer. Le vent du siècle ne souffle pas du côté des souvenirs. Et si, dans ce train express qui nous emporte à travers la vie, quelque voyageur serre les freins, ne fût-ce que pour regarder derrière soi, ne querellez ni sa joie ni ses douleurs.

Ce matin, dès l'aurore, il y a de l'émotion dans l'air. Des pas furtifs glissent sur le tapis du salon; des voix discrètes appellent John; on chuchote dans le corridor; M. de Belcoster, sans faire semblant de rien, prend son chapeau et s'éclipse; Églantine s'échappe en tapinois avec mademoiselle du Rouvre.

Madame la Bête au bon Dieu sent bien que c'est pour elle, tout ce grabuge; son cœur bat fortement. Entre une gratitude profonde, l'indignation contre soi-même, la tendresse pour... n'importe qui, et ce bonheur d'aimer la bande, et ce bonheur d'en être aimée, elle a quelque envie de pleurer. Mais c'est une forte petite bête, madame la Bête au bon Dieu;

elle secoue un peu ses ailes; par la porte entr'ouverte elle respire un parfum de tubéreuses et de jasmins; elle se hasarde. Un bouquet! Un de ces bouquets splendides comme on les fait à Florence! Son seigneur et maître rit par derrière! Deux pas de plus, un autre bouquet! vrai massif où la bande se cacherait tout entière : roses, œillets, verveines, avec ces graminées soyeuses qu'un souffle fait ondoyer. Et les cadeaux! le lézard d'Églantine, le scarabée du Grand Chef, l'écritoire des dames, ornée de cette légende :

OFFERT A LA BÊTE AU BON DIEU.

PUISSE-T-IL NE LUI JAMAIS DEVENIR UN

POT A L'ENCRE

Ah! mesdames les dames de la bande, que vous connaissez bien votre pauvre sœur! Pot à l'encre! pot à l'encre! Que de fois vous l'avez repêchée en ces noirs abîmes!

Un des chagrins de la bestiole, voyez-vous, c'est le peu de joie qu'elle répand autour d'elle. Si, au moins, elle ressemblait aux vers luisants ses camarades, qui, durant les nuits d'été, montant de feuille en feuille, promènent çà et là leur lanterne d'émeraude. Si elle excellait, comme eux, à illuminer les mousses, en un de ces beaux petits carrefours où viennent se réjouir toutes sortes de tribus ailées!

Hélas! c'est une sotte qui ne sait que faire la morte. Son seigneur et maître en dirait long, s'il voulait; mais il ne veut pas.

Pour le coup, bien des paupières se sont mouillées, bien des mains se sont cherchées, bien des baisers se sont échangés. Et je dis qu'une bande comme la bande, c'est tout simplement le ciel sur la terre.

Seuls, les botanistes manquent à son bonheur. Pas un mot depuis notre départ. N'importe, la bande sait où les prendre.

Pareils à Vénus, ils sortent du fond des mers. La conque nacrée du nautile qui les porte de rivage en rivage les dépose sur la plage de Livourne, et ce soir ! — Ce soir on verra ce qu'on verra.

Au palais Pitti ! On y va le cœur radieux. — Ce palais est la plus puissante des forteresses florentines. Front sévère, blocs énormes, mascarons grimaçants pour l'égayer.

Nous voici dans les galeries.

D'emblée, je m'arrête devant ce portrait de Sustermann : *Jeune garçon, fils d'un roi de Danemark.*

La lumière ruisselle sur l'armure, une abondante chevelure blonde couvre le front de ses reflets dorés, deux grands yeux bleus qui laissent lire jusqu'au fond de l'âme, s'ouvrent là-dessous. C'est la vie abordée par le côté des étonnements naïfs, avec cette foi que jamais ne secoua le doute.

Le *Joueur d'orgue*, dans ce concert du Giorgione, en sait plus long ! Les belles tristesses ont rencontré ces hommes. La musique, pour eux, n'est pas un délassement : c'est la porte des cieux ; on n'en franchit le seuil qu'après avoir délié sa chaussure. — Il se chante là quelqu'une de ces mélodies navrées qui nous racontent le martyre de l'humanité ; peut-être quelque hymne glorieux qui accompagne les célestes sphères en leur pèlerinage. Le fond, c'est la souffrance. Toute noble joie donne le secret d'une douleur. Regardez bien dans la coupe, sous l'ambroisie vous trouverez une perle. — J'aime la musique comprise comme cela et faite comme cela.

Du *Joueur d'orgue* mes yeux passent à une autre pâleur : *Isaac* du Bronzino ! Ne cherchez pas l'enfant traditionnel, soumis parce qu'il ignore. Celui-ci a vu le glaive ; il a vu le visage de son père ; il sait. Pas un mot, pas une prière ! Lui, le fils de l'Orient, reste immobile ; déjà les couleurs de la vie se sont éteintes : obéissant jusqu'à la mort.

Et voici la *Vierge* du Pérugin, idéal de pureté : figure très juive, très contenue, le front voilé de cette gaze dont notre siècle ignore les pudeurs.

Dans la fameuse *Déposition*, autre toile du maître, il n'y a plus de jeune fille. C'est la mère du Crucifié. Une épée lui transperce l'âme, elle a senti le froid du fer; défaillante, son cœur brisé lui échappe; mais l'amour vaincra.

Thomas Inghironi, en robe écarlate, un Raphaël, regarde le tout de son œil glacé. Les souffrances humaines ne l'empêcheront ni de manger ni de dormir. Il y voit clair. Il a l'esprit fin, court, décidé : et c'est comme cela qu'on vit longtemps.

Je rapproche le magnifique *Jules II*, aux lèvres minces, on ne peut moins divin, on ne peut plus soucieux, superbe de pape, ennuis d'homme, du *Léon X*, dilettante, sceptique et viveur. — *Qu'est-ce que la vérité?* La question s'écrit, on le dirait, dans le pli de sa lèvre moqueuse.

Trois pas de plus, la *Vision d'Ézéchiel* nous apparaît. Représenter Dieu! Notre âme entière s'est révoltée. Pourtant la grandeur sans mesure, les profondeurs de cette nuit qui pèse sur le chaos, les clartés de ce ciel qui naît à la lumière, le geste créateur, tout nous retient froissés et palpitants devant cette miniature qui renferme l'univers.

Michel-Ange a jeté là ses *Trois Parques*, méchantes, hideuses, implacables.

Sœurs, elles ont la ressemblance de famille; diverses toutefois, dans un même ton de mélancolie. Le fil, sous les doigts de Lachésis, tantôt s'humecte de pleurs, tantôt s'illumine aux rayons du soleil. Et quelle décision dans les lèvres minces d'Atropos, alors qu'avançant sa main sèche, elle tranche la vie! Qui que vous soyez, je vous défie de passer devant ces trois femmes sans les interroger du regard.

Quelque chose cependant : la *Judith*, d'Allori, a resplendi.

Grande, svelte, des tresses noires pendent autour de ses joues que le sang abandonne; sa bouche frémit. Une robe de brocart s'agrafe chastement au cou. Elle revient. Sa main droite, crispée, a saisi la tête d'Holopherne : belle tête endormie, comme si un rêve idéal retenait l'âme prisonnière. Judith ne voit pas cela. L'autre main s'est roidie autour du glaive. Elle regarde en avant. Quoi? l'espace, la nuit. L'épouvante l'a glacée. Ce qu'il fallait faire; elle l'a fait. Il fallait qu'elle fût belle, elle l'a été; magnifiquement vêtue, elle s'est parée; il fallait qu'on l'aimât, il l'a aimée; qu'elle tuât, elle a tué. Maintenant, elle marche. Point de doutes. Des regrets? Une surprise du cœur? peut-être, elle ne sait pas.

On a pleuré devant la *Vierge à la chaise*; je pleurerais devant la *Judith*.

Tenez, elle est ici, cette Vierge au regard caressant. Inclinée sur son petit enfant que ses deux bras mollement noués pressent contre elle, ses paupières demi-closes laissent échapper des effluves d'inconsciente coquetterie. L'attitude, d'une grâce ineffable, les couleurs, exquises d'harmonie, tout porte le sceau génial. Les clartés grecques, semble-t-il, ont baigné de leurs sérénités ce pur visage. Il n'a pas même cet excès d'éclat qui distrait. Le mot *suave* a été créé pour son absolue perfection. Pourtant, le dirai-je? Une main trop savante a disposé les tissus; un esprit trop exempt d'émotion a formulé la pose; trop d'art peut-être se décèle dans le fini merveilleux des touches; le turban se tord autour de la chevelure avec une négligence qui n'a rien emprunté au hasard; des dessins d'une incomparable élégance ornent l'étoffe; des teintes exquises font pénétrer dans l'âme je ne sais quelle secrète langueur. Un esprit plus naïf, un cœur mieux possédé d'adoration, se fussent trahis par une de ces inexpériences touchantes qui nous remuent jusqu'au plus intime de l'être!

Rapprochez d'une si souveraine entente des effets, rapprochez la *Judith*! ce vêtement splendide, jeté tel quel; ces plis rigides; cette écharpe royale, sévèrement attachée! Pas une pensée de séduction dans cette femme qui vient de séduire! Elle ne sait si elle est belle. — La *Vierge* connaît sa beauté.

Derrière, la *Madone* de Murillo se détache en lumière. Par la sincérité du pinceau, par la dignité de la tenue, par cet éclat qui transfigure, elle triomphe, même en présence de Raphaël.

Au milieu de telles œuvres, ne vous sentez-vous point dans une société d'élite? Ceux-ci nous parlent sans mots. Les mots, hélas! loin de la rendre, trahissent bien souvent notre pensée; trop souvent ils la mutilent; presque toujours ils lui arrachent les ailes; jamais ils n'en révéleront le côté surhumain.

Le génie des contes arabes se laissait emprisonner dans une urne de verre. Le langage, cette urne parfois étincelante comme le diamant, limpide comme l'eau de source, jamais ne contiendra notre âme; un moment viendra, toujours, où prenant toute sa hauteur, l'âme brisera l'urne.

Celui qui raconterait l'histoire de ce que profèrent les lèvres et de ce que voulait dire le cœur, celui-là ferait un récit plein de larmes.

Ici, rien ne nous sépare de ces grands esprits qui pensent avec la couleur, qui expriment avec la lumière. Le souffle d'un séraphin, dirait-on, a passé sur nous. Plus d'incapacités, plus d'entraves; l'idée, souveraine, monte librement.

Pour moi, les grandeurs de la nature, œuvres prodigieuses où éclate la toute-puissance de Dieu, écrasent ce pauvre atome que je suis. L'excès de l'admiration, parfois, laisse mon cœur triste. Il a compté l'une après l'autre ses impérities. Mais les victoires de l'art, ce triomphe des puissances humaines met de l'air dans ma poitrine. J'ai ressaisi quelque chose de ma royauté.

Vous parlerai-je de Salvator Rosa? Un instant nous le prenons pour un Claude Lorrain, tant il y brille de soleil, tant la mer y déroule d'infinies perspectives.

Et voici, dans cette embrasure, voici *le Triomphe de David*, une page signée Rosselli, peut-être une reproduction du Guerchin. Michel-Ange y aurait apposé sa griffe de lion, la toile ne serait pas plus héroïque.

D'un élan sauvage, enivré du combat, David marche le premier. Lui aussi tient une tête qu'il ne regarde pas. Il a rencontré la mort, il a égorgé; l'horreur décolore son visage. Les fanfares avec les hosannah le portent en avant, fougueux, rapide, comme s'il allait écraser les Philistins! Derrière lui vont les femmes. Elles crient : « David a tué ses dix mille! » Blondes filles, ravissantes de jeunesse et d'enthousiasme. L'une, à la robe verte, dans l'extase du triomphe, de ses deux bras levés tient en l'air un triangle; elle sème les notes argentines sur les pas du victorieux. Au second plan se groupent des figures ingénues, d'une angélique douceur. Celle-ci joue de la flûte, cette autre promène l'archet sur la viole. Tout chante, tout s'enlève. — Ainsi courait le peuple d'Israël, ainsi les filles de Jérusalem, ainsi le pâtre tout à coup devenu plus qu'un roi! Et c'était bien ces clameurs qui glaçaient le cœur de Saül.

On a querellé *la Visitation*, du Sarto. Marie, s'est-on écrié, semble trop s'étonner du message; elle en est presque froissée; cela sort du programme; car enfin, la tradition prescrit de donner à la Vierge une innocence qui va... j'allais dire jusqu'à l'insignifiance.

Si telle est la Vierge du moyen âge, telle n'est point la Marie des Évangiles. — Nous la trouvons merveilleusement chaste, cette *Vierge* du Sarto, et d'une pureté bien plus vraie que ses sœurs. Modeste, son ignorance ne l'empêche pas de s'étonner un peu. Elle a cette fierté native des filles élevées aux clartés de la Bible. Avant de croiser les mains sur sa poitrine et de murmurer ces mots : « Voici la servante du Seigneur ! » elle arrête sur l'ange son beau regard virginal et lui adresse ces graves paroles : « Comment arriverait ceci ? »

Plus qu'une toile, la *Madone* du grand-duc, recueillie dans le mystère de son élection, abîmée en la contemplation de l'avenir redoutable, osant à peine toucher l'enfant qu'elle tient dans ses bras !

Cette fois tout est vu, revu, et défaillant presque sous ce noble faix d'admiration, nous sortons du palais.

Les rues sont pavoisées, les drapeaux ondulent : — *Perùgia! Perùgia! présa Perùgia!* [1]

Deux garçonnets se rencontrent : — *Sài? è liberàta Perùgia!* [2]

Point de cris ; ce délire parle mezzo voce ; on dirait les rumeurs d'une ruche bien élevée.

Victoire et galeries de tableaux exigent un lunch.

On rentre chez soi, on démolit une prodigieuse quantité de figues, de pêches et de raisins ; après quoi, la bande prenant son vol, va s'abattre dans le cloître Saint-Laurent.

La fraîcheur monastique a du bon ; ainsi pense mademoiselle du Rouvre. Assise entre les colonnettes, elle se voit, dans un beau songe, glisser voilée d'arcade en arcade, et, d'un œil méditatif, considère cet amas de confessionnaux jetés au rebut, les uns grillés, les autres ouverts, ceux-ci frustes, ceux-là sculptés, noirs, blancs, sens dessus dessous : une vision d'hérétique !

La chapelle royale des Médicis étale devant nous ses sar-

---

1. Pérouse ! Pérouse ! prise Pérouse !
2. Sais-tu ? Pérouse est délivrée !

cophages. Les marbres précieux s'y mêlent aux mosaïques florentines : lapis, malachites, améthystes, enchâssées dans toute la richesse de leurs lumineux reflets.

La bande, en sortant de cet écrin qui ne dit rien à l'âme, éprouve un rassasiement de splendeurs funèbres et s'enfonce dans la chapelle de Michel-Ange.

Froide et nue. Deux tombes s'y regardent; il n'y a qu'elles : le tombeau de Julien II de Médicis, le tombeau de Laurent II.

L'un comme l'autre étaient de pauvres sires, je le sais. Rien, dans leur caractère ou dans leur vie, ne répond à la sublime tristesse que leur prêta Michel-Ange. Mais plus je les contemple, ces figures, mieux je me persuade qu'elles sont la personnification de souvenirs glorieux.

Laurent le Magnifique avait deviné le sculpteur; Michel-Ange avait connu ce règne héroïque; il avait vu les conjurations domptées; il avait vu le soleil se lever sur Florence; il avait gardé la mémoire de ce Julien, le frère de Laurent, assassiné par les factieux. Ces individualités-là, viriles et fières, le hantaient. Ce sont elles, je m'en convaincs, dont il a reproduit les nobles traits, dont il a restitué les douleurs avec la vaillance. Et, par un anachronisme génial, par un de ces actes de souveraineté qu'osent les forts; l'âpreté de son époque, à lui; le martyre de son âme navrée se gravaient sur le bronze, se fondaient avec l'airain, tellement que batailles, défaites, victoires au prix du sang, dégoût de la puissance, et les splendeurs passées, et les détresses présentes, tout vit, tout triomphe, tout pleure et tout est sublime.

Laissez-moi donc les voir, ces hommes, tels qu'au travers des profondeurs de sa pensée les voyait Michel-Ange. Laissez-moi leur restituer les vrais noms, qu'à son insu peut-être, leur donnait son inspiration.

Ce sont les grands Médicis !

Julien, celui qu'égorgèrent les Pazzi, assis sur son monument. regarde à ses pieds *la Nuit*, belle et douloureuse; *le Jour*, inachevé, d'un travail fougueux; jour inquiet, morne, oppressé de brouillard.

Vis-à-vis, l'attitude hautaine, presque dédaigneuse, supérieur aux fortunes diverses, maître de son âme, Laurent le Magnifique : le *Pensieroso*, comme l'ont nommé les divinations populaires, songe et attend.

Le voilà donc, ce type de royauté humaine! Casque en tête, une main posée à revers sur la cuisse, le geste superbe; dominateur et triste.

Son regard transperce les temps. Au-dessous de lui, *le Crépuscule*, une ébauche empreinte des énergies du maître, *l'Aurore*, une aurore désespérée, se tiennent immobiles. Eux aussi, attendent.

L'heure est mauvaise! L'Italie, entre Charles-Quint et Clément VII, perd, l'une après l'autre, ses libertés. Les désolations de Michel-Ange se sont écrites sur ces fronts abattus. Tous ceux-ci, *Aurore*, *Jour*, *Crépuscule*, *Nuit* subissent le *fatum*, l'implacable destin. Ils ont résisté, ils ne combattent plus. Dépris de la vie, ils contemplent l'âpre fortune. Le sort a vaincu.

Mais qu'il en va bien autrement du *Pensieroso*! Son visage, résolu sans défi; sa rêverie même, où la mélancolie n'apporte nulle mollesse; ces sommets de l'indépendance d'où il voit passer les événements, peut-être s'éteindre sa gloire; tout exprime la force, les victoires suprêmes, l'âme indomptable : l'athlète, partout égal au malheur!

Après, on erre dans le cloître de Santa Maria Novella. On passe la main sur ces lions de porphyre, dont les siècles ont poli la robe.

Des tableaux et des fresques, le sacristain en montre à la bande plus qu'elle ne saurait dire. Rien ne la captive, sauf ce panneau : *l'Église militante terrassant l'hérésie.*

L'hérésie! Monsieur Nérins, venez un peu : ceci vous regarde. Ces pourceaux, parlons mieux, ces sangliers qui s'entre-déchirent, ce sont, ô notre pasteur! vos ouailles protestantes. Ces chiens hurlants, ce sont les dominicains. Ces brebis, ainsi dit le clerc, sont les âmes innocentes que s'apprêtent à dévorer les faux docteurs. Sans ces bons dominicains, toutes y passaient! Certains chiens de berger, trop prompts dans leur zèle, emportent bien par-ci par-là quelque gigot, voire quelque agneau. Bah! relever semblables peccadilles, à d'autres! la gent bêlante ne s'en plaint point.

Ailleurs, un *Paradis* d'Orcagna nous fait voir : *Tutte le donne in cielo! tutti gli uomini nell' inferno* [1] *!* — Monsieur Nérins, qu'en pense votre théologie?

M. Nérins hoche la tête, sourit à l'une comme à l'autre peinture, et s'en va caresser un *monsignor* tout fourré de sainteté, qui lui fait le gros dos.

Mesdames, arrêtez-vous! Halte devant cette grille! Trois pas à l'ombre vous mèneraient dans la célèbre pharmacie des dominicains. — *Ma!* ainsi dit le sacristain : *Luogo santo! Qui non v' entrano le signore!* [2]

Indignez-vous, révoltez-vous, prouvez au sacristain comme deux et deux font quatre, que, puisque les signore entrent au paradis et y restent, elles pourraient, ce semble, traverser le *luogo santo!* Peine perdue.

On fait le grand tour au grand soleil.

Enfin! nous allons voir des moines chez eux!

On arrive; on sonne. Vestibule somptueux, salles dorées, statues tant soit peu païennes, lustres de cristal, mosaïques, une pharmacie pour des maladies de roi!

Le sanctuaire s'est ouvert, la Bande s'avance, et se trouve en face... de deux paires de moustaches. Ces deux barbiches

1. Toutes les femmes au ciel! tous les hommes en enfer!
2. Lieu saint! Ici, les dames n'entrent pas!

mondaines appartiennent à deux aides pharmaciens. Pauvres garçons! ils se tiennent prêts à servir la Bande; mais quoi! la Bande voulait être servie par les dominicains!

On ne répond au zèle des infortunés porteurs de moustaches que par une petite moue, la plus jolie du monde, positivement humiliante pour qui se la voit adresser.

D'un pas nonchalant, la Bande promène ses ennuis dans les salles; elle emmagasine d'un air dolent quelques sachets de parfums, quelques tablettes de chocolat, et prête une oreille distraite aux explications dont on l'assomme dans le laboratoire aux cornues. En vain l'essence de rose, en vain les aromes de la fleur d'oranger l'enveloppent de leurs odorantes exhalaisons; la Bande ne voit, ne regarde, ne sent rien.

Si fait! elle a vu quelque chose! là-bas! un dominicain en robe blanche, qui plie de microscopiques carrés de papier. La bande tressaille d'allégresse. Elle effleure le moine, réservée, discrète, à peine un coup d'œil!

En vérité, ces dominicains ne sont point des ogres.

Une fois revenus à hôtel :
— Des voyageurs ont-ils demandé la Bande? l'illustre Bande du Jura?
— *Illù!*... — le portier fait semblant de chercher une adresse.
— N'avez-vous point aperçu deux botanistes et un docteur?
— Docteur!... — le secrétaire s'enfonce dans ses registres. Plus prompte que l'éclair, la Bande escalade le terzo piano. Nos hommes sont là, nul ne le lui a dit, elle le sait.

On se précipite au salon. M. Keuler! M. Nevil! Ah! tenez, vive la joie, vivent les bonnes amitiés!

Quand on s'est remis :
— Monsieur Keuler! voyons! ébranlez-vous un peu! vous sentez-vous ravi? êtes-vous ébloui? êtes-vous hors de vous?

M. Keuler est dans son assiette : du moins, il voudrait y être.

Il a passé le Saint-Gothard, par la pluie; il a traversé Gênes, en une demi-heure; il a vu la mer, puisqu'il en sort; il voudrait rencontrer son dîner, parce qu'il est affamé.

— Oh! botaniste sans entrailles! contempler la Bande ne vous suffit donc pas? lui courez-vous après pour l'accabler de vos froideurs? Car vous lui courez après, il n'y a pas à s'en dédire! Les chamois du Saint-Gothard, les tritons de la Méditerranée en témoigneraient au besoin!

A propos, où avez-vous mis le docteur?

Le docteur est à Pise en face des quatre monuments; l'express du soir l'amènera.

Certes, nos botanistes ne sont pas avantageux; sans cela, Bande, avec tes yeux brillants et tes belles couleurs, tu leur donnerais à croire qu'ils font chez toi la pluie et le soleil.

Le dîner mangé, on se rend aux Cascines.

M. de Belcoster a mis la main sur trois voitures et trois cochers. Les calèches, passables. Les cochers : Robert Macaire, Bertrand et Cie! Chapeaux bosselés, trous aux coudes, position classique; les loques du carrick rejetées en arrière, le fouet aux genoux, le buste roide, des rosses couvertes de fanfreluches, et grand train là dedans!

Attelées de six haridelles, nos trois carrioles coupent les voitures armoriées, distancent les cavalcades, dépassent les attelages pur sang. Nos gueux dépenaillés mèneraient le roi, ils n'auraient pas autre air : comme le vent aux Cascines! ventre à terre dans les allées, le long de l'Arno, sous les dômes de verdure! Les faisans, effarouchés, volent sous bois, les promeneurs regardent ébahis, et chaque fois qu'on revient au rond-point, nos automédons de prendre leur rang, impassibles, à côté des plus somptueux équipages.

Les Cascines n'offrent rien de très original, sauf que les arbres y ont une magnifique ampleur, que l'aspect est grandiose et que l'élite du monde frivole y promène chaque soir ses ennuis.

Pas plutôt un équipage arrêté, des bouquetières, ni très jeunes ni très jolies, l'assiègent à qui mieux mieux. Leur vaste chapeau, dont se renverse l'aile, découvre trop le visage ; elles déploient des grâces un peu factices ; elles ont ce sourire d'ordonnance qui rappelle tristement la gaieté des corps de ballet. En un clin d'œil la Bande, y compris M. Keuler, est ensevelie sous les fleurs. Belle mort, pour un botaniste !

Après les bouquets, les chapeaux ! En voici, en voilà, et encore ! Tous les prix, tous les degrés de finesse : cent francs, deux cents francs, mille francs ! Le tissu de ce dernier ressemble à du papier jaune :

— Non ! vous ne voulez pas de chapeaux ! Alors je vais vous montrer à tresser la paille !

Notre maîtresse femme tire de son giron une natte imperceptible ; les brins se mêlent et se démêlent sous ses doigts ; la natte vole dans la voiture, deux, trois, six, douze ! on dirait un magasin de sparterie.

Pendant ce temps les voitures se sont groupées. Il y a des carrosses de famille où s'épanouissent de beaux visages de seize ans, frais comme un matin d'avril : ceux-là, échoués en un coin, ont pour se divertir les causeries avec le père, avec la mère et les petites sœurs. Il y a des calèches où trônent de moindres beautés, plus riches d'expérience ; les bracelets y miroitent, les yeux noirs aussi, et beaucoup de choses qui ne sont pas or : autour de celles-là volette l'essaim des bourdons ; de là partent les petits cris, là se donnent les coups d'éventail.

Églantine regarde, tout émerveillée. Il lui semble qu'on passerait fort bien les trois cent soixante-cinq soirs des cinquante-deux semaines de l'année en un lieu si plaisant !

La bande, aussi, regarde, d'abord amusée, bientôt lasse. Cette lanterne magique dont les verres monotones ramènent toujours les mêmes figures, ces je ne sais quelles émanations futiles et banales, montent du sol comme des houles d'ennui et la font bâiller à cœur joie.

En attendant, nos cochers se prélassent. Eux seuls, à le bien prendre, ont une individualité. Patriotes, ils possèdent leur *bandièra, bellissima!* Ils l'ont promenée par la ville en l'honneur de la prise de Naples. L'un d'eux se lève droit sur son siège :

— *Noi anche, abbiamo fatto una somma per il Garibaldi.*

Voilà trois pauvres garçons, pas plus vêtus qu'il ne faut, qui *font une somme* pour le millier de fusils!

Avec des hommes pareils, on fait un pays.

QUATORZIÈME JOURNÉE

Ce matin, dimanche, nous lisons un discours de Spurgeon.

Spurgeon vous attaque au vif. Tel autre orateur vous laisse courir; son savoir même, son éloquence au besoin, servent de prétexte à vos distractions. Spurgeon ne le permet pas; il vous prend au collet, vous serre contre le mur, et si vous cessez d'écouter, un coup de poing!

Shocking! s'écrient les ladies de la haute fashion. Une femme comme il faut ne saurait affronter cela!

Les femmes comme il faut du temps des prophètes affrontaient la parole des prophètes; les femmes comme il faut du temps de saint Paul affrontaient les épîtres de saint Paul; et, pour ma part, si j'ai trouvé dans Spurgeon des mots incisifs, je n'y ai pas rencontré une seule expression dont pût s'effaroucher ma délicatesse.

Mais il est des âmes qui ne souffrent point qu'on les prenne d'assaut.

Et puis, les grandes dames se laisseraient-elles convaincre par la bouche qui convertit les charbonniers?

Une main gantée doit les retirer de l'enfer. Pardon! je crois qu'enfer est un mot de mauvaise compagnie; mettons abime, et passons.

Vous comprenez si de tels discours, véritables torches à incendie, excitent la discussion.

Ce matin il s'agit du scandale : « Malheur à qui scandalise ! »

Qu'est-ce que le scandale ? — Serait-ce l'étonnement désapprobateur d'un esprit ignorant, ou le blâme d'un esprit orgueilleux et court, ou l'anathème d'un esprit chagrin, prompt à réprouver ce qu'il ne comprend point, à maudire ce dont il n'use pas ? Seraient-ce encore les terreurs d'un esprit maladif, hanté de scrupules et de visions ? — Hélas ! si dans ces affections morbides, il fallait voir le scandale dont parle Jésus, chaque respiration scandaliserait quelqu'un : il n'y aurait de possible, ni vie, ni mouvement, ni rien.

Pour moi, j'envisage la question d'un œil plus simple. Le scandale, c'est le danger où la liberté du fort jette le faible ; c'est le précipice que je puis franchir, mais où mon frère, s'il vient après moi, tombera. Le scandale commence où commence l'égoïsme. Quand Dieu dit : « Qu'as-tu fait de ton frère ? » L'égoïsme répond : « Suis-je le gardien de mon frère, moi ? »

Allez, tel quel, le scandale reste effrayant, la question délicate, la soumission mal aisée ; et je ne connais que la prière pour nous tirer de ces ténébreux défilés.

Au surplus, toujours des problèmes s'agiteront dans l'atmosphère chrétienne ; sans eux, elle se vicierait. Une série de décisions toutes faites, ce serait bien commode, oui, mais ce serait bien malsain. Dieu nous veut en vie, point de vie sans travail ; Dieu nous veut forts, point d'énergie sans lutte ; Dieu nous veut obéissants, point de soumission sans douleur. Et jusqu'à la fin, des difficultés nous contraindront d'assiéger les cieux pour trouver la lumière, de combattre pied à pied pour demeurer debout.

Après une journée recueillie, on sort vers le soir.

Hâte-toi, Bande, profite des cinq messieurs que t'octroie la

Fortune! Tu ne les garderas pas longtemps. Et puisque nous les tenons, allons aux jardins Boboli.

Devant le palais grand-ducal, l'orchestre un peu criard, mais en verve, joue à tout rompre. Les gradins du cirque sont chargés d'auditeurs. Dans les allées, sous les dômes de chênes verts, se presse la multitude. Étendez là-dessus le ciel d'Italie, tirez ces belles lignes d'une perspective savante, coupez les terrasses de balustres en marbre, jetez dans les parterres un peuple de statues, et dites-moi si ce n'est pas une fête royale?

Il n'y manque ce soir que le roi.

Les Florentines ont beau réunir sur leur personne toutes les disparates : de la cotonnade avec du point de Venise, des souliers de satin avec un tablier d'indienne, et faire crier des couleurs qui hurlent de se rencontrer, elles sont de bonne grâce et charmantes à voir.

On marche dans une pénombre imprégnée de lumière. Quelque couple naïf, les doigts entrelacés ; quelque brave famille, la mère empesée dans les cerceaux de sa crinoline, les enfants bien endimanchés, le père en habit noir, passent et sourient à la Bande.

M. Keuler examine chaque arbuste. M. le docteur Delmas trouve qu'une clientèle à Florence vaudrait une clientèle à Orbe! A mesure que, s'élevant au travers du labyrinthe bocager, on émerge sur les pièces de gazon qui dominent le parc, l'aspect se fait plus brillant. C'est une corbeille de fleurs mouvantes, avec des lambeaux de mélodie que promènent les haleines du soir.

Puis on redescend, on s'assied dans l'amphithéâtre, au milieu de cette population toujours polie, toujours discrète. Le ciel est incarnat. Deux ou trois cyprès y marquent leurs noirs obélisques ; les notes étincelantes de la cavatine emplissent l'air ; des groupes s'étagent sur les grands escaliers, vont et viennent sur les pelouses, paraissent et disparaissent dans les massifs. Le rude palais cependant s'enlève d'un bloc, sombre au milieu de l'embrasement. Il y a d'inexprimables harmonies entre ce profil austère, les splendeurs de cet horizon, ces gradins chargés d'une foule éclatante, et les pures silhouettes d'une architecture sévère, et ces sentiers tracés avec art, et je ne sais quel silence par delà les accords de la musique, par delà les rumeurs de la multitude, par delà le vent du soir qui passe à tire-d'aile.

Si l'on abandonne cette vague contemplation pour suivre quelque détail, on voit, dans le rond-point, des petites filles, pas si petites, danser, chacune à part soi, sous les yeux de leurs parents.

En Italie, les réjouissances publiques tiennent toujours du laisser-aller de la famille. Il y a donc de gros poupons qui sautent tout d'une pièce; il y a de naïves fillettes qui tournent à cœur joie; l'univers n'existe plus pour elles, c'est de la franche gaieté. Mais, voyez-vous cette poupée corsetée, quatorze ou quinze ans, jupon à triple falbalas, les bras savamment arrondis par-dessus la tête, un coup d'œil tantôt à gauche tantôt à droite, et des frémissements d'épaules, et des inflexions du buste, et des sourires!

Aussi, demandez à M. le pasteur Nérius ce qu'il en pense, et à sa pupille Églantine? Je ne sais lequel des deux foudroie la ballerine d'un regard plus indigné.

Chez nous, pareille désinvolture supposerait de l'effronterie; ce n'est, chez les Italiens, qu'une surexcitation passagère où la coquetterie a bien sa part, mais qu'expliquent en quelque mesure la passion du théâtre, le besoin de reproduire ce que l'on a vu, la vie toute en dehors.

Ce soir, bonne veillée au salon, avec maints bons rires.

D'abord les chaises; légères chaises de figuier dont la bande s'est éprise. Chaque dame voudrait en rapporter deux, en sautoir, l'une devant, l'autre derrière. Comme cela, la bande trouverait partout de quoi s'asseoir. Oui, mais ces chaises ont une fâcheuse habitude; rien qu'à les regarder, les voilà jambes en l'air. Un éternuement de M. Nérins! deux chaises par terre. M. Keuler frotte ses lunettes! trois chaises par terre. Une dame se lève! huit chaises par terre. M. de Belcoster range un peu les livres! tout le mobilier par terre.

Après quoi, on parle peinture.

— Monsieur Keuler, ne vous tarde-t-il pas de voir le palais Pitti?

— Moi, mesdames! Je ne sais pas ce que je verrai demain; en attendant, je sais ce que j'ai vu à Gênes.

— Ce que vous avez vu? des Van Dyck; éblouissants!

— J'ai vu un cheval, dans le palais Brignole.

— Rien d'autre?

— Ah! si fait : une main, dans la galerie du roi.

— Comment, vous n'avez pas vu le portrait de Brignole?

— Un cheval? oui.

— Vous n'avez pas vu les admirables enfants, en robe de satin?

— J'ai vu des toiles plus noires que la poix, avec des plaques verdâtres comme des lichens sur un vieux mur.

Retourne, botaniste indigne du jour, retourne à tes herbes séchées, retourne à ton papier gris, va faire grincer le tourniquet de tes presses!

M. Keuler reste impassible.

La bande, de désespoir, plonge dans le gouffre du clair-obscur.

QUINZIÈME JOURNÉE

Nous partons demain. M. Nevil et M. Keuler vont de leur côté; le docteur va du sien. Au travers des Apennins il retourne à son poste. S'il tardait d'une minute, quelqu'un de ses malades (on connait les caprices de ces gens-là), pourrait bien s'aviser de franchir sans permission l'onde noire. Or, de quel air pensez-vous que le reçût Caron?

— Votre passeport!

Rien. Le mort se présente les mains vides. Esculape baye aux corneilles dans un musée de Florence ou de Bologne.

— Et vous vous permettez, misérable vagabond que vous êtes, de descendre en ces lieux profonds sans autorisation préalable? Et vous vous imaginez qu'on va, comme cela, vous transvaser de l'autre côté du Styx? Votre congé, vous dis-je, de par votre docteur : signé, parafé, légalisé! A défaut de quoi, un coup de gaffe, et rôdez, tant qu'il vous plaira, sur les sombres bords!

Un médecin sensible (notre docteur l'est), ne saurait laisser sa clientèle entre deux mondes.

En aura-t-il, des griffes à poser? — Pourvu que ces impertinents, les malades, ne se soient pas avisés de guérir. Mauvaise plaisanterie d'écoliers! niche d'ignares, ennemis de leur propre bien!

On retourne aux galeries.

Nous voici donc devant ces toiles merveilleuses.

Pauvres botanistes! je les plains. La Bande les tiraille en tous sens :

— Monsieur Keuler! que dites-vous de cette femme du Titien? c'est du blanc cela! Et de ce Léonard de Vinci? du noir, M. Keuler! Et cette profondeur de pensée, et ce modelé, et cette poésie!

Monsieur Keuler répond : — Oui, oui! — et demeure dans sa paix.

M. Nevil, qui connaît le tout, s'arrête aux grandes œuvres.

M. Delmas suit son propre chemin, admire pour son propre compte, et s'embarrasse peu des opinions du prochain.

La bande court où la mène sa fantaisie. Elle aime ce qu'elle aime, elle n'aime pas ce qu'elle n'aime pas : Jules Romain, par exemple, cette régularité sèche et prévue! Le Parmigiano; ces poupées fardées, avec leurs cheveux noués en diadème, et leur bouche pincée qui dit : petits pruneaux!

Quant au prodigieux *Saint Marc* du Frate, si largement peint, d'une fougue si puissante; quant à *la Charité* du Bronzino, cette barque jetée au courant, ce batelier fièrement posé, gaffe en main, ce jeune homme débile dont les pas mal assurés cherchent le rivage; quant à la *Madeleine* d'Allori, perdue en une amère contemplation de ses péchés; la bande y revient, elle se les grave dans la mémoire, elle en prend possession par toutes les énergies de ses facultés.

Les musées sont une patrie. Il y du *chez soi* dans ces salles qui nous montrent des beautés rêvées, désirées, à demi révélées par la gravure.

Plus d'une fois, l'effort de notre être vers l'idéal nous a fait aborder en ces plages sereines. Lorsque vraiment notre pied les foule, une région aimée s'ouvre devant nous. Elle a nos souvenirs, une part de notre vie s'est écoulée sous ces beaux cieux; notre cœur tient, par de secrètes attaches, à ce monde supérieur où règne la pensée, et quand, l'heure sonnée, les gardiens, de galerie en galerie, poussent les visiteurs jusqu'à la dernière, une sorte de nostalgie nous prend.

M. Delmas, cependant, s'est rabattu sur le cabinet d'histoire naturelle. On lui présente un grand-duc empaillé.
— En avez-vous d'autres?
— No! ce ne siamo liberati [1]!

Ce soir, à dîner, un père et son fils viennent s'asseoir auprès de la Bande. Le père, bon homme, se tient coi. Le fils, quelque trente ans, nez en l'air, favoris à tout crin, cervelle à tout vent, bavard en six langues, attaque M. Nérins, qui ne lui répond que par monosyllabes évasifs.

Arriver aux jeunes demoiselles, tel est le but : M. Nérins sert de pont des Soupirs.
— Are you English?
— No, sir.
— Sind-sie Deutsch
— Nein, Herr.
— Russe?
— Non.
— Polonais?
— Non.
— Hollandais?
— Non.
— Américain?
— Non.
— Italien?
— Non.
— Suisse?
— Oui.

1. Non! nous nous en sommes débarrassés!

Silence.
— Vous venez de Rome?
— Non.
— De Paris?
— Non.
— Vous avez vu Milan?
— Oui.
— Gênes?
— Oui.
— Et vous allez à Naples?
— Non.
— Alors vous retournez en Suisse?
— Oui.
— Par mer?
— Non.
— Par Bologne?
— Oui.

Oui! La bonde est lâchée.

— Monsieur, permettez-moi de vous le dire, vous commettez une grave imprudence!

Les jeunes demoiselles prêtent l'oreille.

— A Bologne! vous, Suisses! mais vous ne savez pas? — d'une voix plus haute — Vous ne savez donc pas que votre nation est exécrée à Bologne?

Ici, le monsieur avance la tête pour voir l'effet sur les dames; les dames reculent, et le monsieur se trouve nez à nez avec M. Nérins.

— Aller à Bologne? mais vous serez cerné, monsieur! mais, monsieur, vous serez poursuivi! vous ferez émeute, monsieur! mais, monsieur, vous n'en réchapperez point!

A chaque phrase, le jeune homme se penche en avant, se penche en arrière; toujours le nez de M. Nérins! — Oh! qu'il en ferait un portrait fidèle, si mademoiselle Lucy permettait!

Tout à coup, et comme il voit son auditeur impassible,

— Quand partez-vous, monsieur?

— Demain, monsieur.

— Monsieur, vous n'irez point!

— Je vous demande pardon, monsieur.

— Monsieur, on arrête sur la route!

— Bah!

— Monsieur, quelle route prenez-vous?

— L'une ou l'autre, monsieur.

— Monsieur, sur l'une et sur l'autre les brigands assassinent?

— Vraiment!

— Monsieur, la diligence d'hier, arrêtée! la diligence de ce matin, arrêtée! la diligence de ce soir, arrêtée!

— Ho! ho!

— Monsieur, j'ai parlé au conducteur!

— Vous avez bien fait, monsieur.

— Monsieur, vous n'exposerez pas ces dames à de pareilles rencontres!

Hom! — fait M. Nérins d'un air tranquille. — ...Ces dames ne risquent rien.

Ces dames ne risquent rien! Monsieur Nérins, l'avez-vous dit?

Des dames qui ne risquent rien! Avez-vous, monsieur Nérins, mesuré la portée d'une pareille assertion?

Ne rien risquer! Plus mortelle injure pourrait-elle sortir des lèvres les plus ennemies?

Ne risquent rien! Ces dames, M. Nérins, ne vous le pardonneront, ni dans ce siècle, ni dans l'autre, ni...

Pourquoi faut-il se séparer demain? On est si heureux ce soir!

Et comme nous voilà réunis au salon, un murmure lugubre se fait entendre. Il vient de loin, il monte du dehors; des pas s'approchent. Une procession, coules blanches, capuchons rabattus, apparaît; elle arrive, elle passe à la course. Que portent ces fantômes? Un mort, visage découvert. Des torches l'éclairent, de rouges lueurs vont et viennent sur le cadavre; à peine aperçu, il a disparu; le bruit sourd des litanies résonne encore, s'éloigne, s'affaiblit, s'engouffre dans une rue; plus rien.

Que c'est triste, la mort, avec cet appareil qui en accroît les épouvantes, dans toute l'horreur de son aspect le plus matériel; et cette fuite au travers des vivants, comme si là, s'accomplissait un mystère dont on veut leur dérober les profondeurs!

Le froid nous a saisis.

Alors nous prenons notre Bible, notre trésor, et, sur le point de nous quitter, nous nous remettons à Dieu d'un seul élan, pour cette vie d'un jour et pour l'éternité sans fin.

SEIZIÈME JOURNÉE

Un peu les brigands, beaucoup le départ, on n'a pas fermé l'œil.

M. de Belcoster ignore les terribles histoires du cosmopolite d'hier soir. Sa femme n'en a pas perdu un mot.

Ce sont des contes bleus.

Pourtant, si ce monsieur disait vrai? Naguère encore, on arrêtait.

Faut-il se taire, faut-il parler?

Se faire le véhicule d'une pensée angoissante, la verser, goutte après goutte, dans un cœur qu'on aime ; connaissez-vous beaucoup d'extrémités plus dures que celle-là?

Or, voici ce qui arrive presque toujours en pareil cas. Lorsqu'on est un esprit froid, on dit la chose telle quelle ; quatre mots nets, et tirez-vous de là comme vous pourrez!

Quand on est une bestiole tremblante de déplaire, on tourne, on retourne l'affaire, on soupire, on essaye une façon, on essaye l'autre, on prend la pire, et... croyez-moi, s'il faut des antennes, il n'en faut pas trop. Un peu d'étourderie va mieux qu'on ne pense. Les hommes ne craignent point, à l'aventure, quelque décision dans l'humeur. Ce qui traîne les ennuie ; les fagots d'épines accrochés aux pans de la robe les exaspèrent. Ni hésitations ni regrets : oui, non ; partons, ne partons pas ; le reste vient du malin!

Mesdames, ceci entre nous. Faites-en votre profit, et gardez-moi le secret.

Donc, le grand saint de la bande, informé du péril, est positivement vexé :
— Absurde, ce singe, avec ses histoires d'ogre! Prévenir la police? la police se moquera de moi. Commander une escorte? ridicule.

Les vetturini font claquer leur fouet, les chevaux secouent leurs grelots. John vient chercher les malles.

M. de Belcoster disparaît. Où va-t-il? On l'ignore.

Les dames qui, hier soir, ont tout entendu, sont entre la peur et la vaillance ; juste ce qu'il faut pour donner du piquant au voyage. C'est si joli, un Fra Diavolo! manteau rouge, plume noire, des diamants à tous les doigts, et une courtoisie!

Aussi, lorsque rentre M. de Belcoster, un quart d'heure après, et qu'il déclare avoir vu de ses yeux, touché de ses mains les conducteurs arrivés tout à l'heure, et qu'ils l'ont pleinement rassuré, et que depuis six mois on parcourt la route sans aventure, les dames se donnent le plaisir de n'en rien croire.

Allons, il se faut dire adieu. On se retrouvera bientôt.

Que voulez-vous? tout adieu renferme un peut-être. Les cœurs se serrent. Cette belle et bonne figure de M. Nevil, on la regarde longtemps, puis on ne la voit plus; les voitures ont tourné la place ; il semble qu'un monde soit entre nous.

Grand galop à travers Florence! Loggia, Vieux Palais, Dôme, Campanile, tout passe, et voici la campagne.

A mesure qu'on s'élève, la vieille cité sort du fond de sa vallée; sous son diadème crénelé, elle s'arrondit au milieu des oliviers qui peignent de gris le paysage.

Bientôt la contrée se fait pauvre; à peine si de grosses

villas, entourées de murailles, en varient la tristesse. On s'enfonce dans les Apennins, le sol devient blanchâtre, de maigres arbustes tendent leurs bras vers un horizon terne, les sommets dénudés succèdent aux sommets décharnés; ce n'est pas horrible, ce n'est pas beau, c'est entre deux : perspectives sans fond, lignes monotones, rien qui arrête le regard, encore moins qui le charme.

Il y a plaisir, dans ces espaces ennuyeux, à se voir bien attelé. Deux cochers bons enfants conduisent la bande; des renforts l'attendent à chaque relais : ce cri tout italien : àô! àô! retentit par les solitudes.

Si vous rencontrez quelque masure, une troupe déguenillée s'en élance : *Monèta, gràzie* [1]! — La mère, debout au seuil de sa porte, un faisceau de paille passé dans la ceinture, regarde faire les bambini, tandis que ses doigts agiles tressent la natte qui s'allonge.

Ce chemin de traverse va nous mener à Pratolino. Qu'ils sont beaux ces grands chênes! et d'une chaude verdure ces grands lauriers! et que c'est bon de marcher sur les pelouses! et de respirer le souffle de montagne qu'ont attiédi les aromes bocagers mêlés aux parfums de la prairie.

Mais voici le vieux Apennin, colossale statue.

Accroupi sur son rocher, de sa main droite il presse le bloc. Une source a jailli sous l'étreinte. Elle se verse en filets, remplit la vasque, puis s'étend en un glauque miroir où se réfléchit la figure méditative du dieu.

Il songe. Sa tête, d'une noblesse antique, s'est inclinée; sa barbe, mêlée de roseaux, descend sur la poitrine; de folles herbes ont poussé au hasard sur sa chevelure; les chênes avec les saules foisonnent de tous côtés, tandis que derrière, le ciel lui fait une immense tenture bleue.

---

1. Petite pièce d'argent.

Lui, cependant, pensif, recueilli dans sa puissance, regarde se déployer les prés, s'abaisser les croupes, se dilater l'étendue, jusqu'en ces lignes extrêmes noyées au sein des vapeurs.

C'est d'une ampleur si solennelle, tant de sourires éclosent sous la mélancolie, qu'il en monte à nos cœurs une de ces émotions soudaines : ravissement, surprise, joie de voir, tristesse de quitter, et que, si la bande pouvait, elle resterait.

Églantine bondit! Les unes courent dans les gazons, les autres errent autour de cette eau claire où nagent les cygnes, leurs plumes gonflées comme des nefs d'albâtre. Tantôt on contemple le géant rêveur, tantôt les horizons infinis.

En un frais retrait, des paons argentés étalent leur éventail plus blanc que neige. Les ramiers qui ont bâti leur nid sous les chênes se lancent par les airs et font miroiter au soleil l'ardoise de leurs ailes.

Puis un troupeau de vaches arrive à son tour. Lentement, à loisir, elles plongent leur mufle dans la fontaine, l'en retirent, soufflent, regardent, et reprennent avec langueur le chemin du pacage.

Déserts des hautes cimes, nous vous avons retrouvés! Çà et là quelque peuplier, pelé jusqu'au dernier mouchet, promène sa grande gaule sur les espaces vides, pendant que de misérables chênes nains tournent vers les quatre points cardinaux leurs quatre membres rabougris :

— Ce sol, dit mademoiselle du Rouvre, n'a que la chair et les os. — Elle se trompe; il n'a que les os.

Parfois une habitation se hasarde. Sur cette cime décortiquée, le château de Cappagiuolo s'assied lourdement. C'est la forteresse du Dante, en sa désolation; massive, impénétrable, avec une grosse tour qui en écrase le seuil.

Pas une âme aux alentours, ni un homme, ni un chat, ni une poule, pas même une abeille : la mort.

Plus loin, la route qui écorche ce terrain âpre et froid suit une allée de cyprès, masses enténébrées, troncs déchirés; au bout, un clocher, solitaire dans l'immensité dévastée.

Il en faut convenir, au surplus. Les ravins qui pourfendent du haut en bas la montagne ont quelque grandeur. Ces vergers tout à coup épanouis au milieu des Thébaïdes ont leur caractère. Ces meules de paille, ces maigres cyprès, ces vieilles tours projetées sur un ciel transparent sans lumière, ont je ne sais quelle originalité qui occupe le regard.

La bande découvre qu'au fond, ce pays insolite l'intéresse; que c'est baroque avant tout, beau si l'on veut, affreux si on le préfère, mais qu'au moins cela ne ressemble à rien.

Voici le col. Un poste de carabiniers le garde. Le poste n'est pas de trop.

Voici le défilé. Second poste de gendarmes. Le second poste n'est pas de trop.

Une bise glacée balaye le sol. Trois cimes nues fuient à l'occident, la tête perdue dans les nuages.

Au-dessous, un océan de sommets soulève ses houles uniformes. Les tronçons blancs de la route se perdent et se retrouvent à de grandes distances. Tout là-bas, sur la droite, près d'un torrent qui tranche de sa ligne étincelante les tons bistrés de la vallée, Firenzuola s'entasse en un monceau de plâtras.

Bande! veux-tu l'hiverner à Firenzuola? — La bande frissonne.

M. de Belcoster (Un *camin di ferro!* ainsi disent les voituriers.) marche seul en ce désert. On crie, on le hèle, peine perdue!

Quelques troupeaux affamés promènent leur misère sur

les groupes où flageole, de distance en distance, une graminée à moitié sèche. La contadina qui leur sert de bergère, immobile, coiffée d'un vieux chapeau d'homme, drapée dans une pièce de drap rouge, regarde on ne sait quoi, pendant que des poteaux, mâts démesurés qu'ensevelissait la neige cet hiver, s'alignent le long du chemin et parachèvent l'aspect.

En voulez-vous plus? La Bande, je vous l'ai dit, à force de contempler ces sites lamentables, finit par leur trouver une sorte de majesté. Si ce n'était qu'elle a peur, tout irait bien.

Bon! à l'endroit le plus perdu, dans le lit desséché du torrent, une escouade, grands escoffiers à barbe noire, l'attend et la guette. Ils sont là une troupe, plus de vingt, et des figures!

M. de Belcoster a-t-il passé? Il a passé.

Bande, c'est ton tour. La bande coule précipitamment bagues et joyaux dans ses poches. Innocente!

Les voitures se dévalent, — elles ralentissent, nous y sommes. Les grands escoffiers, qui taillaient la pierre, se relèvent; ils s'essuient le front, ils se mettent à rire. Oh! les braves gens!

Et voici, pour rassurer la bande, un jeune curé fort avenant, à cheval sur son poulain, qui trottine l'amble, tandis qu'après lui court son domestique, un gars de seize ans, armé de l'éternel parapluie écarlate.

— Mesdames, la journée est finie.
— Comment, sitôt, la journée?
— Sitôt.
— Ici?
— Ici.

Trois chaumières accrochées en flanc de la montagne, une maisonnasse devant un courtil, devant le coutil un pêle-mêle de lignes ondulées, vals, cimes, jusqu'en bas : c'est Covigliajo.

Notre hôte a des culottes courtes, la serviette sous le bras, une petite mine ridée et proprette.

— Servo umilissimo! Eccelenza, quà l'appartamento[1].

L'*appartamento*, plus vaste qu'une église, ouvre ses compartiments sur un vestibule plus large qu'une grange.

Ouvre, je le dis exprès: pas une pièce qui ferme! Il y a de quoi loger un régiment de cavalerie. Au milieu s'allonge la salle à manger. Quant à la chambre de mademoiselle du Rouvre, vraie cellule de nonne, la croisée en est murée, crainte d'évasion.

L'hôte, sa femme, ses filles et ses servantes, tout s'émeut. Bande, tu seras l'événement de cette honnête famille, son phénomène de l'an 1860.

Que vous dirai-je? parlez-moi d'une contrée sans attrait pour se trouver heureux entre soi. Les tristesses du cadre opèrent une réaction de bonne humeur.

On s'éparpille dans le jardin, on y découvre quelques asters ratatinés, du basilic dans un vieux pot; mademoiselle Lucy dessine. Et voilà que tout en musant, un pas après l'autre, on met la main sur un coin charmant, tel qu'il s'en épanouit parfois aux sites les plus déshérités. Leur beauté, c'est la laideur de ce qui les entoure.

Voulez-vous le voir? le voici: un sentier, un pauvre sentier caché sous des arbustes; leur feuillage d'un vert vif parle seul, en ces lieux arides, de sève et de fraîcheur. Dessous, l'herbe est drue. Notre sentier va toujours. Dans la pénombre, quelques plantes de cyclamen ont arrondi leurs feuilles; le capuchon lilas de leur petites fleurs se balance au bout de la tige; il en monte un parfum plus suave que celui des roses en mai.

Où mène-t-il, notre sentier? A cette source qui sautille

---

[1]. Serviteur très humble! Excellence, ici l'appartement!.

dans sa coupe rustique. Une eau légère, une eau vive ; elle s'épand par-dessus bord, glisse entre les cailloux, arrose ce morceau de pré. Et les femmes montent, descendent, comme aux fontaines de la Grèce, leur tunique relevée, un vase d'airain posé sur leurs cheveux noirs.

Le dîner est digne de l'appétit. L'appétit se hausse à la hauteur du dîner. Linge éblouissant, vieille argenterie, la polenta, les œufs, du pudding, des côtelettes ! Un roi pourrait se contenter à moins.

L'hôte s'agite autour de la table : sa femme, ses filles et ses servantes lui courent après. Sept chats font le gros dos aux pieds des sept dames. Églantine s'est consacrée à les servir.

Notre hôte, dans son trouble, chaque fois que mademoiselle Lucy met la main au plat, lui enlève son assiette.

Mademoiselle Lucy la rattrape au vol :

— *Scùsi ! scùsi* [1] *!* fait l'hôte.

— Bien ! répond mademoiselle Lucy d'un ton bref.

Et le vieux bonhomme, tout confus, d'entasser les mets devant M. Nérins, qu'il appelle invariablement : *Signor abbáte* [2] *!*

Si, pour la nuit, les portes fermaient ! S'il n'y avait pas, sous le porche, tant d'hommes barbus, tant de prunelles flamboyantes !

Faisons durer la soirée. Apportez les bougies ! quatre, six, huit ! une illumination de chapelle ardente !

Pas de mauvaise plaisanterie, s'il vous plaît.

Que nous sommes bien ; mais que nous sommes bien !

---

1. Pardon ! pardon !
2. Monsieur l'abbé !

On brode, on cause, on entasse volume sur volume.

La bande, vous pouvez m'en croire, ne sent nulle envie de s'aller coucher.

Singulière fortune, celle des livres! Qui dira leur chemin dans le monde et quel sort les attend?

Il y a les livres qu'on prend par le bon bout, il y a les livres qu'on prend par le mauvais, il y a ceux qu'on ne prend pas du tout.

Pauvres pages! vous les avez écrites d'un cœur sincère; votre âme y palpite; les voilà parties. Du nid velouté qui les abritait, de la tiède atmosphère où elles se sont épanouies, vos pensées s'élancent, elles volent par le monde.

Aïe la bise! aïe les frimas!

Tel qui n'aime point qu'on rie, fronce le sourcil; tel qui n'aime point qu'on pleure, se gausse de vos sanglots. Vous vous donnez bonnement, on vous cherche des rubriques. Vous êtes ce que vous êtes; on vous applique ce masque, assez déplaisant, et ce caractère, assez odieux, et toutes sortes de laideurs qui ne sont pas les vôtres.

Alors votre cœur se gonfle; les larmes, ces larmes pleurées en dedans, vous étouffent. — Oui, mais croyez-moi, la grande fraternité des sympathies humaines domine les petites hostilités des petites malveillances.

Si je souffre, ma douleur, qui va rencontrer des cœurs malades, leur parle de confiance, d'amour, de cette douceur suprême des communes peines et des mêmes supplications. Suis-je heureux? ma joie, qui éclate en cantique, va réjouir les simples: eux aussi trouvent que Dieu est bon, que la gratitude fait du bien. Tous ceux-là, je les aime, ils me répondent; même lorsqu'ils se taisent, je les entends. Leur tendresse est ma récompense. Nous nous connaissons bien. Un sourire venu de ce côté ferme beaucoup de blessures. Et c'est ce qui donne courage; et c'est à la rencontre de ces belles amitiés que vont nos paroles; comme ces chants murmurés à demi voix par la campagne, perdus, il semble; et pourtant de mystérieux échos se les redisent l'un à l'autre.

Il se fait tard. La frayeur est toujours là. Les sept chatons escortent les sept dames. Belles moustaches? des braves à trois poils!

Oui, mais ceux de là-bas, sous le porche! Et ces croisées qui n'ont point de volets? Et ces serrures dont on a perdu les clefs?

DIX-SEPTIÈME JOURNÉE

L'aurore est une belle chose; et le déjeuner gai, je vous en réponds. L'effroi de la nuit tourne en héroïsme : viennent les brigands, ils trouveront à qui parler.

Sur ce, on apporte le café bouillant et le pain rôti.

Si serviable est l'hôte, et si croquant ce pain doré, et si vaillamment fonctionne la Bande, qu'il n'y a pas de raison pour qu'elle quitte Covigliajo.

Enfin, la voilà partie. Si bien partie, que depuis une heure elle chemine vers Pietramàla.

On lui attelle, pour franchir les crêtes, deux paires de bœufs du pays, taille menue, robe grise, longues cornes projetées en avant. Nul joug ne fait courber leurs têtes. Le conducteur les dirige au moyen de cette boucle qui pince le mufle sans traverser les naseaux.

Au loin, très loin, s'étendent les plaines immenses de la Romagne. On soupçonne Ravenne, bien plus qu'on ne la voit. Des brumes cachent l'Adriatique. Ancône baigne dans le brouillard. Aspect unique, d'une magistrale ampleur.

Et c'est là, dans cet instant même; là, dans ce fond perdu, sur ce territoire où nous ne distinguons pas un trait précis; c'est là qu'on se bat. — On se bat! Liberté de croyance, liberté d'action, avenir de l'Italie, peut-être le bouleversement de l'Europe, tout s'agite, tout bouillonne dans ces abîmes voilés.

Quel silence, et quelles tourmentes!

Heure solennelle. Chacun, debout, comme s'il pouvait arracher un détail à ce chaos, regarde, écoute, interroge les lointains pleins de mystère.

Comment ne pas prier, ardemment? prier pour ceux qui meurent, prier pour ceux qui tuent, demander à l'Éternel, Roi des rois, la solution de ces problèmes trop forts pour les hommes.

La frontière des Romagnes est derrière nous. Une mitre gravée sur une borne en marque la limite. Nous avons franchi le dernier sommet. Le Bolonais, jusqu'à Ferrare, jusqu'au Pô, s'étend en nappe bleue, à mesure que les ondulations du terrain abaissent leurs flots. Les maremmes, désert sans mesure, vont s'effacer à l'Orient dans l'Adriatique. Et sur la pente où nous descendons, des bois de châtaigniers commencent d'étaler leurs frondes, tandis que la bruyère dresse, au-dessus, ses buissons incarnats.

Maintenant, le sol se dévale en côtes sablonneuses; des arêtes se dressent sur un plan vertical. Là dedans sortent à l'aventure des touffes de plantes aromatiques. Là dedans grimpe une inconcevable charrette : montagne de chanvre que traînent quatorze bêtes, mules, ânes, bœufs, couverts de clinquants et de pompons! Cela tient un kilomètre. En cette âpre nature, avec les cris des muletiers et ces efforts pour gravir les flancs déchirés de la montagne, c'est magnifique à voir.

Cependant la contrée s'anime; quelques maisons s'éparpillent dans les prés; les épis du maïs leur font des draperies d'or. Gamins et gamines de par là nous escortent; un bataillon nous remet à l'autre; *monèta*, pain, fruits, on leur donne tout. Notre cocher n'y tient plus :

— O! finisce là! li! colla, colla... *dottrina!*

Sur ce, M. de Belcoster, qu'on rattrape enfin, annonce une bonne nouvelle à la Bande : Il n'y a jamais eu de brigands dans le centre des Apennins, d'où elle sort. En revanche il y en a dans la plaine, où elle entre.

La Bande ne saurait qu'y faire. A mesure qu'elle descend au bas pays, sa frayeur s'en va. Les plus honnêtes gens de là-haut lui donnaient le frisson; les pires vauriens de ces vallons où l'on cueille la pomme et la poire viendraient la dévaliser de pied en cap, elle ne les en croirait pas.

On déjeune à Pianoro, ni plaine ni montagne, entre les honnêtes gens et les bandits.

L'hôte, un patriote de bonne mine, introduit la bande en son logis, vieux manoir qui rappelle les mystères d'Udolphe. — Salles délabrées, lits à catafalque, corridors emmêlés, espaces chaotiques, tableaux plus noirs que l'encre, où M. Nérins, lui-même, aurait grand'peine à repêcher un bout de nez! la bande a bientôt fait de démêler tout cela.

Voici le courrier! Notre hôte saisit les dépêches : « *Fanti* a pris le fort de Spolète! six cents prisonniers! les canons enlevés! Lamoricière jeté dans Ancône! »

Il faut entendre cet accent, il faut voir ces regards.

Ne leur parlez pas, à ceux-là, de la paternelle domination du Serviteur des serviteurs de Jésus!

Nous marchons sur un sol récemment délivré. Le bonheur de l'indépendance y est jeune; il y a des tressaillements. Chaque villageois qui passe, bêche à l'épaule, se passionne pour la chose publique. Elle est devenue sienne. Il a grandi de tous ses droits reconquis.

Les belles causes battent de l'aile dans cet air-là. Ces

---

1. Voyons! finissez-la! avec, avec... *la doctrine!*

régions, naguère étouffées et mornes, vibrent au moindre souffle. Les murs eux-mêmes parlent politique. Voici ce que dit le nôtre : — « Prima che passa il mese d'ottobre, capitolazione di la Morsie (Lamoricière) con Garibaldi [1]! »

Un autre lui répond : — « Gùai! codìni e codìne di Pianòro! la Morsie prepàra le valìgie [2]! »

Hier on emmenait à Bologne le général Schmidt, prisonnier de Fanti. Le soir on entendait, sur la hauteur, les canons d'Ancône.

Nous sentons les battements du cœur italien. A quelques lieues, l'action ; ici, cette fierté de l'homme qui respire à pleine poitrine un air libre!

La Bande raisonne, c'est bien le moins.

M. de Belcoster, en homme juste, rend à chacun ce qui lui revient. Il honore la vaillance ; il déteste les menées ; il aurait voulu l'Italie indépendante par elle-même ; il rêvait pour elle de pacifiques conquêtes; pourtant, il lui souhaite la victoire.

Madame sa femme trouve que les procédés pacifiques ont du bon. Toutefois, lorsqu'on est garrotté, muselé, bâtonné par une puissance étrangère qui ne vous laisse bouger ni pieds ni pattes, un peu d'aide fait grand bien. Quant aux libertés, elles sont à qui les prend, fût-ce au bout de la baïonnette.

Les dames votent comme un seul homme pour Garibaldi, pour l'*unità*, pour une illumination générale dans toutes les villes où elles passeront! — Après quoi l'on va voir travailler les abeilles italiennes, dans ce petit pré.

Elles se tirent d'affaire à leur honneur, les bestioles. Un vieux baril, qui leur sert de ruche, en fait toute la façon.

---

1. Avant que s'achève le mois d'octobre, capitulation de Lamoricière avec Garibaldi!
2. Malheur! *codins* et *codines* de Pianoro! Lamoricière boucle ses malles!

Fortes butineuses, elles entassent gâteau sur gâteau. Nulle entreprise téméraire ; ni mauvaises querelles, ni folle ambition. Elles ne piquent point, elles ne colèrent point ; prudentes, avisées, leur corselet jaune légèrement porté sur deux ailes vaillantes, elles travaillent de l'aube à la nuit ; et c'est comme cela qu'on bâtit les cités.

Que vous dirai-je du pays ! Rien.

Nous rencontrons force contadini à califourchon sur la queue de leur âne. Une fois dans la plaine, des cascini couleur saumon émergent parmi le maïs, les mûriers et la vigne. Ce sont d'assez lourdes bâtisses que décore une rangée d'arceaux. On y entre par cette porte gigantesque, porte de grange, porte de musée, tout en vitres, qui donne sur le salon. Devant, quelques messieurs en veste de basin, quelques dames en corsage de mousseline, prennent le frais. Une avenue d'acacias, tête à perruque, précède ces palazzi. Des portiques à grande prétention en décorent l'entrée. Celui-ci par exemple, d'un style égyptien : deux sphinx accroupis sur deux pilastres. Par malheur, les sphinx étaient de briques ; par malheur, les briques, battues des orages, jonchent le sol ; par malheur, les tiges en fer qui leur servaient de carcasse, restent seules intactes. Ces squelettes faméliques promènent, au bout de leur échine, une tête ravagée. Il ne reste du corps que trois côtes ; les zéphirs se jouent au travers ; on dirait une *Tentation de saint Antoine*.

Le temps est orageux. A chaque ondée, nos cochers rabattent la capote ; à chaque éclaircie, ils en débarrassent la bande. L'un va grognant, l'autre va riant.

— Che burla indiavolita [1] ! — murmure le premier tout en décrochant son engin.

1. Quelle farce endiablée !

— Nàto son pròprio per còntèntar le dònne ¹! — riposte le second en rattachant son cuir.

Celui-ci prend d'une égale humeur le sort comme il vient. Il a deux chapeaux sur la tête : le chapeau des averses, le chapeau du soleil, met dessus tantôt l'un, tantôt l'autre, et, protégé par sa double carapace, traverse la vie gaillardement.

Regardez ce tonneau de vendange! long, étroit, avec ses armoiries et sa dentelle de fer; un tonneau ducal, archiépiscopal pour le moins, que traînent des bœufs au pelage classique. Et ce vendangeur debout, grave jusqu'à la tristesse! Et cette gracieuse fille, assise comme sur un char de triomphe, la tunique serrée au cou, la chevelure puissamment ondulée, une carnation qui fait penser aux vierges du Titien.

Les charrettes se croisent. Les unes portent des caisses de bois, combles de raisins foulés ; les autres, ces tonneaux richement cerclés de cuivre, qui semblent un ouvrage d'orfèvrerie.

Bologne cependant s'est avoisinée. Des lignes de gabions coupent la hauteur. On se prépare à la guerre. Partout sonnent les fanfares.

La vieille cité, adossée au dernier renflement des Apennins, s'entoure de collines, chacune surmontée de quelque église, de quelque caserne ou de quelque château.

Arcades et promenoirs encadrent les rues. Au trot rapide des attelages on surprend une ogive, un mascaron, plus loin une rangée de colonnettes, quelque buste encastré dans la muraille, un bout de *loggia*, comme à Florence, et puis cette physionomie sérieuse, et puis cette vie, ces chants, ce caractère, et puis cette belle brique aux tons chauds.

L'hôtel San Marco ne reçoit que les têtes couronnées. La bande y loge; cela va de soi.

1. Je suis né, précisément pour contenter les dames!

Nous avons une salle des gardes (*ces dames ne risquent rien!*), des négrillons de porcelaine, des candélabres monumentaux, des fauteuils avec lesquels M. Nérins fera ce soir plus ample connaissance : piano, bahuts, glaces du haut en bas!

Ce soir, ne visitons rien, flânons.

La Bande s'éprend des Bolonais ; c'est fait tout de suite.

Les Bolonais ?... il faut voir de quel œil les Bolonais considèrent la Bande!

Et voilà que certain petit chapeau *bersaglière*, fièrement porté, révolutionne le régiment des frères d'armes cantonnés à Bologne.

Le petit chapeau aurait-il déserté sa compagnie ? est-ce tout simplement une coquetterie à l'endroit du Piémont ? les bersaglieri ne savent trop. Une énigme, qu'interrogent incessamment leurs regards! La dame qui porte si crânement sa belliqueuse coiffure, prend tout ce triomphe à rebours. Il lui déplaît de marcher à travers une ovation. Pareil succès, d'ailleurs, va monter la tête au petit chapeau ; il deviendra fat, insupportable ; il l'est déjà. Mademoiselle Lucy le déteste, pour l'avoir trop aimé. Un peu plus, elle lui arrache sa plume de coq !

Grâce!

Soit. En attendant, malheur à qui s'ébahit devant ce faquin-là. Les yeux de mademoiselle Lucy le foudroient sur place.

La ville est pleine de troupes. Ce peuple ne ressemble guère aux tranquilles bourgeois de Florence. — Il ne se contient pas, il bout.

A chaque instant on rencontre quelque profil artistique, pauvre fille enveloppée d'un châle rouge, et des traits à faire rêver tout un jour. Ce sont des pâleurs bronzées, des chevelures plus noires que le jais, avec des reflets bleus, avec des flammes sous la paupière.

De jeunes garçons achètent, palpitants, la dernière dépêche :
« Combat de Castelfidardo! victoire de Cialdini! »

Des femmes, sordidement vêtues, tirent un gros sou romain du coin de leur mouchoir, payent le télégramme, le cachent dans leur sein comme un trésor, et le vont porter à leur famille.

Les bersaglieri marchent deux à deux, trois par trois, tête haute; demain ils partent pour s'aller battre.

Dans les cafés, on lit la nouvelle. On la crie sous les arceaux, avec ce volume de voix dont la sonorité fait trembler les vitres.

Et voici des *garibaldini*, le fameux foulard à l'épaule ; ils se hâtent vers Naples!

Devant chaque porte, on vend des caricatures politiques. Les porteurs du *Corrière*, arrêtés à tous les pas, distribuent le numéro du soir.

Jetez ce mouvement dans la vieille place del Governo, devant la statue du pape Grégoire XIII ; mettez ce caractère pontifical en présence de cette fièvre de liberté, vous aurez l'effet.

Il est plus imposant encore au pied de la Garisenda.

Je ne puis te retrouver sans émotion, vieille tour, si fortement penchée sur ta base, que tu vas, on le dirait, écraser les palais autour de toi. Ta sœur *degli Asinelli*, aussi svelte que tu es massive, prolonge au second plan sa ligne effilée. Elle s'incline en arrière, pendant qu'en avant, tu coupes la perspective d'un trait lourd, campé de travers.

Vous me parlez d'âges héroïques. Les Républiques italiennes vous ont vues. Vos ducs du temps jadis, je les vois. Il me semble que sur votre base déjetée, que dans votre ombre bizarre, qui tombe obliquement, passent les Borgia, les Can, les papes guerriers, vos cardinaux morions en tête, vos grands abbés crosse en main.

J'aime ces noms, donnés aux témoins inanimés des époques disparues. J'aime que l'épée de Roland s'appelle Durandal, son cor Oliphant, cette tour Garisenda.

C'étaient des siècles de caractère, ceux-là ; jusqu'au fer de la hache avait son individualité, jusqu'au bois de la lance avait sa vertu, même il avait ses caprices. On s'attachait fortement, car on savait où se prendre ; l'homme et la bête, l'homme et la chose se saisissaient par ces saillies qui font les solides unions.

Aujourd'hui ! aujourd'hui a de l'héroïsme ; voyez l'Europe, voyez l'Amérique ! Aujourd'hui a du génie ; voyez les inventeurs, voyez les poètes ! Aujourd'hui a du savoir-vivre ; voyez la sécurité des routes ! et de bonnes amitiés ; voyez la bande !

Reste que le peuple bolonais a pris le cœur des dames. L'existence ici ne leur semblerait point sotte.

De manière ou d'autre, nous y sommes. La lampe égaie notre salon ; la bouilloire chante son hymne : les parfums du thé s'exhalent en ondoyantes spirales ; trois artistes, dans cette ruelle, nous régalent d'un concert de harpe, violon et hautbois.

Une fois les musiciens partis et le dîner mangé, vient le tour du piano.

La note du diapason ? Liberté, libertas ! Une épopée avec chœurs, sans compter la pédale de canon et celle du chapeau chinois, comme à la bataille de Prague. Toutes les affaires italiennes y passent : conquête de la Sicile, entrée des patriotes à Naples, prise d'Ancône (qui n'est pas prise) ; prise de Rome (qui ne le sera pas de sitôt) ; et pour terminer, bénédiction de Garibaldi par le pape !

Au beau milieu, tombe M. le docteur Delmas, enchanté des Apennins, qu'il a traversés par la route de Pistoja.

— Mon frère ?
— Bien.
— M. Keuler ?

— Bien.
— Notre hôtel d'Angleterre?
— Ah! l'hôtel! après la Bande, une désolation.
M. le docteur Delmas repart demain :
— Mesdames, que faites-vous dire à vos parents?
— Que la Bande est bien où elle est!
— Suffit.

Chacun retiré chez soi, plus tard, et comme on se prend à rêver, un roulement sourd interrompt le silence de la nuit; des lueurs rouges frappent les vitres. On court aux fenêtres. Un chariot de blessés! On ne distingue aucun détail; on ne voit que ce fourgon d'ambulance, couvert d'un drap maculé par places, et ces hommes qui l'escortent, torche fauve au poing.

Ceux qui disent que l'indépendance italienne veut être achetée au prix du sang italien, ont bien dit. Elle l'est.

DIX-HUITIÈME JOURNÉE

On n'a pas de peine à se réveiller; c'est fait depuis hier au soir.

— Un cicerone, s'il vous plaît.

L'hôte se présente, suivi d'un monsieur solennel, cheveux gris, habit noir, tenue d'ex-grand duc :

— Eccellenza! *un uòmo cèlebre* [1]!

Va pour l'*uòmo cèlebre*.

Heures délicieuses, ces heures du matin, quand une haleine vivifiante arrive des campagnes, quand la fatigue n'a pas alourdi notre marche, quand la jeune admiration garde sa jeune fraîcheur.

Voici l'Hôtel de Ville, voici les aigles à large envergure, voici les lions, boulets en gueule. Le palais du Podestà dresse vis-à-vis ses murailles rouges, ornementées de marbre blanc. Au milieu, la fontaine de Jean Bologne arrose ses amours joufflus. Le portique des Banchi se découpe au fond. Ainsi, notre premier regard rencontre les noblesses de l'architecture.

Montons; c'est l'escalier du palais. Les papes y chevau-

1. Excellence! un homme célèbre!

chaient sur leur mule. Au milieu des fresques du Ciniani, la proclamation de Napoléon III [1], gravée sur le marbre, apprend au monde entier que : « l'Empereur est assez de son temps, pour ne pas vouloir d'agrandissement territorial! »

Et tandis que vous méditez cette parole auguste, nous regardons par la croisée.

Ce que nous voyons? Un grand morceau de ciel, les dômes ruisselants de lumière, la silhouette des vieux édifices, les teintes bariolées des palais de brique, et les vasques, et les statuettes, et l'eau qui saute en liberté; puis ce peuple de paysans, franchement italiens, qui étalent leurs corbeilles de fruits ou qui empilent leurs oignons.

Cependant l'*uòmo célebre*, sa tabatière d'une main, sa prise au bout des doigts, l'air d'un diplomate en retraite, nous mène à l'église de San-Petrònio.

Vous saurez que la façade n'en est pas terminée, que des médaillons d'un travail exquis en couvrent la base, qu'il y a des niches à cordons sculptés, des sibylles pleines de caprice, qu'au dedans tout est plâtre, qu'on y voit la fameuse méridienne de Cassini, que voici des baldaquins tant qu'on en veut et des bas-reliefs plus qu'on ne saurait dire! — Vous n'êtes pas content?

Alors, suivez-nous à l'Université.

Effet merveilleux! Les dames y éprouvent, d'emblée, cette soudaine envie de s'instruire que leur inspirent certains sites, en certains moments.

Elles voudraient traverser chaque matin cette cour mauresque, pleine de clartés sereines et d'ombres fantasques; elles voudraient méditer le long de ce cloître, du haut en bas revêtu des armoiries de tous les hommes d'élite qui s'assirent sur les bancs de l'école.

Idée originale, celle qui a couvert les frises, les plafonds,

---

1. Celle qu'il fit naguère à Milan.

les murs, de ces écussons richement colorés, de ces devises tantôt guerrières, tantôt savantes.

Ici, Bande, Laura Bassi professait, un voile jeté sur la figure. Quand le verra-t-on monter en chaire (monsieur Nérins, ne froncez pas le sourcil!) et doctement discourir sur le cours des astres, sur la fortune des empires, sur les mystères du monde anté-génésiaque, ou tel autre sujet, à la mesure de ton vaste cerveau?

La Bande réfléchit. Toujours est-il qu'elle ne revendiquera pas les droits de la femme. Oh! pour cela, ne l'espérez point.

Sénatrices, avocates, notairesses! Ces solécismes vous font trembler, n'est-ce pas? La monstruosité qu'ils expriment cause encore plus d'horreur à la Bande. Une place dans l'ombre, du bonheur à donner, il ne lui en faut pas plus; tout cela tient sous une feuille.

Au surplus, la Bande veut être gouvernée par son chef, enseignée par son pasteur, protégée par tous les deux; et si jamais elle professe (Dieu l'en garde!), ce sera, bien sûr, en l'honneur des droits de l'homme.

Maintenant, au palazzo Zambeccàri!

Tâchons d'admirer quelque chose : ces marteaux de la porte, deux lions ciselés par Jean Bologne. Un *mylord* les paya cent vingt louis au marquis Zambeccàri; le marquis, avant de les livrer au milord, en obtint la copie; ce sont les reproductions qu'on voit ici.

Quoi d'autre? Les *Noces d'Henry VIII avec Anne Boleyn*. Jules Romain, l'auteur de cette toile curieuse, fait tabler le roi, la jeune fille et cinq convives devant un festin somptueux, tandis que huit personnages cornus, jambes de chèvre, queues de diable, accroupis sur le premier plan, soufflent à perdre haleine dans leurs pipeaux. Toute la satire est là; un temps où l'on se contentait de peu.

Voici la grande *Sybille* du Guerchin! Trop de noir et trop de blanc, couleurs sales, pose prétentieuse, inspiration de commande.

Regardez cette *Vierge* aux lèvres pincées, de Francia, et cette autre de Van Dyck, l'inventeur de la peinture à l'huile!

Je crois, en vérité, que je vous récite le catalogue.

La ville s'éveille, les nouvelles arrivent; les drapeaux se déploient aux fenêtres; un détachement d'infanterie, tente-abri sur le dos, pieux fichés dans les courroies, bidon sur le havresac, se hâte vers Ancône.

Et toujours la massive Garisenda, toujours la tour *degli Asinelli* largement croisées, se déjettent, l'une à droite, l'autre à gauche, sur le plan vertical des monuments.

Mademoiselle Lucy, faites leur portrait! — Mademoiselle Lucy s'installe, après avoir confié à la petite Églantine son parapluie, son étui à crayons et ses gants. Les bersaglieri se massent derrière l'album, Églantine, rêve, M. de Belcoster protège notre artiste, et les dames profitent du loisir, pour marcher à la conquête de certaine vieillerie, qui leur a donné dans l'œil.

Au retour : miséricorde! M. de Belcoster désespéré, M. Nérins bouleversé, les bersaglieri consternés, mademoiselle Lucy ébahie, Églantine ahurie, John sur le coup.

— Qu'y a-t-il?

Il y a que les gants, l'étui, le parapluie, tout s'est évanoui! On interroge Églantine.

— Les as-tu laissé tomber?

— Je ne sais pas.

— Les as-tu posés quelque part.

— Je ne sais pas.

— Te les a-t-on pris?

— Je ne sais pas.

— Cherche dans tes poches.

— Oh! tante, un parapluie!

Ce qui vexe mademoiselle Lucy, c'est le beau calme d'Églantine. Ce qui exaspère M. de Belcoster, c'est cette ignorance du *comment?* Ce qui assombrit la bande, c'est la pensée qu'un de ces honnêtes Italiens, ses amis, aurait opéré la soustraction. Assassiner, passe; mais voler!

Voyons, regardons partout. Chacun s'y met, y compris les Bolonais. On cherche sous les arcades, on cherche derrière les portes, on cherche autour des pilastres, on cherche entre les pavés. Des gants, cela peut s'éclipser. Un parapluie, il n'y a pas moyen.

— Mais où donc étais-tu?

— Ici.

— Au milieu de la place?

On se baisse, on découvre dans le pavé cinq petits trous.

— Monsieur, s'écrie John, les objets ont peut-être traversé.

— Y pensez-vous? Une grille d'arrosoir! il n'y passerait pas un œuf.

John mesure.

— C'est vrai! impossible.

— Eh bien! ne fût-ce que pour en avoir le cœur net, allez chez le pharmacien, là! Demandez-lui si par hasard ce treillis donne sur sa cave?

John court à la boutique. Il en ressort avec le parapluie, trouvé dans le souterrain, à l'instant même, par un garçon apothicaire qui allait querir quelque julep. On juge de l'éclat de rire!

— Et mes gants? demande gravement mademoiselle Lucy.

L'aide-pharmacien, redescendu dans les profondeurs de la cave, ramasse les gants, ramasse l'étui, sous la grille, et rapporte le tout. Églantine s'émerveille. Nos Italiens, qui sortent blancs comme neige de l'aventure, s'en donnent à cœur joie, la bande fait chorus. Quand c'est fini, l'*uòmo célebre* prend le chemin de l'Académie.

A peine entrés, le rire s'éteint. Une sorte de recueillement nous a saisis; les graves pensées montent dans l'âme; nous ne saurions parler à voix haute. Ici règne l'idée.

Et tout d'abord *Samson*, du Guide. Il tient la mâchoire d'âne, l'eau qui en jaillit se verse à ses lèvres altérées. Le geste pourrait être vulgaire; il ne l'est pas; la force pourrait être brutale, elle ne l'est point. Rien du boxeur; la vigueur vient de l'âme. Et l'extrême simplicité de l'acte, sincèrement rendu, lui ôte ce je ne sais quel caractère trivial, qui facilement toucherait au burlesque.

Le *Massacre des Innocents*, toujours du Guide, fait face. Vraie tuerie. Les égorgeurs ne posent pas en gymnastes; les mères dont on assassine les enfants, ne pleurent pas en modèles d'atelier. Voyez-vous le visage féroce de cet homme au poignard? celui-là fait son ouvrage en boucher qu'il est. Entendez-vous le cri des femmes? Celle qui emporte son fils; on dirait une lionne en furie. Cette autre, que les suprêmes défaillances de la douleur ont envahie, ses forces s'en vont, son bien lui échappe, sa bouche ne peut pas même proférer une prière. Là on tue, là on se défend, de là monte cette clameur désespérée dont les ondes vont rouler jusqu'aux murs de Ramah.

Le *Bruno*, du Guerchin, étale à côté son vêtement aux plis somptueux et sa main parfaite.

Regardez la *Sainte Agnès*, du Dominiquin! et ce bourreau chauve, une mèche de cheveux égarée sur le crâne; figure impossible, horrible, qui plonge le couteau dans le sein de la jeune fille, vrai *carnifex*, dont pas une fibre ne tressaille : enfoncer la lame dans ce cou, dans un autre, homme, femme, bête, ce lui est tout un.

Vous montrerai-je *la Transfiguration*, du Carrache? Deux scènes; celle d'en bas, réussie; celle d'en haut, manquée. Au voisinage des régions divines, notre âme prend d'étranges faiblesses; un vertige la saisit, un éblouissement l'aveugle. Donnez-lui des joies d'homme à redire, elle grandira; des luttes, elle s'y mesurera; des souffrances, elle les comprendra; mais la rencontre de l'homme avec le divin : Jésus, ce Jésus qui marcha parmi nous, glorifié, dominateur des mondes, égal du Père, elle ne pourra pas.

Ici, comme dans le tableau de Raphaël, la page terrestre resplendit, la page céleste déçoit.

Je me hâte. Quelque chose que j'ai vu de loin, *le Christ crucifié*, du Guide, a laissé tomber sur moi sa grande ombre.

O mon Sauveur! je t'ai reconnu. C'est toi, c'est vraiment toi. Tu meurs en Golgotha. Les ténèbres t'enveloppent, des obscurités pèsent sur la terre. Ta croix s'est dressée dans cette nuit dont nulle bouche ne redira l'horreur. Ils t'ont cloué les bras! ces bras qui s'étendaient vers les hommes, alors que tu disais : « J'ai voulu vous rassembler! vous n'avez pas voulu! » Ta tête fléchit sous la malédiction. Ton regard, regard d'un Dieu, franchit les abîmes et va supplier le Père. Tu es vaincu, et tu es vainqueur. A travers ton immense agonie, les splendeurs du triomphe éclatent sur ton front. Et ton amour! Oh! qui pourrait, sans que le cœur lui brûlât, contempler l'inexprimable tendresse de ta bouche désolée, et cette tristesse ineffable de tes yeux, qui ont pleuré sur nous.

J'entends ta voix : « Mon père, pourquoi m'as-tu abandonné? » Puis, tu as vu ces misérables, autour de toi; tes entrailles se sont émues! « Père, ils ne savent ce qu'ils font! » Terreurs de la réprobation, étonnements de la mort, nos épouvantes et nos détresses, les blasphèmes de ceux qui veulent périr, tout s'écrit là, dans tes pâleurs.

Au pied de la croix se tient Marie, et le disciple que tu aimais; Madeleine, ensevelie sous la forêt de ses cheveux blonds, fléchit, près de défaillir. Mais toi, toi seul, je ne puis contempler que toi! Ce long regard que tu jetas sur Pierre, m'a pénétré l'âme; il défait mes jointures; je me cache le visage, je pleure, j'adore; et je me tais.

Pourtant un autre Guide : *le Christ au tombeau*, nous appelle.

Ce n'est plus le monarque des cieux consacré par la souffrance; on n'a pas deux fois la même révélation. C'est le Fils de l'Homme, en proie au sépulcre. Plus rien ne vit dans les traits, abattus sous le suprême affaissement. L'esprit s'en est allé. Il ne reste qu'une dépouille. Au bas, le peintre a jeté quelques figures étonnantes de hardiesse : l'homme à la tunique jaune, un poing sur la hanche; toute l'exubérance de la vie, je dirais presque toute sa superbe, en présence des impuissances de la mort.

Et voici la *Sainte Cécile* de Raphaël. Je l'ai souvent admirée; moins pour le visage, trop indifférent, que pour la grâce athénienne, pour cet orgue qu'abandonnent les doigts, pour ce magnifique saint Pierre, le seul qu'absorbe et que ravisse l'audition du céleste concert. Il écoute; les autres, non. Marie-Madeleine regarde ceux qui la regardent. Les deux personnages du fond se regardent l'un l'autre. Quant à sainte Cécile, son attitude, bien plus que l'expression de sa figure, jette un éclat merveilleux sur la toile, chef-d'œuvre du Maître grec.

Oui, Raphaël est Grec. L'antiquité lui a révélé l'harmonie des lignes. Une lumière, si j'osais, je dirais païenne, tant elle est destituée de ces tristesses, regrets du ciel, que nous a données le christianisme, baigne de clartés toujours égales ses irréprochables profils. L'idée se présente à lui simple, exacte, sereine, telle que l'exprimait Platon. Comme aux

Grecs, la divination des souffrances de l'âme lui manque à quelque degré. On trouve à son œuvre plus de pensée que de sentiment. Rien ne troublera ces visages parfaits. Leurs yeux baissés ne laisseront pas tomber une larme. Les houles de la vie ne soulèveront jamais ce sein correctement voilé. Ces vierges placides ne connaissent ni l'espoir qui fait palpiter, ni les regrets qui déchirent. Elles restent éternellement souriantes, souverainement gracieuses, d'une modestie quelque peu hautaine; déchaînez-vous, tempêtes du cœur, pas un pli de leur tunique ne se dérangera.

Les portraits du maître révèlent autre chose.

Je prends le *Joueur de viole*, je prends tel cardinal, tel pape, Raphaël lui-même, et je rencontre non plus un type, non plus une beauté de convention, mais l'individu, mais le caractère, mais l'humanité même, vivante, brûlante et diverse.

Vous rappelez-vous le sourire déçu du *Joueur de viole*? et ce regard d'une indicible tristesse, qui tombe des yeux profonds de Raphaël? et l'ardeur ascétique sous les traits pâles du prêtre? et ce scepticisme moqueur sur les lèvres de Léon X?

Je donnerais toutes les Vierges dans leur gloire, pour un seul de ces hommes-là.

Encore le palazzo Bentivoglio, caractère forteresse. Encore la maison du Guerchin, vert épinard.

Soit la fatigue, soit la faim, soit la contemplation, mademoiselle Hélène se sent tout à coup monter dans l'espace? Comme on traverse la cathédrale, elle s'enlève à trois pieds du sol. Les plus grandes saintes n'en firent pas tant. Modeste, telle qu'on la connaît, mademoiselle Hélène nie l'affaire; mais la bande sait à quoi s'en tenir; elle a vu mademoiselle Hélène suspendue en l'air, traversée de *part* en *part par* un rayon de soleil! Qu'avez-vous à répondre?

Quant à mademoiselle Berthe, elle n'entasse plus dans ses poches ni cailloux ni coquillages ; elle se fait tout simplement connaisseur. De loin, derrière les autres, elle regarde les tableaux ; puis elle s'approche à son tour, s'enfonce en des contemplations solitaires ; on voit poindre un carnet ; une petite main y trace à la dérobée quelques lignes que nul ne lira ; et si par hasard un mot s'échappe, il révèle le sentiment le plus individuel et le plus vrai.

Les pêches avec les raisins nous ont fait redescendre sur terre.

Si nous montions à San-Michele in Bosco ?

Aussitôt dit, aussitôt fait.

Bologne n'en finit pas. On a beau rencontrer des régiments de passage, et ces tonneaux classiques, et sous les arcades étudier les étalages de bric-à-brac, le chemin semble long.

Les faubourgs se font déserts, des dalles plates fatiguent abominablement les pieds. Si, au moins, pour se raccommoder, on avait de petits pavés pointus, on irait sans se plaindre deux lieues comme cela ! Et une théorie à l'appui.

Patience, mesdames, vous en tâterez.

La Bande laisse courir un regard indifférent sur le palazzo Bevilàcqua, où se tinrent quelques sessions du concile de Trente. Elle considère d'un œil plus sympathique l'humble maisonnette qu'en 1849 occupa Garibaldi.

Plus de ville ! La route s'élève en replis moelleux. Par exemple, si nous revenons sans averses, c'est aux patronnes de mademoiselle du Rouvre que nous le devrons.

Des colonnes rougeâtres sillonnent l'horizon, tandis que, les uns noirs, les autres frappés d'une lumière électrique, des nuages déchiquetés, escadrons aériens, courent à la mêlée. Sur la terre tout reste calme. Nous marchons dans un air étouffant. San-Michele, un ancien monastère d'olivetains de Saint-Benoît, couronne la colline de son épatement massif.

Jadis, chaque habitant de ce bienheureux couvent possédait chevaux et voiture : une manière de macération. Le supérieur ne sortait qu'attelé de quatre coursiers blancs. Napoléon fit du cloître une prison. L'*Ergàstolo* devint plus tard la *villa* du cardinal-gouverneur. Pie IX. y a passé deux mois, en 1859. Maintenant on y loge les régiments italiens.

Arrêtons-nous. Un océan de verdure s'étend à nos pieds. Partout des lignes basses vont se perdre aux derniers plans. Bologne, rouge, s'allonge dans les grasses prairies, piquée çà et là de clochers et de tours. Chacune penche à son caprice. Il y en a de rondes que coiffe un toit pointu; il y en a de carrées, solidement établies; il en est de crénelées; il en est de bigarrées; elles hachent les immenses horizons de leurs silhouettes infléchies, et quelque dôme bossu s'arrondit au milieu.

Les dames contemplent, assises sur un pan de mur. L'*uòmo cèlebre*, lorgnon dans l'œil, suit le crayon de mademoiselle Lucy.

Églantine ne voit ni Bologne, ni San-Michele. Elle voit un minon qui roucoule, en la regardant de ses yeux verts de mer.

Cependant l'orage épand autour de nous ses ondées, voiles fauves promenés du couchant à l'orient. Un trompette de cavalerie sonne, en bas, sa fanfare. Dans la cour de quelque caserne, au milieu des entassements de boulets, les artilleurs servent leurs pièces.

L'ouragan court vers l'Ombrie. Bataille sur bataille! Il y précipite ses phalanges; il y fait rouler son tonnerre. Spectacle prodigieux, du sein de ce calme absolu, au milieu de ce silence que déchirent, à de rares intervalles, les notes stridentes de la trompette, ou la voix brève du commandant.

Après qu'on s'est pénétré de cet aspect solennel, on s'éparpille sous les berceaux de San-Michele. On y trouve le *phaseolus Caracalla :* des ailes violettes, une carène de porcelaine blanche, une senteur embaumée, et cela grimpe plus haut que les toits, dans le pays du soleil.

Avez-vous remarqué comme au sortir du très grand, le très petit fait plaisir? comme l'illimité crée le besoin du précis? comme un détail, avec ses trésors de nuances, réjouit l'âme qui s'est longtemps soutenue immobile en des espaces démesurés?

Mademoiselle du Rouvre voudrait bien enjôler le gardien de céans. Soixante printemps l'ont décharné : Moneta, *phaseolus!* point de moneta. point de *Caracalla!* Au surplus, elle est revenue des phaseolus, des Caracalla, des chromatelles et de leur gloire! Pour mieux dire, toutes ses chromatelles sont dans la gloire, comme les madones; des jets longs d'une aune, jamais une fleur! De dépit, elle en a gratifié madame de Belcoster. L'hiver, le chaud, le froid et le jardinier aidant, pas un brin ne s'en est tiré.

— Allons, mesdames! nous n'avons guère fait que trois lieues ce matin, marchons à la Certosa.

— Y a-t-il loin jusque-là?

— Qu'importe? Courage! En avant, Jura!

On descend tout ce qu'on a monté. Après, vient un long circuit autour des murs.

— Nous approchons?

L'*uòmo cèlebre* secoue la tête :

— Eh! no!

On va toujours. Voici une porte :

— La porte de la Certosa?

— No! porta di Saragòssa?

— On pourrait rentrer en ville par là?

— Eh! sì [1].

La Bande soupire. Cependant, comme elle est vaillante, elle considère cette porte de Saragosse, bien espagnole, d'un ton chaud, avec ses deux lions couchés en vedette; et passe.

— On prend sous les portiques.

— Des portiques! cela ne peut durer plus de dix minutes?

— Eh! eh! — l'*uòmo cèlebre* lève les épaules.

Mademoiselle Dora marche de son petit pas conquérant. Mademoiselle Hélène s'empare du premier rang, et le garde.

Mademoiselle du Rouvre, qui tient la queue, ne la lâche pas.

Quelques soldats en pantalon garance épluchent des noix sur un bout de mur :

— Français? demande à demi voix une des dames.

— Oh! oui, Français! Merci, madame!

Ce merci cordial, où vibre l'amour du pays nous remue l'âme. Mais quoi! la Bande est lancée, son ardeur l'emporte, elle a fait quatre lieues aujourd'hui, elle en a fait cinq, elle en a fait six, elle arrive, c'est certain. D'ailleurs elle a trouvé des pavés pointus, elle irait en Chine!

Voulez-vous voir l'aspect? Des arceaux uniformes, sans fin. A droite une muraille, à gauche des piliers, tout du long une route absolument déserte.

— Aïe, ce caillou! C'est égal, vivent les pavés pointus!

— Aïe! je me tords le pied! C'est égal, vivent les pavés pointus!

— Bon! un détour! Nous allons voir la Certosa!

— Eh! no!

— No! qu'est-ce que nous verrons alors?

— Hé! hé!

On continue. Pareille à un phaseolus détaché du tronc, Églantine fléchit, mademoiselle Lucy commence à regarder

[1]. Eh! oui.

les portiques de cet œil courroucé qui foudroie les bataillons de bersaglieri.

La Bande ne dira pas, comme certain savant qui venait d'enterrer sa femme : « Je crois que cette petite promenade m'a fait du bien ! »

Oui, riez ! mademoiselle Lucy, notre invalide, se porte mieux que nous, j'en conviens ; mais si cet exploit allait nous la tuer, pour tout de bon !

On va toujours, toujours plus vite.

— Nous y sommes ?

L'*uòmo cèlebre* hume une prise :

— Peccàto ! no [1].

Cette fois, l'énergie de la Bande tourne au désespoir. Un point noir ! un cabriolet ! halte !

— Vite, mademoiselle Lucy ! vite, Églantine, montez !

— Au Campo Santo ! — Coup de fouet, un éclair, il est parti.

Maintenant à nous autres, les chamois ! Pas gymnastique !

La Bande rase le sol. Arcades après arcades. Décidément, ces pavés pointus sont atroces.

Chaque famille opulente a bâti son bout de galerie. Il en est dont le zèle fait horreur à la bande. Tenez, cette *Erèdità Valeriàni!* depuis une heure elle entasse les portiques ! Il n'y en a plus, il y en a toujours.

— C'est là-bas, n'est-ce pas ? là où paraît une éclaircie ?

— Eh ! pòco più lontàno [2] !

— Mais ce cabriolet va bien vite ? On n'en découvre plus trace !

— Qùi è passàto [3] ! — crie un journalier qui revient des champs ; car le soir approche.

---

1. Pitié ! non.
2. Eh ! un peu plus loin.
3. Il a passé par ici !

La Bande glisse, nage, vole. Et il faudra, dans quelques instants, refaire le même chemin!

Mademoiselle du Rouvre ne le refera point; c'est décidé. Elle reste au Campo Santo. Elle aime mieux cela.

Oui, mais savez-vous quelle inquiétude, toute petite, grandit et s'enfle dans le cœur de madame la Bête au bon Dieu? Ce cabriolet! Églantine et mademoiselle Lucy sont dedans, parties au galop, depuis une demi-heure, à la merci du cocher, un inconnu, sans un mot d'italien!

La Bande se moque d'elle; les mères la comprendront. Une épouvante l'a saisie, elle court. Derrière cet angle? rien : Voici le mur du Campo Santo; vite! Voici la grille, des deux côtés deux statues qui pleurent; ces pleurs vous tombent sur le cœur. Entrons!

— Non si può! Quà, di nòtte, v'èntrano i mòrti [1].

Que c'est lugubre tout cela! Par cette porte alors? Première cour, seconde cour. Pour le coup, un frisson nous prend.

Dieu soit loué! des voix joyeuses ont salué la Bande. C'est Églantine, c'est mademoiselle Lucy! Ah! comme on le bénit, le Dieu qui répond aux prières.

Que vous dirai-je? Cette métropole des morts, avec ses péristyles enrichis de monuments destinés aux trépassés d'élite, avec ses compartiments numérotés où vont s'aligner les défunts plus vulgaires; ce socialisme funèbre qui démembre les familles indigentes, qui range les enfants dans cet enclos, qui entasse les hommes dans cette cour, qui parque les femmes dans ce carré, toute cette implacable organisation me fait horreur.

Les morts sont esclaves, encore. Des classifications humaines séparent leurs ossements; la souveraine libératrice ne

---

1. On ne peut pas! Par là, de nuit, entrent les morts.

les a pas délivrés. Le matériel règne en maître. Il nous étouffe. La pensée devrait ici prendre son essor, la foi se lever radieuse, non. Trop de pierre, trop de marbre, trop de chiffres y écrasent l'âme.

Allez, un pauvre cimetière de village dont le sol recouvre de pauvres petites gens, ce buisson d'églantiers, cette touffe d'œillets qui s'épanouissent sur un monticule fraîchement remué, me parlent plus éloquemment de la fin de toutes choses, plus fortement de la vie à venir que tous vos sarcophages que toutes vos épitaphes, que tous vos bronzes et que tous vos granits.

Il sied aux hommes qui marchent sur la terre de rendre honneur aux corps qui sont couchés dessous. L'oubli, sous prétexte de spiritualité; la négligence de nos restes, sous couleur d'amour pour nos âmes, ont quelque chose de sec et de profane contre quoi je m'indigne. Mais que ces grandes nécropoles m'attristent davantage! Toutes les destructions s'y touchent. Et le ciel est si bien mutilé par cette géométrie des tombeaux, qu'on n'en aperçoit pas même l'azur consolateur.

Partons.
— Monsieur Nérins, montez avec mademoiselle Lucy, avec Églantine! — M. Nérins s'en défend. — Pour notre sécurité! — Un bond dans le cabriolet.

Savez-vous qu'il se fait tard? La nuit descend. Le tonnerre éclate de près. Les dames ont pris cette rapide allure que connaissent les beaux soirs des belles prouesses.

Mademoiselle Hélène et madame de Belcoster, en pointe, se trouvent bien seules. Si les brigands le savaient! C'est l'heure et c'est l'endroit. Hier on volait ici, on y assassinera demain. Elles s'arrêtent, attendent, découvrent au fond de la perspective M. de Belcoster qui escorte le gros de la troupe, et reprennent leur vol.

Quant à l'*uòmo cèlebre*, il suit comme il peut derrière les traînards.

Rase campagne, enceinte, porte de Saragosse, faubourgs, on traverse tout. Neuf heures sonnant, on arrive. La Bande n'a plus de pieds. En revanche, il lui reste des dents à dévorer Bologne.

Adieu, notre *uòmo cèlebre!*

Le pauvre homme salue cérémonieusement la Bande; il la quitte d'un cœur résigné; de toutes façons, cette Bande tient de trop près au mouvement.

Il ne s'est pas exprimé sur le réveil de l'Italie, notre *uòmo cèlebre*, mais rien qu'au suprême dédain dont il dit : *Questo popolàccio* [1]*!* on voit assez de quel côté tirent ses sympathies.

Après dîner, chacun se laisse choir sur les divans. M. Nérins, depuis longtemps est la proie d'un fauteuil. Mademoiselle du Rouvre, qui espère que son pasteur ne dort pas, lui décoche un plein carquois de jolies choses : ses vertus, sa bonté, qu'on dirait un ange, qu'elle est sa brebis soumise! Peine perdue.

Il n'y a que la retraite, sonnée à pleins poumons par les bersaglieri, pour le réveiller et mettre ces dames à la raison.

---

1. *Cette populace!*

DIX-NEUVIÈME JOURNÉE

Au revoir, Bologne! La Bande ne s'arrache sans regret ni à tes tours antiques, ni à tes grands peintres, ni à ton beau réveil.

Les bersaglieri, au surplus, ne manquent point dans la gare. Certain plumet vert d'émeraude donne fort à penser au coq du petit chapeau.

Quelle queue! quelle queue! Le nôtre en est tout abattu.

Et nous voilà partis. Le convoi traverse des terrains plats, coupés en lanières monotones, plantés d'ormeaux que festonne la vigne. On vendange. A chaque cep se suspend un sac dont la bouche largement ouverte reçoit les grappes. Églantine voudrait bien être au fond. La bande ne demanderait pas mieux. Cependant, un ciel plein de clartés à l'horizon noie sa coupole dans des tons plus intenses, tandis que de petites nuées floconnent sur l'azur, caressées par des souffles d'une ineffable douceur. Au loin, vers le nord-ouest, un trait dentelé de neige sort lentement de la pleine mer de verdure. Ce sont les Alpes. Près de nous, les Apennins qui arrondissent encore leurs fortes bosselures, vont s'abaissant et s'effaçant à mesure que marche le train.

La Bande tout entière est songeuse.

Ainsi qu'en un beau matin d'automne les vapeurs montent avec le soleil et que les détails se noient dans cette brume où l'on pressent la lumière, mille rêveries, mille retours au passé, moitié sourires, moitié pleurs, s'élèvent de l'âme et voilent l'heure présente. C'est un tissu diaphane où scintillent bien des perles de rosée, où miroitent bien des feux d'arc-en-ciel.

On se tait. On regarde tantôt les zones cultivées qui tournent comme les rayons d'une roue; tantôt cette neige vive à l'horizon; tantôt le chanvre qui rouit en des flaques d'eau croupissante, irisées comme une écaille de nacre.

Cela dure quatre lieues.

Parme!

— Montrez-nous du Corrège!

Dans cette ville, qu'habita si longtemps le peintre, va se décider la grande question du clair-obscur.

Tout le Corrège absorbé jusqu'ici par la Bande, ne l'a pas fait avancer d'un centimètre. Même, il faut l'avouer, la Bande goûte peu le Corrège. Et notez que si la Bande sort de Parme sans s'être pâmée devant le maître qui l'illustra, la Bande se voit décorée d'une paire d'oreilles d'âne! Le cas vaut qu'on y songe.

Aussi, la voilà tremblante. Son cicerone l'attend. Emparons-nous de cet homme jovial, tout rond, un chanoine, et vite aux Corrèges.

D'abord l'église de Saint-Jean. Une page capitale, l'*Ascension*.

— Levez la tête, mesdames! Croisez vos mains sur vos yeux! bien! que voyez-vous?

Les dames osent à peine dire qu'elles voient un dôme détérioré, délabré, écaillé; en un mot, de l'obscur, qui n'est pas clair du tout.

— Et le *Saint Jean*, au-dessus de la porte?

Une figure détruite, perdue dans l'ombre.

Hélas ! hélas! sans compter toute espèce de Parmigiani démolis, et toutes sortes de messieurs, vêtus comme des princes, qui demandent l'aumône.

Mais que cette cathédrale est jolie, dans son coin désert, nue par le bas, avec sa dentelle d'arceaux romans qui lui fait un diadème !

Qu'il nous paraît charmant, ce baptistère octogone entouré de sept galeries en marbre blanc, avec ses clochetons fantasques, appliqués au hasard !

Et ce campanile, qui sort de terre sans broderies, sauf les fenestrelles du dernier étage, quel élan vers les cieux !

Venez ; regardons le porche, ces colonnettes posées sur des griffons, et cette guipure jetée là-haut, et les clartés d'Orient qui en baignent les découpures. Là s'enlèvent des libellules, des bulles d'air, je ne sais quoi de limpide qui brille, qui étincelle, étoiles filantes en plein midi. Cela monte, cela se berce mollement, cela jette un éclair, puis cela s'évanouit.

Dites, Bande, n'y a-t-il pas des pensées comme cela?

Sur terre passent les abbés, passent les nonnes. A part quelques soldats piémontais et les messieurs qui tendent la main, on ne voit rien autre en ces larges rues où pousse l'herbe.

Or çà, Bande, n'oublions pas qu'il s'agit d'admirer le Corrège.

— Venez ! un second prodige : *l'Assomption de la Vierge* ici, dans le Duomo.

Cette nef ténébreuse que borde au faîte une colonnade aérienne, ce large vaisseau peint à fresque dans un ton puissant et doux charment le regard ; l'âme y est caressée par des beautés sans éclat.

— La coupole, étudiez la coupole !

Hélas! hélas! Cette fois la coupole est claire ; si claire, qu'elle n'a plus rien d'obscur. Il n'y reste ni couleurs, ni ombre, ni quoi que ce soit. La petite figure de la Vierge, dont on devine à peine l'intention, enlevée dans cet abîme; montant, montant toujours, devait produire un splendide effet de perspective; croyons-le. Effacement sur effacement! Et le profil du peintre, humblement relégué sur un panneau, tête pensive, tête décolorée, semble réfléchir aux vanités de ce monde.

— Bande, attention! Troisième expérience. Si, devant les Corrèges du musée, tu ne sens rien, tu es perdue : Ane! sur toute la ligne.

Nous y voici. La Bande s'arrête en présence d'une fresque : Vierge largement peinte, à la grâce idéale, aux belles paupières chastement abaissées. — Nous comprenons!

La Bande arrive en face de la *Déposition de Croix*. — Nous avons senti!

Jésus est expiré; une tête navrante. Ne cherchez pas plus ici que dans *le Christ au tombeau* le rayonnement de la tendresse, la douleur surhumaine du crucifié divin. Ne demandez pas cette âme, la vie même, sur qui le sépulcre n'a point d'empire. La mort tient sa proie; elle l'étreint; elle ne la lâchera pas. Le Guide nous en faisait voir sur la croix les passagères conquêtes, le Corrège nous en montre l'irrémédiable ravage. Là-bas, des membres cloués, tout palpitants d'amour, nous parlaient de résurrection éternelle; ici le cadavre, presque défait, nous parle d'absolue destruction.

Et comme celui-ci secoue plus violemment nos sens, il saisit moins fortement notre âme. Un Christ anéanti ne nous touche pas comme un Christ souffrant. Le fait grossier dégage en quelque mesure notre esprit de ses épouvantes. Je ne connais point ce Dieu, tout entier mort. Une immolation où le cœur saigne me fait descendre aux abîmes de la honte, une lutte où le cœur palpite me déchire sous sa douleur; un sommeil où la divinité s'efface, où l'homme a cessé d'aimer, cessé de combattre, me laisse froid comme ce corps vaincu.

Nous avons longtemps contemplé les autres Corrèges.

La *Placidie*, le *Saint Jérôme*, même la célèbre *Vierge àlla scodèlla*, nous paraissent inférieurs à leur réputation.

Nous trouvons cette peinture recherchée, ces attitudes contournées, ces bouches précieuses.

Il y a çà et là des figures poétiques : l'ange, dans le *Saint Jérôme*; la Vierge, dans la *Madone àlla scodèlla*. Il y a des fautes aussi, énormes. Le bras de l'enfant, par exemple, un bras d'homme fait!

Mais, nous dira-t-on pourquoi cet esprit, si compliqué dans les travaux à l'huile, devient, lorsqu'il peint à fresque, un génie sincère, dont les conceptions très franches et très simples brisent toute entrave? Comment se fait-il que la divination des lignes, dans leur sobriété lui soit donnée; comment la couleur, une couleur puissante, embrase-t-elle ces murs d'ordinaire si froids; comment l'idée lui arrive-t-elle, claire jusqu'à la limpidité; comment ces têtes, comment ces corps charmants prennent-ils tout à coup une candeur antique?

Voulez-vous connaître le vrai Corrège, le grand Corrège, allez voir ses fresques; regardez les admirables copies des figures du dôme, étudiez les groupes magnifiques du *Triomphe de Diane*. Vos yeux ne se rassasieront ni de ces tons brûlants, ni de cette ampleur de la forme, ni de ces contours moelleux. Et cela vient d'un jet!

Aussi la Bande se grave chaque fresque dans l'âme. Elle vous dirait le regard de ces grands yeux d'enfants, profonds, d'une si naïve ignorance. Elle vous dirait ces boucles qui vont au hasard sur le front, déroulant à moitié l'or de leurs anneaux. Elle vous dirait cette Diane chasseresse, une Grecque au beau corps, et cet Endymion, et ces deux têtes sévères de saint Marc, de san Benedetto, d'une si magistrale vigueur.

Clair? obscur? elle ne s'en embarrasse guère. Elle a trouvé Corrége.

Donnons un coup d'œil au théâtre Farnèse.

On le construisit en 1618, *per festeggiàre le nòzze di Alessàndro!* Il y a quelque temps de cela. La porte s'ouvre. Quelle misère! gradins effondrés, plâtre, vermoulure! Sous les ardeurs de midi, on y sent le froid de la mort et cette moisissure des vieux plaisirs.

Mesdames, passez dans la Bibliothèque. Examinez les manuscrits d'Afiz. Mademoiselle Hélène, lisez-nous un peu ce syriaque! et vous, mademoiselle Lucy, ce petit Pétrarque de François Ier, qu'il perdit à Pavie, avec bien d'autres choses.

Voyez comme écrivait Machiavel! et quels fermes caractères traçait la main de Galilée! Cela ne ressemble guère à nos signes extravagants.

L'esprit met son empreinte sur la lettre. Ces gens savaient ce qu'ils voulaient dire; ils le peignaient carrément. Une bonne grosse moulée, de bons gros jambages, les points sur les *i*, les barres aux *t*, et chaque mot à sa place.

Savoir ce qu'on veut dire! ce n'est pas si facile. Plus d'une intelligence ressemble à ces vallons alpestres qu'encotonne la brume durant les trois quarts de l'année. Le soleil donne là-haut, oui; des sommets brillent çà et là; mais le reste plonge dans les vapeurs, à peine si quelque flèche de sapin, à peine si un bout de toit perce le brouillard.

Dire ce qu'on veut! Autre affaire. Que la plume est rebelle, et qu'elle est fâcheuse! — « Tu travailleras à la sueur de ton visage! » — la sentence pèse sur tous les fronts. Je vous connais, allez, labour d'un sol ingrat, terres revêches qui faites sauter le soc de la charrue, argile tenace où s'empâte le pied.

Dire ce qu'on veut, comme on veut, avec la vigueur, avec le laisser-aller, avec les délicatesses, l'âme parlant un langage aussi limpide que l'eau de source; il me semble que ce sera l'un des bonheurs de l'Éden à venir, et que cette musique, l'accord du cœur avec la voix, de la voix avec les paroles, remplira les cieux d'une harmonie inconnue.

En attendant, le bibliothécaire, un petit abbé, perché sur son échelle, regarde fort la bande.

Contemplons bien cette *Incoronazione*, un Corrège superbe. Et à propos des Vierges dans la gloire, savez-vous ce qui rend les patronnes de mademoiselle du Rouvre insipides? Voyons, dirai-je cette fois ce que je veux dire?

Toutes ces vierges sont béates. Or la béatitude, ce n'est pas le bonheur. La béatitude, passive, implique un repos voisin du néant; le bonheur, actif, demande le plein exercice des facultés.

Les béats ne pensent point, à peine s'ils aiment, ils reflètent la divinité bien plus qu'ils ne l'adorent; les heureux vivent, leur cœur a des battements, ils servent Dieu, ils le saisissent. La béatitude est une invention des théologiens; le bonheur est la création (et si vous me pressez, je dirai : l'essence) de Dieu. Lisez la Bible, vous n'y rencontrez pas un béat; prenez la légende des saints, à chaque pas vous vous heurtez contre ces mortes pétrifications. Jésus a dit : Heureux! Les docteurs, de ces félicités qui sont des triomphes, par conséquent des batailles, ont fait des béatitudes; de ces grands athlètes ils ont fait des béats, par conséquent des immobiles. La béatitude rend un son faux; on dirait une voix qui chante au-dessus du ton. Le bonheur est le diapason vrai, la note humaine qui fait vibrer toutes les puissances de la vie, toutes les cordes de l'allégresse.

Laissons l'abbé sur son échelle, les définitions dans l'écritoire, et venez voir le *Triomphe de Diane*, chez Madame l'abbesse des bénédictines.

Il n'y a plus d'abbesse ; restent les Dianes, et devant elles un monsieur allemand, qui n'est pas dans la gloire.

La Bande une fois arrivée, voilà notre Teuton fort en peine. Une Bande glorieuse, des Corrèges sublimes ; celle-ci sur terre, les autres en l'air, à moins de loucher horriblement, comment se tirer de là ? Je crois qu'il s'en tire.

Bref, la Bande se met à regarder les Corrèges, avec une ardeur de contemplation qui eût édifié l'abbesse elle-même.

L'ingénuité de ces beaux enfants, la magie de ce modelé, les caresses de ces teintes, tout nous transporte.

Quand c'est fini, on salue poliment le Germain, on le laisse en face d'Actéon, et l'on s'en revient doucement ; mademoiselle Lucy marche pensive dans l'ombre des grands murs, elle a des tristesses d'artiste ; les autres ont des joies de pékins. Nous, la gent vulgaire, nous nous savons gré d'avoir senti Corrège. Mademoiselle Lucy savait bien qu'elle le sentirait ; seulement, cela lui perce l'âme : une de ces blessures que fait le génie à ceux qui se mesurent avec lui.

Pour la distraire, un escadron de lanciers, chevaux noirs, sombres uniformes, pennons bleus qui voltigent au vent caracole tout le long des palais.

Mettons un tas de pêches sur la question du clair-obscur ; et en wagon jusqu'à Plaisance !

La Bande se consume sous les ardeurs de midi. Un peu de large lui ferait grand bien. Tandis que dort son chef, M. Nérins, toujours prêt à obliger, se coule par-dessus bord, dans le compartiment voisin. Représentez-vous la figure d'un *gentleman* et d'une *miss* qui auraient vu tomber de sa gloire, tête la première, dans leur box, le digne pasteur de Granges, Valpeyres et Montvéran !

La boîte est vide. On le savait, ô magisters prompts au scandale ! M. Nérins y exerce dans toute leur plénitude, ses droits politiques et sociaux.

Une station, deux stations! M. de Belcoster s'étire.

— Où est M. Nérins?

— M. Nérins! mais il était ici!

Le chef se frotte les yeux :

— M. Nérins! qu'est devenu M. Nérins?

M. Nérins allait repasser le Rubicon, lorsqu'un gros monsieur ouvre la portière. M. Nérins se rassied dans sa gravité, le gros monsieur s'établit dans son embonpoint.

Ainsi nous arrivons à Plaisance.

Bataille de cochers; notre gros homme fait signe à l'omnibus. Une place pour lui, une autre pour sa valise, une autre pour sa canne, une autre pour son chapeau! Bande, tu percheras comme tu pourras.

Cependant les bersaglieri continuent de promener leurs plumets. Mademoiselle Lucy prétend que cet officier a cinq coqs sur la tête! Propos de jaloux.

Le Pô, qui coule à pleins bords, trace au milieu des prairies une de ces routes transparentes, que le couchant teint de pourpre et d'or.

Le vieux palais Farnèse, tout brique et tout marbre, s'assied en une place déserte. Les rues s'animent, une foule s'y presse, on s'arrête devant l'hôtel San Marco : Casons-nous.

Un moment! La ville est pleine de troupes, San Marco est plein de généraux; notre gros monsieur, qui a son logement assuré, sans doute, s'engouffre dans l'hôtel et disparaît. Les garçons exécutent devant la porte une pantomine désolée.

— Pouvez-vous nous loger?

Oui! non! Conciliabule! Les militaires entrent et sortent comme des abeilles dans une ruche.

— Où est le patron? — Point de patron.

A force de secouer leurs trousseaux de clefs, à force de plonger leurs mains dans des chevelures de Samson, à force de s'essuyer le front avec des serviettes sales, nos gens ont résolu le problème. Ils grimpent l'escalier, la Bande suit. Pour une nuit, d'ailleurs, on n'y regarde pas de si près.

— Quà, quà, et quà!

Au premier étage, deux chambres nues, pavé sordide, meubles absents. Au second étage, deux réduits pareils.

A prendre ou à laisser. Et si vous laissez, vous coucherez dans l'omnibus.

Pris! La maison sur pied de guerre. Tous les gens de service, au service de l'armée. Il ne reste plus qu'un vieux grognon qui frotte des chandeliers. On nous l'attribue, en qualité de majordome.

— Monsieur, nous voudrions bien avoir une seconde aiguière.

— Eh! vis en avez dézà oune!

— Mais, monsieur, nous sommes trois dames.

— Il é gran! c'è oun gran!

— Mais, monsieur, nous ne pouvons faire notre toilette, toutes les trois, dans un plat à barbe!

— On fait l'oun après l'autre!

Plaisance est plaisant. Toutefois, il s'agit de trouver, ce soir, un moyen d'en partir demain.

— Avez-vous des voituriers?

— Vettùrìni! no!

— Quoi! par une voiture?

— Tùtto per i bersagliéri! tùtt'i cavàlli, tùtte le carròzze!

— Comment? ici, dans une grande ville, on ne trouverait pas une charrette?

— Eh! che voulez-vous z'y fasse, moa!

— Où est votre patron?

— Moa, zé sais pas.

— Allez le chercher!

On se met aux fenêtres, les fenêtres donnent sur une cour, il n'y a dans la cour que des soldats de cavalerie qui brouettent la paille et brassent le foin.

Coup de sonnette.

— Commàndi!

— Le patron! le maître de l'hôtel! le seigneur de ce palais!

On attend. Des fanfares sonnent par les rues; les soldats de cavalerie étrillent leurs bêtes.

Coup de sonnette.

— Commàndi!

— L'hôte! j'ai demandé l'hôte!

Rien.

Cependant les dames ont secoué leurs plumes; elles sont prêtes; elles voudraient bien voir un peu la ville.

Coup de sonnette.

— Commàndi!

— L'hôte! l'hôte! l'hôte! Est-il mort? est-il en vie? est-il empaillé?

A la fin, paraît sur le seuil, qui? notre gros monsieur de l'omnibus.

— Ah! c'est vous, monsieur.

Le patron salue.

— Monsieur, nous sommes très bien chez vous. Cependant, nous désirons vous quitter demain, pour aller à Milan. Le pouvons-nous?

— Pourquoi pas?

— Certainement, pourquoi pas! Mais on nous dit qu'il n'y a point de vettùrini.

— Pas dans cè moment; è vrai.

— Reviendront-ils?

— Pourquoi pas?

— Pourquoi pas, c'est juste! quant à moi, je n'y mets nul obstacle. Pouvons-nous en obtenir un, ce soir?

— Pourquoi pas?

— Pourquoi pas! Vous avez parfaitement raison. Ainsi donc, monsieur, nous allons nous promener. Accordez-moi la faveur d'appeler un vettùrìno ; au retour nous lui parlerons. — Ah! en attendant, faites porter une chaise au numéro 8, où il n'y a que des tables ; une table au numéro 5, où il n'y a qu'un lit ; un lit au numéro 20, où il n'y a rien du tout.

— Pourquoi pas?
— Mille grâces.

A peine dehors, M. de Belcoster prend sa course vers le fleuve.

— Ce n'est pas cela! Mais ce n'est pas cela du tout! La ville, les rues, voilà ce que nous voulons!

On vire de bord, on arrive sur la place dei Cavàlli. Je défie d'en trouver une plus originale.

Tout entière dallée, étendue sous un ciel clair, de petits nuages qui vont à l'aventure lui jettent leurs flammes incarnates. Au fond, le palazzo de la Commune arrondit ses arceaux. Les deux Farnèses, à cheval, le gardent des deux côtés. Vis-à-vis, un palais plus moderne, découpe sur l'azur son fronton décoré de statues. Les martinets tournoient autour du faîte en jetant leur note aiguë, tandis qu'à gauche, une vieille église romane, détruite sauf la façade, regarde le tout par ses deux rosaces dentelées, qui laissent passer la lumière.

Bersaglieri, lanciers, artilleurs se pressent autour des fantoccìni. Polichinelle, à grand coups de trique, tape sur la tête du commissaire, échine don Bartolo, éreinte Fazzolìno, entasse gendarmes sur gendarmes, cadavres sur cadavres, et finit par remboîter le diable comme une lunette d'approche.

Que nous avons longtemps erré sur cette place, au milieu de cette foule guerrière et polie, dans cette caressante atmosphère d'un beau soir italien, frôlant le moyen âge qui s'enfuit, respirant les haleines de la liberté qui s'approche.

Tout était calme et tout gracieux. Point de tumulte. Une

jeune fille avait dressé son éventaire au plus épais de la mêlée. Ses cheveux se tordaient sous un peigne d'argent, ses grands yeux mélancoliques se promenaient sur la multitude, les soldats lui achetaient tantôt un cigare, tantôt du tabac. Pas un mot qui pût la faire rougir, pas un coup d'œil qui pût la troubler.

Vingt mille hommes fourmillent dans la ville.
On parcourt les rues, on visite le dôme, M. de Belcoster maintient, non sans peine, l'intégrité de son corps d'armée. Quand nous revenons sur la place dei Càvalli, la retraite a sonné; plus de troupes; à peine quelques officiers marchent-ils sur les dalles, en devisant de la bataille prochaine.

C'est beau; l'arc de la lune luit au ciel; ses clartés frappent le pavé blanc. Les deux Farnèses, grandis, projettent derrière eux des ombres qui traînent sur le sol comme des manteaux noirs, tandis que les rosaces de l'antique église s'enlèvent, d'un dessin pur, dans les profondeurs du ciel étoilé.

— Eh bien! ce vetturino?
Un *uòmo di gàrbo* s'avance. L'hôte en répond. La gentility des Trois-Royaumes l'a comblé de certificats.
— Monsieur, nous désirons arriver demain soir à Milan, et voir en passant la Certosa.
— Monsù il è pas poussible!
— Comment! pas possible?
— Monsù, il pernotterà à Pavia!
— Merci! c'est assez de *pernotter* à Plaisance.
— Monsù, il mettra dé côté la Certosa!
— Par exemple! c'est pour cela que nous prenons la route de Milan.
— Monsù, all'ouna ou all'altro il faut rénouncer.
— Allez vous promener!
Quand maître finaud voit l'*Eccelenza* au paroxysme de la

vexation, et que rien ne lui coûtera pour sortir de peine, il se frappe le front :

— Oun idée, il mè vient!

— Voyons l'idée.

— Moa, zè pars cette nouit, avec i legni, pour Stradella! Monsù, il prend démain li primier convoi! nous sè trouvons dans la station! Moa, zè porté cé messieurs à Pavie, per far collaziòne; après, cè messieurs, ils visitent la Certosa; e lè soir, a bùon'òra, Milan!

Entendu. Un petit écorchement soigné.

On dîne, tous contents! Jusqu'au vieux grognon, qui nous sert de meilleure grâce.

Maintenant, donnons-nous une bonne soirée, au salon! Or il se trouve que le salon est un vestibule, que les généraux le traversent à tout moment, que chaque fois ils saluent jusqu'à terre, que la Bande leur rend la politesse, qu'à force de se saluer on finit par sourire, que le rire prend des deux côtés, et que, pour en finir, la Bande regagne ses réduits.

Mademoiselle Lucy monte la première, escortée d'un marmiton-page, qui la précède à reculons, bougeoir en main, jusqu'à sa porte. Mademoiselle Lucy, le calme en personne, ne vérifie ni serrures, ni gâchettes, et s'endort.

Une demi-heure après, entre mademoiselle Hélène; d'un coup d'œil elle a tout sondé : point de verroux, point de targettes, à peine des rideaux; colonel dans la pièce de droite, major dans la pièce de gauche! — Elle va chercher mademoiselle du Rouvre.

— Regardez ces serrures, démantibulées! regardez ces pênes, arrachés! Une maison pleines de généralissimes! Je passe la nuit sur une chaise! entre quatre bougies! Lucy! est-il bien possible que tu dormes?

Mademoiselle Lucy pousse un grand soupir.

— Non! cette placidité, voyez-vous, me fait bouillir le sang! Je voudrais... je ne voudrais rien! mais, tenez, s'il entrait là, dans ce moment, un bersaglière, pour lui apprendre!...

Mademoiselle Hélène n'a pas fermé l'œil; cela va de soi. Vers trois heures du matin, elle est debout.

Au moment, précis, où elle noue les rubans de son chapeau : Boum! la porte s'ouvre à deux battants, un adjudant se précipite comme un boulet de canon! Jugez du cri. L'adjudant, confondu, croyait entrer chez son général; il s'y engouffre; on entend dans la chambre du général les accents de l'innocence éplorée.

C'est égal. Mademoiselle Hélène Chatillon ne restera pas une minute de plus. Vite, les escaliers dégringolés quatre à quatre! vite, sous l'aile de la Bande!

Mademoiselle sa sœur suit à loisir.

VINGTIÈME JOURNÉE

... Ce qui lui vaut l'honneur de s'appeler désormais : *Notre-Dame de la paz?* — Quand vous verrez mademoiselle Lucy s'inquiéter ou se presser, vous me le direz, s'il vous plaît. Confiance, la vie en beau, s'épanouir au soleil, voilà notre artiste.

Mademoiselle Hélène? — *Notre-Dame des sept douleurs!* Pour elle les aventures et les misères, et des scélérats de brodequins qui l'estropient, et des impertinents de cousins qui la piquent, et des Bayards qui tombent au beau milieu de sa chambre, et...

— Ah! vous le prenez comme cela? Eh bien, je ne dirai plus un mot! et je verrais la lune valser avec la Grande-Ourse, et tout un régiment de dragons viendrait camper à ma porte, vous n'en saurez *rien*, RIEN, RIEN!

Mademoiselle Dora? *Notre-Dame des victoires!* Regardez-la. Pas précis, œil fier, Dieu et mon droit! Trouvez mieux?

Églantine? *Notre-Dame des parapluies!* Inutile de dire pourquoi.

Mademoiselle Berthe? *Notre-Dame de la joie!* Elle a bien aussi ses traverses, notre Berthe; mais le bonheur l'emporte, quelque chose qui chante en elle : ses dix-huit ans, un pré vert, se lever tôt, arriver tard, lumière partout.

— Mademoiselle du Rouvre? oh! pour elle vous l'avez nommée : *Notre-Dame de bon secours!* De *bon*, notez ce point. C'est que, voyez-vous, il y a par le monde des sauveteurs attitrés qui vous secourent en vous démantibulant. Ceux-là vous arrachent un bras, ou bien la tête, ou bien vous transpercent du bec, comme une grue qui pêcherait des grenouilles. Mademoiselle du Rouvre, point : elle vous saisit par le fin bout de l'aile, vous pose délicatement sur le gazon, après quoi, elle vous lance en l'air, et volez.

Ce matin le train arrive de Bologne. On se case au hasard.

Voyez ce camp, rangé dans la prairie, sur le bord de la Trèbbia! Annibal, en d'autres siècles, alignait ici ses phalanges.

Les tentes, au premier soleil, ressemblent à des lis dans l'herbe; chaque faisceau d'armes reluit; les soldats qui font l'exercice rappellent ces lignes de fourmis noires qu'on surprend aux bois. Et cela marche à la conquête d'autres fourmilières, et cela tue, et donnez-moi deux millions de ces lignes-là, je change la face du monde!

Qu'a donc la fanfare, qu'ont les plumets, qu'a le grondement du canon pour plaire à notre âme? Est-ce la fanfreluche? Non; mais une certaine vigueur, dans un temps où l'on s'abandonne soi-même; un certain mépris du bien-être, dans un temps où règne le confort; une certaine mâle obéissance au devoir, dans un temps où le découragement, cette peste, alanguit les consciences.

La foudre purifie l'air. A Dieu ne plaise que j'en dise autant de la guerre. Pourtant elle trouve des hommes, là où l'on ne voyait que des sybarites.

Un voyageur, qui arrive de Naples, donne les nouvelles : Ancône, prise. Le vaisseau chargé des galions du roi, capturé. Entrée de Garibaldi! La mer était pavoisée; un canot paraît, fend les eaux, aborde; un homme en descend, les cloches s'ébranlent, les canons tonnent, la ville s'allume, et pendant trois jours on n'entend que ce cri : Vive Garibaldi!

A Stradella, nous remontons en voiture.

Bon! un train d'artillerie! Nos calèches se rangent. Les fourgons succèdent aux fourgons, les caissons aux caissons. Mortiers, obusiers, brillants comme l'or, font trembler les murailles. Après, viennent les forges de campagne avec leurs soufflets, les roues de rechange entassées sur des charrettes, les artilleurs solidement campés sur leurs chevaux, les officiers au rouge panache, caracolant sur leurs étalons, et les contadini, et leurs innombrables caritelles attelées de bœufs!

C'est superbe à voir, par ce frais matin, sous les rayons mal dégagés encore des vapeurs de l'aube, en face de ce prodigieux glacier qui ferme l'horizon du côté d'Allemagne.

Plus loin, le Pô étend ses eaux vertes entre deux rives qu'ombragent des saules et des aulnes.

Que le site est paisible! Qu'on regardait longtemps couler ces flots endormis!

Les Apennins se distinguent à peine du ciel, là bas! Quand les arbres se déchirent en une large embrasure, on aperçoit, au nord, le massif du mont Rose; puis tout se renferme, il ne reste plus que le fleuve, avec ses méandres qui nouent et dénouent leurs plis.

La Bande croit qu'elle finira ses jours sur un bac. Est-il sort plus doux, je vous le demande? On passe son prochain, par conséquent on est utile. Le prochain passe, par conséquent il ne lasse pas. Vois, Bande, sur le bac cette cabane, dans cette cabane un brasier, sur le brasier un chaudron, dans le chaudron une soupe aux choux qui embaume! L'eau, la belle eau claire, clapote le long des parois, s'enfle en un glauque ourlet, dit et redit une chanson que d'autres cieux, les cieux d'Orient, qu'une autre barque, le Dahbieh d'Égypte, entendait, il y a bien des années.

Si nous restions?

Toutes les fois qu'en un retrait ignoré, quelque onde se rencontre avec le vert des feuilles et le bleu du ciel, une voix s'émeut en nous qui dit : « Dressons ici trois tentes! »

Hélas! Sur la terre, les tentes s'affaissent bien plus qu'elles ne se dressent.

Pavie s'est avoisinée. On fortifie grand train! Les ouvriers déchirent le sol, entassent la terre, ouvrent les tranchées. Dans l'ombre, quelques gabionneurs, étendus sous les acacias, prennent leur repas de midi. Les flacons à col allongé, tout enguirlandés de pampres, circulent de bouche en bouche. On mord à belles dents la pagnotte, en attendant les coups de canon. — Oh! les bons travaux, pour mettre du soleil dans la vie.

Si l'on savait ce qu'une pelle peut donner de joie, et une plume remuer d'encre!

Cependant Pavie se lève rouge dans les prés.

Tessin, nous te saluons; tu es de chez nous : reconnais-tu la Bande? Naviglio Grande, nous franchissons tes écluses. Remparts, laissez-nous entrer!

Partout ondoient les drapeaux. Ancône serait-il *liberàto*, vraiment? — Non. C'est la garde nationale de Bergame, qu'un décret vient de mobiliser. Elle arrivait ce matin. La ville entière lui fait fête. Nos voitures marchent lentement dans la foule, et, d'une porte à l'autre, les étendards qui flottent chatoient sur la perspective d'azur.

La Bande a pris son vol : — *Bergamàschi!* murmure-t-on sur ses pas.

Ah certes! on s'accomoderait de Pavie, si Pavie devait garder cette exubérance avec ces beaux élans.

Sur la place, le palais Galeas Viscònti assied ses deux tours. Dans la rue, les balcons grillés laissent pendre des traînes de jasmin ; çà et là quelques doigts agiles pincent une guitare, la cavatine rase de l'aile tout ce peuple bien vivant.

Notre garde mobilisée a grand air, je vous assure ; la bande se trouve honorée de lui appartenir de si près.

On regagne l'hôtel. Un coin où manger la polènta. Plus de cinquante voitures, caritelles, baroccini, caisses quelconques sur trains à l'aventure, s'entassent dans la cour.

Le dîner mangé, allons trouver nos bons amis les chartreux !

Cela émeut passablement la Bande, cette visite aux chartreux. Cela émouvrait bien plus les chartreux, s'ils le savaient. On raisonne moines. Mademoiselle du Rouvre se demande si cette vie coffrée ne serait pas la plus utile au monde? Madame de Belcoster lui répond que OUI !

— Moi, s'écrie mademoiselle Dora, j'appelle ces hommes-là de vrais fainéants !

— Mesdames, ne jugeons pas, nous allons voir.

Voir est bientôt dit ! Les dames, leurs livres une fois consultés, voient qu'elles ne verront rien. La Chartreuse est toute pleine de *lùoghi sànti, dòve nòn v'éntrano lé signòre* [1] ! Aux messieurs de se rengorger.

Pour se consoler, on cherche autour de soi la bataille de Pavie. Ce doit être ici. Charles-Quint arrivait de Milan. Mademoiselle du Rouvre, qui ne verra pas les chartreux, voit François Ier, tout comme je vous vois.

Ce paysage a du charme. A droite, le Naviglio Grande ; à gauche, un canal d'arrosage. La route est prise entre ces deux glaces. Je ne sais quelle fraîcheur aromatique en émane. Sur le Naviglio s'avance une grosse barque de poste. On

---

1. *Lieux saints où n'entrent pas les dames.*

dirait un *trekschuit* de Hollande, sauf que, par les petites croisées de la cabine, passent les têtes brunes des filles d'Italie, et que sur le toit s'assied un capucin, avec un soldat de Garibaldi. La corde, selon que tire le vieux cheval, tantôt se roidit, tantôt flotte sur l'eau qu'elle éraille. Un pli se gonfle devant la nef; après qu'elle a passé, l'ourlet s'égalise. Plus une ride; à peine si quelque moucheron étoile la surface en y trempant son aile.

De ce côté, l'onde est pleine de lumière; de l'autre, elle est pleine d'ombre, avec de rares clartés. L'ombre lui vient d'un rideau de trembles, d'aubiers et de lianes; les clartés, de ces blanches traînées qu'y laissent tomber les troncs argentés des peupliers, ou le relief d'une herbe, ou le miroitement d'un jonc. Il y a, sur ce fond moelleux, des plans à l'infini : vert sur vert, glauque sur glauque. — On irait toujours comme cela, les yeux attachés à ces fugitives images, dans cette limpidité : profondeurs, lueurs, on ne sait quoi.

Et voilà le clair-obscur.

Mais nos voitures, qui ont pris à droite, coupent le Naviglio. D'énormes bâtiments se présentent; on franchit le portail, on entre dans une cour : Mesdames, c'est la Certosa!

Un chartreux en coule blanche, visage à demi caché sous son grand chapeau de paille, entasse le foin à l'écart; devant nous, l'église étale sa façade : mosaïques, médaillons, colonnes, ronde bosse, du rouge, du jaune, du bleu, et des rosaces, et des trèfles, et des ogives, et des vouivres, et des gargouilles, une merveille! Au fond de cette cour abandonnée, avec ce moine solitaire, cela saisit.

On s'avance jusqu'à la grille.

Qui nòn v' entrano i càni[1] *!* La Bande s'interroge. — Est-

---

[1]. *Ici n'entrent pas les chiens.*

elle chien, n'est-elle pas chien? Plût à Dieu qu'elle en possédât les vertus. Elle se croit de la fidélité; encore? Elle est dans ses jours d'humilité, la Bande. Ce qui fait que, tout en hésitant, elle avance toujours. Quant au fronton, après s'être extasié en détail, on trouve en gros qu'il a l'air d'un bahut. Objet unique, à loger en l'hôtel des commissaires-priseurs, près d'une majolique de Bernard, ou d'un vieux Sèvres pâte tendre. — Y voir une église, le sérieux avec la majesté d'une église, cela, non.

Quoi qu'il en soit, entrons.

Le vase s'allonge entre deux rangs de chapelles. Au fond s'ouvre le chœur. Tout y est désert comme dans la cour. Au bout de vingt minutes, M. de Belcoster va chercher le moine qui remue ses foins. L'un et l'autre reviennent, font signe à M. Nérins, à John, traversent le parvis, s'approchent d'une petite porte, et s'évanouissent.

C'est inouï tout ce que nous dit ce vêtement monastique : — Je n'ai plus rien à démêler, ni avec les devoirs, ni avec les douleurs de la vie! Ma robe couvre un grand criminel peut-être, peut-être un grand saint! En tous cas, je jeûne trois fois la semaine, je ne suis pas comme le reste des hommes, ni même comme ce...

Eh! si vous mettiez une redingote, mon frère, la sainteté n'y perdrait guère, l'humilité y gagnerait tout.

M. de Belcoster cependant, se détache du groupe qui passe derrière la grille, pour apprendre aux dames que leurs regards, étant libres, pourront glisser entre les barreaux. On va laisser tout exprès quelque porte entre-bâillée. — Les dames se tiennent fières. Elles verront ce qu'elles verront; elles ne verront pas ce qu'elles ne verront pas. Du reste, elles s'en soucient comme de cela!

Ah! mais, je vous préviens qu'avec elles, il ne faut pas d'inconséquence.

Quoi! messieurs les chartreux! d'honnêtes *signòre*, sous l'égide d'un mari, d'un pasteur, ne pourront pas traverser votre cloître, et voilà que dans vos chapelles, vous souffrez des reproductions de femmes, mille fois plus séduisantes, (c'est tout dire), que les dames de la Bande?

En attendant, on compte les dalles, on compte les autels; on éprouve une certaine satisfaction à constater qu'au bout du compte, où les chiens n'entrent pas, on est entré.

Tout à coup, dans le chœur, un moine s'avance, capuchon rabattu, les bras croisés sur la poitrine; un autre vient après, puis un autre, puis tous. Ils vont s'asseoir à la file, les uns dans les stalles du sanctuaire, les autres, les convers, sur les bancs extérieurs. Celui-ci ferme avec fracas le battant de la porte; il ne reste plus qu'une ouverture carrée, derrière laquelle se profilent quelques capuces blancs.

Alors le chant s'élève; un chant à l'unisson; des voix puissantes, qui font vibrer la nef.

Bande, à ce moment solennel, ton âme s'est unie à ces âmes. Toi aussi tu priais, pour les souffrants, pour les faibles, pour toi, pour ces hommes-là.

Bientôt une sorte de pantomime se mesure au chant. Les moines rejettent leurs capuces; des têtes rasées, admirables figures pâles, apparaissent dans l'ombre; celui-ci, surtout, un Zurbaran descendu de sa toile. Ensemble ils tombent à genoux; tous à la fois ils rabattent le capuchon, tous ils croisent les bras, tous ils se prosternent, tous ils se redressent; quelques-uns tiennent les bras en croix, d'autres se sont couchés au seuil du sanctuaire. Cela dure longtemps. Les voix fatiguées semblent défaillir; la pantomime continue dans sa régularité monotone. Des machines ne feraient par autrement. — Et c'est la prière, c'est l'acte le plus spontané, le plus individuel! c'est la supplication et c'est l'action de grâce!

Une inexprimable angoisse nous oppresse. Pitié, répulsion, je ne sais lequel; on se sent étouffer.

Là-dessus arrive, en béquillant sur sa canne, un vieux sacristain couleur de cierge; maigre, l'air fin, tout imprégné d'encens :

— Bèllo [1] !

La bande fait un signe dubitatif.

— O! bèllo! bèllo! Una grànde sàntità, quèlla lì! Tùtti sànti [2] !

La bande ne répond pas.

— Il pròprio piacère di Dìo [3] !

— Hé !

— Nol crèdono lòro [4] ?

— No.

— Allòra, Inglèsi [5] ?

— No.

C'est au sacristain de hocher la tête.

Tout doucement la conversation s'engage, tout doucement on lui demande s'il a rien vu de pareil dans l'Évangile? Notre homme, de bonne foi, répond que non, mais que l'Église a trouvé mieux.

Mieux que Dieu! On comprend où se retranche la Bande, et de quelle vigueur elle bombarde le sacristain. Celui-ci, chaque fois que la Bande émet un argument de poids, vite pose un doigt sur sa bouche, et montrant les moines :

— Pàrla bàsso! pàrla bàsso [6] ! — Quand c'est lui qui pérore, il crie à tue-tête.

---

1. Beau!
2. Beau! beau! Une grande sainteté, celle-là! Tous saints!
3. Le propre plaisir de Dieu!
4. Vous ne le croyez pas?
5. Anglaises, alors?
6. Parlez bas, parlez bas!

Heureusement, voilà M. de Belcoster.

— Qu'avez-vous vu?

— Des terres cuites.

— Et les moines? et les cellules?

— Il n'y a pas de cellules. Il y a des maisons séparées, chacune avec son chartreux qui l'occupe en entier : deux pièces, l'une au rez-de-chaussée, l'autre dessus, et le jardin devant. Les moines vivent à part; ils se réunissent pour les offices; aussi pour cultiver leur domaine, territoire à perte de vue.

Une solitude ainsi faite n'est point effrayante.

La grande tribulation, voyez-vous, le creuset où se fondent les écumes du cœur, le laminoir où s'écrasent nos aspérités, ce ne sont ni les corridors ni les cellules d'un monastère; c'est la vie. Là, vous travaillez; là, vous saignez; là il faut porter, sous un visage égal, les misères de l'âme, et là ses tortures. — Ah! ne me parlez ni de ces nuits interrompues, ni de ces blêmes visages qui se trainent par les ténèbres! L'âme peut dormir. Dans notre mêlée, dans notre combat, elle ne peut pas. Il la faut debout à toute heure. Même fatiguée, même désespérant de soi, elle ne peut pas s'engourdir, elle ne peut pas s'abstenir. Et ce n'est jamais fini, et jamais elle n'abdique, et toujours en présence de Dieu, du Dieu souverain!

En cela, voyez-vous, dans cette lutte incessante, réside la dignité de l'homme; en cela, dans ce travail sans trêve ni merci, le viril amour du Seigneur.

— Pàrla bàsso! pàrla bàsso [1]!

Le sacristain se tourne vers M. de Belcoster :

— Inglèsi, le signòre [2]?

---

1. Parlez bas! parlez bas!
2. Anglaises, ces dames?

— Non Inglèsi; *pro-tes-tàn-ti* [1]!

— Capisco [2]! — Le bonhomme étouffe un soupir.

Mais ne croyez pas, frères, que nous vous regardions d'un œil hautain! cela nous siérait mal. Nous vous respectons du fond du cœur. Vos sacrifices nous émeuvent; ils sont grands. Toutefois, si Jésus passait devant votre grille, pensez-vous qu'il la laissât fermée? S'il entendait votre plain-chant répéter à satiété les mêmes paroles, pensez-vous qu'il l'écoutât? S'il voyait le mécanisme de vos gestes, pensez-vous qu'il en voulût soutenir l'ennui? Et s'il vous suivait dans ces cellules, dans ces champs soigneusement clos, pensez-vous qu'il maintînt debout vos murailles, et désertes vos maisons?

— « Suivez-moi! » — vous dirait-il. Alors, il vous mènerait par les chemins de ce monde; celui-ci chez un père âgé; celui-là vers une fiancée; l'autre sous le toit d'un presbytère; tous les mains tendues aux souffrants, la poitrine ouverte à l'air libre : hommes de combat, hommes de travail!

Bande, reprends ta route. Toi aussi, retourne au labeur.

Tandis qu'on chemine, le soir est venu. Des exhalaisons marécageuses montent lentement des prairies. Les pensées s'enténèbrent. Je ne sais quel découragement s'empare de l'âme.

Nous vivons dans un temps destitué de jour. Quelque chose comme ce mal terrible : la pourriture d'hôpital, s'attache à nos os. Le sol tremble, ce ne serait rien. L'individu s'effondre, c'est la ruine. Incertains de nos volontés, mal assurés de nos croyances, perdus d'analyse, ratatinés sur nous-mêmes, grandement ennuyés parce que nous sommes grandement égoïstes; parcourant d'un pas inquiet ces orbes désolés dont le moi s'est fait le centre, où il a fait le vide;

---

1. Non! *pro-tes-tan-tes.*
2. Comprends.

nous voilà! Et l'on n'a trouvé pour nous guérir que les déserts du scepticisme ou que le tombeau des monastères?

Eh bien, moi, c'est au plein soleil de Dieu que je veux marcher. Je me tourne vers les horizons clairs. Je veux la force. Je tends mes bras vers toutes les vaillances. Jésus, comme aux jours où tu passais sur la terre, j'ai saisi ta main. Tu t'es arrêté, tu m'as regardée; je te suivrai, mon Dieu, tous les jours de ma vie, dans l'infirmité de ma faiblesse.

Là où tu as tracé le sentier, là tu as mis le secours.

Les villageoises reviennent des dernières fenaisons, leurs pieds nus dans l'herbe, enveloppées de la lumière du soleil à son déclin; les hommes suivent, veste de velours sur l'épaule : belles figures et nobles.

Bientôt on entre à Milan. Et tandis qu'on y entre, un cercueil en sort. Voilé de draperies blanches, couvert de fleurs, une escorte de petites filles aux fraîches couronnes l'accompagne. Elles se pressent, rieuses, éblouies de leur parure, égayées de ce beau couchant, amusées de cette foule qui s'arrête pour les voir.

La Bande s'absorbe en des pensées qui ne sont pas roses.

Plus tard, elle s'aperçoit qu'il n'y a plus d'Autrichiens à Milan ; cela lui remonte un peu le cœur. Puis elle arrive à la Città ; cela l'ébouriffe. Puis l'hôte, pommadé, frisé, prévenu par dépêche, la loge en six petits trous, au faîte de son pigeonnier ; elle déploie ses ailes. Enfin, on retrouve ici le bataillon des touristes ; elle se regarde, et volontiers pleurerait.

VINGT ET UNIÈME JOURNÉE

Notre déjeuner prend place à côté des soixante et dix déjeuners des soixante et dix familles qu'abrite la Città.

Bonnets, volants, dentelles, froufrous! — Civilisation, ce sont de tes coups. La bande se sent prise dans la glu.

Pour se refaire un peu, c'est dimanche, elle se rend au culte italien.

Une chambre souterraine où l'on n'ose pas encore chanter les psaumes, crainte des susceptibilités cléricales, un auditoire composé de quatre ou cinq braves gens, un évangéliste cordial, c'est tout.

Vous souriez? vous trouvez cela pauvre? — C'est avec ces pauvretés-là que Dieu remanie et sauve le monde.

En attendant, serrons ces mains rudes.

Allez, amis, ne vous comptez pas, marchez chacun devant soi; ainsi l'on gagne les batailles.

Le Dôme est radieux; les sabres autrichiens ne traînent plus sur ses dalles; il a toujours ses aiguilles éclatantes; les rayons de sa gloire passent toujours, faisceau de pourpre et d'ambre, par les vitraux de son portail.

Vers le soir, on s'assied au Corso. Les vaillants courent à l'arc du Simplon. Non qu'ils s'en soucient, mais ne faut-il pas voir ce que tout le monde a vu?

Bon voyage! et nous, sous notre feuillée, laissons-nous

vivre. La musique italienne joue ses cavatines. Pas un soldat; jamais nation ne s'en est si bien passée. Parfois quelque ravissante figure, un voile noir jeté sur les cheveux, s'attarde vers nous, pour faire rêver mademoiselle Lucy de Giotto, de Bellini ou de Francia.

Voilà un peuple qui jouit de sa liberté comme s'il en avait usé toute sa vie. Son indépendance ne l'étonne point; il y est entré d'emblée. L'habit lui va.

Vous connaissez le mot des couturières : — Madame, cette robe vous *étrange!*

Dès qu'un vêtement *m'étrange*, il n'est pas fait pour moi. Vous auriez beau pincer ici, couper là, rajuster ailleurs, il *m'étrangerait* toujours.

La liberté n'étrange pas les Milanais. Vous-même, vous n'êtes nullement étonné de la leur voir. C'est qu'elle est faite pour eux, c'est qu'ils étaient faits pour elle, et que tout simplement ils ont pris leur bien.

Nos gens reviennent, quelque peu vexés.

Manquer la musique pour ce grand coquin de monument banal, vous m'avouerez que voilà une conscience de voyageur mal récompensée.

Rentrés chez soi, l'on cause. Chartreux, liberté, cela mène tard.

Tout à coup, mademoiselle Lucy Châtillon pâlit.

— Qu'avez-vous?

— Rien; un peu de fatigue.

On comprend les sollicitudes.

Notre malade, qui sent bien qu'elle ne pourra pas partir demain, se désole d'arrêter sa Bande; la Bande, qui chérit sa malade, se désespère de la voir souffrir.

On s'inquiète, on se rassure. La journée finit sous le regard de Dieu. D'un côté, l'effroi creuse des abîmes; de l'autre, la foi dresse son échelle d'or.

VINGT-DEUXIÈME JOURNÉE

Je vous l'ai dit, chacun porte ici-bas son pot à l'encre fait à sa mesure. Les petits esprits en ont de petits : un dé à coudre, cela suffit à les noyer. Les grands génies en ont de grands : le tonneau d'Heidelberg, à peine s'ils s'en contentent. Les uns se servent de leur petit pot tous les jours, les autres réservent leur grande cuve pour les grandes occasions.

Ce matin, on frappe à la porte :

— Mademoiselle Lucy ne va pas mieux !

Voilà un homme, et une femme, au fond de leur encre.

Vite un médecin ! vite toutes les fioles de toutes les pharmacies.

Piàno, piàno ! Le docteur arrive. C'est un homme de cinquante ans, figure jeune, yeux vifs, avec une physionomie allègre.

— Sè tormentez pas ! Z'en sòigné, de ces indispousitions, la dozzìna ! Sè tormentez pas !

On conduit le docteur chez sa patiente. La patiente rit, le docteur rit.

— Lé rire, il é la santé dou corps ! Çà, rien ! niente a affàtto ! Vi pourriez partir ; partez point ! Un zour di ripos, vi partirez !

LE DOCTEUR MILANAIS

Là-dessus, le docteur veut écrire une ordonnance. La malade ne veut pas.

— Vi faut ça!

— Non, cela me tuerait.

— Comment! vi tuerait! La scienza, il prescrit!

— Cela m'est bien égal.

— Ugual dé guarir?

— Oh! je guérirai bien sans cela.

— Mà! la sciènza, il permet pas!

— De guérir?

Là-dessus, nouveaux éclats de rire.

— Comé vi plaira! Çà qué vous plaît pas, moa, z'ordonne pas!

On le ramène dans le salon.

— Eh bien?

— Il é sarmenté! mà, il a un pétité tête! Zé va l'être d'oblizé dé la tromper!

— Pourquoi donc?

— Il veut pas prendré la potion; moa, ze va loui douner, sans qu'il sé douté!

— Ah! mais, non, monsieur le docteur; nous ne permettons pas cela!

— Bah! bah! z'en trompé, dé ces malades! z'en trompé! Presque tous zé li trompé!

— Monsieur le docteur, pas de ruses! Si le remède qu'elle refuse est nécessaire, dites-le.

— Nécessaire, no! il guarira tout dé même!

— Alors?

— Ça serait plous régulier, comprénez! plous conformé à la sciènza!

— Oh! la science!

— Lé maladé, il connaît pas son bien!

— Monsieur le docteur, décidément, nous ne la prendrons pas en traître.

— Alors, zé doune onu pétit rien, innoucent! Sé tormentez pas! la diété, lé ripos! Sarmànté, ma oun pétité têté!

— Merci mille fois, monsieur le docteur, et revenez ce soir.

— Inoutile! inoutile!

— Nous vous le demandons.

— Zé réviens!

Va, brave docteur, tu ne fais pas le pédant, ni le charlatan. Si tu trompes un peu tes malades, au moins tu les attrapes au grand jour.

Sur le dos, les pots à l'encre! ils serviront une autre fois. Que Dieu est bon, que le ciel est clair! Bande, un jour de retard; console-t'en. Et comme nous voilà de loisir, et que notre malade ne l'est presque plus, allons à l'Ambrosiàna.

Des livres, des livres, des livres!

Pour moi, ces *campo santo* de la pensée humaine valent dix sermons sur la vanité. Quand je vois ces volumes petits et gros, serrés les uns contre les autres; lorsque je pense aux tendresses dont ils furent l'objet, et que désormais pas une main charitable ne les viendra tirer de leur poussière, et que des milliers d'individus y ont enfoui leur âme, et qu'ils croyaient, au travers des âges, parler à d'autres intelligences, remuer d'autres cœurs; je me sens froid.

Il est dans la Bande jusqu'à trois barbouilleurs de papier, (si l'on y regardait bien, l'on dirait quatre), qui éprouvent, à contempler ces ossements épars, les épouvantes de la mort.

Vous, les grands remueurs d'idées, n'ayez nulle crainte; le vrai ne périt pas. Il peut luire solitaire, longtemps méconnu, contredit; toutefois, un jour vient, où quelque chercheur le trouve, qui fait sauter la gangue; et, ce jour-là, le diamant resplendit!

Mais nous, les rêveurs, nous qui jouons sur notre corde

un air chétif, nous faut-il donc mourir tout entiers, et si vite! — Oh! réjouissons-nous d'avoir vécu, assez pour égayer un enfant, assez pour faire sourire un vieillard, assez pour qu'un de ces rois de la pensée se soit arrêté, qu'il ait prêté l'oreille, qu'il ait emporté dans son cœur quelque note de nos accents.

Tu retourneras en poudre! — Non, la sentence n'est pas pour vous, les vérités; ni pour vous, les belles ardeurs; ni pour rien de ce qui est humain. Les paillettes se terniront, la forme vieillie répandra je ne sais quelle odeur de vétusté; mais partout où le cœur aura battu, partout où les yeux auront pleuré, tout ce que les convictions auront dicté, tout ce que la poésie aura, de sa fraîche haleine, effleuré seulement: cela, vivra.

Sur ce, le gardien paraît (un potiron monté sur deux jambes), et considère la bande d'un œil paterne. Le bonhomme ne s'inquiète guère de ce que disent les autres, reliés en veau, ceux qu'il conserve.

— Monsieur le custode, vous nous ferez voir tout, n'est-ce pas?

— Tout cé qu'il y a! Voulez-vous voir davantazé!

— Non.

— Eh bien!

C'est péremptoire.

Voici des bas-reliefs de Thorwaldsen, sobres et purs; voilà son buste, une figure mélancolique.

Ces vitrines renferment les autographes: des *Liguori*, des *François de Salés*, des *Ugo Foscolo!* Tasse, une écriture extravagante, l'esprit hors des gonds! Galilée, une bourrée à sa copiste! Monti, une querelle à Ronchetti, gracieuse, en termes élégants! Tout à côté se déroulent les cheveux de Lucrèce Borgia, dans la lettre au cardinal Bembo:

un or délicat; et si soyeux, si éthérés! on les dirait dérobés à quelque Vierge de Luini.

Puis, la bande contemple les cartons de Léonard de Vinci; tantôt l'idéal figure de Joconde, avec son sourire de sphinx, jetée là dans sa grâce irrésistible; tantôt des têtes de madones, enveloppées d'une chasteté qui voile l'éclat; tantôt le médecin de François Ier, petits yeux étincelants, bec crochu, l'air sinistre. Elle étudie cette série d'essais sur la figure humaine, et par quelle exagération de tel ou tel trait on arrive aux bouffonneries de la caricature.

Vous avez reconnu Raphaël, en son école d'Athènes! Ce crayon n'hésite pas; du premier coup il trouve les belles poses; et le jeune homme s'accoude aux marbres de l'Académie, et les clartés de la pensée viennent baigner ces fronts sereins.

Une fois sorties de l'Ambrosienne, les dames font acte d'indépendance. Elles veulent aller seules, par la ville, et marcher à la conquête, devinez de quoi?

D'un Garibaldi, en chemise rouge, proprement photographié.

A deux heures et demie, mademoiselle du Rouvre et son pasteur mettaient la main sur le héros. A quatre heures, plus un seul : ni grand, ni petit, ni en chemise, ni en habit. Vous le payeriez son pesant d'or, vous ne l'obtiendriez pas!

Soyez tranquille, ces dames l'ont.

Et voulez-vous savoir ce que fait Garibaldi, au moment où j'écris? Garibaldi, après avoir pris la Sicile, pris Naples, refusé titres, pensions, grades, tout; Garidaldi brouette des pierres, dans son île de Caprera.

Il s'agit d'ajouter une chambre aux quatre pièces dont se compose le palais. Garibaldi qui a, de ses mains, construit autour de son enclos force murailles en cailloux secs, voudrait bien recrépir lui-même son cabinet : le maître maçon ne permet pas.

— Général, vous me gâtez mon aplomb. Allez à la guerre, moi je reste au plâtre; chacun son métier : apportez-moi un peu ces pierres!

Ces belles candeurs, voyez-vous, et cette ineffable bonté des caractères puissants, me touchent plus que toutes les victoires.

Le soir est venu. Voici notre docteur.
— La maladé?
— Mieux, beaucoup mieux.
— Zé vi l'avais bien dit! è rien.
— Allons la voir.
— Si! si!

Une fois dans le corridor, on rencontre Églantine, plus loin mademoiselle Berthe, plus loin mademoiselle Hélène. Le docteur s'arrête court :
— Mi perdonné! il è oun famille?
— Non, monsieur le docteur. Des amis, qui voyagent ensemble, parce qu'ils s'aiment.
— Gràn bel còsa! stùpèndo[1]!

La malade, on le pense bien, rit de plus belle à son docteur; le docteur est aux anges.
— La natour il a tout fait! la natour il è le grand dottor!
— Pourrai-je boire de l'eau fraîche?
— L'eau fraisse? sans doute! Lisez Hippocrate!
— Hippocrate?
— Hippocrate, en ses *Aphorismes*! Vous lé connaissez pas?
— Non, monsieur le docteur.
— En ses *Aphorismes*, il dit, Hippocrate : L'eau fraisse, il è bon pour désaltérer lé maladé, quand lé maladé il a soif!
— Mademoiselle pourra donc partir demain?

1. Grande belle chose! Stupéfiant!

— Si !

— Manger ?

— Il manzera quand il aura faim. Forcez pas ! Laissez faire la natour ! La natour il connaît son office !

Au bout d'un moment de causerie :

— Mi perdònne ! — Le docteur regarde bénévolement les trois rieuses qu'il a devant lui. — Dé quel endroit vis êtes ?

— Nous ?

— Vous.

— Nous sommes... — Ici, les dames échangent un coup d'œil. — Nous sommes de Granges, Valpeyres et Montvéran.

— Ran ! Où il è, ça ?

— Là-bas ! derrière les montagnes.

— Ah ! sì !

— Du côté de la Suisse.

— Ah sì ! ah sì ! zé comprends ; zé connais ; oun contrée où tout lé mondé il sait lire ! Mé semblait bien ! perché ces damizelles, ils sont intellizents ! Zé m'ai dit, cé matin, ils sont intellizents !

VINGT-TROISIÈME JOURNEE

Tout va bien. Partons.
Car il faut rentrer chez soi, sans retard.
La conscience de M. le pasteur Nérins l'a saisi par le collet; elle tire du côté de Valpeyres.
— Billets pour Turin, s'il vous plaît!

Dans la gare, un pauvre manchot promène son éventaire. A peine découvert, chaque dame se trouve au dépourvu de tout : des allumettes à Églantine, à mademoiselle Hélène des plumes, mademoiselle Berthe manque d'épingles, mademoiselle du Rouvre d'aiguilles. Et si vous pouviez voir le bonheur du manchot! A mesure qu'on lui prend ses petits paquets, il sourit; bientôt il rit tout à fait. Les dames achètent, vives, promptes; elles n'y regardent guère, aussi le jeune homme :
— Pas cette boîte, madame, elle est entamée! Madame, vous me donnez trop, j'ai dit cinquante centimes!
Peu de chose, n'est-ce pas? Eh bien, cette petite honnêteté-là, c'est tout simplement une grande vertu. Vous feriez resplendir les quatre soleils aux yeux de la Bande (il pleut à verse), vous ne les réjouiriez pas tant.

On est en route depuis une heure. Soudain des maisons éraillées se présentent, d'autres trouées, des murs entr'ouverts, qu'on n'a pas relevés :

— Magenta !

C'est donc ici. On se battait l'an dernier. Un tas de boulets s'élève dans ce coin, des façades écorchées montrent partout leurs blessures, des enfants accourent les mains pleines de balles coniques, d'aigles à deux têtes, de boutons d'uniforme ! nulle autre trace. Les mûriers sont jeunes, voilà tout. La vigne, rattachée comme on a pu, continue de courir à travers champs. Le sol a porté double récolte. Pas une butte, pas un tertre : rien. Et des milliers de vies, et des milliers d'avenirs ont été fauchés là !

Hélas ! quand je me représente ces fronts pâles, ces corps mutilés, et que des mères les avaient tant aimés, et que tant de prières d'épouses, de fiancées les environnaient comme d'un rempart ; et que les voilà couchés au hasard, dans cet horrible pêle-mêle du carnage ; qu'on les jette au fossé béant, de la chaux vive par-dessus, et tout est dit ! quand je songe à ces bravoures inouïes, à ces immolations secrètes, à ces emportements de victoire, à ces résolutions magnanimes, sans qu'un œil l'ait vu, sans qu'une bouche l'ait raconté ; il me prend des indignations, il me prend des rebellions. Sous ces torrents de pluie, en face du sol détrempé, cette page de gloire soudain retournée, montre un revers tout taché de sang, tout plein d'amertume, tout vibrant de *pourquoi* désolés.

Ressaisis-toi, mon âme, rien n'est en vain dans ce monde. Le plus oublié, le mieux enseveli sous l'action commune a fécondé son siècle. Pas un dévouement qui ne réagisse sur la grande âme humaine. — Et nous qui passons, nous sentons des souffles généreux monter du champ de bataille pour nous fortifier le cœur.

Dans ces lieux qui ont si bien repris leur figure ordinaire, quelqu'un, je dis exprès *quelqu'un*, pleure et se souvient.

Le général Espinasse, tombé sous les balles autrichiennes, avait un épagneul qui le suivait partout; lorsque l'épagneul vit son maître couché sur la terre, il s'y coucha. Une fois les derniers honneurs rendus au mort, on voulut emmener le chien. Le chien hurla, se fit traîner, rompit sa chaîne; on le laissa faire. On pensa que cette douleur s'userait. Elle ne s'est pas usée. Souvent on a tenté d'arracher l'épagneul au champ de bataille, toujours il est revenu. Les bonnes gens de Magenta lui ont construit une hutte sur la place où son maître est expiré. Il s'y tient, de jour, de nuit : il attend.

La Bande voudrait être chien.

A Novare, le wagon s'ouvre au milieu des averses. Une grande jeune fille, misérablement vêtue, et ruisselante, avance la tête. Chacun se hérisse! La grosse dame que voici, déploie majestueusement sa robe; le long monsieur que voilà, croise ses jambes, canne en travers. Un cri de réprobation part de l'intérieur : l'accord parfait de l'égoïsme.

La jeune fille n'est pas hardie, mais elle est fière; de plus, elle a froid; de plus, elle a payé son billet, train express; elle entrera.

Bande, c'est ton heure. Une place au milieu de nous, les paquets par-dessus. Y en a-t-il! sans compter celui-ci, qui sent les pommes.

Une fois assise, les petits paquets et les gros autour d'elle, il faut voir notre jeune fille! Elle relève sa jolie tête, d'un geste aisé détache lestement le mouchoir rouge qui la protégeait contre la pluie, passe dans ses opulentes tresses noires de petits doigts délicats, étale un peu la collerette brodée, secoue un peu les manchettes à jour, élargit les plis de la robe d'indienne, échange un regard amical avec la Bande, et sourit. Ses yeux s'ouvrent tout grands; on y devine cette décision candide qui annonce la volonté, l'ignorance du mal, et que la jeune fille s'est mesurée avec la vie, sans y laisser une plume.

Lorsqu'elle s'est bien arrangée, qu'elle a jeté sans rancune un coup d'œil tranquille sur la grosse dame, sur le long monsieur, et bougé ce qu'il faut, la Bande qui voit que l'isolement pèse à la pauvrette, lui adresse quelques mots.

Si bien que voilà le plus gracieux patois du monde, et la petite bouche qui ramage, avec une voix d'oiseau gazouilleur.

L'affaire vous regarde, madame la Bête au bon Dieu; attrapez ce que vous pourrez, au vol, et répondez juste, car la jeune fille y tient. Vite, elle raconte comme quoi, ce matin, à trois heures, dans l'eau jusqu'à la cheville, elle est venue tout courant de son village, au delà des montagnes! qu'elle y a passé l'été, malade; que cela va mieux; qu'elle est orpheline, sans père, ni mère, ni personne, qu'un vieux oncle : — Niün! niün! mi rèsta! — que voici bientôt trois ans, il lui a fallu chercher son pain; qu'elle possédait deux écus; qu'à Turin, elle a rencontré une brave ouvrière; que l'ouvrière lui a fait place dans sa chambre, puis qu'un vieux ménage l'a prise à son service, que ses maîtres reviennent de villegiatùra, qu'elle doit se trouver à deux heures dans la *Cà* pour leur ouvrir! Elle leur apporte des pommes, plein son châle. Mais ce matin elle était trempée, comme si on l'eût noyée. Une dame l'a vue, dans la station; il y a partout du monde *bien bon!* Cette dame l'a retirée chez elle, lui a prêté une de ses robes : — *Le mie son qùa* [1] *!* — et de rire.

On l'encourage :

— Dieu est le père de ceux qui n'en ont plus; priez-le de tout votre cœur.

— O! mi! tùtti gior'! tùtte le matìn [2]!

---

1. Les miennes sont là!
2. Oh moi! tous les jours! tous les matins!

On se serre les mains; la jeune fille pleure de joie, elle veut faire manger des pommes à la Bande; la Bande, qui est discrète, s'en défend; la jeune fille, prompte et résolue, dénoue le châle. Sifflet! Turin.

— Vite, rattachez vos pommes. Dieu vous garde! — Et un saut dans l'omnibus.

Ce qui fait que Turin plaît généralement à la Bande. Aussi ce vieux monsieur, vif comme un brochet, assis au fond de l'omnibus; à mesure qu'elle entre :

— Còrpo di Bàcco! Gèsù Mària!

Et quand notre brave John, qui disparaît sous les manteaux, y ajoute par courtoisie la valise du vieux monsieur :

— Eh! nò! Eh! pòvero! Eh! diàvolo ¹!

La Bande, brouettée avec ce gentilhomme, arrive devant l'hôtel Trùmbètta, sur la place du palais. Trùmbètta lui attribue un de ces appartements de roi qui la charment sans l'étonner : salon où l'on mettrait trois cents personnes, pièces en enfilade, lits à baldaquin, tentures de damas, peintures, rinceaux, de l'or tant qu'on en veut, tout à l'avenant.

Décidément, Turin est une belle ville! En dise du mal qui voudra, nous lui trouvons de la majesté. J'aime ce grand soleil qui frappe d'aplomb sur ces grandes artères; j'aime ces fleuves d'air qui promènent dans ces larges rues des ondes sans cesse renouvelées. Où que vous regardiez, la campagne achève les perspectives. Ici, la Sùpèrga s'assied en reine sur son piédestal de coteaux verts; là-bas les glaciers du mont Cenis étincellent. Ajoutez un peuple allègre, énergique, patriote; à chaque pas des librairies, une vie qui bat cent pulsations à la minute, vous m'avouerez qu'un jour à Turin n'est point pour faire peur.

1. Eh non! eh pauvre! eh diable!

Oui! mais voilà notre pasteur dont la conscience prend le mors aux dents :

— C'est mardi! Je puis arriver jeudi dans ma paroisse. J'y serai!

— Pourquoi?

— Il faut que je voie mes malades!

— Il n'y en a point.

— Que je prépare mon sermon!

— Vous le ferez en route.

— Mes vacances ont trop duré!

— Ah! par exemple! un homme qui s'extermine onze mois durant.

— Mes pauvres, ma femme, mes enfants!

— Un jour, donnez-vous un jour. Visitez Turin.

— Le cœur m'en saigne, croyez-le, mais c'est un devoir.

— Un devoir! toutes les portes ouvertes. Allez, notre pasteur, la Bande vous suivra de près.

Sur la place, des conscrits, bannière en tête, chantent à tue tête pour ne pas pleurer; les escadrons piaffent et passent au galop; le palais du roi, fenêtres closes, gros de secrets d'État, regarde faire Garibaldi, faire Cialdini, et se tait.

Ah! Monseigneur le Roi Galàntuòmo, que la bande vous rendrait bien visite, si vous vouliez. Et qu'elle vous donnerait un bon conseil!

Partez, Sire! voilà ce qu'elle vous dirait : Courez à Naples où le peuple vous appelle. La révolution bouillonne; une heure de plus elle sévit! Les désordres éclatent! L'Allemagne tout entière crie au feu! Vos alliés s'en vont, les *grands-ducs* reviennent! Faites vite, Sire, la victoire est à qui la prend!

Je crois que le roi ne nous écoute pas.

Alors, dînons.

Ce dîner de Trùmbètta mériterait un chapitre. En tout cas, c'est un acte très sérieux de la vie turinoise.

La salle, immense, resplendit sous les girandoles. La table étincelle d'argenterie et de cristaux. Le long des murs se rangent les guéridons avec les dîneurs au pied levé.

Gibier, entremets à caractère, hors-d'œuvre choisis, tel est le menu; sans parler d'un fagot de *grissins*, à côté de chaque convive. La bande trouve l'invention bonne; seulement, il y a des grignoteurs qui expédient lestement le paquet du voisin!

Non loin de nous, quatre ou cinq patriotes boivent le coup de l'étrier; ceux-là vont à Naples. Et force poignées de main aux amis.

Hélas! M. Nérins, il nous en faut faire autant. La Bande vous pleurera. Pleurerez-vous la Bande?

— Je crois bien!

— En attendant, vous la laissez.

M. Nérins essuie une larme.

— Prenez ce chocolat, M. Nérins! Prenez ce plaid! N'oubliez pas votre paletot! Et vous, sac de nuit, approchez! Tendez les bras à votre protecteur, fondez-vous en eau!

— Non pas! non pas! s'écrie mademoiselle du Rouvre. Monsieur Nérins, ne m'emportez-vous rien?

Que voilà une question prosaïque!

— J'emporte le souvenir de la Bande.

— Monsieur Nérins, vous lui emportez le meilleur des amis.

Minuit! Le roi part pour les Marches. — En avant, marche!

Pardon du calembour, M. de Belcoster n'y retournera plus.

VINGT-QUATRIÈME JOURNÉE

Entrons, voulez-vous, à l'*Armeria*. L'histoire moderne de l'Italie s'y écrit en brûlants caractères. Chaque jour y ajoute son mot.

Voici la bannière autrichienne, prise en 1848; les Italiens lui ont donné des sœurs. Voici l'épée que des patriotes ont envoyée de Rome; elle y retournera. Voici l'étendard aux trois couleurs qu'ont brodé les dames de Brescia. Celles de Toscane ont enfermé dans un coffre de mosaïque l'album qui porte cette inscription en diamants : *Al rè Vittòrio Emmanùele, le dònne di Toscàna,* 1860. Voyez cette lame à poignée artistique : une Italie qui tend les bras! elle fut adressée par les émigrants de Californie au monarque libérateur. Regardez le sabre, sévère, d'une trempe exquise, qu'offrait hier un simple armurier de Bologne; et les pistolets qu'ont présentés les Bolonaises, avec la selle de velours, les étriers d'argent, le frontail étoilé d'émeraudes et de rubis. A côté se range l'outillage des ambulances : toutes les splendeurs d'une merveilleuse aurore, toutes les terreurs d'un jour de tempête.

Que je trouve d'éloquence à ces joyaux! L'avenir, avec ses horizons fermés qu'éclaire çà et là quelque traînée de lumière, leur prête un indicible attrait. Il semble qu'à force de les contempler, on leur arrachera le secret de demain.

Et puis, ce jeune passé, ce noble sang répandu, cette arène de Magenta, fumante encore, leur jettent des reflets de feu.

Dans la salle des hommes d'armes, autres trophées; bien anciens, ceux-là!

Les cavaliers, campés sur leurs coursiers, regardent passer les siècles, passer les guerres, tomber et se relever les nations. Les uns, hommes et bêtes, cerclés de fer; les autres, sous des écailles de dragon; ceux-là dans une maille d'acier, ceux-ci dans un cuir de rhinocéros.

Voici le comte de Gruyère, forte cuirasse, tout unie, et pour seul ornement, son écusson sur la poitrine. Plus loin, le prince Eugène, celui qui fit reculer, devant Turin, les armées de Louis XIV! Son armure bossuée dit assez de quelle vigueur, en ces chaudes journées, pleuvaient les balles.

Les timbaliers du grand roi y ont laissé leurs petits tambours étincelants d'argent et d'or.

L'épée de Napoléon, celle qu'il portait à Marengo, suspend à côté sa lame fruste.

Et tandis que la Bande, lasse d'admirer, se prend à réfléchir, une porte s'est ouverte au fond de la salle. Il en sort un homme vêtu de noir, des lunettes sur le nez, un portefeuille sous le bras, qui regarde les dames, et disparaît.

M. de Cavour!

A défaut du roi galantuòmo, Bande, contente-toi de son ministre. Il ne porte pas sur le front cette couronne de laurier dont on affuble à Turin son effigie; il a l'œil prompt, l'air insouciant, la bouche fine, et ce petit homme-là mène les grands!

Passons en Égypte.
Pharaon Mœris, Rhamsès Menephta, toi qui osas résister à

Dieu; vous les Osiris, vous les Ammon, vous les sphinx au type idéal, que je vous revois avec émotion! Que vous me rappelez bien ces harmonies épandues sur les prairies en fleurs, et ces grandes ombres projetées par les grands pylônes, et cette rumeur qui monte incessamment des siècles perdus, et ce ciel éclatant d'un horizon à l'autre, et ces nuits claires où se dressent debout, éternels témoins des époques mystérieuses, les obélisques, les colosses, les temples : masses puissantes que les mêmes étoiles regardent depuis des milliers d'années!

Là est le saisissement; lorsqu'on erre parmi ces dieux et ces héros, assis en leur attitude sacrée; paisibles, méditatifs, et qu'on se dit : ils ont vécu! Cette terre que foulent mes pas a tressailli quand Pharaon revenait vainqueur, avec ses chariots combles d'or, avec les peuples esclaves, nègres, juifs, et ces troupeaux de fauves arrachées aux profondeurs du désert!

On respire une atmosphère tout imprégnée de cet arome que n'oublieront jamais les pèlerins d'Orient. Les haleines du Nil s'y sont promenées; des perspectives idéales se prolongent en un embrasement de couleurs, en un accord de lignes tels que nos yeux n'en verront plus.

Descendons la rue du Pô.

Je vous laisse à penser si notre Bande considère ce qui est moderne et joli. Elle a tant contemplé de beau et de vieux!

Pas une corbeille de fleuriste, pas une volière d'oiseleur, pas une vitrine de bijouterie, pas un étalage de libraire devant lequel on ne s'arrête! — Églantine préfère hautement ce genre d'études aux récréations dans les salles égyptiennes.

On va, comme cela, tout à l'aise. Plus le fleuve s'avoisine, plus se ralentit l'activité commerciale; si bien qu'au bout, il ne reste rien, sauf des maisons fermées avec des trottoirs déserts [1].

On regarde couler l'eau, vis-à-vis, les pentes vertes de la colline, et la Sùpèrga qui noie ses tours dans les vapeurs.

Elle passe, l'eau, hélas! Les jours aussi s'en vont; le beau voyage fuit à tire-d'aile du côté du Jura. — Bientôt il les repliera, ses grandes ailes blanches, toutes diaprées d'azur, toutes scintillantes de rosée et de soleil.

Les brouillards descendent. Chacune à son ouvrage, mes sœurs! Il n'y a que douze heures au jour. Travaillons! les cœurs énergiques font les mains diligentes.

Ainsi devisent les braves petites femmes, au bord de l'eau.

Encore un musée. Églantine frémit. C'est le dernier : Palais Madame.

Guerchin nous y montre des chefs-d'œuvres : son *Christ*, douloureux et divin, avec ce soldat qui le regarde mourir, brutal, bestial, et qui ne se doute pas même que cette mort-là, c'est un incident qui transformera le monde. Plus loin, le *David*, seize ans, toque rouge sur sa tête bouclée, le poing à la hanche, audacieux, magnifique, embrasé d'ardeur farouche. Puis *la Vierge*, une femme jeune et pensive, une mère. Elle se tient debout, la Bible est devant elle; l'enfant, dont les yeux ont des profondeurs sublimes, lève sa petite main qui commande l'attention.

Et cet *Ange*, du Guide! Royalement enlevé, le pied sur le globe, puissant en force, la trompette sonnant aux quatre vents des cieux!

---

[1]. Si vous voulez connaître Turin, ses environs et son caractère, lisez les *Passegiate*, du professeur Baruffi. Vous y trouverez une science complète des localités unie à un vif sentiment de la nature. Sans compter une âme loyale, qui fait aimer l'homme autant que ses belles descriptions font admirer la ville.

Et ce Corrège ! L'empreinte de la tête du Christ sur le mouchoir de Véronique ! grave, simple, d'une suavité à faire pleurer.

L'Espagnolet, réaliste jusqu'à la trivialité, étale à côté les laideurs, j'ai presque dit les moisissures de son *Homère* et de son *Saint Paul Ermite*.

Nous voici devant une *Hérodiade*.

Je ne sais quelles fascinations exerce sur moi cette vanité, frivole jusqu'au sang. Un mystère est là. Cette femme a-t-elle compris ce qu'elle faisait, son cœur a-t-il tressailli, ses mains ont-elles tremblé, l'âme est-elle morte? toutes ces pensées se pressent; toutes interrogent, et jamais son vague sourire, jamais ses yeux aux regards perdus, jamais son indéchiffrable visage ne vous répondront un mot. Par un retour au vrai, tel que seul en ose le génie, Luini, cette fois, a fait de saint Jean-Baptiste un jeune homme. Ce n'est plus cette maturité basanée sous la pâleur que nous montraient les vieux peintres. La tête, charmante, éclairée d'espoir, frémissante d'enthousiasme, possède une beauté que n'ont pas encore terni les rudes combats de la vie. Et cette jeune tête, la ballerine, jeune aussi, une rose sur le sein, rougissante de plaisir, la reçoit distraite, possédée tout entière de son triomphe !

Le bourreau considère cette femme; il cherche à surprendre l'effet du don terrible ! — Le don ne produit point d'effet. Là est le génie.

VINGT-CINQUIÈME JOURNÉE

Hirondelles, mes sœurs, volons du côté des neiges.

Heureuses les bêtes; elles n'ont que l'instinct. Nous avons la conscience, nous courons aux frimas.

Par une grande déchirure, on voit Ròcca Melòne, ardu, pointu, et derrière, le massif du mont Cenis dont le rigide éclat contraste avec la plaine, exubérante de maïs.

Suze s'avoisine. Les Alpes prolongent jusqu'ici leurs bases. On dirait ces puissantes racines des chênes dont les rugosités, qui affleurent le sol, s'approprient la terre à mesure que dans l'air libre se dilatent leurs bras. Des prés s'ouvrent çà et là, parsemés de blocs, ceux-ci fraîchement tombés, d'un éclat qui blesse l'œil; ceux-là, des hôtes antiques, à demi cachés sous le manteau diapré des lichens.

Drôle de petite ville que Suze! grimpant un peu partout, laissant à chaque monticule un bout de ruine, avec son énorme rocher planté droit au milieu, et ses vieilles rues qui vont à la débandade!

Deux berlines nous attendent. Ces grelots-ci ne donnent pas la note argentine des clochettes qui carillonnaient si follement sur la *riva di Levànte*.

Pourtant nous montons sous le couvert des châtaigniers. Là, paissent des vaches bigarrées, le muffle enfoui dans les touffes de menthe; là songe une paysanne, assise dans la lumière adoucie que tamisent les feuilles.

Un peu plus haut, quelques rochers se redressent; les sources pleurent le long des parois. Et ce pauvre petit crétin, bas sur jambes, goitreux, un visage de pomme cuite, vient après nous. Des sous? Il n'en sait que faire. Il les garde sur sa main ouverte, un instant s'en amuse, et puis les laisse tomber. Du pain, des gâteaux? Pour le coup il a compris. Il s'assied sur le bord d'une fontaine; il rit, il mange, entre chaque bouchée regarde la bande; chaque fois que, de détours en détours, un pli du chemin ramène les voitures, il lève la tête, rit de plus belle, montre le pain, montre les gâteaux, et récite tout ce qu'il sait de prières! — La Bande sent qu'elle aimerait un petit homme fait comme cela.

Mais que disent nos postillons? La route coupée par les dernières pluies, les diligences arrêtées durant trois jours? Ce matin seulement, quelques voyageurs ont passé?

La Bande se prend à réfléchir. Et comme des autres à soi, la pente est naturelle : qu'aurait fait la Bande, je vous le demande, enfermée trois jours à Modane? — Elle frémit au seul pressentiment des vertus qu'elle y aurait déployées.

Souriez, vous, les philosophes. Nous, les pauvres d'esprit, nous remercions Dieu.

Et notre pasteur? — Votre pasteur, mesdames les brebis, a traversé les mauvais pas, moitié dans l'eau, moitié sur les cailloux. Il a fait quelque chose comme huit lieues de pays, à pied, à jeun, convoyé par un jeune vicaire, qui bientôt, sous prétexte de rattacher ses souliers, l'a laissé poursuivre seul son chemin, flairant l'hérétique, et se croyant mieux en sûreté d'âme auprès d'un vieux curé qu'on voyait poindre à l'horizon. Votre pasteur a bu et mangé, le soir, vers minuit, après une abstinence de vingt-quatre heures ou peu s'en faut. Votre pasteur, le lendemain, a pris la voie ferrée. Votre pasteur a revu paroisse, pauvres, femme, enfants; — il prêchera dimanche, et prêchera bien.

Et les botanistes? — Les botanistes se tirent de tout, partout : salamandres au travers du feu, poissons au travers de l'eau! Voulez-vous en savoir plus? Les botanistes, ô Bande! ont *manzé dé ssampignons ssez lé pétit bossu dé Récco* [1]. Lé pétit bossu, il a failli plourer en apprenant, che cé trop ssarmantes madamigelles (ch'il s'en souvénait pas très bien, má fà rien!) *il avaient passé*, sans lui demander son càpo d'òpera; pròprio *un boccòne da pàpa!* » Les botanistes se sont régalés de vino spùmànte chez tous leurs confrères. Les botanistes ont mangé les raisins muscats des pères bénédictins du Splügen. Les botanistes attendent la bande, sous la tonnelle de Valpeyres, et ne seraient pas fâchés de la voir arriver tant soit peu dégommée!

Nos voitures cependant tracent des lacets au milieu d'un cirque de prairies. Trois cascades en coupent le velours. L'une d'elles bouillonne à gros flocons dans un chenal dont elle festonne les bords; on dirait une avalanche éternelle. L'autre, suspendue au rocher, tombe intermittente, nuage après nuage, comme si elle hésitait. La troisième, qui se jette tout à la fois par la brèche, éparpille sur les prés mille ruisselets limpides, sous lesquels s'incline l'herbe, avec des reflets de cristal.

Ainsi, nous atteignons le col.
Célèbre qui voudra les grâces du lac, et cette longue caserne qu'on nomme le village du Mont-Cenis! L'un nous

---

1. Voyez *Bande du Jura,* premier voyage.

paraît froid, l'autre désolé, l'aspect lamentable. Il a ce matin, pour l'illustrer, deux soldats français couchés sur le ventre, dans l'herbe, le long des mornes transparences de l'eau. Les pauvres gens lèvent la tête au bruit des voitures, leur physionomie dit clairement qu'à l'endroit du site, ils pensent comme nous. Dans l'embrasure de la grande porte, un curé, un fort curé, taillé sur le patron de Rocca Mèlone, regarde courir la Bande et se frotte les mains.

Ah! que le passage des armées, et des zouaves, et des turcos a dû paraître une manne céleste au curé et à ses ouailles! Vous représentez-vous cet événement, là-haut, dans ces solitudes, où les cabrioles d'une vache qui détale en allant boire forment, douze mois de l'année, le seul épisode pour se réjouir.

Justement, les voici, les vaches, elles viennent de sommités plus âpres; elles se profilent sur le lac où s'est laissé choir un morceau d'azur. Les bergers descendent avec le bagage, petits chaudrons qui ne ressemblent guère à nos grosses chaudières du Jura. Sur les chariots, s'entasse le foin qu'on n'a pas mangé. Les marmots, empilés au hasard, sortent d'un vieux manteau militaire leurs visages rouges de froid. La mère suit à pied, quelque poupon sur les bras, essoufflée, transie.

Et ne faut-il pas qu'au plus rude de la bise, nos cochers se prennent de bec avec les bergers.

Églantine tout émue :

— Ne les regardons pas! cela pourrait les gêner!

Oh! discrétion magnanime!

Hélas! sur un autre col, même querelle éclatait naguères.

Que nous lui trouvions de charme! C'étaient les premières sonorités du bel idiome italien.

— Avez-vous fini? En route!

On se dévale sur Lans-le-Bourg.

La beauté du mont Cenis, c'est qu'il est vite passé. La beauté de Lans-le-Bourg c'est qu'il est affreux.

Les voitures s'engouffrent dans la douane. Et tandis que messieurs les employés se donnent le plaisir de fureter parmi nos robes; les cochers, bien attablés, à qui l'endroit convient, essayent de nous retenir dans ce joli séjour : — La route est rompue! On ne passe pas! Des montagnes de carrosses s'entassent devant les torrents débordés!

— D'où viennent donc ces diligences?

— De... de... de...

— De Saint-Jean-de-Maurienne, ce matin! crie le courrier.

— Filons!

— Il n'y a point de chevaux.

— S'il n'y a point de chevaux, il n'y aura pas de bonne main!

En un clin d'œil les voitures sont attelées.

La lune, qui s'est levée, jette des clartés fantasques. Chaque objet prend un aspect insolite; les rochers ont l'air de vieux châteaux, les châteaux ressemblent à des pics, les idées s'embrouillent, l'hôtellerie de Modane ouvre ses grandes chambres délabrées, et, crainte de faire trop tôt connaissance avec ses grabats, la Bande se met à discourir.

Gens, choses, vices, vertus, tout y passe.

On se demande comment il se fait qu'un défaut, chez autrui, nous effraye plus qu'un vice? La Bande s'en étonne, puis s'en indigne.

Mesdames, c'est que les vices sont des lions, c'est que les défauts sont des moustiques. — On ne rencontre pas tous les jours des bêtes féroces, on marche dans des légions de maringouins!

Les maringouins! mais ils entrent par les fenêtres, ils se glissent par les fentes, je les respire, leur aiguillon me transperce, leur trompe me suce le sang. Des tigres! des lions! la Bande en a vu dans les ménageries. Il n'en passe guère, Dieu merci, par les sentiers de Granges, Valpeyres et Montvéran.

On réfléchit, on s'examine. Au fait, on se trouve plus de panthères qu'on ne croyait. La Bande, qui depuis longtemps combat ses vices, prend la résolution d'écraser ses maringouins.

Et si vous trouvez ses définitions mauvaises, et subtiles ses distinctions, mettez les unes avec les autres sur le compte de la lune.

VINGT-SIXIÈME JOURNÉE

Trois tours de roue, voici les travaux du percement : un trou noir dans la montagne, une tanière de renard; le gravier que rejette la bête s'entasse en dessous. De l'autre côté se massent les ateliers avec leurs hautes cheminées et leurs machines à vapeur.

Jamais les victoires sur la matière ne furent plus éclatantes qu'en notre siècle. La matière ne se venge-t-elle point? On vient la mater dans ses domaines; n'opère-t-elle point, elle aussi, des incursions dans le royaume des idées? L'esprit humain l'asservit; à son tour, n'asservit-elle point l'âme humaine? — De plus savants que moi répondront.

Et tandis que va la pensée, des crêtes nues courent là-haut, tantôt se terminant brusquement par une grande ravine, tantôt aboutissant à quelque éclatant névé.

Le duché de Savoie pourrait être plus beau; tel que le voilà, c'est la clef du logis. A la place du roi, la Bande l'aurait gardée en poche.

Halte! un torrent de boue a coupé le chemin. En aval, en amont, se groupent diligences, voitures et charrettes. Nous en avons pour deux heures! et nous manquerons le train.

Avec six paires de bras, on déblayerait la route. Il y en a vingt; ils sont là plus de dix ouvriers, appuyés sur leurs pelles, qui regardent rager les voyageurs, et ne bougent pas.

Si vous croyez que M. de Belcoster va rester passif, qu'il va subir cette loi d'inertie, vous errez du tout au tout.

— Un louis, pour qui fait passer les voitures!

Le chef saisit une pioche, John une bêche, les conducteurs de charrettes empoignent les outils; on creuse, on pousse, on tire.

Les dames se vont réfugier sous la forêt de mélèzes.

Qu'ils étaient beaux les grands arbres, qu'elles étaient fraîches les haleines, et que la verte dentelle s'émouvait doucement sur l'azur! Mes sœurs, qu'on y avait de paix, que le serpolet y exhalait de parfums, que c'était charmant, et comme les hirondelles voyageuses s'y balançaient sur les branches!

Une heure comme cela. Les voitures ont passé, les charrettes aussi :

— Sans vous, monsieur, nous restions jusqu'à demain.

C'est la foire à Saint-Michel : quelques masures éparpillées au pied d'un mont.

La foire grimpe vers les roches; elle s'étale sous les pommiers. Là cheminent les paysannes et tintent les clochettes.

En voilà-t-il, sur la place, des écuelles, des plats, et des foulards écarlates, et des rubans d'or, et des galons d'argent!

Mais elle a beau faire, cette race étrange, tout le clinquant du monde ne l'enjoliverait pas. Des têtes comme des fromages, des goitres comme des citrouilles, des gens guère plus hauts qu'une botte, tels sont les habitants du pays. Sans compter leurs vaches, pas si grosses que des veaux. Un peuple qui a l'air bon, mais tout étonné, comme s'il sortait d'un chou.

Ce monde embéguiné s'ébahit en considérant les voitures, et tant de belles dames vêtues de si crânes habits.

Sur les pelouses, des familles entières, depuis le gars qui flageolle dans les culottes de l'aïeul jusqu'à la petite-fille ensevelie sous les coiffes de la mère-grand, dînent pêle-mêle avec le bœuf, l'âne et le porc.

En détail, c'est burlesque; en gros, c'est ce composé de soleil, de ramée, de figures naïves, de mœurs simples, de poses ingénues, c'est ce quelque chose de primesautier, avec quoi l'on fait des tableaux de maître.

Saint-Michel traversé, nous poursuivons, non sans peine. Tout du long, les villageois qui reviennent de la foire, laissent brouter leur vache dans le pré du voisin; ce soir elle aura soupé, autant de fait; il se faut aider entre frères; d'ailleurs, on n'est pas pour rien Savoyard.

Les cultures gagnent la vallée; dans les champs, sur les prairies, un peu partout, biquets, vaches et moutons prennent du bon temps à côté de leurs maîtres qui travaillent. On sent une vie plus près de la nature qu'en pays mieux civilisé. Les bêtes y ont meilleure place; elles y sont plus intelligentes, l'homme peut-être moins; chacun fait la moitié de la route, et l'on se rencontre au milieu.

Saint-Jean, avec ses trente diligences en arrêt, avec sa gare où deux cents voyageurs se coudoient, met Paris en Maurienne. La Bande aimait mieux la foire.

Enfin, l'on part, même on arrive à Chambéry : une coupe remplie de noyers et de vignes, des coteaux pleins de sourires, des maisonnettes enfouies sous les arbres, et par-dessus, quelque grande montagne qui rêve dans les nuages.

Connaissez-vous un lac plus vert que le lac du Bourget? glace profonde où se répètent les croupes chargées de forêts, et ce détail de fouillis, de teintes veloutées, de troncs à l'envers, de maisons à rebours, traînées lumineuses à peine rayées d'un pli; et dans le lointain l'abbaye de Haute-Combe, noire sur son rocher.

Le train glisse autour de ces limpidités; il emporte ce monde errant, douleurs, plaisirs, des âmes et des vies! Tout cela fuit d'un seul élan. — Hélas! combien, inconnus l'un à l'autre, qui se seraient aimés, qui ne se sont pas même entrevus.

Bientôt Aix-les-Bains aligne ses hôtels. Cela sent l'exploitation de l'homme par l'homme, aussi le soufre. Des festons de flanelles dansent au soleil.

Tout à coup, le train se coupe la queue, comme une étoile de mer. La tête file grande vitesse, la queue reste où elle est.

On se précipite aux portières. Les bourgeois de céans regardent la Bande de l'air d'un ogre qui a flairé la chair fraîche.

— Culoz, Genève! attendez-nous!

Les bourgeois regardent toujours.

Au bout d'un quart d'heure, la tête, siège de la pensée, par conséquent de la conscience, revient sur sa queue, la renoue, par un choc à briser les dents des trois cents voyageurs.

On va comme cela jusqu'à Culoz; à Culoz, tous les touristes sur la voie; arrangez-vous comme vous pourrez; les uns pour Lyon, les autres pour Mâcon, qui pour Genève, qui pour Paris, trois heures d'attente!

C'est là que le prochain s'examine, et ne se plaît guère. Femmes délibérées, chapeau Tudor planté droit sur le chef, plumet audacieux, parole cassante, talons sonnants, des regards superbes à la gent plus timide; troupeaux de misses vêtues du même fourreau, coiffées du même capulet, souriant du même sourire; gros messieurs, binocle dans l'œil, canne dans la poche, sifflant et lorgnant tout le long des trottoirs; créatures chétives : cette pauvre mère, une émigrante, six enfants après elle, et le père en moustaches, bourru, qui donne des coups de boutoir chaque fois qu'on l'approche! Ennuyés, ennuyeux, je ne sais quelle indifférence hostile, je ne sais quel égoïsme brutal, une commune volonté d'être désagréable, voilà ce qui va, ce qui vient, ce qui s'épanouit, ce qui grommelle : — Oh! qu'un peu de charité ferait grand bien!

Les trains arrivent et se croisent, chacun monte à l'assaut d'un wagon. La Bande, qui s'élance dans le sien, en fait sortir, sans le vouloir, trois abbés tout effarés; ils se croient perdus; cette Bande est suspecte; plus on les rappelle, mieux ils se sauvent. Que voulez-vous, nos bonnes intentions serviront une autre fois.

La nuit est descendue; nuit orageuse. Le convoi roule au milieu des tonnerres. Il serpente sur les corniches. Au fond des abîmes, on voit briller de petites lumières.

La bande se recommande à Dieu. Églantine se serre contre sa tante; sa tante la serre contre elle. Quant à mademoiselle du Rouvre, jamais elle n'admira d'un plus libre esprit les sublimes horreurs de la création.

— Regardez ce gouffre! Tout là-bas, voyez le Rhône sous les éclairs! Et ce coup de tonnerre! Ne dit-on pas que les convois à grande vitesse attirent la foudre. Bon! voici le *Credo!* Si la chaudière sautait! bel effet sous ces voûtes!

Mademoiselle Dora ne serait pas fâchée d'arriver. M. de Belcoster chante pour donner du cœur à sa femme. Chaque fois que passe une station, mademoiselle Berthe avance son frais visage, rassurée tout au moins pour la *minute d'arrêt*.

Elle est bien venue, vous pouvez m'en croire, la gare de Genève, gare lumineuse, et la chère figure de notre

Edgar. — C'est chez nous cela ; c'est notre ville bien-aimée, notre ville suisse. C'est notre patrie, libre, belle, souriante : Et te voilà, notre brave étudiant, fidèle au devoir, tandis que la Bande courait le monde !

On s'embrasse, on jase, cela ne sera pas fini de sitôt. Allons ensemble à l'hôtel. Rien de piquant comme de bivouaquer dans son pays.

L'hôtel de l'Écu met la bande en ses chambrettes. Sous les fenêtres glisse le Rhône tout d'azur, sous les fenêtres chatoye le lac, avec ses péniches et ses canots ; au loin fuient les barques, grandes ailes déployées.

Apportez la théière, faites chanter la bouilloire.

« J'étais là, telle chose m'advint... »

Allez, allez, on peut voleter en d'autres contrées, on ne fait son nid que chez soi.

FIN

TABLE DES MATIÈRES

CHEZ LES ALLEMANDS

Première journée. — Grandes Prouesses. Autrefois........	4
Deuxième journée. — La Foire. Contrastes. Les Figues.....	13
Troisième journée. — Un jour de loisir. A verse!..........	22
Quatrième journée. — Le projet de la pluie...............	27
Cinquième journée. — *Alles für München!*................	35
Sixième journée. — Pynacothèques, Glyptothèque, Bavaria.	42
Septième journée. — *Ya, Ya, Ya. — Nein, Nein, Nein*......	56
Huitième journée. — Innsbrück. Sterzing.................	70
Neuvième journée. — Les boules, Le Rosengarten.........	79
Dixième journée. — Botzen..............................	85
Onzième journée. — L'archevêque de Trente. — Riva......	93
Douzième journée. — Lac de Garde. Revoir...............	102
Treizième journée. — Venise, il Papa. Liberté............	109
Quatorzième journée. — Cabaret, i miglioni. Une âme aux abois	116
Quinzième journée. — Le dictionnaire arménien...........	125
Seizième journée. — Monza.............................	128
Dix-septième journée. — Roideur, simplicité	133
Dix-huitième journée. — Sur le lac de Côme. *Al Paradiso*..	135
Dix-neuvième journée. — Le Splügen. Via Màla. *Mandèle*...	145
Vingtième journée. — Chasseur de chamois. Le vieux Grison.	153
Vingt et unième journée. — La Bande est suisse. Les nez..	162

CHEZ NOUS

Première journée. — La folle du logis...................	169
Deuxième journée. — Bons livres, vieilles robes...........	172
Troisième journée. — Ile des Barques. Concert...........	180

QUATRIÈME JOURNÉE. — Trois vaches, trois cents voyageurs. 182
CINQUIÈME JOURNÉE. — Le jardin. Retour le soir............ 185
SIXIÈME JOURNÉE. — Flânerie................................ 194
SEPTIÈME JOURNÉE. — Vertigo du mont Blanc............... 201
HUITIÈME JOURNÉE. — La rate................................ 209
NEUVIÈME JOURNÉE. — M. Keuler............................ 213
DIXIÈME JOURNÉE. — Le Salève.............................. 215
ONZIÈME JOURNÉE. — Les doux loisirs, le vrai bonheur...... 219
DOUZIÈME JOURNÉE. — Bourse de famille. La Dôle......... 222
DERNIÈRES JOURNÉES. — Adieu............................... 228

UNE BANDE ÉCLOPÉE

PREMIÈRE JOURNÉE. — Clément, comme on entortille son prochain... 234
DEUXIÈME JOURNÉE. — Gennari, James. Un déserteur....... 242
TROISIÈME JOURNÉE. — Les deux moi, Locarno............ 248
QUATRIÈME JOURNÉE. — La contre-bande, lac Majeur, le Monsieur qui n'aime pas les tableaux, Gênes............ 255
CINQUIÈME JOURNÉE. — Enrôlement garibaldien, Antòn Nardèlli... 260
SIXIÈME JOURNÉE. — Une lâcheté, café de la Concordia..... 265
SEPTIÈME JOURNÉE. — Gênes, l'Acqua-Sola. Les exilés vénitiens.. 269
HUITIÈME JOURNÉE. — Ce qu'on voit, ce que dit la mer...... 274
NEUVIÈME JOURNÉE. — Apennins, l'insensée, la Spezzia, ramasse du varech....................................... 284
DIXIÈME JOURNÉE. — L'Idéal, débandade, la Magra, Carrare.. 290
ONZIÈME JOURNÉE. — La Maremme, Pise, les soldats de Garibaldi, comme on s'instruit............................. 305
DOUZIÈME JOURNÉE. — Florence, les Uffizi, impressions...... 323
TREIZIÈME JOURNÉE. — Le pot à l'encre, Pitti, peintres, les Cascine.. 336
QUATORZIÈME JOURNÉE. — Spurgeon. Jardins Boboli......... 351
QUINZIÈME JOURNÉE. — Bavard en six langues, les brigands. 356
SEIZIÈME JOURNÉE. — Fra Diavolo, Pratolino, Covigliàjo, nos livres.. 362
DIX-SEPTIÈME JOURNÉE. — Les Romagnes, Bologne, liberté... 372
DIX-HUITIÈME JOURNÉE. — Proclamation de Napoléon III. Académia, Campo Santo, terreur........................... 382
DIX-NEUVIÈME JOURNÉE. — Parme, Corrége, Savoir ce qu'on veut dire, Plaisance, invasion......................... 399
VINGTIÈME JOURNÉE. — Le Pô, un bac, Pavie, la Certòsa, Pàrla bàsso!... 414

Vingt et unième journée. — Plus d'Autrichiens à Milan.....	426
Vingt-deuxième journée. — Le docteur milanais, l'Ambrosiana, Lucrèce Borgia...............................	428
Vingt-troisième journée. — La jeune fille, Turin : Partez, Sire!...	435
Vingt-quatrième journée. — Arsenal, Cavour, l'Hérodiade..	442
Vingt-cinquième journée. — Mont Cenis, les maringouins et les tigres..	447
Vingt-sixième journée. — La foire, Aix, le prochain, Genève	453

Coulommiers. — Typ. P. BRODARD et GALLOIS.

www.ingramcontent.com/pod-product-compliance
Lightning Source LLC
Chambersburg PA
CBHW070528230426
43665CB00014B/1604